2008年~2010年中国社会科学院重点科研课题成果

中国社会科学院创新工程学术出版资助项目

内蒙古佛教与寺院教育

嘉木扬·凯朝◎著

中国社会科学出版社

图书在版编目（CIP）数据

内蒙古佛教与寺院教育/嘉木扬·凯朝著．—北京：中国社会科学
出版社，2013.4
ISBN 978 – 7 – 5161 – 1973 – 0

Ⅰ.①内…　Ⅱ.①嘉…　Ⅲ.①佛教—宗教文化—研究—内蒙古
②佛教—寺院—宗教教育—研究—内蒙古　Ⅳ.①B948②947.226

中国版本图书馆 CIP 数据核字（2012）第 303206 号

出 版 人　赵剑英
责任编辑　陈　彪
特约编辑　高健龙等
责任校对　胡国秀等
责任印制　戴　宽

出　　版　中国社会科学出版社
社　　址　北京鼓楼西大街甲 158 号（邮编 100720）
网　　址　http://www.csspw.cn
　　　　　中文域名:中国社科网　　　010 – 64070619
发 行 部　010 – 84083685
门 市 部　010 – 84029450
经　　销　新华书店及其他书店

印　　刷　北京金瀑印刷有限公司
装　　订　廊坊市广阳区广增装订厂
版　　次　2013 年 4 月第 1 版
印　　次　2013 年 4 月第 1 次印刷

开　　本　710×1000　1/16
印　　张　26
字　　数　443 千字
定　　价　66.00 元

内蒙古佛教与寺院教育

阿尔松题

书名题字　何劲松

（中国社会科学院世界宗教研究所研究员）

内蒙古五当召弥勒佛像

斯里兰卡佛

阜新蒙古族自治县瑞应寺 13 米高的
铜鎏金弥勒佛像

1990 年 8 月载入世界吉尼斯
大全的雍和宫弥勒佛像

尼泊尔菩提塔(已有 2000 年历史)

栴檀佛像唐卡

海棠山普安寺的吉祥天母摩崖造像

西安广仁寺的释迦牟尼佛

清代用于金瓶掣签的金瓶(雍和宫藏)

印度菩提迦叶

汉藏文化的传播者文成公主

雍和宫法轮殿释迦牟尼壁画

五台山文殊菩萨像

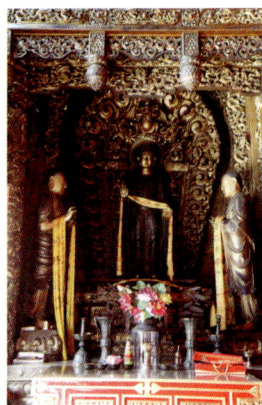

雍和宫昭佛楼旃檀佛

西安广仁寺释迦牟尼像

雍和宫量寿佛像(木版画)

二〇一〇年蒙古佛教文化高层学术论坛

2010年3月6日

2010年蒙古佛教文化高层学术论坛留影

十一世班禅大师在第三届世界佛教论坛上讲话

雍和宫图布丹老师讲解佛法

不丹高僧拜见十世班禅大师

宗喀巴大师(雍和宫所藏木版画)

雍和宫法轮殿壁画与经书

斯里兰卡佛牙寺

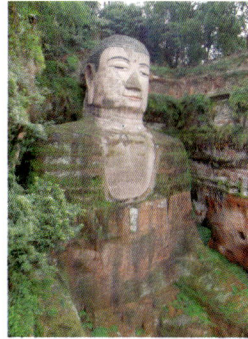

乐山大佛

内蒙古五当召

作者(右)在大昭寺考察

内蒙古梵宗寺

内蒙古东乌旗草原寺院

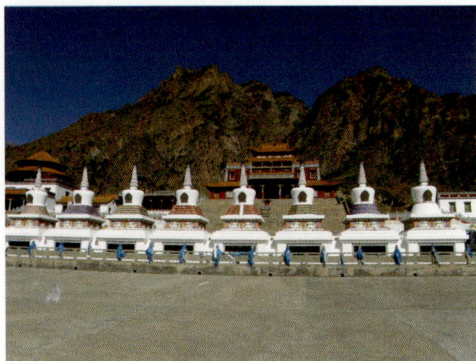
内蒙古阿拉善南寺

内蒙古阿古拉寺

萨迦寺夏安居法会

五台山景色

蒙古贞瑞应寺

内蒙古甘珠尔寺(庙)

金刚洒净

雍和宫唐卡

翁牛特旗吉祥法增寺的转经轮

雍和宫正月里的金刚驱魔法舞

社科院宗教所访问日本前田速念寺

社科院宗教所访日留影

2002 年 10 月社科院宗教所访日

雍和宫前任两位住持(1980 年)

社科院宗教所访问梵宗寺

笔者考察海唐山摩崖造像

目　录

自 序

一 本课题研究的基础

我国是一个统一的多民族、多宗教、多元文化的国家。多民族指我国有56个民族。多宗教指我国有道教、佛教、基督教、天主教、伊斯兰教和民间宗教等。多元文化指的是我国有汉文化（从佛教文化来讲有汉文《大藏经》等诸多经论）、蒙古民族文化（从佛教文化来讲有蒙古文《大藏经》包括甘珠尔、丹珠尔，蒙古文《大藏经》是以图文并茂的形式印制流布，还有蒙古文《四部医典》）、藏族文化（从佛教文化来讲有藏文《大藏经》包括甘珠尔、丹珠尔）、满族文化（从佛教文化来讲有满文《大藏经》包括甘珠尔、丹珠尔）等。

据我所知，还没有学者系统地对我国蒙古地区佛教文化与寺院教育、经济关系进行学术性研究和探讨。本人在《蒙古佛教的研究》（日本法藏馆2004年版）的基础上尽最大的努力详细阐明现在蒙古地区佛教文化艺术等方面的研究状况。佛教文化传入蒙古地区后给该地区带来了经济和教育等诸方面很大的影响。我认为，每一个民族的文化、宗教艺术都是世界文化遗产的一部分，对于地区的经济教育等起着积极的推进作用。尤其是中国地大物博，是多民族、多宗教、多元文化的国家，应该说，每一个民族的文化、宗教艺术与经济教育有着密切的关系和互补作用。

蒙古民族传统宗教文化主要的组成部分是佛教文化，佛教文化在蒙古族地区的传播过程中吸收了大量的本民族传统文化的内容和形式，因而进一步丰富和发展了佛教文化与教育、经济之间的关系，逐渐形成了具有特色的蒙古地区佛教文化。蒙古地区佛教文化在形式和内容上表现出浓厚的草原游牧文化艺术特征，对该地区的宗教文化和经济产生较大的影响。

现就据我所知近几十年来我国蒙古地区佛教文化研究成果简介如下：

格·拉西色楞主编《蒙古文〈甘珠尔〉佛像大全》（上）①。该大全是根据内蒙古大学图书馆藏北京版 108 部朱字蒙古文《甘珠尔》中的画像编辑而成。该蒙古文《甘珠尔》是依据康熙五十九年（1720 年）朱砂木刻版。大全共 756 幅画像。文字解图采用了蒙、藏、满、梵文并有拉丁文转写的手法译出的汉文。据日本佛学会评议员、东洋大学原校长管沼晃博士说：蒙古文《大藏经》不仅仅是藏文《大藏经》的再译本，而且是蒙古文化的精华、举世闻名的文化遗产。蒙古民族通过翻译佛教经典吸收了西方各种文化，特别是直接使用了印度梵文经典。

胡雪峰、鲍洪飞主编，李立祥撰文的《雍和宫木版佛画》②。雍和宫从 2000 年开始，将全部木制经版（一万多块）和木版佛画（数十幅）进行了整理、排序，木版佛画中有蒙、藏、汉、梵文字的不同说明。该书对木版佛画的文化内涵进行了阐述，使其图文并茂，知识性、史料性、学术性兼具，该书的问世对研究蒙藏佛教的木版画雕刻艺术起到积极的推动作用。

雍和宫住持嘉木扬·图布丹编著、卓日格图蒙译、嘉木扬·凯朝汉译《释尊本生传记》③。该书图文并茂，诗歌性、史料性、学术性兼具，对研究蒙藏佛教的唐卡艺术起到了积极的作用。

乌力吉巴雅尔的《蒙藏关系史大系·宗教卷》④，该书比较系统地阐述了蒙藏地区宗教文化艺术、政教关系、佛教建筑艺术、绘画艺术等。特别是对蒙古佛教史上著名的佛塔，如北京元大都的妙应寺白塔（建于元至正八年，即 1348 年）作了详细论述。

丹迥·冉纳班杂、李德成的《名刹双黄寺——清代达赖和班禅在京驻锡地》⑤，该书第一部分详细地阐述了五世达赖喇嘛进京及其与双黄寺的关

①　格·拉西色楞主编《蒙古文〈甘珠尔〉佛像大全》（上），内蒙古人民出版社 2001 年版。
②　李立祥：《雍和宫木版佛画》，胡雪峰、鲍洪飞主编，民族出版社 2004 年版。
③　嘉木扬·图布丹编著《释尊本生传记》，嘉木扬·凯朝汉译，民族出版社 1994 年版。
④　乌力吉巴雅尔：《蒙藏关系史大系·宗教卷》，外语教学与研究出版社 2001 年版。
⑤　丹迥·冉纳班杂、李德成：《名刹双黄寺——清代达赖和班禅在京驻锡地》，宗教文化出版社 1997 年版。

系。第二部分阐述了双黄寺寺院建筑及藏传佛教和汉传佛教的建筑艺术。

日本学者长尾雅人的《蒙古学问寺》,1992 年日本中公文库出版。该书站在国外学者的立场较为详细地论述了以内蒙古五当召为主的蒙古佛教寺院的学术研究情况。

二　本课题研究的学术价值、理论意义与现实意义

本课题以解决内蒙古地区佛教文化与寺院教育间的关系为目标,以该地区的教育(包括学僧教育,即培养宗教界和社会两用人才)、就业与经济之间的相互关系为主要问题进行深入分析与研究,使其对促进社会的和谐起到积极的推动作用。因为蒙古地区寺院管理的好坏直接影响着该地区人们的生活水准和地区稳定。众所周知,改革开放以来对宗教场所的开放、开发旅游产业等对当地人们的生活水平、文化素质的提高均有很大影响,为社会带来了很大的经济效益。但是如果管理不善也会对社会的稳定和经济教育等方面起到不良影响。所以需要专业人才去研究并加以引导,这样更能体现百花齐放、百家争鸣的方针,有利于我国的安定团结、经济繁荣;更能体现政府提出的“政治上团结、信仰上尊重”的宗教政策。

寺院既是宗教活动场所,又大都坐落在风景名胜区或是国家和省级重点文物保护单位,对某些具有很高历史艺术价值的建筑和特别珍贵的文物,理应采取特殊的保护措施。蒙古地区地域辽阔,物产丰富。蒙古地区的佛教文化对该地区的教育和经济带来的社会效益是众所周知的。北京的雍和宫、承德的普宁寺、内蒙的大昭寺和梵宗寺等寺院在历史上有很高的知名度,但是,管理和教育问题以及所产生的社会影响和信教群众的生活等则各有差异。

如何培养蒙古地区寺院僧众成为宗教、社会方面两用人才是当务之急的大事,多培养在宗教学和修持方面有一定的能力,即“贤正善良”的人才,使其在社会交流方面懂得或掌握现代科学技术,做到热爱祖国、热爱社会主义、热爱自己的民族,为构建和谐社会的发展起到穿针引线的作用,为促进三个文明建设和祖国统一大业作出贡献,这是关系到祖国千秋大业的问题。

蒙古佛教文化的研究是佛教文化研究的一个重要领域,但是由于种种原因,此领域的研究在学术研究方面现在处于薄弱环节。从目前的情况来

看，主要存在以下两方面的问题：第一，缺乏专门的学术研究机构作为国际性学术平台来整合学术研究资源；第二，缺乏更多的专门人员来研究蒙古佛教文化。因此，该课题的研究成果，将弥补这一领域研究的空白。

在国内外早就设有汉语系佛教文化和藏语系佛教文化的研究机构，而且有很多研究人员进行着持续的研究活动。但缺乏对于蒙古佛教文化以及蒙古族地区和佛教文化相关的民族风俗等领域的系统研究。更没有专门学术机构来组织和整合这方面的学术资源。

佛教文化传入蒙古族地区之后的历史既是蒙古佛教文化发展的真实的反映，同时也是蒙古文化发展的过程。众所周知，过去蒙古族地区佛教寺院，既是僧众的修行道场，又是道德教化、慈善事业、民族文化的中心，而且还是医疗中心，担负着该地区民众的医疗重任。因为在过去蒙古族地区除佛教寺院以外几乎没有医师和诊所。佛教寺院中的医药僧院，既是培养医药学人才的场所，又是疗病的场所。佛教寺院的医学高僧，深得广大农牧民的爱戴和崇敬。蒙古族地区的佛教寺院又是该地区经济贸易活动中心。过去，蒙古族地区佛教寺院相当于草原的城镇，每年、每季度、每月几乎都举行盛大的"庙会"。在"庙会"上，蒙古牧民用他们的牛、马、羊及皮毛和肉类等畜产品，交换中原各族商人带来的布匹、茶叶、食盐等物品。这种友好的经济贸易活动，为促进蒙汉民族的经济和文化的发展起到了积极作用。蒙古族地区佛教寺院为构建和谐社会、促进民族团结、维护祖国统一、推动经济繁荣、构建和谐世界发挥了积极而有益的作用。

中共十六届六中全会通过的《中共中央关于构建社会主义和谐社会若干重大问题的决定》明确指出："发挥宗教在促进社会和谐方面的积极作用。"2007年两会召开前，单霁翔等40位政协委员联名呼吁："尽快实现每一个少数民族都应有一座自己的博物馆，使民族优秀文化遗产最大限度得到有效保护、传承和弘扬。"①

我国的少数民族宗教文化理应由我们自己国家的研究人员去研究，也表明我国研究少数民族宗教文化艺术是后继有人的。我们国家自己研究"有血有肉"，因为我们了解当地的文化底蕴和风土人情。内蒙古佛教文化与寺院教育的研究，对我国蒙古地区的传统佛教文化艺术的挖掘与研究将

---

① 单霁翔等：《每个少数民族都应有一座自己的博物馆》，《中国民族报》2007年3月2日第1版。

会起到积极的作用，为保护少数民族的宗教文化艺术提供可行性的措施，为以后研究我国少数民族的宗教文化艺术在理论和实践方面起到指导作用，为国内外学者和对我国少数民族宗教文化艺术有兴趣的人士提供第一手资料，也提高我国少数民族文化艺术在世界的知名度，促进少数民族地区文化艺术的发展。该课题的完成，不但填补我国现代蒙古地区佛教文化艺术研究领域的空白，而且，对于发展和推动蒙古文化以及佛教文化艺术将会起到积极的作用。

三　本课题研究的主要思路、研究方法及重要观点和创新之处

我在日本留学深造研究佛学十余年，本人的导师——世界著名佛学家前田惠学博士一贯指导我们研究现代佛教学必须要注重两种研究方法：（一）文献研究，（二）田野调查，即在文献研究的基础上，必须要进行田野调查才能了解佛教文化艺术的真实样态。

文献方面：本人具备熟读蒙、藏、汉、日、巴利、梵文语言的能力，利用研究资料有得心应手的优势。

田野调查方面：本人非常了解、熟知蒙古族地区寺院情况和僧俗民众的情况以及地理位置等；有多年实地调查的经验，受过国内外著名专家学者的指导；了解蒙古地区僧俗的心态和各方面的情况；本人有强烈的报效祖国的宏愿，有信心完成本课题的任务。

在田野调查方面，近几年本人通过中国社科院宗教所以及其他诸方面的理解和协助，进行了内蒙古地区和其他省市的蒙古族聚居区佛教寺院的宗教状况国情调研，走访的地区有内蒙古自治区的赤峰市、通辽市、包头市、锡林郭勒盟、阿拉善盟、海拉尔市，以及辽宁省的阜新蒙古族自治县、河北省承德市；这些地区自古以来以蒙古佛教为主的寺院较多。

此次国情调研，主要以东部西部蒙古族地区比较典型的蒙古佛教寺院——坐落于内蒙古自治区赤峰市翁牛特旗的梵宗寺和阿拉善盟的几大寺院作为对象。

2010 年 3 月，"蒙古佛教文化高层学术论坛"在内蒙古自治区呼和浩特市举行。

世界宗教研究所副所长金泽教授在论坛开幕式上指出，蒙古佛教文化

高层学术论坛的举办，正是世界宗教研究所在新的形势下针对学术研究领域中相对薄弱的一个环节开辟的新概念、新视野、新工程。根据全面复兴中华民族文化的基本精神，我们希望以蒙古佛教文化作为切入点之一，探讨佛教的宽容性、包容性以及对民族文化交融的推动作用，促进内蒙古民族文化大区的建设，其中包括继承蒙古语文诵经传统、扩大蒙古语文的学习使用范围，以及加强国内国际文化交流。总之，引导宗教与中国特色社会主义社会相适应是大前提，我们要在这个大前提下，在学术领域里把"蒙古佛教"这个概念搞深搞透，建设新的理论、新的范畴。

王志远博士说，蒙古佛教是一个自古至今客观存在于宏大空间中的事实，但是多年来在学术领域却缺乏系统研究，甚至几乎遗失了这个概念。"藏传佛教"的提法，是30年来佛教研究中的一个重要成果，纠正了以往以"喇嘛教"来称呼藏传佛教的偏颇。正像不能把汉传佛教称为"和尚教"一样，"喇嘛教"同样不是一个恰当的称呼。但是，"藏传佛教"的提法也模糊了一个明显的历史真实，把传统的概念"蒙藏佛教"逐渐地几乎完全替代了。应该说，就史实而言，"蒙藏佛教"的提法是比较贴切的。"喇嘛教"概念的内涵之一是"蒙藏佛教"，而"藏传佛教"的概念中却淡化了蒙古佛教的地位。尽管佛教在传入中国的过程中，有一条路线是从西藏传入内地和蒙满的，而且形成了藏语系佛教，但是不能忽视的是，藏语系佛教传布于全中国，东至苏杭，南至云贵，是在元朝之后，与蒙古族成为国家统治者密切相关。更值得注意的是，在佛教的历史上不仅客观存在着藏语系佛教，同时还存在着蒙语系佛教和满语系佛教。随着满语在社会生活中几乎完全退出，导致满语系佛教的全面衰落，但是蒙语系佛教却始终没有消失，顽强地生存至今。因此，重新提出"蒙古佛教"这一概念，具有重大的学术价值，同时具有重要的社会意义。它是蒙古族文化的一部分，也是中华民族文化的一部分，还是世界文化的一部分。

就语言、民族、传播区域和思想特征等范畴而言，佛学界多年来已经认可存在三大语系佛教——巴利语系、汉语系、藏语系；三大传承佛教——南传、汉传、藏传。但是，忽视了梵语系佛教、蒙古语系佛教、满语系佛教。当我们深入了解和研究"蒙古佛教"之后，却发现我们应该对佛教历史和理论提出更加全面和更加深入的学术成果。基于本次论坛的研讨，起码应该提出对佛教传播体系的更加符合历史事实的描述：（一）佛教传播语系应该包括六大系统，即巴利语系、梵语系、汉语系、藏语系、蒙古语系、满语系；尽管在每个语系中存在着诵读时的区域性的差异（例如日本、韩国分别以日语、韩语来读汉文大藏经），但是作为语系的范本，能够以具有独立性的文字作为经典记录工具的，大约只此六种。其中满语系已经基本消亡，唯文献尚存。梵语系在尼泊尔、印度都依然应用，蒙古语系更不容忽视，内蒙古包头梅力更召（广法寺）至今用蒙古语诵经。

（二）佛教传承体系则应该在以往的三大系统，即南传佛教、汉传佛教、藏传佛教之外，增加北传佛教，成为四大系统。此处所说的"北传佛教"，特指蒙古佛教；所谓"北传"，传播地域从蒙古高原向南进入北京、承德，向北越过戈壁至库伦、贝加尔湖，向东越过内外兴安岭直至库页岛，向西越过天山直至古西域。地域之广，超过西藏；传承体系，相对独立于藏传佛教而直接受封于中央政府；传播对象，在伊斯兰教进入新疆地区之前几乎囊括了亚洲大陆北部所有民族民众。以地域、传承、经典和信众四个基本条件衡量，北传佛教或蒙古佛教是具备自身特色的客观实体。四大系统中，汉传佛教、藏传佛教和北传佛教之间存在着十分密切的相互关系，同时也存在明显的个性差异；我们既不能由于其个性差异就忽略相互关系，也不能由于其相互关系就抹杀其个性差异。

学术研究不同于行政命令，一方面是可以畅所欲言，可以保持精神独立、思想自由，另一方面是不会强迫别人盲目崇信，主张相互切磋商榷。因此，本次论坛对蒙古佛教的界定和评价，只是开启了深入研究的大门，希望以此为起点，在蒙古佛教代表人物及其著作、蒙古佛教的传播和传承、蒙古佛教召庙文化艺术和教育、蒙古佛教与蒙古世俗文化、蒙古佛教与蒙古语文诵经体系、蒙古佛教与萨满教等诸多方面，把对蒙古佛教的研究推动起来。不仅提出对蒙古佛教历史地位的新评价，而且推动对蒙古佛教的全方位深入研究，是本届论坛最重要的成就。

中国宗教学会的一大特征，是集合了学、教、政三大界别的优秀知识分子，包容了学者中的学者、信徒中的学者和政府行政人员中的学者。近年来，还吸收了企业家中对宗教有兴趣有研究的学者。在学术研究探讨中，大家处于平等的地位，和而不同、求同存异、相互借鉴、圆融贯通，有力地促进了宗教研究与社会现实的结合，使理论切实联系实际，为和谐社会的构建，为国家强盛、民族团结、文化复兴都作出了积极的贡献。我们有充分的理由相信，蒙古佛教文化高层学术论坛将锦上添花，在这种贡献中有更突出的表现。王志远博士建议设立蒙古佛教文化高层学术论坛的永久会址，也建议论坛可以在相关区域内轮转举办。我相信并且预祝，蒙古佛教文化高层学术论坛将成为开掘蒙古文化的一把金钥匙，为中华民族文化的伟大复兴献上一具金马鞍。

中国宗教学会现任会长卓新平教授曾指出：必须承认，马克思主义宗教学是中国当代宗教学的核心、主流，然而在整个世界范围，以及中国范围的宗教学研究中却并不是其全部和唯一。在一个开放的时代，不可避免有"百家争鸣、百花齐放"的多元。因此，我们必须正视"在教言教"的宗教研究之存在，认识宗教界内部早已有之的宗教研究及其悠久的学术传统，并且必须尊重这些宗教界的学者或具有宗教情怀、"委身"的学者，与他们展开对话、交流，达到"和而不同"、相互尊重。中国宗教学的推动和发展，正是在于政界、教界、学界的学者们共同参与及合作，当代"中国版"的马克思主义宗教观，并不是突出"斗争哲学"，而乃提倡"和谐理念"，有着更多的建设性创意；其立意和目的是要全面贯彻党的宗教工作基本方针，发挥宗教界人士和信仰群众在促进经济社会发展中的积极作用"、"着力激发信徒群众的爱国热情和建设中国特色社会主义事业的积极性"，这是中国共产党对我们"做好新形势下宗教工作的根本要求"。根据党的十七大精神，我们所继承发扬的马克思主义宗教观不应该是教条主义的、本本主义的、僵化的、机械唯物主义的、形而上学的、脱离中国实际的，而必须是辩证唯物主义的、创新发展的、符合中国国情和新时代之新形势的。中国宗教学的当代发展也应该符合政府的宗教工作这一精神指导的要求。

嘉木扬·凯朝

2012 年夏

第　一　章

蒙古族地区佛教的弥勒信仰

引　言

　　本章主要阐述蒙古地区佛教文化与弥勒信仰的缘由。元朝以前，蒙古帝国的蒙哥汗赐封藏传佛教噶玛噶举派的噶玛拔希为"国师"，并授予玉印，由其担任总领天下释教的重任。以此为契机，蒙藏地区佛教诸派先后都产生了活佛转世制度，达赖、班禅、章嘉、哲布尊丹巴、迈都哩雅·呼图克图等大活佛，极大地影响了蒙藏地区的政治、宗教与文化。本章还详细客观地解释考证了北京雍和宫、内蒙古梵宗寺、美岱召以及辽宁阜新瑞应寺的弥勒信仰的历史由来，以弥勒信仰为主的佛教仪轨及其艺术特征。

第一节　弥勒信仰与蒙古族地区佛教

　　蒙古族地区习惯把弥勒菩萨（Maitreya Bodhisattva）称作"迈达拉布尔汗"（maidar burqan，蒙古语），即"弥勒佛"之意。弥勒菩萨是梵语的译音，即迈都丽雅（Maitreya），汉文意译为慈氏，藏语意译成"强巴"（byams pa）。

　　佛教是何时传到蒙古族地区的呢？在《三世佛母圣般若波罗蜜多经》（ *Dus gsum rgyal bai yum ḥphags pa śes rab kyi pha rol du phyin pai mdo*）①中

---

①　久明柔白多杰：《蒙古佛教源流》（ḥJigs med rig paḥi rdo rje, *Hor gyi chos hbyuṅ*）（藏语），青海民族出版社 1993 年版，第 82 页。

内蒙古包头五当召弥勒佛

有如下记载：释尊曾作预言，佛教将先从中印度向南传播弘扬，此后又从印度的北方再向北方传播弘扬。就是说，佛教将传播到印度东北方向的地域，即藏族地区和蒙古族地区。释尊又在《无垢天女请问经》（*Lha mo dri ma med bas shus bai mdo*）[①]中预言说，佛涅槃后二千五百年时，佛法在"红面"（gdoṅ dmar）地域传播，即是预言说佛法要在蒙古族地区传播。因为蒙古族地区的很多大地呈红色的缘故。

一般认为蒙古地区最早传来的佛法是藏传佛教萨迦派的教法。蒙古学界大多都以蒙古学者萨襄彻辰著的蒙古文《蒙古源流》（Sagang secen, *Erdeni yintob ci*）一书[②]为依据，《蒙古源流》一书如此叙述：

成吉思汗四十五岁时（公元 1206 年）用兵于土伯特（tübed 西

---

① 久明柔白多杰：《蒙古佛教源流》（ḥJigs med rig paḥi rdo rje, *Hor gyi chos hbyuṅ*）（藏语），青海民族出版社 1993 年版，第 83 页。

② 萨襄彻辰：《蒙古源流》（Sagang secen, *Erdeni yin tobci*），内蒙古人民出版社 1980 年版，第 190—191 页。

藏）之古鲁格多尔济汗（Külegedorci qagan）。彼时土伯特汗遣尼鲁呼诺延（Niluku noyan 尼鲁呼大臣之意）为使，率 300 人前来进献驼只、辎重无算，会于柴达木疆域。

成吉思汗赏赐其汗及使臣，并送礼物和信件给萨察克罗杂斡阿难达噶尔贝喇嘛（Saskiya cag lo-zawa ananda gerbi），信中说："尼鲁呼诺延之还也，即欲聘请喇嘛，但朕办理世事，未暇聘请，愿遥申皈依之诚，仰恳护佑之力。"于是收服阿里三部（mṅaḥ ris skor gsum）属八十土伯特人众。

另有久明柔白多杰藏文著的《蒙古佛教源流》（ḥJigs med rig paḥi rdo rje, Hor gyi chos hbyuṅ）①，与由固始噶居巴洛桑泽培蒙古文述著，陈庆英、乌力吉汉译注的《蒙古佛教史》② 等书，都涉及阐述了博克达·成吉思汗（Bogda Cinggis Han 博克达·成吉思汗 1162—1227，以下略称成吉思汗）③ 与萨迦派的萨察克罗杂斡阿难达噶尔贝喇嘛的关系。可萨迦派的历史著述中没有此人。《蒙古佛教源流》书中记载说，成吉思汗与萨迦派的高僧萨钦·贡噶宁布（Sa skya kun dgaḥ sñing po 1092—1158，以下略称贡噶宁布）结成施主与上师（mchod yon）的关系，成吉思汗给贡噶宁布送发了信函等等。其实成吉思汗和贡噶宁

_____

① 久明柔白多杰：《蒙古佛教源流》（ḥJigs med rig paḥi rdo rje, Hor gyi chos ḥbyuṅ）（藏语），青海民族出版社 1993 年版，第 19—20 页。

② 固始噶居巴洛桑泽培：《蒙古佛教史》，陈庆英、乌力吉译注，天津古籍出版社 1990 年版，第 9 页，有如下叙述：皇帝四十五岁，藏历第四饶迥火兔年（1207 年）之时，用兵于吐蕃之乌思地方，第悉觉噶与蔡巴贡噶多尔济等人闻之，遣使三百人来迎，奉献盛宴说：愿归人您之治下。将纳里速三围，乌思藏四如，南部三冈等地全部呈献，皇帝对此大加赏赐，将吐蕃全部收归治下。此后，寄送礼品及书信给萨钦·贡噶宁布，书信中说：我要迎请大师您，但是还有数件国事未曾完成，一时未能迎请。我在此地依止于您，请您在彼处护佑于我。今后我之事务完结之时，请您及您的弟子来蒙古地方弘扬佛法。此次虽未亲自与上师相见，但已遥拜上师，向乌斯藏之三所依（佛像为身所依、佛经为语所依、佛塔为意所依）及僧伽献了供养。故皇帝已成为佛法之施主，教法之王。又据汉文《蒙古佛教史》的引言，著者固始噶居巴洛桑泽培（Gu shri dkaḥ bcu pa blo bzaṅtshe ḥphel）师是蒙古高僧，藏历第十三饶迥铁鼠年（1780 年）7 月 5 日，与 400 名僧侣一起从六世班禅·罗桑贝丹意希（bLo bzang dphal ldan ye śes, 1738—1780）授了比丘戒。依据佛教的戒律学，必须年满 20 岁才能授具足戒，即比丘戒。所以推算固始噶居巴洛桑泽培师，是 1760 年前后生人。固始噶居巴洛桑泽培师，是受蒙古佛教的晋美南喀活佛（ḥJig med rnam mkhas）的指示用蒙古语著述了《多桑蒙古史》（blo bzaṅtshe ḥphel, Hor chos hbyuṅ），1819 年完成。汉语书名为《蒙古佛教史》。

③ MongGol-un niguca tobca' ān 蒙古族古典文学丛书编委会《蒙古秘史》，内蒙古人民出版社 1993 年版，第 201—243 页。

布在历史时间上不属同一时代的人，贡噶宁布是公元 1092—1158 年
间的人物，成吉思汗则是 1162—1227 年间的人物，成吉思汗诞生四
年前贡噶宁布则已去世。再进一步说，成吉思汗被推举为蒙古帝国的
皇帝是公元 1206 年的事情，贡噶宁布去世已有四十八年之久。以此
推论，当时萨迦派接受成吉思汗信函等事宜的，应该是萨迦派第三祖
扎巴坚赞（Grags pa rgyal mtshan 1147—1216）。当时虽然佛教还没有
正式传入蒙古地区，但是，因成吉思汗发给西藏的信函等，公私与
否，蒙古族佛教信众还是非常感激成吉思汗的恩德，正因为如此蒙古
人对佛教的虔诚信仰是与成吉思汗有关的①。诚然在这以前，蒙古人
对佛教已并不陌生，他们通过契丹人、女真人、伊犁龟兹人、和畏兀
儿人与佛教发生接触。

其后，蒙古帝国的王子阔端王（Godan han，1206—1251）给藏传佛教
萨迦派第四祖萨迦班智达（Sa skya paṇḍita，1182—1251，以下略称萨迦班
智达）寄送"阔端通达亲书"。萨迦班智达接到信函后，前往蒙古地区弘
扬佛法七年有余。其间，萨迦班智达亲笔给西藏僧俗写了"萨迦班智达致
蕃人书"（Bu slob rnams la spring ba bshugs），解释说明了蒙古帝国的具体
情况，成为西藏归顺蒙古帝国的契机，树立了蒙古帝国和西藏的政治与宗
教关系，进一步开启了佛教传入蒙古地区的新篇章。阔端王与萨迦班智达
的会晤史称"凉州会谈"（今甘肃武威）。上述的蒙古帝国佛教弘传情况，
可以说是蒙古佛教的黎明期。

元世祖忽必烈汗（Hubilai Han，1260—1294，Sechen Han 蒙古语也称
薛禅汗）与藏传佛教萨迦派第五祖八思巴·洛追坚赞（ḥphags pa blo gros
rgyal mtshan，1239—1280，圣者慧幢，以下略称八思巴）共同促进了蒙古
佛教的发展。忽必烈汗首先从八思巴接受了藏传密宗灌顶之一《喜金刚灌
顶》（dGyes pa rdo rje yi dbaṅbskul pa）等密宗大法的传承仪轨，忽必烈汗
封八思巴为"三界大国师"（khams gsum chos kyi rgyal po）②和帝师，即皇
帝的老师。帝师掌管全国宗教事务，除八思巴以外，还有汉传佛教的高僧
海云法师和克什米尔的那摩国师，先后被封为元朝的国师。更值得一提的

---

① 嘉木扬·凯朝：《蒙古佛教的研究》，日本法藏馆 2004 年版，第 17—27 页。
② 同上书，第 83—103 页。

是，蒙古帝国至元朝时期的伟大的活动家、蒙古帝国的禅人宰相耶律楚材（1189—1244）从蒙古帝国的成吉思汗时期到窝阔台汗（1229—1241）、贵由汗（1246—1248）时期，约26年为蒙古帝国出谋献策和传播佛教思想，起到了重要作用。

元朝时期的蒙古地区佛教，已经建立了蒙古佛教的寺院，有蒙古人出家僧，有蒙古文翻译的经典和蒙古人佛教信众。这里不多加论述，请参见拙著《中国蒙古族地区佛教文化》①。

萨迦派以外对蒙古族地区佛教比较有影响的教派是噶玛噶举派（Karma bkaḥ rgyud pa）。元朝以前蒙古帝国的蒙哥汗（Mongke Han，1252—1259在位）曾敕封噶玛噶举派的噶玛拔希（Karma bagśi，1204—1283）为"国师"，授予玉印，总领天下释教的重任；赐予金边黑僧帽，尊崇为"噶玛拔希"，拔希一词是蒙古语"老师"、"上师"之意。以此为契机，蒙古佛教和藏传佛教诸派先后都产生了活佛转世制度。即前后藏的达赖喇嘛和班禅额尔德尼，管理内蒙古地区、北京以及包括东北三省蒙藏佛教事务的章嘉呼图克图（Zang skya Qutugtu），喀尔喀蒙古的哲布尊丹巴呼图克图（rJe btsun dam pa Gutugtu）等大活佛转世系统，极大地影响了蒙藏地区政治、宗教、文化艺术，等等。

据蔡巴贡噶多吉的《红史》②记载，噶玛拔希在蒙古帝国的时候，修建佛教寺院3000余座（可能包括汉传佛教的寺院），以祈祷国泰民安，使人们安居乐业。尊师还请求蒙哥汗，在西藏楚布寺建经堂并塑造高达约50尺高的释迦牟尼佛（śagjamoni borqan）像，左右塑造了五部佛和弥勒菩萨、文殊菩萨（manshir borqan）、观世音菩萨（aryabalu borqan）等九尊造像。

蒙古族地区佛教到了明清以后，蒙古人主要是与藏传佛教诸教派的格鲁派（dge lugs pa 意为善律派）进行了频繁交流，他们之间的开拓者是蒙古土默特部的阿勒坦汗（Altan Khan，1507—1582）。

1578年，阿勒坦汗与三世达赖喇嘛索南嘉措（bSod nams rgya mthso，1543—1588，福德海，以下略称三世达赖喇嘛）在青海湖会晤；后来阿勒坦汗邀请三世达赖喇嘛到现在的内蒙古自治区首府呼和浩特市（kukekota

---

① 嘉木扬·凯朝：《蒙古佛教的研究》，日本法藏馆2004年版，第83—103页。
② 蔡巴贡噶多吉：《红史》，东嘎洛桑赤列校注，西藏人民出版社1988年版，第81页。

青城），给蒙古族地区佛教信众讲经说法，故称呼和浩特市为"归化城"，意为皈依佛教的城市。又在呼和浩特市特为三世达赖喇嘛建造了弥勒寺，三世达赖喇嘛讲述经论，弘扬佛法，为佛教文化在蒙古族地区的弘扬起到了推动作用。

阿勒坦汗和三世达赖喇嘛二人互赠了尊号。阿勒坦汗封给三世达赖喇嘛的尊号是，"圣识一切瓦齐尔达喇达赖喇嘛"，以表示对其尊敬。"圣"是梵语的意译，"Ariya"在佛教里表示超出世间高贵的人物；"识一切"（bükün -i ailadugci 蒙古语）是蒙藏佛教对显宗方面取得最高成就人的称号；"瓦齐尔达喇"（vajra-dhara）是梵语的音译，意为"执金刚"，是指蒙藏佛教对密宗方面修行取得最高成就人的称号；"达赖"（dalai）是蒙古语"大海"的意思；"喇嘛"则是藏语"上师"之意。这样，整个尊号合起来意为，在显密两方面皆有成就、超凡入圣、学修知识渊博如大海一样的上师。这就是达赖喇嘛名号的由来。三世达赖喇嘛赠给阿勒坦汗的尊号是"咱克喇瓦尔第彻辰汗"。"咱克喇瓦尔第"（cakravarti）是梵语，转轮王之意，"彻辰汗"（secen han）是蒙古语，聪明睿智之王的意思，合起来即是说，阿勒坦汗是如印度著名的转轮圣王一样的伟大的聪明睿智之圣王。三世达赖喇嘛的转世四世达赖喇嘛云丹嘉措（Yon dan rgya mtsho，1589—1616，功德海）出生于蒙古族。随后藏传佛教格鲁派教法在蒙古族地区迅速传播。阿勒坦汗接受格鲁派教法的重要原因之一是与三世达赖喇嘛的尽心尽力分不开的。而且当时蒙古人所追求的宗教意识也接近格鲁派教法的内容，这一教法逐渐代替了蒙古族地区原有的博克教（Bögeyin šasin 即萨满教的一种）信仰。

据《元史》1291 年的记载，元朝时期全国约有佛教寺院 4 万多座，僧人约 20 万人，包括汉蒙藏佛教寺院和僧人。元朝大德年间（1297—1307）开始，至清朝乾隆十四年（1749 年）约 450 年时间，分五次翻译了藏文《大藏经》等有关佛教经典。

在蒙藏佛教徒的心目中，能令僧俗信众幸福和解脱的高僧，俗称"呼毕勒罕"（Qubilgan），汉地佛教徒称"活佛"。"呼毕勒罕"是蒙古语"化身"的意思；蒙藏佛教徒对学修有成就，能够以自己的意愿转世的人，称之为"呼毕勒罕"。下文顺其习惯叫法，称之以活佛。在佛教六大语系四大传承中，唯独蒙藏族地区佛教有活佛转世制度。据《藏传佛教》一书记载，清朝乾隆年间，在理藩院正式注册承认的呼图克图（Qutugtu）达 160

人，呼图克图是蒙古语音译，是对上层大活佛之封号。其中，西藏30人，内蒙古57人，喀尔喀蒙古19人，青海和甘肃35人，北京14人。新中国成立初期的1949年至民主改革的1959年之间，仅西藏自治区就有活佛约300至4000人。[①] 又据《西藏和蒙古的宗教》，1900年之前，仅在蒙古族地区就有转世活佛243位，其中内蒙古地区（包括北京、东北三省）占157位。[②]

第二节　喀尔喀蒙古的弥勒信仰
与哲布尊丹巴呼图克图

在蒙古族历史和蒙古佛教历史中，影响非常大的是弥勒佛的化身哲布尊丹巴呼图克图（rJe btsun dam pa Qutugtu，尊贵的圣人之意），蒙古人俗称尊师为"温都尔格根"（ündür gegen），温都尔格根是蒙古语，高贵的圣人的意思。佛教史上僧人当过一国之主皇帝的，也只有这位弥勒佛的化身哲布尊丹巴呼图克图一人。1911年12月29日蒙古国独立时，曾一度把哲布尊丹巴呼图克图推上了皇帝宝座，年号为"共戴"。[③]

多罗那它尊者（Tāranātha，1575—1634）是著名的《印度佛教史》的作者，西藏名为衮嘎宁波（Kun dgah sñing po，欢喜心之意）。多罗那它尊者于1614年，在现在西藏自治区拉孜县彭错林区创建了一座达丹彭错林寺（dal ldan phun tshogs gliṅ）。不久前，喀尔喀蒙古的土谢图汗部的阿巴岱汗（Abadai Han，1534—1586），派人到西藏邀请高僧；藏巴汗于是就派遣了格鲁派以外的觉囊派的高僧多罗那它尊者前往喀尔喀蒙古传教。万历四十二年（1614年）多罗那它到达蒙古后，常驻库伦，即今日的蒙古国首都乌兰巴托，传授佛法和佛教文化艺术。

多罗那它尊者前往喀尔喀蒙古之时，达赖喇嘛四世云丹嘉措（Yon tan rgya mtsho，1589—1616，功德海，蒙古人）赠给多罗那它尊者"迈达理"（Maidari）的称号，迈达理是梵文maitarya的音译，意为弥勒佛。因此，蒙

---

① 弘学：《藏传佛教》，四川人民出版社1996年版，第173页。

② ［意］图齐、［西德］海西希：《西藏和蒙古的宗教》，天津古籍出版社1989年版，第353页。

③ 张怡荪主编《藏汉大辞典》，民族出版社1985年版，第2053页。"共戴"一词来自古印度最初出现的国王受到大众的敬重，尊称为"众敬王"（maṅ bkur rgyal po）。

古人都把多罗那它尊者称之为，"迈达理格根"（Maidari gegen），格根乃蒙古语，是指活佛之意，即是说，多罗那它尊者是弥勒佛"乘愿再来"的活佛。多罗那它尊者赴喀尔喀蒙古之后，他讲经说法、兴建佛教寺院，受到蒙古王公贵族和民众的欢迎。①

多罗那它尊者于 1634 年，示寂于喀尔喀蒙古的喀尔喀部，在喀尔喀蒙古传教弘法长达 20 余年。第二年土谢图汗衮布恰好生育一子，蒙古各部汗王认定衮布之子为多罗那它尊者"乘愿再来"的转世活佛，同时还将他尊为蒙古地区第一世"哲布尊丹巴呼图克图"（1635—1723），此即喀尔喀蒙古最大的活佛转世的由来。

一世哲布尊丹巴呼图克图一生精进于弘扬佛法，特别是在制作佛像艺术方面，师尊亲手创作，创造出独具特色的蒙古佛像菩萨像等的艺术风格，开拓了蒙古佛教艺术史上的新篇章。

扎纳巴扎尔（Zanabazar，乍那巴乍耳），是一世哲布尊丹巴呼图克图授居士戒即在家戒（obasig sanwar，乌巴什戒）的法名。是尊师三岁时（1638 年），由扎木巴力巴诺们汗（rGyal dpal pa nomon qagan）授的在家居士戒。由旺希布如勒喇嘛授出家戒，法名为罗布桑丹贝成勒（bLo bo bzaṅ bstan baḥi phrin las）②。

第二世哲布尊丹巴呼图克图·罗布桑丹彬多密（1724—1757）是清雍正、乾隆年间出现在蒙古地区的一位著名政教领袖。第二世哲布尊丹巴呼图克图·罗布桑丹彬多密（Blo bzaṅ bstan ḥdsin mthu mi，善慧持教力者之意）为维护祖国统一，平息叛乱，抵制沙俄的分裂活动起了积极作用。③

第三节　北京雍和宫的弥勒造像与其信仰

据《蒙古佛教史》记载：藏历木鼠年（1744 年），乾隆皇帝曾向章嘉呼图克图·罗赖毕多尔吉（Zang skya Qutugtu Rol paḥi rdo rje，1716—1786）活佛请教过有关佛教发展情况。远在元朝时代就有藏传佛教萨迦派的高僧

① 有关活佛转世情况，参见"蒙藏地区佛教活佛转世制度的缘起"，胡雪峰主编《雍和宫》2011 年第 1 期，第 2—14 页。

② 中国社会科学院中国边疆史地研究中心主编《清代蒙古高僧传译辑》，全国图书馆文献缩微复制中心 1990 年版，第 346 页。

③ 嘉木扬·凯朝：《蒙古佛教的研究》，日本法藏馆 2004 年版，第 209—237 页。

萨迦班智达（Sa skya Paṇḍita，1182—1251）和八思巴·洛追坚赞（ḥPhags pa blo gros rgyal mtshan，1235—1280）任帝师，在北京建寺弘法。在乾隆皇帝的旨意下，章嘉呼图克图·罗赖毕多尔吉和勒钦布鲁古仁布钦（Khri chen sphrul sku rin po che）主持，把北京雍和宫改建为蒙藏佛教寺院，即雍和门殿（寺院的山门）、雍和宫殿（寺院的大雄宝殿）、法轮殿等，并左右建有护法殿、显宗殿、密宗殿、声明殿、医学殿，又有僧舍等，成为规模宏大的蒙藏佛教大寺院，寺名藏语名甘丹敬恰林（dGaḥ ldan byin chags lgiṅ，蒙古语名为 Nairaltu nairamdaku süm-e，满语名为 hiwaliyaka qu-ruṅ 即雍和宫之意），意为弥勒佛的净土兜率天之意。[①] 清乾隆九年（1744年），从内蒙49旗和外蒙7部以及藏区征集500名青年学僧来雍和宫修学佛法、成立僧团。其中，300人在显宗学院修学，100人在密宗学院修学，50人在医学学院修学，50人在声明（文化）学院修学。寺院制度一切以佛教清规戒律而定。皇帝每年视察雍和宫，一切费用由国库支付。

雍和宫的弥勒大佛供奉于雍和宫万福阁，万福阁是雍和宫最雄伟的建筑，通高25米，飞檐三重。巨大的汉白玉须弥座上，耸立着一尊高大的白檀香木雕刻的木质贴金佛像，被誉为雍和宫木雕三绝之一。此弥勒大佛像是由一棵完整的白檀香木所雕刻，手臂及垂下的衣纹飘带，由其他木料辅助，地面垂直高度18米，地下部分埋入8米，这根26米高的白檀香木原产地为古印度，是1748年至1750年间，由西藏地区的七世达赖喇嘛格桑嘉措（bsKal bzaṅ rgya btsho，1708—1757）用大量宝物重金购得后，经西藏、四川历经3年运到北京，献给乾隆皇帝的。[②] 后由蒙古高僧察汉达尔罕（Cagan darqan）喇嘛设计，由皇宫的养心殿造办处所辖的"广木作"、"雕銮作"、"漆作"等工程部各行造办佛像的蒙藏高僧工匠师

---

① 嘉木扬·凯朝：《蒙古佛教的研究》，日本法藏馆2004年版，第300—350页。

② 据金梁编纂《雍和宫志略》（《西藏汉文文献丛书》第三辑之二，中国藏学出版社1994年版）第284—285页记载：这时在西藏南边的廓尔喀国王，即尼泊尔国，从印度运来了一棵白檀树，被七世达赖知道了，用大量的珠宝，把这棵白檀树换了来，从西藏运到四川，从四川运到北京的雍和宫内，就在法轮殿后院内，支搭芦殿（席棚），由养心殿造办处的"广木作"、"木作"、"漆作"、"雕塑作"、"如意馆"五处的工匠，会同中正殿办造佛像的喇嘛工匠，在察汉达尔罕（Cagan darqan）喇嘛设计指导下，把这个整棵大白檀树，雕了一个高五丈五尺的大佛像。这是清《内务府养心殿造办处事例》中所载的一段，造办处雕銮作的老工人，和中正殿办造佛像年老的喇嘛们，大半全都知道这个故事。北京有句对雍和宫而发的俗谚，"先有佛像，后有宫殿"。就是说先雕刻的弥勒大佛，后建盖的万福阁。

雍和宫弥勒佛像

负责施工，精心雕刻完成了举世瞩目的这尊26米高的弥勒大佛像。这尊弥勒大佛明显地体现了蒙古佛教造像的艺术风格。佛像雕成后，用苇毡将佛像保护起来，然后盖起了雍和宫最大的大殿——万福阁，这铭记了清朝皇帝与蒙藏佛教高僧大活佛之间感人至深的友谊。

又据《雍和宫》刊物①，乾隆十五年（1750年），乾隆皇帝派兵西藏协助第七世达赖平定了西藏郡王朱尔默特那木扎勒的叛乱。七世达赖为感谢皇帝的恩德，利用他统治前藏的力量到处找宝贝以谢皇恩。他听说乾隆皇帝欲在雍和宫的后面造一尊高大的佛像以取护卫、消灾、祈福之意。于是深受皇恩的七世达赖就想尽办法用大量的珠宝换取到这棵树。先用牦牛把这棵树拖出山来，然后经过水道长江和隋唐时期开凿的、贯穿华夏腹地的、被西方称为"帝国运河"的京杭大运河，运到北京的通州。从通州到北京的几十里路，利用冬天，天寒地冻之季，通惠河形成冰道，最后把它滑进北京。檀木本身是一种药材，能去风肿、湿热。据专家考证像26米这样高的白檀木至少其成长期是千年以上，且中国没

有，世界罕见。因这尊佛像尺寸太大，又是独木，以前没先例，因此从设计到施工都非同寻常。

雍和宫的弥勒大佛像，表现形式与汉传佛教的弥勒造像截然不同。一般说，汉传佛教寺院中的弥勒佛大多与本师释尊一样，是身披袈裟，

---

① 曹生忠、刘淑东："雍和宫的佛像"，胡雪峰主编《雍和宫》2011年第1期，第42—43页。

祖右肩，结跏趺坐于莲台上的金色身像。而雍和宫万福阁的弥勒大佛却是站像，而且是头戴五佛宝冠，身着菩萨装。五佛冠由五瓣组成，每一瓣的四周均有镂空的花纹环绕，其中间端坐一尊佛像，以代表佛的五智。此弥勒大佛脸部较为丰满，双耳垂轮，耳上挂有金环，眉眼舒展，平视前方，神情肃穆。其身上遍饰璎珞，其璎珞以及臂上的金钏、手镯都饰以琥珀、松石与珠翠，显示了浓厚的蒙古族地区的民俗、宗教文化和艺术风格。佛像的双肩上，装饰有巨大的莲花，左肩莲花上有奔巴壶的模型，而右肩莲花上有法轮的模型。比较特殊的是莲花的花叶，不是一般汉传佛教莲花的花叶，而是青藏高原特有的西番莲的尖型莲叶。莲花下合成两条绿色的根蔓，分别沿着弥勒大佛的手臂延伸，直达弥勒佛的两只手。弥勒大佛的右手屈于胸前，食指与拇指相抵，捻着莲花的根部，左手略低于腹前，小臂向下平伸，拇指与食指相交，也捻着莲花的根部。此手印为弥勒大佛的施舍印（藏语叫 sbyin baḥi phyag rya，蒙古语叫 üglig un mutur）。弥勒大佛的脖颈上还挂有一串木质佛珠，共计一百零八颗。万福阁内部设计，略显窄小，这样就更突出了弥勒大佛高耸向上的效果，要看清佛像的面孔，必须仰视才行，使人感到了弥勒大佛的伟岸，顿生敬意①。

为给这尊世上罕见的大佛安一个理想的家，工匠们也是煞费苦心，绞尽脑汁，终于大佛屹立在众人面前。20 世纪 90 年代初首次为弥勒大佛重塑金身。佛像采用金箔罩漆工艺，金箔全部采用有较好的抗氧化性的、纯度极高的"库金"，金箔的表面还要附上一种良好的柔性保护材料，全身贴金 105 具（一具现等于 20 克黄金）。1990 年 8 月载入世界吉尼斯大全②。

雍和宫的祈愿大法会与弥勒信仰

蒙古地区每年正月举行祈愿大法会，藏语称默朗钦摩（sMon lam chen mo），是格鲁派寺院的重要佛事活动之一。其起源是由宗喀巴大师（tshoṅ kha pa，1357—1419）为了纪念释迦牟尼佛，传承佛教法脉，遂每年举办祈愿大法会，并形成惯例，历经五百余年沿袭至今。该法会最初兴起于明

---

① 叶联成："雍和宫的佛像"，载牛颂主编《雍和宫》，当代出版社 2002 年版，第 313—314 页。

② 曹生忠、刘淑东："雍和宫的佛像"，胡雪峰主编《雍和宫》2011 年第 1 期，第 43 页。

乐七年（1409 年），由宗喀巴大师与西藏地方政府首领帕竹阐化王·札巴坚赞（Phag gra dbaṅ grags pa rgyal mdshan）① 共同商定后发起的。祈愿大法会由札巴坚赞王筹备，宗喀巴大师筹集黄金 500 两，为大昭寺觉卧仁波且（释尊）制作五佛金冠②、披肩、飘带等佛衣以示庄严，将释尊由化身（sprul sku）相转化为报身（loṅ sku）③ 相。1408 年底，各教派僧众一万多人，信众数万人云集拉萨。因此，史称这次祈愿大法会是不分地区、不分教派、不分民族的纪念释尊的佛教大盛会。1409 年正月初一至十五日，法会在宗喀巴大师的主持下，于拉萨大昭寺隆重举行。祈愿大法会上进行了讲经说法、祈福人们安居乐业、祝愿国土平安、展献酥油花等项活动。

宗喀巴大师圆寂后祈愿大法会曾中断 19 年，到第二世达赖喇嘛格敦嘉措（dge ḥdun rgya tsho, 1475—1542）时又重新恢复，成为格鲁派每年正月期间重大佛教节日之一。在一些大的寺院中，每年都会举行。从五世达赖喇嘛阿旺罗桑嘉措（Ñag dbaṅ blo bzaṅ rgya tsho，1617—1682）祈愿大法会起，其时间延长为每年藏历正月初三至正月二十四日，期间举行辩经，考取拉然巴格西。遂将祈愿大法会形成制度，使其规模更宏大，内容更丰富④。藏传佛教的格西（dge bśes，善知识）即佛教博士，就是在西藏祈愿大法会上以辩论佛法的形式而选出的，并形成仪轨流传至今，为祈愿大法会增添了热烈的学术气氛。

据藏传佛教记载，相传释迦牟尼佛在世间时，曾于藏历正月初一至正月十五日示现了种种神通变化，以调伏众多恶魔外道。后以此为由，藏传佛教将其定为大神变节，藏历正月称神变月，由此蒙藏佛教各大小寺院都要举行祈愿大法会和金刚驱魔法舞仪式。

---

① 张怡荪主编《藏汉大辞典》，民族出版社 1985 年版，第 1699—1700 页。帕竹第司（Phag gru sde srid），帕竹世系兼掌政教，其执掌政权者称为"第司"。阐化王·札巴坚赞（dbaṅ grags pa rgyal mshan）为第五任"第司"。

② 五方佛：东方阿闳佛（Akṣobhya 不动佛）、南方宝生佛（Ratnākara）、西方阿弥陀佛（AmitAbha）、北方不空成就佛（Amoghasiddhi）、中央大日如来（Manhāvairocana）。雍和宫嘉木扬·图布丹老师说，宗喀巴大师献给释尊报身相的目的，在于祈愿释尊久住世间普度众生。

③ 张怡荪主编《藏汉大辞典》，民族出版社 1985 年版，第 2818 页。报身，受用身，圆满受用身（loṅs spyod rdsogs paḥi sku）。佛身之一，亦为智度七十义之一。住法身中不动不起，但于化机菩萨圣众之前示现身形，成为化身之所依处，为诸相好所庄严者。报身五种功德，如来报身所具五种殊胜功德：身德示现不断、语德说法不断、意德事业不断、精勤而无为和应化而无实。

④ 杨贵明编著《宗喀巴诞生地——塔尔寺文化》，青海人民出版社 1997 年版，第 145 页。

辩经图

　　每年农历二月初一日早晨，众僧开始抬着弥勒佛像绕寺院一周，于院内四方跳金刚驱魔法舞，在每个大殿堂都跳"阿杂日舞"①。四名僧人抬着弥勒佛像坐的金黄色华盖轿子，从雍和宫殿（大雄宝殿）出发，依顺时针方向绕各殿院行走一周，表示未来弥勒佛将降临人间，替世间消灾解难、驱除邪魔，使人间每片土地、每个角落都在诸佛的护佑之下平安吉祥。途中分别在讲经殿、万福阁、密宗殿、天王殿前和雍和宫殿内祈诵《献沐浴诵》和曼达供养。届时僧众纷纷向弥勒佛像供养、祈祷、顶礼、布施，祈愿佛护佑。绕寺仪式持续约两个小时，最后僧众护送弥勒佛像重新供奉于雍和宫殿，僧众回法轮殿诵愿文和吉祥经，祝福国泰民安，世界太平，祈

①　"雍和宫《阿杂日舞》随想"，胡雪峰主编《雍和宫》2011年第2期，第58—60页。"阿杂日"，是指早期将佛教从印度尼泊尔等地传入西藏的游学僧，他们中有游方僧、行脚僧、瑜伽咒师等，是传播佛法的文化使者。他们不仅带来了佛法，还有本国的文化珍宝，为蒙藏佛教的形成与发展起到了非常重要的作用。这幕舞蹈表现的就是这些高僧孜孜不倦、讲经传法、辩经论典、除邪正法、辛勤耕耘、建功立业的生动形象。用讴歌纪念的舞蹈语汇表达后人感恩使者（上师）的情怀。"阿杂日舞"是对外域佛教传播者功德的赞颂，舞动出后来人的感恩精神以回报前者。雍和宫的徐新华说："阿杂日舞"深涵着佛教理念与文化象征相融合的一种民族精神，是民族友谊与团结的吉祥之舞。在雍和宫大愿祈祷法会的佛日庆典之时，"阿杂日舞"跳起来了，它生生不息代代相传的舞步深印在我心里。

愿大法会圆满成功。

该祈愿大法会是雍和宫声势浩大、佛事活动内容最为丰富的大法会之一。来自不同寺院、地区的僧俗信众不约而至。在此期间如能来寺院发心祈祷、供养布施，均能得到佛菩萨三宝上师的加持，达到消业除障、福慧增长的无量功德。

祈愿大法会是雍和宫一年一度时间最长、内容最多、规模最大的法会之一，届时很多游客信众前来观瞻、礼佛。正月是一年之始，信众祈求新的一年有好的开始，愿家庭和睦，亲人平安。随着僧众的诵经声和金刚驱魔法舞的法力加持，启迪众生之心灵，消除众生的烦恼业障和所知障，增加福德和智慧资粮。整个仪式庄严隆重，洋溢着吉祥喜庆的氛围。活动最后诵"吉祥赞扬"并撒胜利果实，以示胜利。

第四节　内蒙古梵宗寺的弥勒信仰

蒙古族地区佛教的特征之一是"乘愿再来"的"转世真者"活佛。在蒙古族地区的佛教信众的信仰意识中，活佛是诸佛诸菩萨的再来。所以，蒙古族地区佛教寺院有无活佛对其经营影响很大。例如：内蒙古梵宗寺有著名的活佛，寺院的恢复比其他蒙古族地区的佛教寺院快。梵宗寺坐落在内蒙古自治区赤峰市翁牛特旗人民政府所在地乌丹镇四公里处，元朝年间是与成吉思汗家族有关的蒙古佛教大本山之一，号称元朝的"护国寺"，后因与北京的护国寺区别，改称"护卫寺"，其后到了乾隆八年（1743年），由乾隆皇帝赐名为梵宗寺（蒙古语叫 šasin ündüsün süm‑e，藏语叫 bstan paḥi ḥbyuṅ gnas gliṅ），意为佛教发祥地。

据说，当时在内蒙古自治区赤峰市翁牛特旗地区发生灾难，于是翁牛特旗的王爷派人前往西藏拉萨邀请高僧。西藏拉萨色拉寺的贡噶俄日布（Kun dgaḥ hor po，1754—1818）活佛，受八世达赖喇嘛·绛贝嘉措（ḥJam dpal rgya mtsho，1758—1804）的委托，赴内蒙古梵宗寺解除了灾难，赢得了蒙古王公贵族和民众的爱戴与尊敬，因此，被招请为内蒙古梵宗寺的第一世活佛，这是梵宗寺寺主丹迥·冉纳班杂活佛的由来和开始。第一世丹迥活佛曾出任过章嘉国师，即章嘉·罗赖比多尔吉耶喜忒皮嚼纳曼伯拉森波（Zaṅ skya Rol paḥi edo rje ye ses thob paḥi bsod nams dpal bzaṅ po）的经师，现任梵宗寺寺主丹迥·冉纳班杂活佛五世（以下略称丹迥活佛），系

中国藏语系高级佛学院教
务处前处长、中国佛教协
会常务理事、承德市普宁
寺名誉住持。

　　丹迥活佛因精通蒙藏
医药学，曾被内蒙古医学
院聘请为教授，后又在辽
宁省阜新蒙古自治县蒙医
研究所工作。1987 年，中
国藏语系高级佛学院在第
十世班禅大师和中国佛教
协会前会长赵朴初的倡导
下，1987 年 9 月 1 日在北
京名刹西黄寺成立并开学。
丹迥活佛协助第十世班禅
大师为筹备创建佛学院尽
了最大的努力。尊师又经
第十世班禅大师亲自选拔
为第一批活佛学员。1987

梵宗寺弥勒佛

年开始，翁牛特旗人民政府和梵宗寺主丹迥活佛，为使梵宗寺重放异彩，
殚精竭虑，1998 年开始，先后投资人民币约 1200 万元，对梵宗寺进行
修复。

　　新修复的梵宗寺占地 4 公顷，由寺院前广场、天王殿、鼓楼、钟
楼、客殿、僧舍、转经殿、关帝殿、阿罗汉殿、五大金刚殿、大雄宝
殿、延寿三尊殿、大藏经殿、弥勒殿、时轮金刚殿和二十一度母殿等组
成，形成了内蒙古地区规模较大，风格独特的蒙古佛教的名刹。① 在丹

---

　　① 据《梵宗寺》（2001 年）记载：乾隆皇帝赐用四种文字亲笔题词的匾额《侠信温都尊苏
莫》（šasin ündüsün süm－e），即梵宗寺之意。从此，梵宗寺为翁牛特旗最大的佛教大本山，隶属
北京雍和宫管辖。梵宗寺有两处活佛府邸，即寺院西和寺院东侧。寺院以西的活佛府邸之活佛，
即现今梵宗寺主系活佛——丹迥活佛转世系统。丹迥活佛在藏地转世有九代，来内蒙古翁牛特旗
至今五代，分别是：一世贡噶俄日布（Kun dgaḥ nor po, 1754—1818），二世格桑顿日波（1819—
1872），三世森普日勒多丹（1873—1917），四世阿旺格桑丹增（1918—11945），五世丹迥·冉纳
班杂活佛，汉名为吴占有，任中国藏语系高级佛学院研究员、前教务处处长。

迥活佛的倡导主持下，本着契理契机，庄严国土，服务众生，善待众生的目的，"培养爱国守法，爱教清净，有知识，有能力，能持理，弘扬佛法"的现代僧人，为此，梵宗寺设立了教室、图书室、计算机室和蒙藏诊所。梵宗寺将成为国内首屈一指、内蒙古独一无二的学院式佛教寺院。

梵宗寺恢复佛事活动后，在梵宗寺的弥勒殿塑造弥勒像，提供给前来梵宗寺的善男信女礼佛。2000 年开始新塑造的泥塑贴金造像，高约 5.5 米，宽约 3.3 米，表现形式摹仿西藏大昭寺的强巴佛，即藏传佛教弥勒佛造像艺术风格。弥勒佛像头戴五佛宝冠，身披璎珞，双脚垂地，呈椅坐姿，双手结转法轮手印。为能速降人间转大法轮，普度众生的缘故，呈双腿垂下的垂足坐姿。

佛经中讲："无论口诵心念，或耳闻弥勒佛咒音者，自释尊灭度，至佛出世，若坠三恶道者，皆悉度脱之，不令坠诸恶趣。其所获福德，能成转轮圣王，能生于兜率内院，弥勒菩萨前。如生其他善处，无诸障难，能得一切如愿，寿命财宝，长远丰饶，无不具足。"为此，供奉在蒙藏地区，各大小寺院中，都有弥勒殿，弥勒佛造像。佛教强调因果关系，即"要知过去因，现在受者是；要知未来果，现在造者是"。这些体现了蒙藏地区佛教信众对弥勒佛的崇爱，对未来世界的美好期待。①

第五节　辽宁阜新蒙古族自治县
佛寺瑞应寺的弥勒信仰

瑞应寺（蒙古族人称"葛根苏木"，俗称佛喇嘛寺。）位于辽宁省阜新蒙古自治县佛寺镇佛寺村，距阜新市西南 22 公里②，始建于清康熙八年（1699 年），属藏传佛教格鲁派寺院，素有"东藏"之称；清康熙四十二年（1703 年）初具规模，康熙帝赐名题字，赠刻有满、汉、藏、蒙四种

---

① 张嵘："塞外名刹梵宗寺"，《当代中国》2004 年 6 月号，第 24—25 页。

② 在阜新蒙古自治县的西南山区，有一条幽静灵秀的山谷，它三面环山，卧谷十里。远看环绕的群山，山峦迭翠，雄姿挺拔；近处有泉水叮咚，清澈透明，甘美芬芳。在这山清水秀、景色宜人之地，一座久负盛名的佛教寺院静静地立在这里，这便是闻名遐迩的、东部蒙古族地区最大的蒙藏佛教大寺院——瑞应寺。清朝后期，佛寺地区被国家记载的佛教寺院和被县记载的佛教寺院以及村记载佛教寺院约 300 座，僧众有 20000 余人，仅瑞应寺就有僧众 3000 多人。

文字的瑞应寺匾额①，满文称：佛尔郭春依阿察布热寺（ferguwecun-i acabure tsî），汉文称：瑞应寺，藏文称：嘎丹达如结如博凌（dGaḥ ldan dar rgyas grub gliṅ），蒙古语称：盖哈木希嘎 照和拉古鲁格齐苏木（Gaiqamsiga jokiragulogci süme）。并封瑞应寺一世桑丹桑布·呼图克图（bSam gtan bzaṅ po Qutugutu，1633—1722）活佛"东方蒙古老佛爷"（Jegün gajar un monggol no ebugen Borqan.）的圣号②。瑞应寺在鼎盛时期有僧众三千多人，寺院建筑方圆十里有余，其中有大雄宝殿、祈愿殿、九大臣祈愿殿及东西配殿，大雄宝殿外有四大扎仓和德丹阙凌（藏语：安乐具足法殿）及活佛殿，周围有五座学院分别建在东西南北山顶或山坡上，大白伞盖寺在东北山顶，护法寺在东南山顶、面北而坐，度母寺在西南山头，关帝庙在西南山坡，舍利寺在西北山顶。整个寺院布局合理、主次分明，形成了内外相映、四面对称的独特格局，此外还有绕寺院一周的环寺路，路边有万尊石雕造像，环路而立，宏伟壮观，实为佛门圣地。

据史料记载，瑞应寺鼎盛时期，有这样一种说法"有名喇嘛三千六，没名喇嘛赛牛毛"。经历长达180多年的扩建，瑞应寺的占地面积达到约18平方公里，有大小寺殿97座，约1620多间，形成了气势恢宏的佛教建筑群。正殿大雄宝殿，栋宇巍峨，雄伟壮观。活佛宫分东西两馆，有房舍999间，南北七道门。大殿周围有四大扎仓和德丹阙凌，寺院外环——万佛路上有万尊石雕佛尊，素称"万尊佛"。瑞应寺号称中国蒙藏佛教东方中心。

2009年，瑞应寺举行了隆重的萨尼特扎仓（法相僧院）开光法会。萨尼特扎仓是瑞应寺四大学院之一。建筑面积3200平方米，为主体二层、局部四层的纯木结构藏式佛教寺院建筑。中央塑造有13米高的铜镏金弥勒佛，周围塑造有千尊文殊菩萨，寺院内依院墙建有380个转经筒，铜镏金弥勒佛是目前东北地区包括内蒙古地区最高的弥勒造像，萨尼特扎仓则是目前东北地区包括内蒙古地区规模最大的一座蒙藏佛教寺院殿阁③，海内外善男信女前来礼佛者络绎不绝。

---

① 陶克通嘎等编《瑞应寺》，Togtonga，*Gaiqamsig joqiragulugci süm-e*，内蒙古文化出版社1984年版，第10—13页。
② 同上书，第10页。
③ 嘉木扬·凯朝：《中国蒙古地区佛教文化》，民族出版社2009年版，第478—479页。

第六节　内蒙古美岱召与弥勒信仰

美岱召（蒙古语：弥勒寺之意，梵语：Maitreya）[①] 坐落在内蒙古自治区包头市大青山脚下，是成吉思汗第十七世孙阿勒坦汗（Altan Khan，1507—1582）于 1565 年主持兴建的，初为阿勒坦汗的金国都城，1606 年改建成藏传佛教格鲁派在蒙古族地区的第一所佛教寺院，距今已有 440 多年的历史，占地面积 6.25 万平方米。

历史悠久的城寺——美岱召是由城墙和寺院建筑群组成的塞北蒙古高原堪称一绝的"城寺"。美岱召的主要建筑有：古城，是一座南北长度等同而东西长度略不等同的长方形古城，墙土夯筑，外用石块包砌；城门外墙和门洞用青砖，城门内侧筑有东西马道，由此登上城墙；城门台上筑歇山式顶二楼三檐城楼。美岱召现为全国重点文物保护单位，国家 AAA 级旅游景点。2008 年 8 月迎请内蒙古梵宗寺寺主丹迥·冉纳班杂活佛升座主持美岱召。丹迥活佛系中国藏语系高级佛学院研究员、前教务处处长、现中国佛教协会常务理事，获得过"共和国功勋人物"、"中华精英人物"等荣誉称号。

据《蒙古源流》所载三世达赖喇嘛的行经路线分析来看，传说中三世达赖喇嘛曾在灵觉寺的坐床还是可信的。万历十六年（1588 年），三世达赖喇嘛在内蒙古圆寂，其转世灵童呼毕勒罕，即四世达赖喇嘛是阿勒坦汗的孙子苏木尔岱青之子，名云丹嘉措（Yon dan rgya mtsho，1589—1616 年，功德海）。四世达赖喇嘛云丹嘉措长大后，被送回西藏坐床，于是西藏僧界即派迈都哩雅·呼图克图来内蒙古掌教弘扬佛法。阿勒坦汗的孙媳妇五兰姬吉主持这次迎请迈都哩雅·呼图克图（Gutugtu）来灵觉寺主持弥勒佛的开光典礼仪式，这在《蒙古源流》中记载颇详。美岱召即"灵觉寺"，城门石匾上也记下了五兰姬吉修建泰和门的经过，时间均在万历三十四年（1606 年），据此可知史籍不误。由于迈都哩雅·呼图克图长期在灵觉寺掌教弘扬佛法，人们便称之为迈都哩雅召，以后又俗称其为"美岱召"[②]。

---

①　蒙古族地区一般把弥勒菩萨习惯称"迈达拉布尔汗"（maidar burqan），即"弥勒佛"之意，弥勒菩萨是梵语的译音，即迈都丽雅（Maitreya）。汉文意译为慈氏，藏语意译成"强巴"（byams pa）。

②　嘉木扬·凯朝：《中国蒙古地区佛教文化》，民族出版社 2009 年版，第 214—231 页。

美岱召弥勒佛

据蒙古文文献记载，迈都哩雅·呼图克图的藏名叫 dgev-bdun dpal bzang rgya mtsho dpal bzang po，于 1604 年 13 岁时，依照四世达赖喇嘛的指令，由专人从西藏护送内蒙古土默特部后，立即被扯力克（cürüke）、根钟哈敦（三娘子）、温布洪台吉等人迎请至呼和浩特的大召寺，扶坐于三世达赖喇嘛的法座上，主持蒙古地区的佛教事务。蒙古文《蒙古源流》（库伦本）对迈都哩雅·呼图克图在蒙古地区讲经说法的弘法活动有如下记载：

1606 年应阿勒坦汗的孙子大成矮吉（Dayicing ejei）的妻子五兰姚吉（uran biki）之邀请，迈都哩雅·呼图克图前往迈达里召（美岱召），为寺院里新塑造的弥勒佛像举行开光仪式。其后，1611 年，应兀鲁（orugud）部的答来·兀巴失那颜（Dalai ubashi noyan）的邀请为他所修建的佛教寺院举行开光仪式。

1614 年，鄂尔多斯斯部的博硕克图吉农（Bosugtu，汉籍称卜失兔，1565—1624）用珍宝金银铸造了释迦牟尼佛 12 岁等身像，铸造各种法器等，邀请迈都哩雅·呼图克图前往，为佛像等举行开光仪式。为此，博硕克图吉农尊称迈都哩雅·呼图克图为"大慈法王"（Yekede asragci nom-un qagan）。

博硕克图吉农去世后，其第三子土巴台吉（Tuba tayiji）为其父亲举办法会消除烦恼，回向功德福德资粮。为此，他1624年前往西藏，次年作为施主参加了四世达赖喇嘛的舍利灵塔举行的开光法会，返回蒙古的途中，遵照其父亲的遗言，迎请了用银字缮写的《丹珠尔经》一部。土巴台吉于1626年回内蒙古鄂尔多斯部之后，其母亲召集所有部落的达官贵族，特请迈都哩雅·呼图克图和高僧大德举行迎请《丹珠尔经》法会。

1627年，博硕克图吉农的次子额林臣升任吉农的领导位，《蒙古源流》的作者萨冈·彻辰·黄台吉也随同大家一起聆听了迈都哩雅·呼图克图所开示举行的《吉祥金刚萨埵灌顶》（Vajrasatva abhiseka），萨冈·彻辰·黄台吉对四世达赖喇嘛所派来蒙古的迈都哩雅·呼图克图也是非常敬佩和尊重的。

蒙古副汗（鄂尔多斯济农）世系①

1. 达延汗第三子巴尔斯·博罗特（其为阿勒坦汗之父），被封为副汗（吉农），驻鄂尔多斯部，领导右翼三万户，封次子阿勒坦汗为土默特部首领。吉农位由长子衮比里克·墨尔根继承。

2. 墨尔根吉农（1506—1542），与其弟阿勒坦汗南征北战，阿勒坦汗势力不断壮大。

3. 诺延达剌吉农（1522—1774），史籍称他吉农，把职位当做了人名。他虽有吉农之号，实听命于阿勒坦汗。

蒙古地区接受藏传佛教格鲁派的第一人切尽·洪台吉是诺延达剌吉农之侄子，阿勒坦汗的从孙，文武兼备。

4. 博硕克图吉农（又译作卜石兔，与第四代顺义王同名，1577—1624年在位）。

5. 第五代吉农额璘臣，1635年归顺清廷后，为伊克昭盟第一任盟长。

清初设伊克昭盟，蒙古语"伊克"即"大昭"即佛教寺院；该大寺院指达拉特旗的王爱召（王爷召之意），是万历四十一年（1613年），据鄂尔多斯部博硕克图济之意，在鄂尔多斯修建的第一座佛教寺院。王爱召是鄂尔多斯部规模最大的一座蒙藏佛教寺院，占地50亩，寺内正殿为汉式

---

① 王磊义、姚桂轩、郭建中：《藏传佛教寺院美岱召五当召调查与研究》，中国藏学出版社2009年版，第100—101页。

建筑 49 间，上覆五色琉璃瓦，藏式建筑 81 间，东西两侧有钟鼓楼，正殿后边有 3 座白塔，常住僧侣 300 余人。1941 年因战火炸毁。[①]

该召所在地曾为最初伊克昭盟会盟之地，故称伊克昭盟，地处鄂尔多斯高原，明代为蒙古族鄂尔多斯部落游牧中心，今该盟称鄂尔多斯市。

蒙古末代汗林丹·呼图克图（1592—1634）在位时，寺院中所供奉的上师中也有迈都哩雅·呼图克图。蒙古文《黄史》中记载说，林丹汗 13 岁即位（1604 年）后，从迈达里·诺门汗（法王之意）、卓尼·绰尔济（co ni chos rje）等诸位上师接受过密乘灌顶[②]。

迈都哩雅·呼图克图 1592 年生，13 岁时到呼和浩特，曾坐床三世达赖在蒙古地区的大召寺所设的法座，以至"大慈悲迈达里之名"扬名遐迩[③]。《蒙古源流》中记述说，他是莲花大师高徒大慈津巴·札木苏的转世真者。他有高贵的身份和作为四世达赖派他前来蒙古地区讲经说法的资历。迈都哩雅·呼图克图在美岱召传播佛法，普度众生，讲经说法约有 20 年的时间，作为蒙古地区格鲁派第一寺，披上了蒙古地区格鲁派弘法中心的光环。[④]

约天启七年（1627 年）前后，土默特部左翼东移，美岱召的迈都哩雅·呼图克图赴哲里木盟库伦旗建造了"迈德尔庙"（也可以写作美岱召，即弥勒寺），这样，美岱召的俗称可能与迈都哩雅·呼图克图有关。库伦旗的迈德尔庙（迈达里葛根庙）是包头美岱召的属寺。迈都哩雅·呼图克图在库伦旗转世到八世。第八世迈都哩雅·呼图克图于民国年间曾光临过美岱召，曾在寺院讲经说法一个多月。第八世迈都哩雅·呼图克图是哲里木盟科左后旗吉日嘎郎东边的王爷仓的人，王爷仓是清朝大将僧格林沁第五子后裔的府邸。

1940 年，应科左后旗双福寺的迎请，第八世迈都哩雅·呼图克图举行了三天"时轮金刚大法会"，前来参加法会的东部地区善男信女 10 万多人，法会期间每天都给僧俗讲经说法一个多小时。从中可以看出蒙古地区

---

①　王磊义、姚桂轩、郭建中：《藏传佛教寺院美岱召五当召调查与研究》，中国藏学出版社 2009 年版，第 35 页。

②　乔吉：《蒙古佛教史——北元时期（1368—1634）》，内蒙古人民出版社 2008 年版，第 86—87 页。

③　这位迈都哩雅·呼图克图与喀尔喀蒙古的哲布尊丹巴·呼图克图不是一个人，他是藏传佛教觉囊派高僧多罗那它，写过《印度佛教史》。

④　王磊义、姚桂轩、郭建中：《藏传佛教寺院美岱召五当召调查与研究》，中国藏学出版社 2009 年版，第 35—36 页。

科左后旗双福寺

的僧俗对弥勒信仰的虔诚和对迈都哩雅·呼图克图的爱戴。1947 年第八世迈都哩雅·呼图克图任内蒙古自治区人民政府参事，参加了内蒙古观礼团；1950 年国庆前，其与内蒙古文工团全体人员受到毛泽东主席的接见，并与毛主席握手；1953 年于乌兰浩特圆寂。①

结　语

本章主要阐述了蒙古族地区佛教文化与弥勒信仰的缘由。在元朝以前蒙古帝国时期，对蒙古佛教比较有影响的教派是，藏传佛教中的噶玛噶举派。蒙哥汗（1252—1259 年在位）赐该派的噶玛拔希（1204—1283）"国师"封号并授予玉印，担任总领天下释教的重任；赐予金边黑色法帽，尊崇为"噶玛拔希"（拔希一词是蒙古语"老师"、"上师"之意）。以此为契机，蒙藏族地区佛教诸派先后都产生了活佛转世制度。西藏的达赖喇嘛和班禅额尔德尼，内蒙古地区、北京以及包括东北三省的章嘉呼图克图，喀尔喀蒙古的哲布尊丹巴呼图克图、迈都哩雅·呼图克图等大活佛，极大地影响了蒙藏族地区政治、宗教、文化、艺术等。影响着蒙藏僧俗的信仰和日常生活。

---

① 王磊义、姚桂轩、郭建中：《藏传佛教寺院美岱召五当召调查与研究》，中国藏学出版社 2009 年版，第 34—35 页。

　　本章主要以较有特色的北京雍和宫弥勒造像与弥勒信仰和内蒙古梵宗寺、内蒙古美岱召、辽宁阜新蒙古自治县佛寺瑞应寺为中心阐述考证了弥勒信仰与"教义佛教"、"民众佛教"（信仰佛教）的关系。就雍和宫的弥勒大佛来讲，民间传说"先有佛像，后有宫殿"与历史文献有所差别。据中国第一历史档案馆与雍和宫管理处合编的《清代雍和宫档案史料》的满文文献第五册二十六件记载说①，雍和宫的万福阁是乾隆十三年（1748年）十月廿日，把北京景山公园的万福阁拆迁后搬至雍和宫又组装而成的。是年十二月九日，开始在雍和宫修建新的万福阁和雕塑弥勒大佛。当时从国库支出银2万两、赤金3万两，乾隆十四年（1749年）九月三十日，举办了大殿落成和弥勒大佛塑像完成开光大法会。据此可以推定，其修建过程是先把白檀香木立起来，然后组建大殿，建成后，再完成弥勒大佛的雕塑，让来雍和宫的善男信女礼佛，过好当下潇洒人生，展望未来美好的前景——离苦得乐。

　　佛学大家王志远博士在论及因果关系对中国的影响时是这样说的：两千多年的历史长河里，佛教已经完成了中国化进程，并且与儒、道等思想文化互相作用，共同成为中国传统文化的主流。他认为，佛教的众生平等与儒家"仁"的精神共同造就了中国人宽厚仁爱的德行，佛教思想中的"因果"二字更是纵观中国历史文化所不可避免的重要存在。同时，王志远博士为我们梳理了佛教在中国的四个传承，揭示了中国作为佛教第二故乡在佛教发展中举足轻重的作用。在佛教传入之前，中国讲究"善有善报，恶有恶报"，"积善之家必有余庆，积恶之家必有余殃"，但现实生活并不全是这样，在无法兑现的时候，人们积善的信心就可能动摇了。佛教提出业报轮回的观念，与先前的思想区别在于：每一个人的命运是由他自己过去所作所为引发和造成的，由他本人承担；父母这一代做的好事是由父母自己在来生得到回应，儿女自己作恶带来的后果受到"恶报"，也与父母无关；这样就从一个整体家族的互相责任，归结到每个人要对社会所

---

　　① 中国第一历史档案馆、雍和宫管理处合编《清代雍和宫档案史料》第五册，中国民族摄影艺术出版社2005年版。又据马西沙"历史上弥勒教与摩尼教的融合"（中国社会科学院世界宗教研究所编《宗教研究四十年：中国社会科学院世界宗教研究所成立40周年（1964—2004）纪念文集》下册，宗教文化出版社2004年版）第1391页介绍说，日本学者佐藤永智在其《北朝造像铭考》中，列举了云冈、龙门、巩县诸石窟和所知传世金、铜佛像，从而得出结论，北魏等朝代弥勒佛造像150具，弥陀造像仅33具。

负的责任。轮回观念在两个方面有着积极的现实意义：一个方面是让人们有信心，做一个好人，此生不能做完的，来世还可以继续未竟的事业，这就是"死而不已"；所以，佛教在历史上是给人们带来希望的，哪怕最苦难的时候，还有对未来的希望，尤其是对那些志士仁人而言。另一方面，轮回观念对遏止人们做坏事也有很大的作用，就像一个无形的警察要求人自律，除了道德说教、教育以外，自律在古代中国最有效就是佛教的轮回观念所带来的；做了恶事要负责任，就是本人要受到报应，这是很让一些人的灵魂战栗的。

中国人在交朋友时会不知不觉地考察其是否孝顺父母，假如耳闻其不孝顺父母，就会逐渐疏远，"孝"成为最起码的做人准则；而一个孝顺的人必然会对朋友忠、对事业忠、对国家忠，因此儒家理论可以归结为两个字，即"忠孝"。《吉祥经》（Maṅgala sutta）中说："若能孝敬父与母，定然妻慈子又孝；无有恶报心泰然，此真所谓胜吉祥。"告诉人们孝敬父母的功德之伟大。大家正确认识信仰与道德的关系，共同做到"认识自我、感恩他人、奉献社会、从我做起"。这里所说的"认识自我"，不是别人，而是自身；人在世间应当确知我是谁？我的父母是谁？我的国家是谁？我来到这个世界是怎样长大成人的？如果每位社会成员都清楚地"认识自我"，自然会升起一种感恩他人、奉献社会、从我做起的正确信念。这就是说，有了父母的养育之恩，有了社会各界的关心和帮助，才有我们今天幸福的生活。佛法所说的"无我"，不是说没有绝对的我，而是说"我"是因为依靠大家、社会群体，所以才有我生存的空间；大家都是相互依赖，我才能有机遇生存，才能存在这个世间。佛法说的"缘起有、自性空"就是这样的一个关于感恩的永恒哲理。佛教所说的"善"，首先意指你帮不了别人也不要去坑害别人，不要做损人不利己的事情，这是最大的护生，这就是正确认识信仰和道德，才能做到和谐共存共生。这样，也就是最好的人生，即以人（仁）为本的人生理念。佛和佛法正是要告诉我们止恶行善的人生观，别无他说。

附录

《御制善因寺碑》中记载：

　　……章嘉呼图克图道行高超、证最上果、博通经品、克臻其奥、有大名于西域、诸部蒙古咸所遵仰、今其后身秉质灵异、符验显然。且其教法流行徒众日广。朕特行遗官、发币十万两、于汇宗寺之西南里许、复建寺宇、赐额曰善因、俾章嘉·胡图克图；胡毕尔汗主持兹寺、集会喇嘛、讲习经典、广行妙法。蒙古汗、王、贝勒、贝子、公、台吉等俱为檀越、主人前身后身、敬信无二、自必率其部众听从诲导、胥登善域、主人稽古圣王之治天下、因其教不易其俗、使人易知易从、此朕赞承先志、护持黄教之意也。况此地为我皇考驻跸之地（所）、灵迹斯存、惟兹两寺当与漠野山川、并垂无极、诸部蒙古台吉属下、永远崇奉、欢喜信受、薰蒸道化、以享我国家亿万年太平之福。朕深有望焉。

《胜教宝灯》中记载：

　　二世章嘉与二世哲布尊丹巴胡图克图奉旨、将藏文《大藏经》的论部《丹珠尔》全部译成了蒙古文。"二尊者因奉敕命、用心翻译、大蒙古国各地语言虽同、亦有方言之异、翻译教法、傥不统一语汇、翻译人工、各依其便、则必难达理解、造成谬误。因先集成教法语汇、依便译经之用。是故章嘉·灵宝奇特著《正字学源泉》一书。先定内容与翻译之方法、次分为般若波罗蜜多、中论、具舍论上下、律、宗义、真言、因明、工巧明、医方明、新旧语类等章。又作蒙、藏两语差异对照表、编纂前所未有善说明之论者、予蒙古人以无量之恩惠。……如是章嘉·灵宝奇等二人主持翻译、并集精通圣典诸善友、能译（蒙、藏）二语之众学者、于辛酉年（1741 年）季秋月……至壬戌年（1742 年）孟冬月……完成翻译。呈皇帝御览、极蒙嘉奖、重赐诸译吏、并命以国币开版。于是蒙古国之境广被（恩慈）、教宝遂得弘通焉……"

第 二 章
唐卡艺术的起源及内蒙古
五当召唐卡绘画

引 言

据日本学者田中公明的研究，唐卡绘画艺术是藏传佛教美术重要的表现形式，但其起源仍不十分明确。田中先生曾就唐卡的语源进行过探讨，他认为唐卡一词来自汉译佛典中梵文 Paṭa 的翻译——"幡"或"幡画"。但至今尚未有证据显示"幡画"语源 Paṭa 与唐卡之间有直接关系。"幡画"在唐代的发音被推测为 dang hua，但有学者指出，唐、五代的西北方言，全浊音倾向于不发音。在藏语中，唐卡一词出现了三种不同的拼写，即 thang ka、thang kha 与 thang ga，也显示了藏语发音中不存在喉音，即不存在"画"hua 的音写方式。另外，提及 Paṭa 的《文殊师利根本仪轨经》等经典中，都把这个词译成 ras bris 或者 ras ris（即布面画）。如果西藏人是直接从印度接触到 Paṭa，那么就不会称其为唐卡，而是应当将 ras bris 或者 ras ris 作为卷轴装佛画的名称确定下来①。

《文殊师利根本仪轨经》（hjam dpal rtsa rgyud）② 所说上品幡画所绘

---

① 田中公明：《唐卡的起源与〈文殊师利根本仪轨经〉——由"见得利益图"说起》，张雅静译，《中国社会科学报》2011 年 2 月 15 日。林光明编译《梵汉大词典》，台湾嘉丰出版社 2005年版，第 877 页。PaTa，布，外衣，衣服，面纱，帐棚，画布，绘画等意思。

② 张怡荪主编《藏汉大辞典》，民族出版社 1986 年版，第 888 页，《文殊师利根本仪轨经》全称为《大方广菩萨藏文殊师利根本仪轨经》，密宗经籍，全书 36 章。11 世纪初，洛追（lo rtsa ba śakya blo gros）由梵译藏，宋代天息由梵译汉。

"见得利益图"，是藏传佛教美术中的实例。西藏地区的唐卡，最初其构图经常将画面分成若干个四方形，所有的尊格几乎都为正面，呈几何学的平面式构成，后逐渐开始添加背景，并配以其他尊像，呈现出自由、自然的鸟瞰式构图。随着时代的不同而逐渐演变，"见得利益图"的风格演变也符合这种倾向。韩国文化财团所藏"释迦说法图"，状如如意树一般的巨大树木中，诸尊呈鸟瞰式置身其中，这种变化显示了西藏唐卡画面构成的历史发展和演变。

文殊菩萨
Manjusri Bodhisattva

雍和宫唐卡文殊菩萨

据北京雍和宫的嘉木扬·图布丹法师著《吉祥果聚塔缘起——见而获益希奇莲花乐园》① 说：身所依有装饰和不装饰两种，古昔有温和、忿怒、寂静三身的情况，其事相，依次主要有大日如来、金刚大轮、胜乐金刚，后如有装束的释迦牟尼佛像。以现今的佛教解释，胜者乌达拉亚（rgyal po utrayana），曾赠送给胜者顶庄严心尊者（rgyal po gtsug rgyan sñiṅ po）如意宝甲胄，胜者顶庄严心尊者回赠之礼为释尊的绘画像。其又有释尊莅临沐浴池边带有水纹衣释尊绘画像，史称这种绘画艺术的形式为水纹衣释尊绘画像。因国王的珍珠公

---

① 嘉木扬·图布丹：《吉祥果聚塔缘起——见而获益希奇莲花乐园 》（dpal ldan ḥbras spuṅs mchod rten gyi dkar chag — mthoṅ ba don ldan ṅ o mdshar pad maḥi dgaḥ dhsal ses bya ba bsugs so），卓日格图蒙译、嘉木扬·凯朝汉译，民族出版社 2007 年版，第 72—73 页。

主听释尊名号而生虔诚信仰，奉献很多珍珠和书信祈祷自己解脱轮回之苦。如此祈请，释尊喜悦，身上放光，衣边散花，绘画师以释尊倒影而作画并以诗歌等形式来表现。斯里兰卡国王的公主，赠送的释尊画像为能仁光佛画像。这两种绘画像是最初的形式。内蒙古黑水城出土的古代《绿度母》唐卡绘画，就明显带有早期印度波罗风格艺术的痕迹。[①]

　　释尊在世的原始佛教时期，有一次有人迎请比丘用午食，释尊未能来临，因首座空虚，施主因没有佛主，故用七珍塑造释尊像来供养。这也是铸造佛像的开端。

雍和宫收藏昭佛楼旃坛佛

　　释尊涅槃后，大梵以各种宝物建造舍利塔，为乌坚之诸空行母有圣缘（佛像、佛经和佛塔）之说。此被认为造塔的开始。由天王帝释塑造了大中小三种释尊像，又有释尊亲自承做开光仪轨。大的供奉于天界；中的供奉于乌坚等处，也通过许多途径传到中国供奉，文成公主从娘家入藏带来的释尊就是现在在拉萨大召寺供奉的那尊释迦牟尼佛；小的由尼泊尔国王的金成公主从娘家带到拉萨小召寺供奉。释尊回到三十三天后，由白旃檀木雕成的释尊像又从三十三天返回人间时，此释尊像向虚空升起六步迎请释尊，释尊以右手按放于此释尊像头顶赞颂并授记传法。此种释尊像就是著名的北京旃檀佛像。

---

① 陈卫国编著《佛教文化——唐卡瑰宝特刊》2010 年 1 月，第 21 页。

　　彼诸如来灭度已，供养舍利无厌足，悉以种种妙庄严，建立难思众塔庙。造立无等最胜形，宝藏净金为庄严，巍巍高大如山王，其数无量百千亿。①

　　《增一阿含经》中有关佛像起源的传说。据说佛陀在祇树给孤独园说法，"四部之众，多有懈怠，替不听法，亦不求方便使身作证"，佛陀只好到三十三天为王母摩耶夫人说法。其时"四部之众，不见如来久"，优填王与波斯若王亦"渴仰欲见"，"遂得若患"，"优填王即以牛头旃檀作如来形象，高五尺"，波斯若王闻知，亦以紫磨金作五尺如来形象，"尔时阎浮里内始有此二如来形象"②。

　　这个造佛像因缘的传说反映一种观念，即当初作佛形象是为了再现佛的色身来启发、坚定信仰心，并借助它来思念佛陀、追忆佛陀。这种观念体现造像一条重要原则即依据佛陀在俗的真实面貌来再现他的形象。

　　而竺法护出《无极宝三昧经》里又有一段极富辩证意义的说明：

　　　见佛像者为作礼。佛道威神岂在像中？虽不在像中，亦不离于像。③

　　就是说，用泥土、石头、金属等制作或画在墙壁、布帛等材料上面的佛像，佛不在其中；但是绝对的、无限的佛法却通过它们表现出来，因而佛又不离于像。

　　唐卡（thaṅ kha）的藏语意思是能推开观赏的布绢卷轴画，它是藏民族为适应高原游牧不定的生活，交通极为不便利的特殊生存环境而设计创造的艺术。唐卡携带方便，不易损伤，作画随意，不受建筑限制，易于悬挂，易于收藏，可随时随地观赏礼拜，是蒙藏佛教为主的民族文化对世界绘画艺术的一大贡献。

　　据有关研究人员的考证，唐卡最早于公元 7 世纪上半叶在藏地出现。据藏史记载，两千年前修建的雪域第一宫殿——雍布拉康的墙上就绘有壁

---

　　① 孙昌武：《巨佛信仰与乐山大佛》，《第二届弥勒文化学术研讨会》论文集（下册），第 309 页—310 页。《华严经》卷二四，《大藏经》第 10 卷第 128 页下—129 页上。
　　② 《增一阿含经》卷二八《听法品》，《大正藏》第 2 卷第 705 页下—706 页上。
　　③ 《无极宝三昧经》卷上，《大正藏》第 15 卷第 512 页上。

画。《大昭寺目录》记载："法王（松赞干布）用自己的鼻血绘画了一幅白度母像，后来蔡巴万户长时期果竹西活佛塑白度母像时，将其作为核心藏在白度母像腹内。从这可以看出，唐卡在松赞干布时期就已兴起，但真正开始并大量采用这一形式，大约在明朝，如仁邦巴家族的语自在布毗称，'以胡地上绵，庄严画像，而作悬幅，实自此始，以资证明'。"①

如今，唐宋时期的古老唐卡保存下来的并不多，在西藏萨迦寺保存有一幅"桑结东厦"（Saṅs rgyas ltuṅ bśugs）的唐卡，上方绘有 35 尊佛像，古朴典雅的艺术风格与敦煌石窟中同时期的壁画极为相似，推测可能是吐蕃时期的唐卡。宋时期的唐卡在布达拉宫中保存有三幅。另保存的"米拉日巴传记"唐卡，系宋代时期绘画。"莲花幅目观音像"，是元代的代表作。②

唐卡绘画艺术的发展，与佛教的传播和发展有着紧密的关系。据有关史料典籍记载，佛画艺术最早可追溯到古印度释尊在世时。释尊诞生后，父亲净饭王主持修建了集莲塔，依照塔形，各绘制和雕塑了一座金塔，产生了最初的绘画工艺。后来坚影王，为给仙道王赠送一件礼品，便将幼小的释尊领到河边，释尊之影顿时显现在水面，依照河影画出了著称于世的"东巴曲隆玛"（ston pa chu loms ma），自此，绘画及造型艺术在印度得到了很大发展。③

1260 年（元中统元年），元世祖忽必烈统一中国，在元大都开平府即蒙古大汗位，赐萨迦派第五祖八思巴"国师"，授玉印④，掌管全国佛教，随之，萨迦派流行全国。莫高窟自然也不例外。如第 465 洞窟，均为元代藏传佛教艺术形式的壁画。

第一节　唐卡艺术汲取了印度
轴装佛画的发展样式

田中公明先生曾说，根据藏文尊名，韩国文化财团所藏"见得利益图"，可以确认是一幅依照初期密教经典《文殊师利根本仪轨经》所说上

---

① 参见阿旺罗桑嘉措《大昭寺目录》，转引自西藏自治区文物管理委员会编《西藏唐卡》（文物出版社 1985 年版）序言。

② 尕藏才旦编著《藏传佛教艺术》，甘肃民族出版社 2009 年版，第 113—114 页。

③ 同上书，第 138—142 页。

④ 嘉木扬·凯朝：《中国蒙古族地区佛教文化》，民族出版社 2009 年版，第 469 页。

品幡画的实例。这种作品不仅出现于近代，也存在于 13—14 世纪的早期作品中。

唐卡汲取了曾在印度繁荣一时的卷轴装佛画的样式，后被传入西藏。然而，将形成于印度的佛教经典内容忠实绘制出来的实例迄今并不多，只有在丝绸之路的绿洲——黑水城出土的 12—13 世纪的一幅唐卡被认定为宝楼阁曼荼罗，它介于唐卡与曼荼罗的中间形态，是叙景式曼荼罗之一。

但是根据"见得利益图"的辨认和判定，说明在西藏的唐卡中，遵从印度轴装佛画的传统，并将此传统一直忠实延续到近代的例子至少是存在的。再根据西藏佛教美术所具有的保守性特征，印度的轴装佛画传统保存在早期唐卡中的可能性还是相当大的。

"见得利益图"的发现，不仅是通过图像学方法认定一幅唐卡的绘制，而且对于考察亚洲各地现存轴装佛画的源流、藏传佛教美术史等的发展都具有重要意义。[①]

如此看来，西藏唐卡的绘制始于 7 到 8 世纪，盛行于 12 世纪。其中所表达的内容与题材主要有：

传记画：如诸佛传记、祖师传、大法师传等；

肖像画：如释迦牟尼佛像、藏王像、赞普像、历代的法王像等；

本尊像画：大威德金刚像等。

历史记载画：如释尊本生故事、文成公主入藏等。

民俗画：如百戏图等。

建筑画：如大召寺全貌图、修建萨迦寺图、雍和宫法轮殿壁画、内蒙古美岱召壁画和五当召壁画等。

宗教活动画：如法会、讲经说法等。

器物类画：如法器、佛具、乐器等。

医药类画：《本草纲目》等。

藏族著名画师旦巴绕丹在其《藏族传统绘画》中描述了不同颜色变化代表着不同内容和不同意义。如下文：

---

① 田中公明：《唐卡的起源与〈文殊师利根本仪轨经〉——由"见得利益图"说起》，张雅静译，《中国社会科学报》2011 年 2 月 15 日第 163 期第 12 版。

红和橘红色之王，永恒不变显威严，
青、蓝美丽幸福家，富饶、智慧者为伴，
亲朋知友在其中，暗色威武如武官（官），
有你黑来再加劲，清澈三青如湖水，
不容让巴来离间，先行信使淡胭脂，
格西石黄侍活佛，土黄你把金垫当，
亲朋副色之行为，根据需要你去选，
烟色、雄黄油润厨，忠实帮厨暗翠绿，
色之天性从中明，劝君牢记在心中。

唐卡艺术如六道轮回图、香巴拉王国、极乐世界等，在构图上更是变化无穷，从佛菩萨到人类轮回转生在天堂地狱的六道之中的情节无所不有，不仅给人以艺术享受，而且使人增加许多因果关系的业报不虚的哲理。还有蒙藏医药学专用的人体脉络、疾病原因以及气脉图等彩色绘画也是构图鲜明、内容丰富，不仅是研究蒙藏医药学的参考资料，在艺术方面也有很高的欣赏价值。唐卡绘画的特点在于雍容华贵，富丽堂皇，造型严谨，用色强调对比，善于沥粉堆金，笔画细腻，技法丰富全面，层次鲜明。用金艺术独到是一个尤为突出的特点，这在"热贡唐卡艺术"中显得非常突出明显。绘画师们特别注重用金技巧，绘画塑像重视金身，即通体涂金粉，绘画唐卡更讲究绘金艺术手法，使唐卡金光闪耀，高贵雅致。如金盆等器物上不加别的颜色，也能在金上绘制出金色图案。凡涂有金色的云纹旋花之处，其中都隐含着朵朵暗花，这些暗花在灯光的反射下，熠熠闪光，具有强烈的立体感。此外，其他颜色的调配和选择也十分讲究，如着色最多的是红、橙、绿、蓝等颜色，使画面更加丰富多彩而感人。唐卡绘画艺术师们，不仅在人物造型上追求完美的效果，而且在人体比例、解剖结构的准确性方面也达到了非常高的水准，突出和发挥了线条的表现力，采用厚涂与点染相结合的方法，使塑造绘画的佛菩萨像比例匀称、形神兼备、惟妙惟肖。

线条的讲究与应用是绘画艺术的主要手段。在每幅作品中都有不同表现，有的刚劲有力，有的挺秀流利，有的朴素古拙。无论绘制壁画、唐卡，还是其他工艺，勾得十分具体以后才能敷色，而肉体的勾画要根据人物的表情、姿态、结构及肤色进行。衣纹随肢体的起伏变化而变化，以虚实确定疏密关系。无论细密小型的唐卡还是巨幅画作，线条勾勒都十分认真，一丝不苟。用色十分讲究，颜料均系矿物或植物加工而成，有透明和不透明两种。矿物颜料有石青、石绿、石黄、红、黑、白等多种，这些颜料加工全是人工操作，过程复杂，颜料纯度高，质量稳定，覆盖力强，画面效果十分厚重、艳丽，因而保存千年而不变色，有的作品经几百年还艳丽夺目，仍色调明朗。在色彩应用上，固有色和夸张色同时使用。对蓝天、白云、雪山、草原、鲜花、树丛采用高原强烈阳光下呈现出的固有色相，具有浓厚的高原特点，将大自

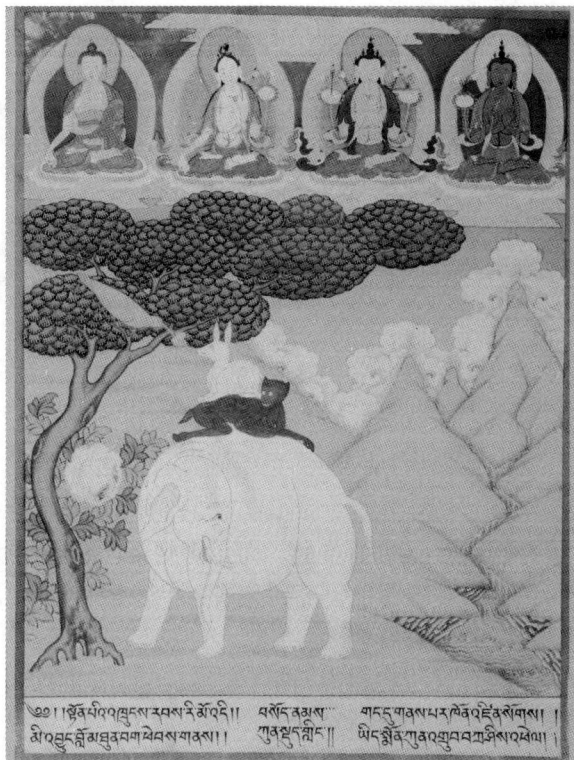

和睦四兄弟唐卡

然赋予世间万物的绚丽色彩，结合画师自己的主观感觉，创造出独特的色彩风格，如同美丽的梦幻展现在人们面前，使人们真正领略和步入五彩缤纷、万紫千红的艺术世界。

唐卡绘画艺术就其内容而言，可分为显宗绘画、密宗绘画、传承祖师绘画、护法绘画、金刚绘画、佛教故事绘画、寺院建筑绘画、佛塔和高僧塔绘画、历史事件绘画、现代生活绘画等。

显宗绘画唐卡：以佛菩萨的传记为主，如释迦牟尼佛、无量寿佛、观音菩萨、绿度母、白度母等。绘画中的佛菩萨神态安详，稳坐莲台，周围有莲花和光环相衬，使人物具有一种稳固感，《阿弥陀佛净土》，《弥勒佛净土法会》就是实例。

密宗绘画唐卡：各大佛教寺院的密宗学院都有很多以本尊为主的唐卡绘画造型艺术。如大威德金刚、时轮金刚、吉祥天母以及坛城唐卡绘画等。

祖师唐卡，如宗喀巴大师的《上师供养资粮田》等各大祖师的唐卡绘画。

根据制作唐卡所用的材料，可以将唐卡分为两大类：

一类用丝绢制成的唐卡叫做"国唐"，又分（1）绣像，（2）丝面，（3）丝贴，（4）手织，（5）版印。

另一种用颜料绘制的唐卡叫"止唐"（描绘唐卡），这类唐卡也有好多种，人们主要是依据背景所用颜料的不同色彩来区分止唐的种类：

（1）彩唐：一种用各色颜料绘画背景的唐卡。

（2）金唐：一种用金色颜料绘画背景的唐卡。

（3）朱红唐：一种用朱红色颜料绘画背景的唐卡。

（4）黑唐：仅用黑色绘画背景的唐卡。

（5）版印止唐：制作方法与制作水印国唐一样，唯一的区别是，国唐印在丝绢做成的画布上，而止唐则是印在丝绢做成的画布上的唐卡。

除以上所述种类外，还有一些象征祝福含义的唐卡绘画，如：

（1）八吉祥

（2）八吉祥供器

（3）七种王室珍物

（4）七宝物

（5）不和之战图

（6）和睦四兄弟图（和睦四瑞图）

（7）蒙古人引虎图

（8）由鼻牵象图

（9）六长寿图

其中，和睦四兄弟图（和睦四瑞图）象征着团结和睦，幸福吉祥，表达了你中有我，我中有你，互相帮助，互相依赖，众缘和合的思想，是一幅蒙藏民族传统的吉祥图。

> 显示本生之图画，所有地域无嗔恨；
> 同心同德皆欢喜，心愿成就成吉祥。①

---

① 李立祥：《一幅圣洁的和睦四瑞图》，胡雪峰主编《雍和宫》2011 年第 1 期，第 40—41 页。

第二节　唐卡绘画艺术在藏传佛教中的流派①

唐卡绘画艺术在藏传佛教中的流派有：

（1）尼泊尔流派；（2）内地汉式流派；（3）勉拉顿珠嘉措画派；（4）噶玛噶画派；（5）新勉画派；（6）庆鲁画派；（7）岐乌热画派；（8）达热画派。

唐卡的主要用途是通过简单的图形语言，将复杂而深奥的佛教哲理和修持方法表达出来，以便修学和证悟。也有关于艺术、文化、历史的记载和人物的写真，起到记载、保存和流传的作用。

唐卡的特殊内涵，即如实地表达佛教教义和作用；通过抽象的、可解的图像语言，将佛法的教证修持次第和方法，转换成为含有特定内涵、具体可解的表意语言；从而引导和启发帮助修持者证悟佛法，离苦得乐，断除烦恼和所知障，圆满福德和智慧资粮，究竟成佛。世俗方面表述了包括诸多历史、文化、建筑、医学方面的功能，起到了现实利益的和谐作用。②

如大威德金刚十三尊唐卡绘画的内涵是，"二角者表二谛，手三是司及身口意者表三十七道品，十六足表十六空性，瑜伽和合者表广大大乐，人等八者表八成就，鹫等八者表八自在，裸形无障染动摇也，头发上衡涅槃果位示教也"③。手拿的金刚杵和金刚铃分别代表方便和智慧，二者皆为胜义谛之菩提心自性也。④

唐卡的品种以彩绘唐卡为主，还有刺绣、织锦（堆绣），也有蒙古地区佛教绘在羊皮和牛皮上的唐卡。

唐卡绘制的依据是工布加布翻译的《佛说造像量度经》、《圣像绘塑法知识源泉》、《身、语、意量度注疏花蔓》等论著，其中有关于造像比例的严格规范。

---

① 参照朶藏才旦编著《藏传佛教艺术》，甘肃民族出版社 2009 年版，第 143—146 页。

② 隐尘：《唐卡奥义》，重庆出版社 2005 年版，第 2 页。

③ 胡雪峰、嘉木扬·凯朝编译：《藏汉蒙对照无上瑜伽部大威德金刚十三尊成就仪轨》，民族出版社 2006 年版，第 234—235 页。

④ 同上书，第 10—11 页。

第三节　内蒙古五当召的唐卡艺术

五当召（蒙古语称：巴达格尔召，柳树之意）位于内蒙古自治区包头市以北 54 公里的阴山山脉吉忽伦图山的五当沟。

北京大学楼宇烈先生等考察人员在包头五当召前留影

五当召最初为鄂尔多斯左翼前旗（鄂尔多斯市准格尔旗）王公始建于清康熙年间（1662—1722）。乾隆十四年（1749 年）曾大规模扩建，又经章嘉国师若比多吉（1717—1786）清廷理藩院请赐寺名，乾隆二十一年（1756 年）乾隆皇帝赐名满、蒙、汉、藏四种文字的"广觉寺"匾额。"广觉寺"，满语：阿木巴·乌勒黑苏·诛科特很（Amba ulhisu juktehen），蒙古语：阿慧耶赫·敖努勒图·苏木（Aqui Yeke Onultu Sume），藏语：扎钦道格丹陵（rgya chen rtogs ldan gliṅ）。建寺以来它一直是蒙古族佛教徒朝拜的佛教圣地。

五当召是第一世活佛罗布桑加拉措在此地兴建的，逐步扩大始具今日规模。寺院建于五当沟里的敖包山之阳，依地势面南而建；座座殿堂，层层楼阁，随坡势而增高，布局谐调，错落有致。所有建筑均为梯形格式结构，上窄下阔，平顶小窗，屋檐部分有一条上红色边麻装饰。外墙表面有一层厚达数厘米的石灰层，坚固洁白，别具一格。各殿顶正中回隅，饰有风磨铜双羚对卧法轮、金鹿、宝幢。远看殿堂洁白如雪，楼顶金光夺目。五当召是一幢层层依山垒砌的白色建筑，群山环绕，为苍松翠柏掩映，显得十分雄浑壮观。五当召过去是一座政教合一的蒙古佛教寺院，有"东方之布达拉宫"的美称。是内蒙古地区现存最好的蒙藏佛教寺院之一。

五当召始建于康熙五十二年（1713年），以西藏扎什伦布寺为蓝本，经过康熙、乾隆、嘉庆、道光、光绪年间的多次扩建，有大小殿宇、经堂、僧舍2500余间，占地300多亩，分布在1.5公里长的山坡上，已有260多年历史，香火鼎盛时僧众多达1200多人。历史上是一座政教合一的寺院，也是一所研究蒙藏佛教理论的高等佛教学府。比起土默特右旗城寺合一的美岱召，五当召显得庄严肃穆，纯正的佛教色彩较为浓郁。参拜者从寺院前广场，须仰视方能尽览五当召全景。五当召是清代康乾盛世的草原建筑遗存。民间将五当召与西藏布达拉宫、青海塔尔寺并称为"三大召寺"，是藏、青、蒙地区蒙藏佛教大寺院的代表。

五当召的活佛曾经是清代驻京大呼图克图之一，称"额尔德尼·莫日根·洞科尔·班智达"（额尔德尼，蒙古语：宝之意，莫日根，蒙古语：聪睿之意，洞科尔，藏语：时轮金刚之意，班智达，梵语：智者之意；合起来就是，大宝聪睿时轮金刚智尊），名望及地位均相当之高。第一世活佛本名罗桑坚赞，法名阿旺曲日莫，诞生于土默特部。自幼聪慧过人，酷爱各种书籍。他曾去内蒙古多伦诺尔汇宗寺向甘珠尔呼图克图学修显密佛法，几年后，甘珠尔呼图克图派送他进藏深造。他在西藏学修佛法期间，以优异成绩获得了哲蚌寺拉然巴（藏语：相当于佛学博士）学位。从西藏返回内蒙古后，他的经师甘珠尔呼图克图将他升为多伦汇宗寺大喇嘛。康熙五十九年（1720年），他应聘进京参加蒙古文《甘珠尔经》的编译工作。

五当召是内蒙古地区佛教寺院现存唐卡最多最精美的寺院，据五当召管理局介绍，现存大小唐卡2000幅，几乎每座殿堂都保存着数量不等的精美唐卡。这些唐卡除少数张挂在供人参观朝拜的殿堂内，大多数都深藏各大殿堂密室，有的甚至存放在柜内很少对外展示。几百年来这些唐卡作为供奉，张挂在大殿深处，外界极少有机会接触和了解其艺术内涵。

五当召的唐卡大都为清朝时期的作品，少数为民国时期。据五当召的年老僧人说，一些精美唐卡是西藏高僧赠送给东科尔呼图克图的礼品，或是从青藏地区朝佛带回的作品。

五当召现存唐卡，内容大都以佛教题材为主，绘画各种佛、菩萨、阿罗汉、本尊、护法、空行母、天王、高僧大德、坛城等。从唐卡的分类，主要以国唐中的彩唐为主，少量是止唐的贴花唐卡、版印唐卡。

五当召的苏古沁殿（大经堂）二楼觉卧（释尊）殿是保存唐卡最多的殿堂，约200幅，在殿内的柱头、横梁、墙壁等处张挂着大小不同内容各异的唐卡，还保存着五当召最大的三幅唐卡："释迦牟尼佛"、"弥勒佛"、"宗喀巴大师"，每幅都在6米左右见方，采用贴花制作工艺，以彩色锦缎剪贴，利用多种色调以及不同的纹饰、质地，人物绘画细腻，具有立体感。举行盛大法会时，将这几幅大唐卡张挂在寺院外墙，以便前来礼佛的善男信女顶礼膜拜。

五当召保存着两种不同艺术风格的阿罗汉唐卡，一种藏式绘画风格的画风浓郁，一种是汉传佛教风格的画风融合。大经堂的八阿罗汉，仅存6幅，残损较重，画面颜色脱落，装裱衬和花芯开裂，虽然很是陈旧，但仍为画中的精品。这组阿罗汉构图和敷色都具有典型的汉传佛教绘画艺术特点，画面简洁，色调淡雅，背景是青绿色的山水，近处有岩石、树木、绿色的草地和溪流，阿罗汉不同的表情和随意姿态，手拿法器，体现了遵循佛祖永驻人间，普度众生，拔苦与乐的慈悲喜舍的入世形象。阿罗汉身旁匍匐着禽兽和侍从人物，上方左右是格鲁派高僧大德。

藏传佛教传入蒙古地区后，蒙古族也接受了多方面的佛教文化艺术。许多蒙古族僧俗艺人参与佛教寺院绘制壁画、唐卡。可是这些蒙古族艺人几乎不习惯落款题记，使一些蒙古族艺人绘制的唐卡，往往被认为是藏族画师绘制的作品。在五当召有几幅蒙古文提及的唐卡，无疑证明了唐卡中有许多蒙古族汉族艺人绘制的作品。如"战神"就是其中一幅。这幅唐卡55×32厘米，画面正中一武士骑白马，头戴战盔，身穿铠甲，腰挂箭囊、弓、宝刀，侧身正面，左手牵缰，右手高举马鞭，装束打扮完全是古代武士模样。在其上方绘两尊佛，下方为金刚手护法。战神的四角分别绘黄、红、蓝、绿四尊扈从，手舞足蹈。环战神的周围有对称的8个红色圆圈，内用金色书写蒙古文，都是赞颂战神勇猛无畏的诗词。①

---

　　① 王磊义、姚桂轩、郭建中：《藏传佛教寺院美岱召五当召调查与研究》，中国藏学出版社2009年版，第232页。

在五当召唐卡中，用朱色书写大量蒙古文题记。清朝时期的蒙古文语法与现代有所区别。众所周知，蒙古族僧人多学藏文，蒙古文中有许多藏文和梵文词汇，所以，即使懂蒙古文，不懂梵文和藏文的话，也很难读通其内容的全部内涵。

11 世纪，西克什米尔风格的唐卡画风，随着佛教中心的东移带到西藏，并与印度尼泊尔波罗风格相互并存，相互影响和融合。13 世纪到 15 世纪唐卡绘画风格已趋成熟，风格鲜明，并随着佛教向东传播，对西夏、蒙古地区的佛教绘画艺术有着巨大影响和推动。[①]

绘制的诸多佛、菩萨等的唐卡，都是根据佛教经典的仪轨而制定的，在梵文、藏文和蒙古文的经典中都有关于造像的典章。如藏文《丹珠尔》里就有"三经一疏"的"工巧明"，它们是《造像量度经》、《佛说造像量度经疏》、《绘画量度》、《造像量度》。清朝乾隆年间，时任内阁番蒙译事蒙古族工布加布（mgon po skyabs，约 1690—1750），于乾隆七年（1742）根据藏文翻译成汉文《造像量度经》，工布加布并据有关经典增撰了《造像量度经解》和《造像量度经续补》各一卷。[②] 这些经典对传统的佛像制作有详尽的介绍，对佛、菩萨、度母、阿罗汉、护法等的尺度、色相、形象、标识、手印、坐姿有严格的要求和佛教修持上的寓意，不得逾越，以致制作绘制这些唐卡绘画逐步形成了格式而世代相承，与世俗绘画区别开来，为此，也阻碍了艺人的创造才能。但绘制伎乐、供养僧众、天女等约束较小，艺人们充分发挥想象力，使这些人物绘制得非常生动，富有情趣，姿态优美。他们手拿法器、法物、供品、鲜花果实、乐器侍卫在佛菩萨的周围或天界，为佛唱赞、供奉鲜花，体现了佛国净土的愉悦，也寄托艺人们对美好净土的向往和追求。[③]

结　语

著名佛学家杜继文先生说，凡文艺都是表现的；音乐舞蹈固然可以叫

---

① 王磊义、姚桂轩、郭建中：《藏传佛教寺院美岱召五当召调查与研究》，中国藏学出版社 2009 年版，第 249 页。

② 拙著《中国蒙古族地区佛教文化》，民族出版社 2009 年版，第 5 页。

③ 王磊义、姚桂轩、郭建中：《藏传佛教寺院美岱召五当召调查与研究》，中国藏学出版社 2009 年版，第 252 页。

做表现艺术，绘画塑像也应该是表现艺术。但这都是传统上的认识①。王志远博士认为，宗教艺术可以分造型艺术和表现艺术两大门类，前者基本以静止形态出现，包括绘画（唐卡艺术）、雕塑、建筑及工艺美术等，需要受众具备主观的审美要求；后者基本以运动的形态出现，包括念诵、仪轨、经忏、对白、音乐、舞蹈、戏曲、佛教舞蹈等，对受众具有主动的审美感召。② 唐卡绘画艺术应属于造型艺术的范畴。

以"民众佛教"（信仰佛教）的观点来讲，据北京雍和宫嘉木扬·图布丹法师推测，唐卡起源应该从原始佛教时期释尊开始，也就是大家平常说的旃檀佛开始的。佛教信徒们非常想见释尊，因为古时交通不便，所以，有一位非常擅长绘画的画师，很虔诚地绘制了释尊的等身像；画师绘画时，释尊站在河的对岸，画师写生其在河里的倒影，由于精神过于集中，把河水的水纹也画了出来。这就是著名的释尊之水纹衣像。蒙藏地区佛教寺院中释尊着水纹衣的形象，藏语称：图佤楚楞玛（thub pa chu lin ma）。后多采旃檀木选此形象，即尊称旃檀佛像，而雍和宫昭佛楼内的佛像是按照水中倒影雕塑的旃檀佛。

三世章嘉活佛   （36×54厘米）

雍和宫木板画

唐卡在世界绘画史上是一个独特而严谨的画种，它不是任何画家都能涉足的领域。因为它更多的是属于宗教——宗教的语言，佛法的符号，修持者观想的坛城净土，法力的指令，修行者的依据，解脱的殊胜方便法门，辟邪的吉祥物，祈福的法宝，这一切形成了唐卡绘画艺术的殊胜之处，与世俗的绘画有着根本性的区别。

---

① 王志远：《中国佛教表现艺术》，中国社会科学出版社 2006 年版，第 1 页。
② 同上书，第 1—10 页。

五当召全景

从唐卡绘画的整体布局到每一种设色、每一笔线条，都具有表法的性质，都必须依据经典上的尺度，不可丝毫逾越。所以历史上的唐卡绘画大都有高僧大德修行成就者亲自如法绘制完成。[①] 唐卡艺术是佛教普度众生方面的法门，佛教认为普通民众不识字，所以，佛家就以绘画的方式，告诉民众离苦得乐的方法，告诉大家应该做什么，不应该做什么的哲理，告诉大家生活中就有佛法的人生理念。唐卡艺术是佛教四无量心"慈、悲、喜、舍"给予民众拔苦与乐，即消除众生的贪、嗔、痴等烦恼障和所知障，圆满众生的福德资粮和智慧资粮的八万四千法门之一。[②] 唐卡绘画艺术是佛教方便智慧之门开启，是辅助完成佛教修持者的修学和体证，是殊胜的个体生命的修持过程。唐卡绘画的这一殊胜使命承担着至高无上的功能。例如，关于日本佛教绘画方面的《绘心经》（佛说般若波罗蜜多心经）就是说明这一道理的。由此可见，唐卡绘画艺术不只是蒙藏传统佛教文化的精髓所在，也是属于全人类的共同智慧财富。

---

① 凌海成：《返朴归真妙吉祥》，载陈卫国编著《佛教文化——唐卡瑰宝特刊》2010 年 1 月，第 1 页。

② 觉者：佛、佛陀，二障清净，二智圆满。

第 三 章
蒙古族地区佛教寺院的吉祥天母研究

引 言

蒙古地区佛教寺院几乎都供奉有吉祥天母（梵语：śrī-mahādevī，室利摩诃提毗；藏语：dpal ldan lha mo，巴殿拉姆；蒙古语：Okin tengri，奥嘿腾哩)①，寺院僧众每天早课都念诵《吉祥天母赞》和《吉祥天母供养文》。笔者在此文中主要分析追研吉祥天母信仰的由来和造像、画像情况；清代被封为政教合一的"喇嘛旗"，将吉祥天母崇信为该旗的本尊，并建吉祥天母寺（Okin tengri Sume)，本文一并对此情况进行阐述；同时，结合供吉祥天母比较有特色的寺院：内蒙古美岱召的壁画吉祥天母，辽宁阜新蒙古族自治县海棠山普安寺摩崖造像吉祥天母，西安广仁寺木雕镀金吉祥天母的情况来进行研究、分析。

第一节 吉祥天母的由来和造像

据《藏汉大词典》，吉祥天母原是密乘中妙音天母（Lha mo dbyaṅ can ma）化现忿怒外相、呈女性像护法的称谓。北京雍和宫嘉木扬·图布丹大师也赞同这一说法。

---

① 中村元：《佛教语大辞典》，日本东京书籍平成六年（1987 年）版，第 222 页。又，吉祥天母一词，梵语可能以 Mnṅgaladevī，更为正确，梵语吉祥为"Mnṅgala"，天母为"devī"。

《吉祥天母赞》是这样颂扬吉祥天母护法的内外法德的，吉祥天母以藏传佛教密宗四种事业息、增、怀、伏（shi rgyas dbaṅ drag）来显现四种形象，普度众生。即：

息灾吉祥天母是以白颜色显现其外相的，目的主要是消除众生的病魔等业障。

增益吉祥天母是以黄颜色显现其外相的，目的主要是表现其给与众生增长寿福德等能力。

怀爱吉祥天母是以红颜色显现其外相的，目的是表现其怀摄三界一切有情的能力。

伏魔吉祥天母是以黑颜色显现其外相的，目的是表现其以愤怒形象调伏一切的病魔敌障的能力。①

因此，蒙藏佛教寺院中的唐卡像绘画，主尊吉祥天母以外，还有四种吉祥天母（息、增、怀、伏），共有五尊吉祥天母。

但在有的寺院中，其造像与绘画唐卡呈现出吉祥天母护法形像，主尊吉祥天母骑骡，前面羯摩面女（chu srin gdoṅ can，鲸鱼面女）引缰绳，后面紧跟一狮面女（seṅ ge gdoṅ can）。北京雍和宫嘉木扬·图布丹大师同意这种说法：后面没有跟着一个狮子面女的唐卡像和造像都是不如法的绘画和造像。②

一　吉祥天母与释迦牟尼佛

吉祥天母，梵名玛哈嘎哩，藏名巴殿拉姆，蒙古名奥嘿腾哩，是蒙藏地区佛教最殊胜的护法神之一，原为湿婆神之女。经载，释迦牟尼佛于菩提迦耶正进入禅定开悟之时，所有邪魔均感不悦竭尽魔力来扰乱佛陀；最终，佛陀降服群魔，也降服了玛哈嘎哩，玛哈嘎哩便立下誓愿护守佛陀之教法；而后，成为女性护法中最殊胜的护法尊③。北京雍和宫嘉木扬·图布丹大师不同意这一说法，认为均属传说。

---

① 中国藏语系高级佛学院编《佛教日诵》（Nang bstan paḥi shal ḥdon），第41—42页。

② 有关吉祥天母一面四臂详细情况参见李翎"吉祥天母像式与宗派小考"，载王志远主编《宗风》（己丑·夏之卷），宗教文化出版社2009年版，第296—320页。

③ 《佛教法像真言宝典》，民族出版社1993年版，第153页。

二　吉祥天母与古印度神话

吉祥天母是古印度神话中的人物，传说是天神和仇敌阿修罗搅动乳海时诞生的。后来婆罗门教和印度教把她塑造成女神，为她取名"功德天女"（又称吉祥天女），说她是毗湿奴的妃子，财神毗沙门之妹，主司命运和财富。后来她成了佛教的重要护法。北京雍和宫嘉木扬·图布丹大师认为，这些说法都是传说，没有根据。

三　吉祥天母与金刚法舞

吉祥天母（Lha mo）同其四位部众春天母、夏天母、秋天母、冬天母一齐登场。吉祥天母青面三目，头饰五骷髅冠，口中横咬罗叉，赤发上指，发上是半月，在月之上有孔雀的伞盖。天母右边耳环上饰有狮子，左边耳环上饰蛇。右手执金刚短杖，左手执盛血的人头骸，狰狞可怖，好一幅降魔伏祟之相。[①] 一名黑帽度母、五人阎摩护法（Chos rgyal）、永保护法（mGon po lha mo）、吉祥天女（吉祥天母）、姊妹护法（大红可命主）、五明王护法。金刚驱魔法舞有四人阿杂拉（A tsa ra 游方僧）、四人骷髅、四名怙主罗叉、五人眷属、吉祥天女和四季天女（Thus bshi lha mo，也是吉祥天母之化身）、二面舞者、七人眷属、四人尸陀林主（Dur bdag bshi）、二头鹿、一头小鹿、一头大鹿与大鹏金翅鸟、四大天王以及布袋和尚等舞者登场表演，舞里包含了多种多样形式的佛教艺术舞蹈。[②]

---

① 拙著《中国蒙古族地区佛教文化》，民族出版社 2009 年版，第 63—85 页。

② 同上。金刚驱魔法舞正式名称《密咒续部大海之舞蹈》（gSaṅ chen rgyub sde rgya mtshor bstan paḥi ḥcham），系蒙藏佛教寺院年初法会中占重要地位的活动之一。在《时轮空行海》（Dus hkhor mkhaḥ ḥgro rgya mtsho）《金刚帐》（rDo rje gur）《瑜伽续》（Yo gaḥi rgyud）等文献里也有关于金刚法舞情况的记载。藏传佛教的金刚驱魔法舞始自 8 世纪西藏吐蕃王朝时代（775—787），是为庆贺西藏桑耶永固天成大寺（bSam yas gtsug lag khaṅ 简称桑耶寺）落成所办的法舞。它的历史渊源，还可溯到古印度的乌仗那和尼泊尔等地，后与藏传密宗金刚乘坛城仪式里举行的地舞和供养舞结合。金刚驱魔法舞是藏传密宗特殊的修行方法之一。创办这种法舞的本怀，是要求舞者身与本尊、护法神德相相应，结手印而执法器；口诵真言，相续不断；心想本尊、护法神威仪，且化灵光融入己身，以息灾、调伏的密法制伏诸魔及自己之我执和他人之我执，一切悉皆摄收己身，最后摄收的一切我执投入火中燃烧，使其达到圆融无碍的大自在境地，以保护佛教事业的兴旺和百姓的安居乐业。在蒙古地区不仅举行金刚驱魔法舞，而且与法舞仪式同时进行盛大的物资交易，作为庙会而流传至今。

第二节　蒙藏地区经常念诵的《吉祥天母赞》[①]

与吉祥天母唐卡

dpal ldan lha moHi bsdod pa

吉祥天母赞

［第三世达赖喇嘛·索南嘉措（福德海）造］

bhyo sems ñid ḥphrin las rnam bshiḥi khyad par ni//sems ñid gud na med jiṅ sems kyaṅ med//

don dam dbyer med kha dog gzugs kyaṅ med//rdshu ḥphrul sgyu matsam du raṅ gi sems//

mthun par bstan pa shi baḥi dpal lha mo// shi mdhand shi ḥgyur shi baḥi ṅaṅ tshul can// shi baḥi ḥkhor gyis bskor baḥi gtso mo ni//rtags kyi sku mdog dkar mo śin tu dbaṅs//

Kun tu shi mdhad ma la phyag ḥdhal lo// bdag gi nad gdon bar chad shi bar mdshod//

觉 – 哦

其心四种殊胜事业是，其心无有衰坏无意识；

胜义无别无显亦无形，神变犹如幻化其自心；

示现相应息吉祥天母，息静将息息静为本性；

息静眷属所绕主尊母，志相身色为白极澄净；

遍息静母尊前恭敬礼，令我病魔中断皆息除。

bhyo sems ñid ḥphrin las rnam bshiḥi khyad par ni//sems ñid gud na med jiṅ sems kyaṅ med//

don dam dbyer med kha dog gzugs kyaṅ med//rdshu ḥ phrul sgyu matsam du raṅ gi sems//

mthun par bstan pa rgyas baḥi dpal lha mo// rgyas mdhand rgyas ḥgyur rgyas baḥi ṅaṅ tshul can// rgyas baḥi ḥkhor gyis bskor baḥi gtso mo ni//rtags kyi sku

---

① 中国藏语系高级佛学院编《佛教日诵》（*Nang bstan paḥi shal ḥdon*），第41—42页。

mdog ser mo śin tu brjid//

Kun tu rgyas mtshad ma la phyag ḥdshal lo// bdag gi dshe daṅ bsod nams rgyas par mdshod//

觉-哦

其心四种事业殊胜是，其心无有衰坏无意识；

胜义无别无显亦无形，神变犹如幻化其自心；

示现相应增吉祥天母，增长将增增长为本性；

增长眷属所绕主尊母，志相身色为黄极澄净；

遍增益母尊前恭敬礼，令我延寿福德悉增长。

bhyo sems ñid ḥphrin las rnam bshiḥi khyad par ni//sems ñid gud na med jiṅ sems kyaṅ med//

don dam dbyer med kha dog gzugs kyaṅ med//rdshu ḥphrul sgyu matsam du raṅ gi sems//

mdshun par bstan pa dbaṅ gi dpal lha mo// dbaṅ mtshad dbaṅ ḥgyur dbaṅ gi ṅaṅ dshul can// dbaṅ gi ḥkhor gyis bskor baḥi gtso mo ni// rtags kyi sku mdog dmar mo śin tu chags//

kun tu dbaṅ mdhad ma la phyag ḥdshal lo//khams gsum sems can thams cad dbaṅ du bsdus//

觉-哦

其心四种事业殊胜是，其心无有衰坏无意识；

胜义无别无显亦无形，神变犹如幻化其自心；

相应示现怀吉祥天母，怀摄将摄怀摄为本性；

怀摄眷属所绕主尊母，志相身色为红极贪爱；

遍怀摄母尊前恭敬礼，三界一切有情悉怀摄。

bhyo sems ñid ḥphrin las rnam bshiḥi khyad par ni//sems ñid gud na med jiṅ sems kyaṅ med//

don dam dbyer med kha dog gzugs kyaṅ med//rdshu ḥphrul sgyu matsam du raṅ gi sems//

mdshun par bstan pa drag poḥi dpal lha mo// drag mdshad drag poḥi ńaṅ dshul can//

drag poḥi ḥkhor gyis bskor baḥi gtso mo ni// rtags kyi sku mdog nag mo śin tu rṅams//

kun tu drag mdshad ma la phyag ḥdshal lo// bdag gi nad gdon dgra bgegs drag pos sgrol//

觉－哦

其心四种事业殊胜是，其心无有衰坏无意识；
胜义无别无显亦无形，神变唯如幻化其自心；
相应示现伏吉祥天母，作伏成伏愤怒为本性；
愤怒眷属所绕主尊母，志相身色为黑极威怖；
遍威伏母尊前恭敬礼，令我病魔敌障忿怒度。

bhyo khyod kyi raṅ bshin cir yaṅ ma grub kyaṅ//ḥdi ltar mdshan ñid cir yaṅ snaṅ ba yis//

ḥphrin las rnam bshis ḥgro don mtshad pa la// bdag gis bsgrims de rab tu bstod bgyid na//

bdag kyaṅ las bshiḥi raṅ bshin lhun grub ste// khyod lrar ḥgro baḥi don la brtson par śog/

觉－哦

尊之自性虽不执外相，如此法相显现之功德；
以此四业能利诸众生，由此激励让我作称赞；
我也任运成就四事业，学行尊者精勤利众生。①

---

① 汉文译文根据陈智音译文，笔者作了一些调整和修改。陈智音说，谨以译此（吉祥天母赞）所获微少功德，回向恩师杨德能、胡继欧护持北京佛教居士林正法道场殊胜事业任运成就，一切魔障息灭无余，恩师及众弟子眷属长寿坚固六时吉祥！陈智音 1998 年 6 月初稿译于威斯康欣州麦迪逊市。【校订后记】本译之初稿曾经胡继欧恩师审阅；校订中曾征求普华杰先生意见，获益匪浅；特别曾就一些疑难之处（如各颂初二句义等）请问于举麦（下密院）堪素仁波且·洛桑强巴（善慧慈氏），获得开示；另曾请问赛仓仁波且·洛桑贝丹（善慧吉祥）得以确定本赞作者。谨此一并致谢。2006 年 7 月 6 日（藏历五月初十）定稿于俄亥俄州哥伦布市，适值嘉瓦唐吉勤巴寿辰。一切吉祥！陈智音应该是我与一起学习藏传佛教的陈向东（曾在中国佛教协会工作过），因为与杨德能、胡继欧老师学习佛法又熟读藏文非数他不可。

此《吉祥天母赞》是描述吉祥天母四大功德，即藏传佛教密宗四种事业，息灾、增益、怀爱、伏魔（shi rgyas dbaṅ drag）来阐述吉祥天母的化身普度众生的情况。①。

吉祥天母咒：

bhyo rakamo/ bhyo rakamo/ bhyo bhyo rakamo/ thun bhyo，kha la rag chen mo，ra ka mo a bya ta bya thun bhyo/ ru lu ru lu huṃ byo huṃ//

觉 日阿摩，觉 日阿摩，觉 觉 日阿摩，吞 觉 卡拉日阿嘎勤摩，日阿伽摩 阿迦答迦 吞觉 茹路 茹路 吽觉吽。②

第三节　内蒙古库伦旗吉祥天母寺
与吉祥天母

吉祥天母寺坐落在内蒙古自治区通辽市库伦镇东部库伦第一中学东侧，其大雄宝殿为三间硬山式建筑，东西配殿各三间硬山式建筑，正殿南侧有五间硬山式诵经殿和山门殿。诵经殿为藏式建筑，内藏有藏文大藏经续藏《甘珠尔》（bKaḥ ḥgyur）和论藏《丹珠尔》（bsTan ḥ gyur）各一部。院内西南角建有舍利塔一座，通称诺门汗塔（蒙古语：法王塔之意）。该寺院住持达喇嘛称"桃儿"达喇嘛，因为他戴的帽子上套有桃形罩绢，其地位在库

---

① 参见拙著《中国蒙古族地区佛教文化》，民族出版社 2009 年版，第 274—280 页。内蒙古庆宁寺修复开光法会时，特邀了北京雍和宫住持嘉木扬·图布丹法师、雍和宫高僧拉西仁钦法师和十几名僧众。法会由嘉木扬·图布丹法师主法，从 2008 年 7 月 6 日至 9 日，阳历六月初四，按佛教传统六月初四，是佛教始主释迦牟尼佛成道之后，第一次说法的日子，佛教史称"初转法轮"，为此，很多佛教寺院修建和塑造佛像等佛教仪式时，都以释迦牟尼佛初转法轮为吉祥日来举办各种佛事活动。庆宁寺也不例外。此次开光是以藏传密宗的大开光仪轨进行的，即以《增长护摩仪轨》（rgyas paḥi spyain sreg gi cho ga）和《息灭护摩仪轨》（shi baḥi spyin sreg gi cho ga）进行的。主要念诵的经典有：《吉祥大威德金钢之息增怀三种护摩仪轨》（dpal rdo rje ḥjigs byed kyi shi rgyas dbaṅ gsum gyi sbyin sreg gi cho ga bshugs so）和《由吉祥大威德金钢十三尊之门开光善住妙善海之增长护摩的念诵成就祈雨仪轨》（dpal rdo rje ḥjigs byed lha bcu gsum maḥi sgo nas rab gnas dge legs rgya mdchoḥi rgyas paḥi sbyin sreg gi ṅag ḥdon dṅos grub char ḥbebs shes sbya ba bshugs so）等。第一种是通过火祭（火供）仪轨，以求增长福、寿、财富的佛教密宗仪轨。第二种是通过火祭（火供）仪轨消除疾病魔障等八难的佛教密宗仪轨。此二部经典都是雍和宫所藏的木板经和手抄经。第三种的《怀柔护摩》（dbaṅ gi sbyin sreg）是招集人和财物等的火祭（火供）仪轨。第四种的《诛灭护摩》（drag poḥi sbyin sreg）是一种以诅咒镇压邪魔怨敌的火祭（火供）仪轨。

② 《佛教法像真言宝典》，民族出版社 1993 年版，第 153 页。

伦旗其他寺院高僧之首。吉祥天母是喇嘛库伦旗供奉的本尊（Yi tam）①。

一　历史沿革

要了解当年库伦政教合一的"喇嘛旗"（蒙古语：Lama in Hosiguu）是如何形成的，必须要弄清蒙古佛教高僧阿升曼殊希礼喇嘛（妙音大喇嘛之意和文殊菩萨大喇嘛之意，约1556—1636年生人）和班第达诺门汗（智者法王）西布扎衮如达喇嘛（藏语和蒙古语组合：śes rab rgyal kun dalai lama，智慧全胜大喇嘛之意）的身世。

1. 阿升曼殊希礼喇嘛希日布（以下简称阿升喇嘛）

阿升喇嘛是锡勒图库伦政教合一体制的缔造者，于16世纪50年代出生于青海阿木多地区，修学于拉萨哲蚌寺，是三世达赖喇嘛·索南嘉措（bSod nams rgya mthso，1543—1588，福德海，以下略称三世达赖喇嘛）②的同族近支，所以尊称阿升（藏语：意为舅父）喇嘛。16世纪70年代初，他离开西藏来到西部蒙古，在呼和浩特北察罕哈达昭修行。在此期间受到土默特阿勒坦汗（Altan Khan，1507—1582）的召见。他奉劝阿拉坦汗念诵观世音菩萨的六字真言"唵、嘛、呢、叭、咪、吽"（Oṃ ma ṅi pad me huṅ）皈依藏传佛教格鲁派，并建议阿拉坦汗邀请三世达赖喇嘛来蒙古讲经弘法。阿勒坦汗派特使和阿升喇嘛一同到藏区，把三世达赖喇嘛请到内蒙古地区讲经说法。阿勒坦汗夸赞阿升喇嘛的功绩，尊其为额其格喇嘛（蒙古语：父亲上师之意）。阿升喇嘛，17世纪初到东部蒙古地区，从事弘扬佛教的活动。17世纪20年代结识后金首领皇太极，不久皇太极把阿升喇嘛迎请至盛京（大约1632年）。1635年，皇太极命漠南蒙古诸部派遣若干人到曼殊希礼库伦出家从事佛教事业，并每年从国库拨奉给银1000两，供给薪响。1636年秋，80余岁高龄的高僧曼殊希礼阿升希日布圆寂。年内皇太极赐阿升喇嘛的弟弟囊索喇嘛锡勒图库伦达尔罕淖尔济（库伦旗首席大宝法王之意）封号，继承阿升喇嘛的法座，由此该寺院得名锡勒图库伦。顺治三年（1646年）囊索喇嘛去世。当年顺治皇帝给盛京实胜寺喇嘛西布扎衮如克授予锡勒图淖尔济封号，命住库伦，颁给扎

---

① 《佛教法像真言宝典》，民族出版社1993年版，第153页。梵名：mahākarī 玛哈嘎哩。《藏汉大词典》（中），民族出版社，第1630页，说吉祥天母为密乘中妙音天母化现忿怒形象的一尊女护法神名。

② 拙著《中国蒙古族地区佛教文化》，民族出版社2009年版，第426页。

萨克大喇嘛印，政教合一体制开始形成。

2. 蒙古佛教高僧班第达诺门汗西布扎衮如达喇嘛（简称西布扎喇嘛）

西布扎自 12 岁时，出家剃度修学佛法，后获兰占巴学位（梵文学学位），以扎木楞西布扎兰占巴闻名，得到四世班禅·罗桑确吉坚赞（bLo bzaṅ chos kyi rgyal mtshan，1567—1662）和五世达赖喇嘛·阿旺罗桑嘉措（Nag dbaṅ blo bzaṅ rgya mtsho，1617—1682）器重，不久被派遣前往盛京（今沈阳）。出藏辞行时，五世达赖喇嘛从自己供奉的诸佛像中，取一幅鼻部血描绘的吉祥天母画像赠予西布扎喇嘛。西布扎喇嘛到东蒙后，在盛京实胜寺讲经说法。顺治三年（1646 年），锡勒图库伦法台囊素喇嘛圆寂。清世祖把锡勒图淖尔济封号授予西布扎喇嘛，赐扎萨克印鉴，命住库伦，统领政教。西布扎喇嘛执政后，在锡勒图库伦开始建佛教寺院，顺治六年（1649 年）建造"兴源寺"，顺治十二年（1655 年）建造吉祥天母寺，并铸塑佛像招集僧众，举办法会。这样政教合一在锡勒图库伦喇嘛旗基本形成。顺治八年（1651 年）西布扎奉诏入京，清世祖赐其为班第达诺门汗，并命其承担迎送五世达赖的各项礼仪活动。他成功地完成了迎送五世达赖的佛事活动。顺治十二年（1655 年），西布扎诺门汗提出辞呈，举荐京师黄寺蒙古族佛教高僧晋巴扎木苏喇嘛任锡勒图库伦扎萨克达喇嘛。西布扎诺门汗卸职后仍留居锡勒图库伦，继续建造寺院。顺治十四年（1657 年）二月西布扎诺门汗圆寂。按其遗愿，在吉祥天母寺院内西南角建造一座佛塔，这便是诺门汗塔。

3. 吉祥天母寺的建造及佛事活动

据记载，吉祥天母寺为锡勒图库伦第三任扎萨克达喇嘛西布扎衮如克于顺治十二年（1655）监工督造。

西布扎喇嘛奉五世达赖喇嘛和四世班禅之命，离开西藏东渡东蒙古时，五世达赖喇嘛把自己供奉的吉祥天母画像赐给西布扎喇嘛，此后西布扎喇嘛作为其护身佛一直供奉在身边，直到晚年在离职休养期间，建造吉祥天母寺，把供奉在身边的吉祥天母像供奉于寺院中，并立下了举办各种法会和供奉的仪轨。从此，吉祥天母便成了锡勒图库伦的本尊，深受广大僧俗的崇信，来自四面八方的崇拜者络绎不绝。相传，其时无论僧俗或其他老百姓，凡是遇到不解之难或蒙受不白之冤，向吉祥天母祈求保佑或期望能够辨明是非都曾见到天母显灵。

吉祥天母，亦称吉祥天女，古印度神话记载，吉祥天母是阿修罗搅乳

海时生下的。据说吉祥天母本来性情残暴，后皈依佛教。吉祥天母有一面
二臂和一面四臂两类形像，海棠山普安寺的吉祥天母摩崖造像①，一面二
臂，三目圆睁，身蓝色。头戴五头骨骷髅冠，橘色头发上指，发上有半月，
月上有孔雀翎伞盖为饰，口中咬含着药叉的身体。脐上有太阳，象征着智
慧。右手上扬，执短棒，两端饰以金刚，以与阿修罗战；左手托盛血头骨
颅器，象征幸福。她侧身跨坐于黄骡之背，凌空飞行于峰峦血海之中，骡
子的缰绳是用长蛇做的，其四周是风火交加，是尊现愤怒相的护法神相。

阜新海棠山摩崖造像吉祥天母

　　第十二任扎萨克喇嘛时期，科尔沁宾图某王爷出资 1000 两白银在吉
祥天母寺铸了一尊一尺二寸高的吉祥天母像。

　　吉祥天母寺住持大喇嘛，拜见锡勒图库伦政教首领扎萨克大喇嘛时，

---

　　① 拙著《中国蒙古族地区佛教文化》，民族出版社 2009 年版，第 231 页。海棠山普安寺位
于辽宁省阜新市东南 30 公里的阜新蒙古族自治县大板镇大板村西北，距离沈阜公路朝阳寺站点
4.1 公里，海棠山海拔 715.5 米。据《阜新县志》记载：康熙二十二年（1683 年），章嘉活佛率藏
传佛教弟子赴海棠山，在摩崖上先后雕刻了上师、佛、菩萨、阿罗汉、护法等佛教相关的艺术造
像 2000 余尊，现存 260 余尊。海棠山是省级文物保护单位、国家级森林公园和 AAA 级风景区。海
棠山的摩崖造像堪称中国一大奇观。海棠山摩崖造像艺术风格，是蒙藏佛教四大活佛之一的章嘉
呼图克图依据藏传佛教四世班禅大师罗桑确吉坚赞所著的《上师供养资粮田》修持仪轨而创作雕
刻的。摩崖造像最大的高约 5 米、最小的 15 厘米，其摩崖造像在雕刻艺术这一领域堪称一绝。

扎萨克大喇嘛还需起身还礼，并让座赏茶。吉祥天母寺除在本旗几个自然村有哈力严图（属民）外，在辽宁省阜新蒙古自治县清河门地区还有高、马、王、刘、李、罗等元姓庄头，每年定期缴纳贡品。

吉祥天母寺在鼎盛时期有100余名僧众，每天清晨诵经，每月初二整天诵经，并定期举办各类法会，其中规模较大的法会有：

（1）农历正月初一日至初三，"道格希德"法会，在法会上锡勒图库伦扎萨达喇嘛亲自向吉祥天母像上供品。

（2）农历二月十八日，举办"桑吉德毛鲁优热乐"（《普贤行愿》）法会，用水、花、香、果和佛灯各500份供奉。

（3）农历三月初十日至十五日，再举办一次"桑吉德毛鲁优热乐"法会。

（4）农历四月初一日至初二日，举办"达日哈额和"（梵语：tārā，多罗，度母）法会，并备各种礼品500份供奉。

（5）农历四月十五日，举办"千供法会"，准备水、花、香、灯各1千盏，法会规模较大。

（6）农历五月初五日，举办"敖特齐博尔汗"（《药师佛》）法会。

（7）农历六月初四日，举办"雅蔓达嘎"（《大威德金刚》）法会。

（8）农历九月初一日至初三日，举办"达日嘎额和"（度母）法会。

（9）农历九月二十二日，举办"达日嘎额和"（度母）的"栋希法"《三十五佛忏》法会，并用水、花、香、果和灯各1千份供奉。

（10）农历十月二十五日，举办"德巴站"（往生极乐世界愿文）灯会，纪念藏传佛教格鲁派创始人宗喀巴大师。

（11）农历十一月十一日，举办"道格希德"（金刚大法会）。

（12）农历十一月三十日，供奉"希格德日"（金刚护法）并举办法会。

1949年，寺院内供奉的铜佛，上交政府，但那幅具有历史意义的吉祥天母画像至今下落不明。

2001年8月，落实党的宗教政策，吉祥天母寺广大信教群众和僧侣又开始正常的佛事活动，讲经弘法，按佛教仪轨举行各种法会。

二　吉祥天母寺与吉祥天母的关系之传说

吉祥天母是格鲁派主要护法之一，并且是锡勒图库伦"政教合一"旗的本尊，而且单独建寺院称寺名为"吉祥天母寺"，这在蒙藏佛教地区是独一无二的。关于吉祥天母寺的形成有很多美好的传说，现介绍如下。

传说之一，西布扎喇嘛在西藏修学后，奉五世达赖和四世班禅之命，离开藏区在东渡漠南蒙古地区时，五世达赖喇嘛将自己供奉的用其鼻部血描绘的吉祥天女画像送给了他，西布扎喇嘛把佛像一直带在身边供奉，在他晚年辞职锡勒图库伦扎萨克喇嘛后，于顺治十二年（1655 年），监造吉祥天母寺，把身边供奉的天女像供奉在吉祥天母寺内，成为锡勒图库伦主尊。从此人们对吉祥天女像推崇备至。不论僧俗或其他百姓，凡是遇到不解之难，蒙受不白之冤都向吉祥天女祈求保佑或予以明辨是非，吉祥天女都给保佑和显灵。

传说之二，锡勒图库伦第三任锡热图扎萨克达喇嘛希布扎有一天无事闲游，从东南天空飘来一朵紫色祥云，云朵上有仙女语："下方高僧听言，吾乃上界供奉真仙，保佑你的库伦，你须真心供奉。如遇大灾大难，只需真心念吾名即可。"说完，飘落一血佛图。此佛图即是血描在一块白布上的吉祥天母佛像。

希布扎喇嘛后来便在血佛图飘落处建了一座佛教寺院，称吉祥天母寺。将天女神像图供奉其上，并且塑了泥像真身。天女神乘坐一头紫色骡子。据说，此佛时时显灵，专主因果报应。

传说之三，据传，这幅吉祥天女像是藏传佛教格鲁派创始人宗喀巴大师用自己的鼻血绘制的。因此，人们崇信备至，把佛像装在佛龛内，在大殿内供奉，并在佛龛外用帷帐层层遮掩，从不轻易予人观看。清末，锡勒图库伦第十二任扎萨克达喇嘛呼图查图阿旺扎木时，科尔沁宾图某王爷到库伦吉祥天母寺进香拜佛时，不顾寺院住持喇嘛的百般劝阻，非要亲眼目睹吉祥天女画像不可。他走上前去，伸手掀开帷帐，只看一眼，便吓倒在地。事后这位王爷奉献白银 1000 两，铸了一尊一尺二寸高的吉祥天女像，并把自己佩带的刀，弓箭一并送到寺院里，谢冒渎之罪。

传说之四，历史上的库伦水清山缓，林密树茂，鸟兽遍野，非常美丽。明末清初，吃人的"莽古思"（猛兽）盘踞在库伦地面上，使这里变成了渺无人烟的荒漠。相隔万里之遥便知一切的佛祖为了救苦救难，立刻派吉祥天母前来用佛法降伏那酷嗜成性的"莽古思"。为了使人们能够过上美好的生活，降伏"莽古思"后，在其头上建立了吉祥天母寺，其肚脐上建造了兴源寺 81 大殿和铁佛塔。

在库伦旗境内随处可见的那白石头蛋，传说即为降伏"莽古思"时从天而降的石雹。

传说之五，清末民初时期吉祥天母寺住持达喇嘛有一天做了个梦，梦见吉祥天女说：告诉他"我要回家了，你们保重"。第二天，达喇嘛把夜间的梦情告诉徒弟们，诸喇嘛听后都很着急，"若吉祥天母佛走了，我们留着干什么"？为此，大家烧香诵经祈求"佛不能走，保佑我们"。后来，达喇嘛又做了梦，梦见吉祥天母，并嘱咐"我必须走，大家保重，待未来日嘛呢吐河从我们寺院后流过时，我再来"。说来也巧，2002年库伦镇为了建市容，在库伦镇商业街中修建一条河床，使嘛呢吐河改了道，把吉祥天母寺改建到嘛呢吐河南岸了。随之，寺院里的香火也日盛一日，真的像吉祥天女又回来了。

三 吉祥天母寺现状

草原山城库伦镇，以它悠久的历史、灿烂的民族文化和众多的寺庙古迹，而驰名于科尔沁草原，是一块难得的宝地，可叹的是在动乱的年代里横遭劫难，有的弄得支离破碎，有的只剩下断壁残垣，有的已荡然无存，夷为平地和瓦砾乱场。有幸的是吉祥天母寺主殿和两个配殿却完整地保留下来了，但可惜的是诵经殿、白塔和山门殿已摧毁。

吉祥天母寺作为库伦旗本尊的寺院，也作为信教群众向往、信仰的圣地，聚集了大量历史珍贵的佛像、佛经、佛教文物和佛教艺术品；聚集了藏传佛教显密二宗教义教规的高僧大德；当然也聚集了数以万计、价值连城的以金、银、珠宝为材料的法物法器，供品陈设等，比如：建寺院时期五世达赖的吉祥天母像，用1000两白银监制的吉祥天母像等无价之宝。

党的十一届三中全会以来，宗教信仰自由政策重新得以落实。2001年8月，经自治区、通辽市、库伦旗统战部门的批准把吉祥天母寺还给了信教群众和喇嘛僧侣们，恢复了佛事活动，部分僧人聚集在吉祥天母寺开始举行他们的佛教活动和法会。吉祥天母作为宗教道场，正式对国内外信众开放，并恢复了传统的法会和祭祀等活动。在旗人民政府批准以海宝为首的吉祥天母寺管理委员会领导下的12名僧侣，在党和政府的关怀和广大信教群众的支持下，按照吉祥天母寺原有的佛事活动的规程，在各佛节日都举行法会，基本上满足了信教群众的朝佛需要。

目前，寺院还存在着外围院墙，僧侣宿舍和5间诵经殿、山门殿、白塔佛像、经堂等建筑尚未落成，希望有志者能踊跃伸援助之手，为吉祥天母寺的完整和兴盛作出一些力所能及的贡献，功德无量。

第四节　内蒙古美岱召壁画吉祥天母

美岱召（蒙古语：弥勒寺之意，梵语：Maitreya)① 坐落在内蒙古自治区包头市大青山脚下，是成吉思汗第十七世孙阿勒坦汗（Altan Khan，1507—1582）1565 年主持兴建的，初为阿勒坦汗的金国都城，1606 年改建成藏传佛教格鲁派在蒙古族地区的第一所佛教寺院，距今已有 440 多年的历史。美岱召占地面积 6.25 万平方米。

蒙古佛教高层论坛之际国内外学者访问美岱召

---

① 拙著《中国蒙古族地区佛教文化》，民族出版社 2009 年版，第 214—215 页。

　　早在 20 世纪末美岱召即成为中外蒙古史学者瞩目的地方；尤其是大雄宝殿内有一组描绘蒙古贵族信仰佛教场面的供养人壁画。据有关研究人员的著述，壁画是当时五兰妣吉迎请迈都哩雅·呼图克图而修建泰和门时，将大雄宝殿也整修，作为供养人的形式而绘制在墙上的。壁画上的众多人物以及丰富多彩的服饰、器物为研究 16 至 17 世纪蒙古民族的风俗习惯、生活习俗、佛教、服饰方面提供了珍贵资料。吉祥天母壁画也是美岱召大雄宝殿壁画之一。最引人注目的是大雄宝殿内的壁画，从腰线部分直达檐枋，高 10 米，四壁总长达 60 米，皆为佛教故事及护法神，唯西壁下方有一幅供养人壁画像，长 16 米，高 3 米，内中共画有等身大小人物 9 人，配景人物 53 人，据画面构图、人物形象及内容分析，这是一组阿勒坦汗家族的肖像画。画面中部为一巨大的须弥座，将壁画分成左右两部分。

美岱召明代壁画吉祥天母（高 1.8 米，宽 2.6 米）

　　佛教故事有，释尊在过去世的本生记（Jatākha），行菩萨的壁画有，舍身饲虎等故事。还有释尊"入母胎"的壁画，"出游四门"壁画（即老、病、死诸苦和遇见沙门的壁画），"入森林修行"（"我若不了生死，终不还宫；我若不成佛道，终不还见父王。"同时发誓："我今依诸佛之法，剃除须发，愿与一切众生，断除烦恼习障。"），"修法得道"（即成道）的壁画，"初转法轮"（画面正中及释迦牟尼佛端坐于两棵菩提树间莲花宝座上说法的情况）的壁画，"战胜邪魔"（也称"神变降伏魔军"）的绘画，"涅槃示寂（nibbāna）"的壁画。还有一部分藏传佛教的高僧讲经说法辩论经典的壁画。密宗方面的绘画像有大威德金刚、财宝天王、吉祥天母等壁画，天棚上绘有许多无量寿佛、药师佛、文殊菩萨、二十一度母像等。

须弥座北（右）部醒目位置有一位体态雍容、表情安详的老年妇女像，高1.2米，在这一部分是最高大的一位。她头戴皮沿笠子帽，大环耳坠，发辫自两肩下垂并用发袋装饰成圭形，颈间挂串珠，身着皮领黄色对襟大袍，左手持念珠和一小本巴瓶、右手持摩尼宝珠，下着白底皂靴，跌坐在一束腰形小木几上，几左右有两位大喇嘛敬立。以老夫人为中心，右侧为一丰颐阔面的蒙古酋长，体型较老夫人略小，高80厘米，他头戴红纬宝珠大沿笠子帽，身穿皮领蓝灰色质孙服，手中持念珠及淖尔布，跌坐于坐垫上，表情谦恭，身躯动态侧向老夫人。在他脚下的一块大红毡上，有四位男子，侧向老夫人合十行礼。老夫人左侧一组则以一位艳装少妇为中心，她头戴笠子帽，身着灰色半袖长袍，外罩大红比甲，肩围披肩，手中持念珠及淖尔布，侧向老夫人。她的下方有四位少女正在演奏筝、胡琴等乐器。在老夫人两侧，右方为四个大喇嘛正在吹法号，击钹，敲曲柄鼓；左方为一位遍身金甲的武士，应为护法毗沙门天。总之，以老夫人为核心，布置了四组人物，为充分突出渲染这位老夫人而作了精心的安排。

美岱召其他明代壁画

按照中国画的通例，权势越重要的人物在画面上占据的位置越醒目越高大，通观土默特部的历史，享有如此地位的妇女只能是三娘子。三娘子历配四代顺义王，主兵权四十多年，维系了中原地区与漠南地区的长期安定，功勋卓著。不论蒙古、汉文史料，对三娘子的才智与美貌可说是有口皆碑。史称她生而骨貌清丽，姿性颖异，善书番文，通达事务，盖房中女品之绝代者。为房王妻历年，久得上下心，即受忠顺夫人命，益挟天子宠，灵耀诸部，诸部咸奉如女主。此类记载史不绝书。另外还有许多关于她善弯弓走马、琵琶弹唱的诗文题咏。她的画像在内地流传不少，屡见记载。沈德符《万历野获编》："予见其画像，圆满秀媚，身亦纤长，不类酋妇，颈间挂数珠，手中复有一串，作数佛号状，亦毡㲣中异人也。"姚叔祥《见只编》："虏妇三娘子，尝见其像，亦中才妇人，曲眉秀目，面有一黑子，耳坠大环，头戴帽一如虏王。上穿青锦半臂，下着绛裙，袜而不鞋，腰悬一刀，手挂白数珠，藉地而坐。"查继佐《罪惟录》："忠顺夫人三娘子……幼颖捷，善番书，曲眉秀目，面有一黑子，耳坠大环，冠蓆帽如虏王。"以上记载均与壁画形象大体相合，唯面有黑子画面未见，应是蒙汉人民的审美观不同所致。①

第五节　西安广仁寺的木雕贴金吉祥天母像

笔者2010年4月16—20日，参加陕西师范大学宗教研究中心主办、华严学会和法门寺博物馆共同协办的首届中国密教国际学术研讨会，期间采访了西安广仁寺。

广仁寺（蒙古语：Orusiyel telgeregulugci sume，乌儒希耶勒·德勒格热古鲁格奇·苏木；藏语：rgyal bstan dar rgyas gliṅ，赞丹达杰陵）位于西安市西北隅，是西安地区唯一的一座蒙藏佛教寺院，1983年被国务院列为汉族地区佛教全国重点寺院。

广仁寺创建于清康熙四十四年（1705年），康熙帝玄烨亲书"慈云西荫"殿额赐寺。该寺现存康熙帝撰文的建广仁寺碑石一通，反映了寺院创立的历史背景。广仁寺建成后，西藏、蒙古、青海、甘肃等地区的活佛、大喇嘛、僧众路过陕西时，均住寺瞻礼，反映蒙、藏、汉文化交融、民族

① 有关美岱召情况请参见拙著《中国蒙古族地区佛教文化》，民族出版社2009年版，第214—231页。

团结由来已久。寺内殿宇庄严，花木茂盛，虽居闹市，却清静、修持。

1911年辛亥革命后，广仁寺一度被理门公所占据，不久即恢复为蒙藏佛教寺院。1931年，寺门外城墙所埋火药忽然爆炸，东门外树木全毁，殿堂的屋瓦也被炸坏，方丈室轰倒，唯经像安然无损，后经杨虎城将军出资修复。

1949年后，政府关心佛教寺院的修缮保护工作，尊重群众宗教信仰自由。1952年，拨款整修广仁寺，使大雄宝殿、藏经殿、菩萨殿及僧寮、厢房等全部焕然一新，法相庄严。达赖喇嘛、班禅额尔德尼路经陕西时，受到广仁寺僧众的欢迎，班禅大师还曾在广仁寺为众讲经说法。喜饶嘉措大师在新中国成立后也多次在广仁寺"为大众讲经说法，广结善缘法缘"。每逢佛教节日都举行盛大法会，善男信女蜂拥而至，寺内钟鼓齐鸣，梵呗震耳，灯火辉煌，香烟缭绕，十分热闹。1983后，广仁寺移交宗教人员管理。现有僧众数十人常住寺院弘扬佛法，关爱众生。广仁寺住持仁钦扎木苏法师说："改革开放的政策也促进了我国宗教事业的大发展，广仁寺也不例外。广仁寺举办的'梦怀长安古城，重走唐蕃古道，喜迎文成公主回娘家暨佛祖十二岁等身佛像重现古长安'的大型佛教文化活动，就是典型事例。——西安广仁寺照样还是青藏、内蒙古一带佛教徒向往的朝圣殿堂，这就说明了一个核心问题，我们作为出家僧侣信仰佛教，目的就是为了人类的和平与安宁，一切众生离苦得乐。我相信广仁寺在今后佛事活动中，一定能够认真贯彻执行民族宗教政策，爱国重教，弘扬佛法，安定十方，利乐有情，切实带好头，为维护社会稳定等方面作出新贡献。"①

广仁寺建筑为：寺前广场；停车场；蒙藏佛教旗杆；佛祖八宝塔；山门；十八阿罗汉影壁；净身阁（洗手间）；法物流通处；康熙碑亭；放生池；鼓楼；钟楼；天王殿（千手观音殿）；地宫；万年灯亭（长明灯）；长寿殿；护法金刚殿；主殿；接待室；财神殿；千佛殿；开光处；经堂；大雄宝殿（建造中）。殿堂画栋雕梁，十分富丽。院内苍松翠柏，花草葱茏，十分清幽宜人。

全寺占地面积约16亩，整体格局错落有致，是一座具有汉族地区寺院建筑特色的蒙藏佛教寺院。寺院内所供奉的佛像、菩萨像、阿罗汉都以

---

① 仁钦扎木苏上师："汉藏佛教文化史册的一件盛事——为《重走唐蕃古道》一书序"，载胡戟、齐茂椿《重走唐蕃古道——接文成公主回娘家》，陕西师范大学出版社2007年版，第1—6页。

新建的广仁寺大雄宝殿

木雕为主，是该寺院的特色之一。

大雄宝殿正中供奉着3尊佛像，正中是宝相庄严、精美绝伦的金铜绿救度母像，左侧是木髻天母像，右侧是木质巨光天母像，均为唐代文物。其他殿堂内还供奉有明代木质阿弥陀佛像，印度造释迦牟尼像、西藏造金铜佛像等。

西安广仁寺木雕镀金吉祥天母像（高146公分，宽90公分）

广仁寺藏经甚丰。有明正统五年（1440年）刊刻、清康熙四十五年（1706年）又续刻刊印的《大藏经》一部，这部藏经为梵文，纸质光洁、书体严整，卷首刻有精美的线刻佛画。每十卷为一函，共677函，6770卷。寺内还珍藏一部北京版的《藏文大藏经》，康熙三十九年（1700年）清政府所赐，共107包，该版藏经是清王室宫本，印刻、装帧颇为精良，版型较一般藏文经大，每幅画均为手工绘制，笔触细腻，设色鲜丽，大多出自藏、蒙名僧画师手笔，极为珍贵。

　　在讲经堂前，有白色大理石莲花缸一个，直径 1.4 米，下有圆形石座，通高 1.5 米。缸身遍布莲花绕枝图案，十分精美，径口刻有隶书铭文，是清乾隆时西安崇圣寺所造，后移到广仁寺。另有约三百年翠兰柏一株，每逢雨后初晴时，树叶即呈紫蓝色并散发出特殊香气。寺内还建有二座古塔，其中之一为西晋永康年间所造敦煌塔。①

第六节　吉祥天母像和唐卡特色

『モンゴル密宝展――チンギス・ハーンと草原の記憶』（Treasures of Mongolia），日本经济新闻社 1996 年版，第 98 页。

女神、シユリ・・デヴィ（Shri Devi）

17 世纪	シユレンマー（Shrenma）
金メッキを施した青铜	16 世纪
5×15×19cm	金メッキを施した青铜
エルデニ・ゾー僧院博物馆（额尔	6×14.5×19cm
德尼召僧院博物馆）	エルデニ・ゾー僧院博物馆（额尔
女神	德尼召僧院博物馆）

---

　　①　胡戟、齐茂椿：《重走唐蕃古道——接文成公主回娘家》，陕西师范大学出版社 2007 年版；仁钦扎木苏编《广仁寺》。

大吉祥天母坛城图
(61×61 厘米)

《雍和宫木板佛画》第 49 页，大吉祥天母坛城图 61×61 厘米。

大吉祥天母坛城图为圆形，内为八瓣莲花状，代表智慧。中间圈内和各花瓣内均绘有大吉祥天母像，其胸前为梵文咒语。外圈火焰造型表示般若烈焰，次为守护轮金刚杵环绕，称金刚墙，意为令一切邪魔作障者不敢窥伺。

此大吉祥天母坛城图可覆于大转经筒内的最上边，经开光后，信众依顺时针方向转动经筒，每转动一圈，等于诵一遍经文的福报功德。雍和宫讲经殿、密宗殿、西配殿、东配殿外的台阶上的经筒为铜皮制成，外有木框，上下有轴。筒上刻有梵文兰杂体观世音菩萨六字真言及凸起的图纹。经筒顶刻有法轮，底刻有交杵。其中有两个经筒之上还有小经筒，用手轻轻一推，大小经筒同时转动，嗡嗡之声不绝于耳。经筒上的梵文呈金黄色，即亮又光滑，而筒面呈黑褐色，足见其年代之久远。根据北京雍和宫嘉木扬·图布丹大师解释，此图案应称财源天女（lha mo nor rgyun ma，拉姆闹尔珠玛）图。

吉祥天母
(9.4×7 厘米)

《雍和宫木板佛画》第 160—161 页，吉祥天母木版图 9.4×7 厘米。

为吉祥天母忿怒相，头戴五骷髅冠，赤发上冲，弯月与孔雀翎伞为顶饰，颈挂人头璎珞。身着天衣，下着虎皮裙，脐上绘有太阳，表示智慧。其左手托嘎巴拉碗，象征幸福；右手上扬，持金刚杵权杖，象征振摄邪恶，又，此为与阿修罗作战的兵器。吉祥天母腰间挂有账簿，以记人间所作的恶事，随时加以惩处。她侧身骑在骡背上，骡后臀生有一目。并以绿蛇为辔，人皮为鞍，倒垂首级，鞍后有一口袋，象征主管生死与病瘟。吉祥天母骑骡飞行于天上、地上、地下三界，故又称为"三界荣耀女王"。

此幅木版画人物造型夸张，线条具有较强的装饰性。

《雍和宫唐卡瑰宝》（上），北京出版社 2002 年版，第 86 页，吉祥天母，清乾隆，像长 93 厘米，宽 63 厘米，布本彩绘。

吉祥天母造像和唐卡像常常呈现为：主尊吉祥天母骑骡，前面羯摩面女（chu srin gdoṅ can，鲸鱼面女）引缰绳，后面跟着一个狮子面女（seṅ ge gdoṅ can）下面中央主尊吉祥天母，两边四种吉祥天母（左一为息吉祥天母白颜色，左二为增吉祥天母为黄颜色；右一怀吉祥天母为红颜色，右二伏吉祥天母为黑颜色），共一堂五尊吉祥天母形象。

雍和宫唐卡

《雍和宫唐卡瑰宝》（上），北京出版社 2002 年版，第 87 页，吉祥天母，清乾隆，像长 89 厘米，宽 60 厘米，布本彩绘。

吉祥天母造像和唐卡像呈现为：主尊吉祥天母骑骡，前面羯摩面女（chu srin gdoṅ can）引缰绳，后跟着一个狮子面女（seṅ ge gdoṅ can）下面中央主尊吉祥天母，两边四种吉祥天母（左一为息吉祥天母白颜色，左二为增吉祥天母为黄颜色；右一怀吉祥天母为红颜色，右二伏吉祥天母为黑颜色），共五尊吉祥天母。

《雍和宫唐卡瑰宝》（下），北京出

雍和宫唐卡

雍和宫吉祥天母

版社 2002 年版, 第 112 页, 吉祥天母, 清乾隆, 像高 24 厘米, 铜鎏金。

吉祥天母造像和唐卡像也有, 主尊吉祥天母骑骡, 前面羯摩面女 (chu srin gdoṅ can) 引缰绳, 后面没有跟着一个狮子面女 (seṅ ge gdoṅ can)。北京雍和宫嘉木扬·图布丹大师认为, 后面没有跟着一个狮子面女的唐卡像和造像都是不如法的绘画和造像。

鲍洪飞、胡雪峰主编, 执行主编徐新华《雍和宫藏传佛教造像艺术》, 中国民族摄影艺术出版社 2006 年版, 第 97 页。

吉祥天母: 铜鎏金, 清 (18 世纪), 高 17.6, 宽 20.8 厘米。

雍和宫吉祥天母

此吉祥天母造像: 主尊吉祥天母骑骡, 前面羯摩面女 (chu srin gdoṅ can) 引缰绳, 后面跟着一个狮子面女 (seṅ ge gdoṅ can)。

《精品唐卡展》, 雍和宫庙务管理委员会、藏传佛教艺术博物馆 2010 年 2 月 (正月) 于雍和宫主办。吉祥天母 (尼泊尔国) 第 22—23 页。73 × 106 厘米。

吉祥天母造像和唐卡像中

也出现，主尊吉祥天母骑骡，前面羯摩面女
（chu srin gdoṅ can）引缰绳，后面跟着一个
狮子面女（seṅ ge gdoṅ can）。下面中央主
尊吉祥天母，两边四种吉祥天母（左一为息
吉祥天母白颜色，左二为增吉祥天母为黄颜
色；右一怀吉祥天母为红颜色，右二伏吉祥
天母为黑颜色），共五尊吉祥天母。

《佛教法像真言宝典》，民族出版社
1993年版，第153页。

吉祥天母，梵名玛哈嘎哩，藏名巴殿拉
姆，蒙古名奥嘿腾哩，是蒙藏地区佛教最殊
胜的护法神之一，其原为湿婆神之女。一
次，当释迦牟尼佛于菩提迦耶正入定开悟
时，所有邪魔均感不悦，极尽魔力扰乱佛

雍和宫收藏黑唐卡
吉祥天母

陀；最终，佛陀降服群魔，同时也降服了玛哈嘎哩，玛哈嘎哩便立下誓愿
护守佛陀之教法；而后，吉祥天母成为女护法中最殊胜的护法尊。

天母为护持佛法，千里迢迢，从锡兰岛漂洋过海，越过崇山峻岭到达
藏地，成为藏密中最重要的女相护法。

在九世纪藏地佛法处于灭绝危急之际，
传说是吉祥天母授意藏传佛教高僧拉龙巴道
吉（lha luṅ dpal rdo rje）刺杀无道昏君——
朗达玛藏王，中兴了藏地佛法，而成为藏地
的守护神，其威力显赫。藏地以及蒙古地区
佛教寺院都供奉有吉祥天母的壁画、塑像和
唐卡画。

吉祥天母形象一般蓝色皮肤的较多，一
面二臂，侧身跨坐黄骡之背，凌空飞行于峰
峦血海上，其四周风火交加。口咬尸身，裸
前胸。右手上扬，持金刚杵权杖或剑，左手
托盈血之颅器嘎巴拉。四臂者另持三叉杆及
普巴橛。

吉祥天母唐卡

头戴五骨冠，赤发上冲，弯月与孔雀翎为饰，颈上人头项链，五蛇为饰，穿天衣，着虎皮裙，腰系红短棒。以绿蛇为辔，上系黑白双色骰子，毒布囊，人皮为鞍，倒垂首级，现盛怒相。

《佛教法像真言宝典》，民族出版社 1993 年版，第 29—30 页。

妙音佛母（Lha mo dbyaṅ can ma）①

妙音佛母

妙音佛母咒：

Oṃ bi ni di vi hriḥ/ a ā/ i I u ū ri ṛi li ḷi e ai o au aṃa//

嗡 必尼迪为利，阿阿 伊伊 悟悟 日日 立立 额额 奥奥 阿母阿。

妙音佛母，亦称妙音仙女，为南海精气幻化而成。她一面两臂，肌肤白皙。头上青丝一半挽起顶髻，插饰白花；一半下垂，微风吹动，犹如千条杨柳。耳饰莲瓣金环，耳侧下垂冕旒飘带，微微颤动。身着绫缎衣裙，腰系白莲系带，项链、手镯，装饰得分外娇娆。她左手操寻香天女干系琵琶，轻轻安放在右胯尖上，右手弹动琵琶，悦耳动听，能打动天上人间每一个众生的心。她头顶有月亮光环，胸前心窝处，有一株八瓣白莲，白莲内浮现出一个光芒四射的白颜色咒语字形，照亮宇宙。佛经中讲：妙音佛母是智慧的化身，修持她，可以启迪智慧，增福慧根，以非凡的智慧掌握所学，成为超人智者。②

《欲界自在女玛索杰母成就供养仪轨》（ḥdod khams dbaṅ phyug ma dmag zor rgyal moḥi sgrub thabs gtor cho ga bshugs sho）是由四世班禅额尔德尼·洛

---

① 中村元《佛教语大辞典》，日本东京书籍 1987 年版，第 1302 页，Sarasvatī，迦陵频伽。又，格西曲吉札巴：《格西曲吉札藏文辞典》，法尊、张克强等译，民族出版社 1981 年版，第 593 页，dbyaṅs ldan ma, dbyaṅs can ma，妙音天女，语自在天女，梵语："娑罗娑底"亦称海中天女，鹅女，梵女。

② 宗喀巴：《妙音佛母赞》（dbyaṅs can maḥi bsdod ba bshugs so），载《颂辞汇编》，青海民族出版社 1996 年版，第 231—232 页。

桑确吉坚赞（blo bzaṅ chos kyi rgyal mdshan，1567—1662，善慧法幢）所著。洛桑确吉坚赞在仪轨的结尾说，自己是大威德金刚瑜伽行者洛桑确吉坚赞，依据诸圣上师授记而著（gśin rjeḥi gced kyi rnal ḥbyor pa blo bzaṅ chos kyi rgyal mdshan gyis/bla ma dam pa rnams kyi phyag bshes bshin bris paḥo//）。此经版藏北京雍和宫寺院，总共有92页。在北京雍和宫以及蒙古地区佛教寺院僧众每天早课时念诵的手抄《欲界自在女玛索杰母供养仪轨》文。

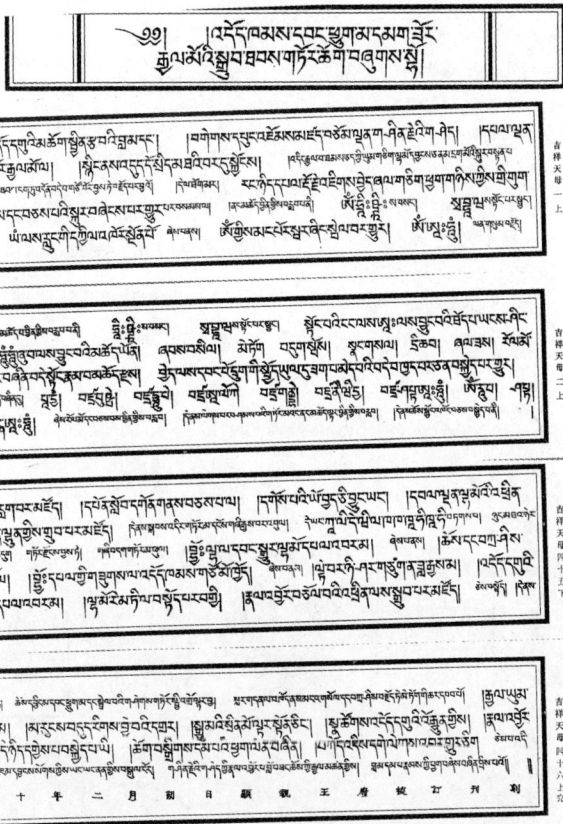

《欲界自在女玛索杰母供养仪轨》经版

1645年，洛桑确吉坚赞受固始汗封为"班禅博克多"称号；1647年，又受清顺治帝封为"金刚上师"名号。后被追认为第四世班禅额尔德尼。①

————

① 《藏汉大词典》中，民族出版社，第1924—1925页。

宗喀巴著《妙音佛母赞》(dbyaṅs can maḥi bsdod ba bshugs so)，《颂辞汇编》，青海民族出版社 1996 年版，第 231—232 页。

ༀ། །དབྱངས་ཅན་མའི་བསྟོད་
པ་བཞུགས་སོ།།

ༀ། །ཨོ་བདེ་ལེགས་སུ་གྱུར་ཅིག ཚུ་འཇིོད་དཀར་པོའི་
སློག་སྟེང་ད་བ་ཅན། །མཁའ་ལ་མཛེས་བྱེད་འདྲ་བའི་ཞིད་
འཆང་མ། དེ་ཉིད་ལ་སྐྱབ་དཀྱན་འངོ་སྐྱེ་ལགས་ན། །དེང་
ནས་ཚེ་རབས་ཚེ་མོ་ལ་ཚང་སྟོབ། །པདྨའི་བཞིན་ལ་གཡོ་ལྕན་
གང་བའི་ཤིག །ཨོཾ་མཆེ་མཐིར་རབ་འབའི་ཆི་ཆོར་དུ་གུ་
ཚན། །ཁོར་སྐྱེག་གར་ཀྱིས་འཁྱུག་པའི་དཀྱུས་ཚན་ཀ། །
དུང་བདག་ལ་ལག་ན་དངར་བུ་སྐྱ་སྟོལ། །ཁོར་ཚེག་གར་ཀྱི་
ཉམས་ལྕན་ནི་དགའ་ཞིག །ཁེ་ཀྱི་སྐྱ་ནས་ཚ་མིས་ཡིད་
འཕྲོག་ཤིག །ཁ་ཚར་རཙེ་སྟོང་གྱིས་ལུད་བད་གི་ང་། །ཁ་
དདར་ཚོ་ཉིད་དཀར་མཆོག་རབ་ལ་མཛོད། །ཤོན་ཆུ་སྐུ་ཁ
པའི་དཔལ་འབས་སྐྱ་པར་མཛེད། །ཁོན་ད་དཀྱན་ཚ་བའི་
ཧད་དང་ཀྱུང་ལུ་ལ་གཤེན། །ཁཔ་དཀྱནས་ཀྱི་སྐྱ་མཆོ།

འཇིང་ལྕང་དཔགས་དཀགས་ན། །དབྱངས་ཅན་ཤྲི་མའི་སྐུ་གཞུང་
ཐུགས་ལ་འདུང།། །།
ཅེས་པ་འདི་ནི་རྗེ་བྩོ་བཏང་གཤགས་པས་མཛད་པའོ།།

《妙音佛母赞》经版

Asian Iconography Series-II

Three Hundred and Sixty Buddhist Deities

Author, 2001

309 lHa mo dong skyong ma
Śaṅkhapāli
觀容
慈無圍我
莊頂
螺
慈稱
聚無可頂
成妙果大慈
法護母天螺頂

310 lHa mo dong sol ma
Dhūmāvatī
法體
滿烘神
護諸敵
法金散施
精身仁天
統功行母
圓能
法護母天㷉諸烘能

311 dPal ldan lha mo phyng gnyis ma
Dvibhuja-śrimatī-Devī
頂上吉祥
慈無所不周普無量
大蓮慈座跌欲從四
遊足坐
法護母天臂二

顶螺天母护法

左上角为满文，上中央为汉语，右上角为蒙古语（Labai tadkogci okin tengri），下中央为藏语（第 331 页）

能烘诸敌天母护法

左上角为满文，上中央为汉语，右上角为蒙古语（Simnus ki arilgagci okin tengri），下中央为藏语（第 332 页）

二臂天母护法

左上角为满文，上中央为汉语，右上角为蒙古语（Huyar gar tu okin tengri），下中央为藏语（第 333 页）

323 Sa'i lha mo brtan ma
Dṛḍhā-Pṛthivī

地主永宁天母

左上角为满文，上中央为汉语，右上角为蒙古语（Gajar un batu okin tengri），下中央为藏语（第345页）

330 lHa mo tsandi ka
Candikā

簪芝噶天母护法

左上角为满文，上中央为汉语，右上角为蒙古语（Candika okin tengri），下中央为藏语（第352页）

331 dPyid kyi lha mo
Vasanta-devī

值春天母护法

左上角为满文，上中央为汉语，右上角为蒙古语（Habor un okin tengri），下中央为藏语（第353页）

332 dByar gyi lha mo
Varṣā-devī

值夏天母护法

左上角为满文，上中央为汉语，右上角为蒙古语（Jon no okin tengri），下中央为藏语（第354页）

333 sTon gyi lha mo
Śarat-devī

值秋天母护法

左上角为满文，上中央为汉语，右上角为蒙古语（Namar un okin tengri），下中央为藏语（第355页）

334 dGun gyi lha mo
Hemanta-devī

值冬天母护法

左上角为满文，上中央为汉语，右上角为蒙古语（Ebol un okin tengri），下中央为藏语（第356页）

吉祥长寿天母护法

左上角为满文，上中央为汉语，右上角为蒙古语（Olji nason ki oridodgagci eke），下中央为藏语（第357页）

法薇母天壽長吉

吉祥长寿天母
法佛门无疆赖此
慈悲因泉生长
寿吉祥

335 bKra shis tshe ring ma
Maṅgalatārghāyus

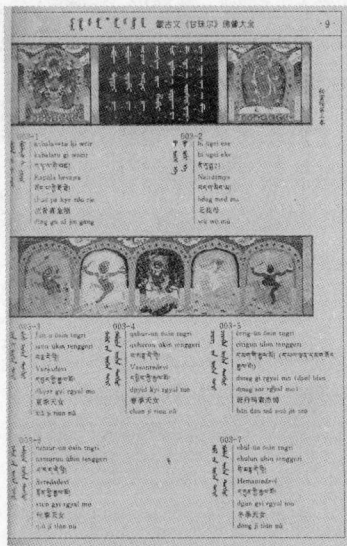

班丹玛索杰姆和四季天女

上图为班丹玛索杰姆和四季天女，有满文、蒙古文、蒙古国现在使用的新蒙古文、梵文、藏文、汉文的名称。

格·拉西色楞主编蒙古文《甘珠尔》佛像大全（上），该大全是根据内蒙古大学图书馆藏北京版 108 部朱字蒙古文《甘珠尔》中的画像编辑而成。该蒙古文《甘珠尔》是依据康熙五十九年（1720 年）朱砂印木刻版。大全共由 756 幅画像组成。文字解图采用了蒙、藏、满、梵文，并由拉丁文转写的手法译出汉文。

结　语

以上通过文献资料和田野调查的方法对吉祥天母的由来和化身等进行了初步探究与考察。可以说，国内外学界对吉祥天母的研究，是佛教研究的一个空白领域。现今在这一领域除中国国家博物馆李翎研究员的《吉祥天母像式与宗派小考》① 的成果外几乎找不到这方面的研究成果。

---

① 李翎：《吉祥天母像式与宗派小考》，载王志远主编《宗风》（己丑·夏之卷），宗教文化出版社 2009 年版，第 296—320 页。

吉祥天母的由来和化身系统梳理如下：

吉祥天母是妙音佛母之化身。

吉祥天母又有 ⎰ 显现为四种吉祥天母（息、增、怀、伏），
共五尊吉祥天母，显现为吉祥长寿天母护法；
显现为班丹玛索杰姆；
显现为四季天女，显现为顶螺天母护法。

吉祥天母多种化身都是妙音佛母为应机而显现变化。[①]

在蒙藏地区佛教流传较广的吉祥天母仪轨念诵赞文有：

第三世达赖喇嘛·索南嘉措（福德海）著的《吉祥天母赞》（dpal ldan lha moḥi bsdod pa），中国藏语系高级佛学院编《佛教日诵》（*Nang bstan paḥi shal ḥdon*）第41—42页。

雍和宫火供坛城仪式

---

① 有关吉祥天母的十种化身的叙述可参见李翎《吉祥天母像式与宗派小考》，载《宗风》（同上），第300—303页。笔者所收集到的资料文献里出现的吉祥天母化身至少有14种以上。

宗喀巴著《妙音佛母赞》（dbyaṅs can maḥi bsdod ba bshugs so），《颂辞汇编》（bstod smon phyogs bsgrigs），青海民族出版社 1996 年版，第 231—232 页。

四世班禅额尔德尼·洛桑确吉坚赞著的《欲界自在女玛索杰姆成就供养仪轨》（ḥdod khams dbaṅ phyug ma dmag zor rgyal moḥi sgrub thabs gtor cho ga bshugs sho）乾隆版，在北京雍和宫所藏。

第　四　章

现代佛教密宗传播的理念与方式
——以中国蒙古族地区佛教为中心

引　言

现今社会中对佛教感兴趣的人越来越多，希望修习显密教法的信众也不在少数。但正如台湾法鼓山圣严法师说的那样，"佛教这么好，误解的人却那么多，知道的人可那么的少"。圣严法师还说，学佛行佛其实很简单，只要大家把各自的心态调整好或摆正好，即切实做到把贪心转换成喜舍，瞋心转换成慈悲，痴心（愚昧的心）转换成智慧，疑惑转成正信，最终成佛，又以大慈大悲、行愿无尽的菩提行，乘愿再来普度众生。

如何了解佛教、了解密宗，佛教密宗传承究竟能给社会和民众带来什么利益？佛教密宗传承的僧众每天如何修持？如何使大家通过密宗这个特殊方式作为平台，结缘佛教，正确修持佛教密宗传承，并树立认识自我、感恩他人、奉献社会、从我做起的人生理念？通过佛教密宗这个特殊文字般若的平台能否使大家的工作、家庭、朋友间的关系，自己与自己、自己与他人、自己与社会、自己与自然、传统与现代的关系和谐？能否让大家正确对待当下，即佛教古德所讲，"一日一善，一日不作、一日不食"的菩萨行精神，去过好每一天？能否以"看破、放下、自在、随缘、念佛"的入世精神学习修持佛教密宗，充实身心，储存福德资粮和智慧资粮，造福众生？① 能否把佛教密宗传承大师们的自他等换的 "先天下之忧而忧，后天下之乐而乐" 的奉献精神，融入社会，力求做到佛教大众化、信仰生命化、佛法生活化的潇洒利他有益于人生？

《上师供养仪轨》（bla ma mchod paḥi cho ga bshugs so）中说：

> 爱执自己衰损门，爱执诸母功德本；故以自他等换行，作修心要祈加持。
>
> 至尊上师大悲者，慈母有情罪障苦；今于我身令成熟，尽我乐善施舍他，众生具乐祈加持。
>
> raṅ ḥid gces ḥdsin rgud pa kun gyi sgo// ma rnams gces ḥdsin yon tan kun gyi gsi// de phyir bdag gshan brje baḥi rnal ḥbyor la//ñams lin sñyṅ por byed par byin gyis rlobs// des na rje btsun bla ma thugs eje can// mar gyur ḥgro baḥi sdig sgrib sdug bsṅal kun// ma lus da lta bdag la smin pa daṅ //bdag gi bde dge gshan la btaṅ ba yis//ḥgro kun bde daṅ ldan par byin gyis rlobs//②

宗喀巴大师把一切众生视为亲生父母，把慈母有情的一切烦恼、业障、苦恼，都由自己一人代受；把自己所修行的一切功德喜乐皆转让奉献给众生，这种修行方法体现了佛教一切众生皆平等的精神。

蒙藏佛教认为学佛行佛之修持，按佛教的修持次第，首先必须做到 "闻思修讲辩论"，了解认识学佛的切入点，"无显不入道，无密不成佛" 的修持次第。《上师供养仪轨》中说："始初多求广大闻，中于教理现教授；后于昼夜精勤修，普令回向教增长。" 这样修持方可到达信、解、行、证的目的。

佛经有这样一句话："暇身难得，五根难具，佛法难闻，功德上师难

---

① 断除烦恼障和所知障的同时圆满福德资粮和智慧资粮。贺文宣、窦存琦编《藏汉对照常用合称词词典》，青海民族出版社 1987 年版，第 18 页。二障（sgrib gñis）：所知障（śes byaḥi sgrib）与烦恼障（ñon moṅs paḥi sgrib）。烦恼障者，贪、嗔、痴诸惑扰乱有情之身心，故名烦恼。烦恼能障涅槃，故名障，此由我执而生。所知障者，贪、嗔、痴诸惑，障碍所知之境不使现，故名所知障；障碍能知之智而不使生，故又称智障。所知障由法执而生。所知障指四惑；烦恼障指根本六烦恼和二十随烦恼。

② 胡雪峰、嘉木扬·凯朝编译《藏汉蒙对照佛教日诵》，民族出版社 2009 年版，第 189—190 页。

遇。"尤其是能够遇上有真修实证的法师更是难能可贵，因为一切功德都是由闻而得。《听闻集经》中云："由闻知诸法，由闻遮诸恶，由闻断无义，由闻得涅槃。"（Thos paḥi dshom las, Thos pas chos rnams śes par ḥgyur, thos pas sdig las ldog par ḥgyur, thos pas don ma yin pa spoṅ, thos pas mya ṅan ḥdas pa thob.）这就是说，法师多年修持的福慧功德转让传授给我们修佛弟子。从佛法的宗旨来讲，我们一切众生对佛法的依恋，如同初生的婴儿眷恋母亲温暖的怀抱一样；父母辛勤劳动的功德赐给自己的儿女，有吃有喝有穿有戴，丰衣足食。

众所周知，藏传佛教格鲁派创始人宗喀巴大师，又尊称为杰仁波且，青海出家修行后，16 岁赴佛教圣地拉萨。大师在拉萨多年没有音信，一日收到母亲的来信，谈到母亲非常想念他，希望他能够回家乡一趟。但是，宗喀巴大师为使众生能够离苦得乐，在拉萨坚持修行，没有片刻间断。随后，宗喀巴大师用自己的鲜血给母亲写了一封发自肺腑的信，表达对母亲的想念，又叙述了继续修行的必要性。这充分体现了宗喀巴大师"为父为母有情愿成佛"的菩提精神，这一精神广泛流传于蒙藏地区。已故国学大师季羡林先生曾经把这种精神和行为称之为大乘佛教功德转让的菩萨行。

总而言之，佛教传播的方式最重要的，即进入佛门必须要皈依三宝，入大乘门必须要发菩提心，入金刚乘（修密法）必须要受灌顶。经云："外以声闻梵行修，内以生圆真瑜伽；显密二道无违取，善慧教法愿弘扬。"如此，修持者尤其是僧众，外表应该以声闻乘的形象来约束自己的穿戴，内心以大乘佛教的菩提心修持生起次第和圆满次第，用显密双运悲智结合的方式达到究竟成佛的最高果位。

佛教传播方式，尤其蒙藏地区佛教密宗强调"为父为母有情愿成佛"的宏愿，"一切众生（人民大众和自然界的生命）是我的幸福田"，对待一切众生，像对待自己今世的父母、兄弟、姐妹一样去关心帮助，这是修行者积累福德资粮的妙好机会。《释迦牟尼佛赞》（*skabs gsum pha bshugs so*）中说：

　　　一切诸佛兴于世，圣教显明如日光；持教相和如兄弟，愿施正教恒吉祥。

　　　　　de bshin gśegs pha khyed sku ci ḥdra daṅ //ḥkhor daṅ sku tshiḥi tshad daṅ shiṅ khams daṅ // khyed kyi mtshan mchog bzaṅ bo ci ḥdra ba// de ḥdra kho nar bdag sogs ḥgyur bar śog/ khyed la bstod ciṅ gsol ba btab paḥi mthus// bdag sogs gaṅ du gnas paḥi sa phyogs der// nad daṅ dbul phongs ḥthab trsod shi ba daṅ// chos daṅ bkra śis ḥphel bar mdsad dug sol//①

　　大家想一想，没有我们的父母，哪有我们的今天，父母给了我们无私的养育，父母之爱是世间最纯洁的爱，真诚的爱；所以佛经上说：把一切过去、现在、未来的众生，都看做我们今生的父母，来知恩、念恩、报恩，慈爱、大悲、增上意乐（广大的责任心），发菩提心。佛教所说的"一切众生是我的幸福田"，是指社会上的各行各业的人们都在为我服务，假如没有人民大众，我在这个世界上一天也生存不了。佛教界倡导众缘合和、善待众生、感恩回报社会的理念，根基于"诸恶莫作，众善奉行；自净其意，是诸佛教"的佛教理论和实践。

第一节　佛教密宗的缘起

　　佛教在印度最后阶段出现的是密教（密宗）。密教与小乘和大乘有截然不同的特征，有极大的象征的世界观、咒术仪礼的组织形式，示现神秘主义的倾向。如果念佛、向三宝祈求就能得到功德，这种思想与原始佛教已很接近了。大乘经典中也出现过"陀罗尼"，"陀罗尼"是梵语 dhāraṇi 音译，是表示能记忆一切不忘记的力量的意思。约公元 4 世纪时开始出现《孔雀明王经》这样只念诵咒法的经典。祈祷文即真言（mantra），念诵真言，达到内心统一，主张应该供养诸尊，设置方形或圆形的坛城，安置诸尊，进行仪礼修行，叫做成就曼荼罗（maṇḍala）。后来以成就大日如来为中心，坛城方法较多。约公元 7 世纪，以真言、陀罗尼为中心，又加上大乘佛教的哲学，确立了密宗佛教。

　　密宗的开祖为龙孟（约 600 年），密宗的根本圣典有《大日经》和《金刚顶经》，前者于 7 世纪中叶在西南印度成书，后者于 7 世纪末在东南印度成书。

---

　　① 胡雪峰、嘉木扬·凯朝编译《藏汉蒙对照佛教日诵》，民族出版社 2009 年版，第 115—117 页。

在密宗里，根本佛为大日如来（Mahāvairocana，大毗卢遮那佛）。历来佛教中，都说释尊所说或佛说的说法。在密宗中是以大日如来所说的方式出现的。与小乘和大乘的区别在于，密宗称自己为金刚乘（Vajrayāna）。又分真言乘（Mantrayāna）和金刚乘，真言乘包括从中国传到日本的真言宗，主要以《大日经》为依据；金刚乘或叫 Tantrika，主要以《金刚顶经》为依据修行，肯定人的本能，认可其真实。

密宗盛行于印度东部，受到波罗王朝（Pala Dynasty，约 750—1199）的保护。这个王朝兴盛于 8 世纪，12 世纪末随着伊斯兰教徒入侵而灭亡。随之佛教也逐渐式微。

印度佛教教团，从 11 世纪末在印度消失。1203 年，密宗的根本道场毗鸠罗摩尸罗（Vikramaśilā，超戒寺，或超岩寺）寺院建立，它有 108 个寺院及 8 个研究院，规模之宏大超过那兰陀寺，是最大的密教中心。中国的义净三藏留印时，正当瞿波罗王（Copala）在位，据义净说，他在那兰陀寺"曾屡次入坛"，可见当时该寺已风行密教。到了 8 世纪以后，达摩波罗所建的超戒寺中，人才辈出，均为密乘大师。波罗王朝所拥护的佛法，自始便是密教。后被伊斯兰教徒毁坏，僧尼在诸所被杀害。佛教僧众一部分逃难于尼泊尔和藏地，就这样公元 12 世纪末佛教表面上在印度消失了。[①]

佛教在印度灭亡有两大因素：一是佛教自身为了迎合印度的外道，与外道合流，使自己融入于印度教中；二是伊斯兰教军队的屡次入侵彻底摧毁了保护并信仰佛教的波罗王朝，使佛教没有了容身之地。

密宗历史的起点，经中外学者的考证，基本认为约在佛陀涅槃后的千年左右，亦即大乘佛教的晚期，也可以说是印度佛教的后期。密教兴起具有印度宗教的民族特性。严格说来，原始佛教时期是反对印度传统宗教信仰的，对于婆罗门教的多神崇拜、吠陀思想中的真言、密语、密咒乃至宗教仪轨，一概都是排斥、批判和反对立场。后来渐渐动摇，且转而开始引进世俗的咒法观念。此后逐渐将真言、密咒佛教化。婆罗门教的禳灾、祈福和多神信仰的世俗宗教观念全部吸收到佛教中来，并且结合佛教高层次的教义和理论，如中观、瑜伽、禅定等，而成为正式的特殊的一宗——密宗。

佛教早期的形态，虽然相当理性化、哲学化、伦理化，高度表现人类的卓越智慧，但是到了晚期还是跳不出本民族的信仰观念。甚至也可以说，这

---

① 《前田惠学集》，日本山喜房佛书林出版社 2003 年版，第 167—169 页。

种变化也许是当时多数人宗教心理的共同要求。倾向神秘和信仰神秘，正是大多数人的常见的基本心理。婆罗门教的密法，借助佛教的理论，构成印度传统宗教的新发展，同时体现了人类理性与神秘两种心理要求的结合。但从佛教的正统理论说，婆罗门教渗入佛教，造成佛教的致命伤，使它失去了本来面目，自然也就失去其独特立场，直至逐渐失去存在于印度的必要性。但它虽在印度消失，却在尼泊尔、中国（包括蒙藏地区）传播开来，且由中国传入日本、朝鲜，成为势力相当强盛的佛教一派。

密教（Esoteric Buddhism），国际上一般通称怛特罗（Tantra）佛教，也有称为真言乘（Mantra-yana）、持明乘（Vidya-dhala-yana）、密乘（Esoteric yana）、果乘（Phala-yana）、金刚乘（Vajra-yana）者。它是印度大乘佛教发展的后期阶段，也是最高阶段。

密宗自称受法身佛大日如来传授深奥秘密教旨，为"真实"言教，故名。传说大日如来授法金刚萨埵，释尊涅槃800年后，龙树开南天铁塔，亲从金刚萨埵受法，后传龙智，龙智传金刚智和善无畏。但学术界认为密宗是7世纪以后印度大乘佛教一部分派别与婆罗门教相结合的产物，它盛行于今德干高原等地，以高度组织化的咒术、仪轨、民俗信仰为其特征。

佛教有显宗、密宗之分。显宗是释尊（应身佛）所说的种种经典；密宗是毗卢遮那（大日如来）佛（法身佛）直接所传的秘奥大法。显宗主张公开宣道宏发，教人学佛行佛、积德行善、行六度四摄等究竟成佛。密宗重视传承、口耳相传真言、密咒、仪轨，主要是经、律、戒、论；除此以外，更有颂、赞、法、咒、仪轨、瑜伽、手印等，修行者即是佛，佛即修行者，断除烦恼障和所知障的同时圆满福德资粮和智慧资粮，达到即身成佛。显宗有行、住、坐、卧四种威仪；密宗除此以外，尚需"观想"。学显宗，"若能真正般若关照，一刹那间，妄念俱灭，若识自性，一语即至佛地"。（《坛经》）学密宗，必须随师传授，遵守严格仪轨，从初皈依灌顶金刚上师，都有一定的修持程序，不可越等强求。[①]

第二节　密教在印度的形成过程

佛教起源于古代印度，它在印度的发展经历了原始佛教时期（公元前

---

① 李冀诚、丁明夷：《佛教密宗百问》，载王志远主编《宗教文化丛书》，今日中国出版社1992年版，第1—6页。

6—4 世纪中叶）、部派佛教时期（前 4 世纪中叶—公元 1 世纪中叶）、大乘佛教时期（公元 1 世纪中叶—7 世纪）和密乘佛教时期（7 世纪—12 世纪）。所谓密教时期乃指密教占统治或主导地位的时期。有了密教（也叫金刚乘）以后，把非密教的部分叫做显教（显宗和密宗包括在大乘里），也就出现了显密之分。在小乘的历史发展过程中，佛教出现了 20 多个宗派，大小乘佛教，概括起来为四大宗派，"有部"、"经部"、"唯识"、"中观"。密宗也分以下四部。

杂部密教：又称"初期杂密"，亦称"作密"，是密教发展的第一个阶段。虽然也结坛场、重设供、诵咒、结手印，重于事相，但尚未及作观想。

正纯密教：又称"中期正纯密"、"右道密教"，相当于密教四部中的行部、瑜伽部，是密教发展的第二个阶段。

这一阶段以《大日经》为主，以该经住心品中的"菩提心为因，大悲为根本，方便为究竟"三句为根本。又讲十缘生①，颇类似于般若经的性空之说，但在"菩提心"的心中，已带有常我的色彩。以大悲为根本，以随机的方便而度众生，表现了大乘佛教的特色。

四部密教（rgyud sde bshi，藏语）

密教	金 刚 部：（vajra-dātu）代表大日如来的智慧，示现真理，如来的觉悟的智慧福德坚固，不被一切烦恼击破的功能，故称金刚部。	事部（vastu tantra, bya rgyud，藏语）：主要讲求沐浴、清洁等等身外举止以行密乘之行，故称事部。	初期杂密
		行部（sarya tantra, spyod rgyud，藏语）：平等修持身语外业，及内心中三摩地行名内外续，亦称行部。	中期正纯密
	胎藏部：代表佛的菩提心，众生如同母亲胎内一样受大慈大悲加持保护；悉皆受大日如来的护佑。亦称大悲胎藏生曼荼罗。	瑜伽部（yoga tantra, rnal ḥpyorrgyud，藏语）：以修持内心方便瑜伽为主，或以修持能知能证若深若广胜义世俗二谛和合相应无二之禅定为主，故称瑜伽部。	
		无上瑜伽部（bitāna tantra, rnal ḥpyor bla med rgyud，藏语）：方便智慧无二和合，成为一切密乘至高无上，过此再无其他更上密乘，故称无上瑜伽部。	后期左道密

---

① 李冀诚、丁明夷：《佛教密宗百问》，载王志远主编《宗教文化丛书》，今日中国出版社1992 年版，第 13 页。一幻、二阳炎、三梦、四影、五乾达婆城、六响、七水月、八浮浪、九虚空花、十旋火轮。以上十缘生皆为缘生无自性之义，真言行人修瑜伽时，于所现之本尊海会著相，魔即得便，是故以此十喻无性生而不执著也。

　　瑜伽部：该部配合行部，以方便为究竟而融摄世俗，故以作在家相（天人相）的大日如来为其中心，以金刚手等为其护翼，出家相的释尊及二乘圣者，被置于外围，此由台藏界及金刚界的曼荼罗（maṇḍala）即可看出。这在理论上说，是因为大日如来为法身佛，是化身释尊的本尊，本尊应居中心；所以本尊应该是在家菩萨相。这可以说是大乘密教从心理上作了左道化的准备。

　　左道密教：是密宗发展的最后阶段，相当于"密教四部"的第四部无上瑜伽部。这是最高的密法，此法修成，便是即身成佛。事实上的无上瑜伽，即金刚乘法、即是"左道密教"。

　　金刚乘的创始人为武德雅拉（即因陀罗部底），他是俄里萨国国王，到中国西藏传播密宗的莲花生是他的儿子。他著有《二十三部程》，后被译成藏文保存于藏文大藏经中。金刚成教义集于梵文本《成就法集》（sadhanamala）、《古鲁古那成就法》（Kurukulla-Sadhana）和《智慧成就》（Gunasiddhi）等数种。金刚乘教义主要讲：修行者仅依五禅那佛：即大日如来（Mahāvairocana 大毗卢遮那佛）、阿閦佛（Akṣobhya 不动佛）、宝生（Ratna-sambhava）、无量寿佛（梵语：Amitāyus，藏语：tshe dpag med）、不空成就（Amogha-siddhi）的五种智慧，即可达到"解脱之境"。如果没有五佛智慧，仅持诵真言，造立曼荼罗也不能达到解脱。假如有了这五智慧（大圆满智、平等性智、妙观察智、成就所智、法界体性智），也可达到"菩提"（Bodhi，觉悟）。而这五种智慧必须接受灌顶之后，由金刚上师直接指导才能获得。以"五智"去觉悟自身及其他一切悉为"空性"而达"即身成佛"的"解脱之境"是金刚乘教义的要旨。

　　金刚乘密教经俄里萨而传播到本贾鲁（Bengal 今孟加拉）地方。公元8世纪中叶，波罗王朝在此地兴起，金刚乘得到王朝的庇护和大力支持，更加兴旺发达。

第三节　密教传入中国、日本和朝鲜

　　印度密教于8世纪开始传入唐朝。唐开元年间，先后从印度来了三位密教大师，这就是善无畏（637—735）、金刚智（669—741）和不空（705—774）。佛教史上称他们为"开元三大士"。中国汉地佛教的密宗就是由他们开创的。汉地佛教密宗称作真言宗，在唐朝中叶颇为盛行。汉地佛教密宗仅接受了印度密宗的事、行二部，没有接受瑜伽部，特别是与汉地高度发展的封建伦理道德观念相悖的无上瑜伽部。密宗在汉地没有得到更大的发展，传至宋朝时期便衰落了。

密宗在日本奈良时代已经由弘法大师从中国汉地传入日本，称为真言宗。到了平安朝初期，有所谓八家的传人，但其中专修密教而且得到正统秘诀的归国者，却只有弘法大师空海（774—835）。空海与其他密教家不同，为密教作了教相判释，说明了整个佛教对密教的关系，阐明了整个佛教的终极妙义在于密教。弘法大师的真言宗在日本传播的盛况是前所未见的。弘法大师以《大日经》、《金刚顶经》、《苏悉地经》作为根本经典，以《释摩诃衍论》、《菩提心论》和《大日经疏》作为辅助的论释，又参酌其他的各种经论及仪轨，精致地判释教相，创立真言宗。真言宗的教义可用"体、相、用"的"三大"来说明。日本真言宗提出三种"即身成佛"，称为"理具成佛"、"加持成佛"、"显得成佛"。所谓"理具成佛"就是依据"体"的六大，"加持成佛"是依据"相大"的四曼，"显得成佛"是依据"用大"的三密相应。而所求的不是"理具成佛"，也不是"加持成佛"，而在于"显得成佛"。以上仅是关于日本真言宗的教相。此外，真言宗也规定了仪轨非常繁杂的事相。日本真言宗也只接收了密宗四部的事部、行部、瑜伽部，而没有接受无上瑜伽部。

密宗也传入了朝鲜。公元4世纪后半期，即高句丽、百济和新罗对立的三国鼎立时代，秦王苻坚派遣僧顺道于小兽王二年（372年）始将佛教传至高句丽，从此经过12年，印度僧摩罗难陀弘佛法于百济，再经过144年，法兴王十五年（528年）时，佛教才传入新罗，于是，普及于全朝鲜。后来，又经过百年左右，至7世纪中叶时，虽是部分或片断的，却也传有杂部密教到此地，而成立了例如"神印宗"的密教宗教派别。神印宗的元祖叫明朗，新罗善德女王元年（632年）入中国唐朝学密教，而于善德女王四年（635年），即唐太宗贞观九年回新罗国。将具有体系的正纯密教输入朝鲜的人，是新罗灵妙寺僧不可思议。不可思议于唐开元年间，就师于善无畏三藏，研习《大日经》。又有新罗僧玄超亦就师于善无畏受"胎藏法"，归国之后，始将所受密法予以宣扬。又，就师于善无畏学"胎藏法"的唐镇国道场义林阿阇梨，后来也往新罗国宣扬密教。又有新罗僧慧超者先周游印度，后回唐朝奉侍金刚智和不空，专研密教，他送种种密教经典回朝鲜，直接间接尽力于新罗正纯密教的兴隆。由于诸多高僧的传播，密教在朝鲜颇为兴盛。当时著名佛教寺院如新罗都城庆州佛国寺、大邱桐华寺及荣州毗卢寺等都是弘扬密教的重要寺院。高丽统一朝鲜后，乃支持密教的发展。高丽太祖又建立现圣寺于开城，为密教道场。此后，高丽历代诸王均尊奉密教，直到1392年（明太祖二十五年）①。

第四节　佛教密宗在藏地的传播

在雪域藏地，于藏王拉脱脱日年赞（lha tho tho ri sñan śal）时佛教开始传入。王统三十二代，法王松赞干布（chos rgyal sroṅ btsan sgam po）时，有藏文文字开始翻译了佛教经典。藏王赤松德赞（khri sroṅ ldeḥubtsan）时，迎请"师君三尊"（mkhan slob chos gsum）②，佛教在藏地弘传。君主赤热巴坚之时，重新订正简化若干不便写读的古文字，此前（藏传佛教史上）称"前弘期"，中经朗达玛灭佛期。"红动净三"（dmar gyo gtsaṅ gsum）与贡巴饶色大喇嘛重新复兴佛教，藏传佛教史上称"后弘期"。从此，由拉喇嘛也协畏（lha bla ma ye śis od，智慧光）不远千里迎请阿底峡（jo bo rje）入藏整顿再兴佛法。其后，第二释尊宗喀巴（tsoṅ kha pa 善慧称）大师降临，宣说显密双运（mdo sṅags zuṅ ḥbrel）之佛教。

在佛经的翻译上，无论是文成公主带去的汉译佛经，还是梵文佛经，不翻译成藏文是难于流传和修持的。从松赞干布开始，用新制的藏文译经，译成藏文的佛经称为《甘珠尔》；人们将从松赞干布到朗达玛灭佛前的二百年中，从译师土弥桑布札（thu mi sam bho ṭa）到南喀迥总共有51位译师的时期称前弘期；将从蒙古准噶尔部统治西藏前718年，从译师仁钦桑波以下称为后弘期。《甘珠尔》的翻译成果对藏传佛教的流传影响颇大。③

第五节　佛教密宗在蒙古地区的传播

佛教历史上产生了上座佛教（南传佛教大部分是上座佛教，云南西双

① 李冀诚、丁明夷：《佛教密宗百问》，载王志远主编《宗教文化丛书》，今日中国出版社1992年版，第20—22页。
② 亲教师静命（mkhan chen shi ba ḥdso）、轨范师莲花生（slob dpon pad ma sam bha ba）和法王赤松得赞（chos rgyal khri sroṅ lde btsan）。
③ 详见胡戟、齐茂椿《重走唐蕃古道——接文成公主回娘家》，陕西师范大学出版社2007年版，第45—46页。

版纳也属上座佛教，过去我们称之为"小乘佛教"）、汉传佛教（又称为
"大乘佛教"）、藏传佛教（西藏、蒙古地区，过去称为"蒙藏佛教"）。因
此，中国佛教具有四大语系：汉语系、藏语系、巴利语系、蒙古语系。按
照最新观点，我们以具有《大藏经》为标准，将佛教分为六个语系。除了
梵语、满语之外，其他比较活跃的四个语系，汉传、藏传、南传、北传佛
教，其传承分布在中国的大地上。

过去的概念里没有把汉传佛教与北传佛教进行区隔。在近期举行的
"蒙古佛教高层文化论坛"上，中国社会科学院世界宗教研究所提出观点
认为蒙藏佛教是一个很重要的概念。蒙古族对佛教的传播有着非常重要的
作用，而且与西藏相比，有很大的独立性。蒙古佛教有自己独立的经典，
蒙古语的经典《丹珠尔》《甘珠尔》就是蒙古文《大藏经》，而且有自己
的传承，有自己的呼图克图——活佛。从内蒙古到蒙古，再到俄罗斯的几
个共和国，已经形成用蒙古语传播的佛教，把这些笼统地概括为藏传佛
教，现在看来概念上是有缺陷的。

过去把蒙藏佛教称为"喇嘛教"，"喇嘛教"在涵盖面上很清楚，但用
词不科学，相当于以"和尚教"代称佛教，是不合适的。我的老师任继愈
先生在改革开放后撰写《中国佛教史》时用"藏传佛教"替代了"喇嘛
教"的称呼。不过近几年来，我们又发现了新的问题。"藏传佛教"的说
法使人看不清来龙去脉，使蒙古这么大的一个区域、这么多的人口、这么
长的传承湮灭在"藏传佛教"的概念里，而"藏传佛教"则被等同于
"藏族佛教"。我们现在确定语系的前提是有独立的《大藏经》，蒙古族有
对《大藏经》的全部翻译和整理，甚至在汉语本里已经散佚的，在蒙语本
中还有保存，具有重要的文献价值。因此，我们需要重新在学术上对一个
客观的历史状态做描述。认识到佛教在中国的四个传承，有助于全面、真
实地认识历史。从中亦可见，佛教对中国文化有着全面、深刻的影响。如
果说儒家讲的是人人平等，"人皆可为舜尧"，佛教则是更加扩大为众生平
等，不仅人与人平等，人与一切生物也是平等的，要珍惜每一个生命。

学术研究不同于行政命令，一方面是可以畅所欲言，可以保持精神独
立、思想自由；另一方面是不会强迫别人盲目崇信，主张相互切磋。因
此，本次论坛对蒙古佛教的界定和评价，只是开启了深入研究的大门，希
望以此为起点，在蒙古佛教代表人物及其著作、蒙古佛教的传播和传承、
蒙古佛教召庙文化艺术和教育、蒙古佛教与蒙古世俗文化、蒙古佛教与蒙

古语文诵经体系、蒙古佛教与萨满教等诸多方面，把对蒙古佛教的研究推动起来。不仅提出对蒙古佛教历史地位的新评价，而且推动对蒙古地区佛教的全方位深入研究。

蒙藏地区佛教的特征之一就是活佛转世，即"乘愿再来"的"转世真者"① 活佛。在蒙藏地区佛教信众的信仰意识中，活佛是诸佛、诸菩萨的乘愿再来②。通俗一些讲，蒙藏地区佛教寺院因有无活佛住持决定着寺院宗教地位。

一　活佛转世是蒙藏佛教特有的传承方式

活佛转世把佛教的"乘愿再来、行愿无尽"自如的教义和佛、菩萨圆觉解脱、化身降世、普度众生的思想融为一体，得到佛教界和广大信众的认同。蒙古帝国的蒙哥汗（Mongke Han，1252—1259 在位）曾封噶玛噶举派的噶玛拔希为"国师"，并授玉印，总领天下释教的重任，赐金边黑僧帽，尊崇为"噶玛拔希"。"拔希"一词是蒙古语，"老师"、"上师"之意。从而以此为契机，蒙古佛教和西藏佛教诸派先后产生了活佛转世制度。16 世纪中叶，格鲁派，即达赖、班禅、章嘉、哲布尊丹巴的传承系统开始采用活佛转世的传承方式。到 17 世纪中叶，活佛转世的传承办法已经发展成为蒙藏佛教首领人物的主要传承方式。

当时，由于政教合一，藏区由达赖喇嘛和班禅额尔德尼来管理，内蒙古地区、北京以及包括东北三省蒙藏佛教的事务由章嘉呼图克图（Zang skya Qutugtu）来管理，外蒙古由哲布尊丹巴呼图克图（rJe btsun dam pa Gutugtu）来管理，这些大活佛对于蒙藏地区政治、宗教、文化起到了很大的影响。并影响着蒙藏僧俗的信仰和日常生活。在佛教六大语系四大传承中，唯独蒙藏民族地区的佛教有活佛转世制度。

自蒙古民族执政的元朝、汉民族执政的明朝、满族执政的清朝三个朝代开始，汉民族受蒙藏佛教的影响甚大。随之，汉民族的僧俗即把蒙藏佛教的高僧称为，"老佛爷"（Lao fo ye）、"喇嘛爷"（La ma ye）、"活佛"（Huo fo）等。特别是称呼"活佛"的叫法成为名词的化别，自此，凡是蒙藏佛教的高僧几乎都俗称活佛了。

---

① 摘自中国佛教协会前会长赵朴初先生曾经在中国藏语系高级佛学院开学典礼上的讲话。
② 众生是以善恶业力、烦恼轮回于六道中。

二　金瓶掣签制度的缘起

金瓶掣签（gser bum dkrug ḥ don），藏语称色朋朱巴，意为"摇金瓶"，即从金瓶中抽签来确定活佛转世灵童。乾隆五十七年（1792年），清朝中央政府颁布了《钦定藏内善后章程》29条，为蒙藏地区佛教最后认定大活佛转世灵童特立的一项法定制度。它从蒙藏佛教当时的实际出发，在严格遵循佛教教义和仪轨的前提下，采取的一项利国利教利民的改进措施。它采用在释迦牟尼佛前进行金瓶掣签，由佛祖智慧之光法断活佛转世灵童的做法，使活佛转世制度显得更为庄严郑重，因而一经颁行即受到八世达赖喇嘛（坚白嘉措 ḥ Jam dpal rgya mtsho，1758—1804）、七世班禅（丹

金瓶掣签

白尼玛 bsTan paḥi ñi ma，1782—1853）大师为首的蒙藏佛教的高僧大德、四众弟子和广大信教群众的拥戴，并得到普遍的贯彻执行。纵观200多年的实践，其对佛法的弘扬、蒙藏地区的稳定、民族的团结、国家的安定都起到了积极的作用。

乾隆五十七年（1792年），清朝中央政府同时颁赐两个金瓶，其一颁给西藏拉萨大昭寺（后移置布达拉宫），专掣达赖、班禅等藏区呼图克图以上的大活佛，另一颁赐予北京雍和宫，掣定蒙古各部以及青海、甘肃等地呼图克图以上的大活佛的转世灵童①。按照蒙藏佛教应供殊胜、地方殊胜、根器殊胜的"三殊胜"教义，如理如仪地确定活佛转世灵童，自然会

———————————

① 朱晓明主编《佛门盛事——第十一世班禅额尔德尼寻访、认定、坐床纪实》，中国藏学出版社1996年版。

得到殊胜圆满的结果。地方殊胜拉萨大昭寺内，应供殊胜的释迦牟尼佛像前，举行金瓶掣签，仰仗释迦牟尼佛无量悲智法断，确定转世灵童真身为根器殊胜。17世纪中叶，活佛转世的传承办法已经发展成为蒙藏佛教首领人物主要传播佛教思想的方式。以佛教教义解释，"乘愿再来、行愿无尽"自如的教义和佛、菩萨圆觉解脱、化身降世、普度众生的思想融为一体，"众生无边誓愿度"、"众生度尽，方证菩提，地狱未空，誓不成佛"，得到佛教界和广大信众的认同。

蒙古族地区佛教的传播方式，可以这样来概括，蒙古人在佛教思想方面主要吸收了汉传佛教的思想（耶律楚材禅师和海云法师的影响较大）；在佛教仪轨方面主要吸收了藏传佛教密宗方面的仪轨，而且主要是受萨迦派和格鲁派的影响较深。元朝时期蒙古族地区的佛教以贵族阶层为主，明清以后在贵族佛教为主的基础上，逐渐形成了民众佛教为主的趋势。

第六节　蒙古地区佛教密宗传播的方式
——以密宗灌顶为主传播佛教思想

原始佛教修行的特点，最高达到阿罗汉果位[①]。

大乘佛教的特点，菩萨思想、自觉觉他觉行圆满，功德转让的菩提思想。显宗多生成佛。

密宗即身成佛（三密相应的基础上达到）。

中国佛教的见地，"明心见性"（禅宗）；净土，"带业往生"。

蒙藏佛教的见地，"破无我"（人无我、法无我）；依法灭罪。

日本佛教真言宗的特点，"如实知自心"。（主要以身体力行实修方可达到）

日本曹洞宗的特点，"眼横鼻直、无念无想、只管打坐、即心是佛"。

印度人念佛，中国人解佛，蒙藏人信佛。

日本佛教净土真宗的"恶人正机、他力成佛思想"。在日本，由于净

---

① 日本著名佛学家前田惠学博士说：释尊发现觉悟缘起真理应称佛陀，初转法轮给五比丘讲法开始利他行应称如来。在原始佛教时期，佛弟子虽然觉悟的很多，但他们没有利他行，所以只能达到阿罗汉果，未能成佛，随之，释尊也就没有确立继承人。

土真宗的"恶人正机"① 的净土意识的影响，不管恶人还是善人，死后都往生阿弥陀佛的极乐净土以成佛果。受这种净土思想的影响日本人把死者称"浩陶克"（hotoke），即日语"佛"的意思。这种叫法成为日本社会普遍的净土意识②。

中国佛教的黄念祖老居士在《净土资量》（北京广化寺 1995 年）中记载近代大德圆瑛法师的教诲"密净兼修，万修万人去"，也强调密宗和净土宗双修的重要性。黄念祖老居士强调学佛者不应有分别心，佛教修行法门有八万四千，修行者适合自己的条件，无论是净土念佛、禅宗坐禅、密宗念咒，只要真心真意，学佛行佛的话，大家皆能往生净土的真谛。他论述的"禅净密三法一味论"充分说明和开示了修行者离苦得乐的解脱之道。黄念祖老居士还引用夏莲居居士的开示，"净宗乃是密教显说"。就是说，净土念佛是把密宗念咒，以显宗的方便法门来济度众生的易行修行道。黄念祖在《净土资量》中论述说，在现今的五浊恶世的娑婆世界中，修行者修行是非常难的一件事，即"进一退九"。只有念佛、念咒是修行者最适合往生净土成佛的捷径。北京佛教居士林夏法圣理事长的祖父夏莲居老居士提倡："弥陀教我念弥陀，口念弥陀听弥陀；弥陀弥陀直念去，原来弥陀念弥陀"的阿弥陀佛与念佛者不二一体的修持法门。

蒙古地区很久就有了阿弥陀佛的信仰。而蒙古地区普通民众一般信仰和供奉阿弥陀佛的缘由还要提到蒙古人的信仰意识：阿弥陀佛能够给世人以延寿的能力，有为民众增进幸福感的功德。蒙古语称阿弥陀佛为"纳苏努布尔汗"（Nasun-un Burqan），即无量寿佛之意。为此，蒙古民众每年都邀请附近佛教寺院的僧众到自己家中，为年迈的父母和老人的健康长寿举办无量寿佛延寿灌顶等法会。无量寿佛延寿灌顶，主要是针对人道而言的，因为人知道区分善恶，知道如何修行正道，受无量寿佛延寿灌顶之后，无量寿佛以大慈大悲加持修行者，加持他"不死于非时"（非时不死），圆满行人身之寿命，成就他离苦得乐，乃至往生极乐净土，修成证果。

---

① 关于"恶人正机"的依据是《叹异抄》的第三条里记载的"善人なをもて往生をとぐ。いはんや恶人をや。"（善人如若能往生，难道恶人就不能往生吗）又季羡林老先生在《季羡林谈佛》（当代中国出版社 2007 年版）中说："一阐提"是梵文 icchantika 的音译，意思是"十恶不赦的恶人"。连这种人都有佛性，其余的人就不比说了。也是法显对中国佛教的一大贡献之一。

② 中村元选集《日本人的思维方法》（决定版）第三卷（春秋社，1994 年），第 68—75 页。

嘉木扬·图布丹大师

换言之，如果那些本来受痛苦折磨，不得快乐之三恶道的饿鬼、牲畜、地狱之众生，如使其长寿，反而延长或加重他们的痛苦时日；对三恶道之众生来讲，无量寿佛是以大慈大悲加持他们早日脱离痛苦，让他们速得人身，乃至往生极乐净土，修成正果。《无量寿经》云："世间导师无量寿，尽度一切非时死；护佑痛苦无依众，敬礼觉者无量寿。非时死兆出现时，无量寿佛即显现；迅疾祛除致死因，愿速获得长寿果。"

北京雍和宫近几年每年都举行无量寿佛延寿灌顶和大威德金刚成就灌顶法会。2009 年 3 月 22 日，雍和宫住持嘉木扬·图布丹大师主法给僧俗佛教徒授予了无量寿佛延寿灌顶。

在无量寿佛延寿灌顶法会的开始，雍和宫的僧众首先要迎请本次主法的上师，奉献上师曼荼罗供养，接下来，上师为接受灌顶的人们开示讲解佛法和受灌顶的重要性，如容器三过（器口下覆，器底穿漏和器中不洁）是容器不堪盛物的三种缺点以及六回想、八暇满、十圆满（自圆满五种和他圆满五种）、六度四摄等佛教基本思想和宗旨[①]。

要求修行者做到今天事今天了，不要拖到明天。来生去处有二：（一）投生三善趣，（二）投生三恶趣，人善小恶多为如此来回想，回想投生十

———

① 参见附录。

八层地狱的可怕性。六道轮回的生老病死之痛苦，即使是生到天界，知道死时的痛苦也是非常可怕。但是世界上没有后悔药，死时除了佛法以外什么也帮不上忙，具生的身体也带不走。一生修持止恶行善，行十善业，止（避免）十不善业。解悟四谛的知苦、断集、证灭、修道的道理。

六度的前四度（布施、持戒、忍辱、精进）为福德资粮，后二度（禅定、智慧）为智慧资粮。

雍和宫所传的无量寿佛灌顶是由藏传佛教噶举派热穹多吉札巴（ras chuṅ rdo rje grags pa，1083—1161，简称热穹瓦）传承下来的①。据雍和宫住持嘉木扬·图布丹大师在 2009 年 3 月 22 日在雍和宫举行无量寿佛延寿灌顶时开示说，藏传佛教高僧热穹瓦赴印度求法，有一天在印度的大街上遇见一位高僧并对他说，你的生命只剩下七天了，但是有延长你生命的方法，你如果接受无量寿佛延寿灌顶可增寿 20 岁，就这样从他的印度上师玛几珠杰（ma cig grub rgyal）接受到无量寿佛延寿灌顶，增寿了 20 岁，后来回藏地，把此法传给自己的上师米拉热巴（mi la ras pa，1040—1123），又从米拉热巴上师接受了此法门的延寿灌顶，又增寿了 20 岁。雍和宫住持嘉木扬·图布丹大师是从十世班禅大师和十一世班禅大师继承了此法灌顶。

嘉木扬·图布丹大师开示说：接受无量寿佛延寿灌顶的功德有以下几点：（一）从恶魔等夺回接受灌顶者的生命；（二）因身体五大不调减少生命的重新恢复健康的身体；（三）福德损失者重新恢复福德；（四）诸佛、诸菩萨、三宝等以七珍八宝来加持接受灌顶者，使其成就一切福德资粮和智慧资粮，离苦得乐，究竟证得佛果。

无量寿佛延寿灌顶有两种仪轨，一种是一尊无量寿佛延寿灌顶，另一种是九尊无量寿佛延寿灌顶。雍和宫住持嘉木扬·图布丹大师所传的无量寿佛延寿灌顶是一尊无量寿佛延寿灌顶。而在辽宁省阜新蒙古族自治县佛寺镇瑞应寺所传的是九尊无量寿佛延寿灌顶。而且在蒙古族地区历史上，佛教徒经常祈请僧众在自己家里，给长辈举办九尊无量寿佛延寿灌顶。

---

① 张怡荪主编：《藏汉大辞典》（下册），民族出版社 1986 年版，第 2670 页。热穹瓦生于西藏后藏共唐地方，十一岁起即从噶居派米拉热巴学法，后两次赴印度，从底普巴和玛几珠杰等学修无身空行母法，复返藏传给米拉热巴。

　　所以说，无量寿佛延寿灌顶的主要对象是给有缘已得人身，又与无量寿佛有缘的人道而宣说的密乘之方便法门。① 从佛教的传播方式以"慈、悲、喜、舍"菩提心之观点来说，普通的民众，人身难得，来之不易，想与家人永远生活在一起，与家族与亲朋好友永远过上幸福美满的生活的心情是不言而喻的。所以研究佛教的专家认为，这种信仰意识应以"民众佛教"（Popular Buddhism，信仰佛教）的观点来解释。对于普通民众来讲，民众佛教比起"教义佛教"（Doctrinal Buddhism）②，更能满足民众的现实利益。所以蒙藏地区佛教寺院举行"无量寿佛延寿灌顶"也是依据佛教所讲的方便法门，即应机说法、因人施教、对症下药的方法来普度众生，是人间佛教的具体体现。

　　蒙古地区佛教所传的"无量寿佛延寿灌顶"的信仰意识与汉传佛教所举办的"延生普佛"的净土思想意识是基本相同的③。蒙古地区佛教徒的信仰意识中有这样的说法："若祈求智慧，则归依无量光佛；若祈求延寿福乐，则归依无量寿佛。"④

第七节　宗喀巴大师著《菩提道次第广论》
　　　　传播佛教的特点

　　菩提道次第并不是代表某一种或某几种局部性的法门，而是经过提炼凝缩，高度概括集中的总体法门。故而说菩提道次第"是三乘佛法的归总，是八万四千法的精华，是三世一切佛菩萨已行、在行、将行之道"⑤。宗喀巴大师的中观思想，突出地表现在见、修、行三个方面，宗喀巴大师

---

　　① 与此文相关论文，笔者曾在日本《同朋大学佛教文化研究纪要》中发表题为《蒙古佛教〈无量寿佛灌顶〉的研究》（同朋大学佛教文化研究，第 23 号，2003 年第 1—17 页）。主要以田野调查的研究方法，研究了在辽宁省阜新蒙古族自治县佛寺镇瑞应寺的僧众在蒙古族佛教徒家里，为他们的父母长辈举行的无量寿佛延寿灌顶的事例。

　　② 前田惠学编著《现代斯里兰卡上座佛教》，日本山喜房佛书林刊，1986 年，第 1—9 页，日文。

　　③ 前田惠学主持、夏法圣讲、嘉木扬凯朝汉译"现代中国居士佛教"（《同朋大学佛教文化研究纪要》第 23 号，2003 年）第 57—86 页，日文。

　　④ 李翎：《藏传佛教阿弥陀像的研究》，《法音》2004 年第 8 期，第 20—24 页。又黄春和主编《白塔寺》，华文出版社 2002 年版，第 141—143 页。还有《无上瑜伽部大威德金刚十三尊成就仪轨》（dpal rdo rje hjygs byed lha bcu gsum maḥi dbaṅ bskul ba bshugs so）等方式传播佛教理念。

　　⑤ 兰仁巴大师：《菩提道次第心传录 一位西藏著名修行者的笔记》，多识仁波切译，甘肃民族出版社 2006 年版，第 12 页。

依龙树的缘起性空的中观，抉择了应成派的宗见，使中观学说更为系统、完备。在修持方面，提出了上、中、下三种根器（素质的人）的三士道次第的修行；在显教方面提出了出离心、菩提心、空性见的道之三要，尤其是对于宗教实践方面特重止观修法，指出安住修和观察修二者要正确结合，这些是格鲁派显教方面的最大特点。①《三士菩提道次》是三藏四续经义的概括，八万四千法门的精华要义，是修证无上菩提道的不二法门、必经道路。显宗单修三士道，可证无上果，密宗以三士道为先行法，修持二种菩提心根基，然后进入无上密道，速证佛果。《三士菩提道次》的内容概括为八观、三行、三取舍。即：

下士道：具缘人身难得观，人生无常观，恶道苦重观，善恶业报观；
中士道：世间过患观，解脱利益观；
上士道：行愿菩提心观，真理菩提心观。

下士道：皈依三宝，重视业报行，修十善；
中士道：一心解脱，修持三学行，修出离心；
上士道：发利众菩提心，修持六度四摄行，生发无我真智。

下士道：舍去今生今世贪图享乐心，求取后世的利益；
中士道：舍去对轮回身世的贪恋心，求取息灭涅槃解脱之乐；
上士道：舍去对自身利益的贪心，求取一切众生的利益。
以上是菩提道次第的宗旨和要点。②

三士道中总摄一切至言之理

(skyes bu gsum gyi lam du gsuṅ rab thams cad ḥdu baḥi dshul)

佛（释迦牟尼）初发心，中集资粮，最后现证圆满正觉（saṅs rgyas kyis thog mar thugs bskyed pa daṅ bar du dshgs bsags pa daṅ tha mar mḥon par rtshogs par sags rgyas oa）。

---

① 土观·罗桑却季尼玛：《土观宗派源流》（讲述一切宗派源流和教义善说晶境史），刘立千译注，西藏人民出版社 1984 年版，第 2—3 页。
② 多识仁波切：《宗喀巴大师佛学名著译解》，甘肃民族出版社 2002 年版，第 205—206 页。

尼泊尔兰毗尼花园菩提树

1. 下士道者《道炬论》云："若以诸方便，唯于生死乐；希求自利义，知彼为下士。"（gaṅ shiṅ thabs ni gaṅ dag gis，ḥkhor baḥi bde ba tsam dag la，raṅ ñid don du gñer byed pa，skyes bu de ni tha mar śes.）

是说修持十善业的人，是为了获得人天福报；没有为别人的利益而着想，只为自己的利益而努力生存的人，他们是属于下士道。

2. 中士道者《道炬论》云："背弃诸有乐，遮恶业为性；若唯求自静，说名中士夫。"（srid paḥi bde la rgyab phyogs śiṅ，sdig paḥi las las ldog bdag ñid，gaṅ shig raṅ shi tsam don gñer，skyes bu de ni ḥbriṅ shes bya.）

是指对一切轮回（三界等）产生厌离之心，求自己解脱轮回的生死，而修持戒、定、慧三学的人。

3. 上士道者《道炬论》云："由达自身苦，若欲正尽除，他一切苦者，是为胜士夫。"（raṅ rgyud rtogs paḥi sdug bshal gyis，gaṅ shig gshan gyi sdug bshal kun，yaṅ dag zad par kun nas ḥdod，skyes bu de ni mchog yin no.）

是指发菩提心的修法者，是希望一切众生远离轮回的痛苦，他们为了所有众生解脱苦海而希求成佛，所以要学习六度、四摄、二次第（生起次第和圆满次第）。

阿底峡尊者在《摄行灯论》中说："上师及诸佛讲，为能成就菩提，必须学习显宗或密宗，因此，此外必须讲述此二宗的内容。"修持一切种智有两种方法，就是密宗金刚大乘和般若波罗蜜多大乘。此二乘皆属于上士道的修持范畴。

身毛全无，若动若转，则于其他有情流转生死之时，乐乏苦逼，定无不忍。《入中论》（spyod ḥjug las）中说："于诸有情先，如是思自利；梦中尚未梦，何能生利他？"（sems can de da dag rnams la shon, raṅ gi don du ḥdi ḥdraḥi sems, rmi lam du yaṅ ma rmis na, gshan gyi don du ga la skye.）

告诉我们说：为了利益一切众生之前，自己尚无思维轮回诸苦，就连在梦中也从没有梦到过三界的痛苦，还又怎么能生起利益众生的菩提心呢？

《道炬论》中讲过，为了得神通而修奢摩他者（定，止住修），是三摩地，或为心学。毗钵舍那者（观察修），是为慧学。复次奢摩他下是方便分，系福德资粮，依世俗谛所有之道，为广大道次。发起三种殊胜慧者（闻所成慧、思所成慧、修所成慧），是般若分，智慧资粮，依胜义谛为甚深道次。（shi gnas ni tiṅ ṅe ḥtshin nam sems kyi bslab pa daṅ, lhag mthoṅ ni śes rab kyi bslab par lam sgron ḥgrel pa las gsuṅs so. gshan yaṅ shi gnas man chad thabs kyi cha daṅ bsod nams kyi dshogs daṅ kun rtshob bden pa la brten paḥi lam daṅ rgya che baḥi lam gyi rim pa yin la, śes rab khyad par can gsum bsked pa ni śes rab kyi cha daṅ ye śes kyi dshogs daṅ don dam paḥi bden pa la brten pa daṅ zab moḥi lam gyi rim pa yin pas.）

《入中论》云："真俗白广翅圆满，鹅王列众生鹅前，承善风力而超过，诸佛德海第一岸。"（kun rtshob de ñid gśog yaṅs dkar po rgyas gyur pa, ṅaṅ paḥi rgyal po de ni skye boḥi ṅaṅ pa yis, mdun du bdar nas dge baḥi rluṅ gi śugs stobs kyis, rgyal baḥi yon tan rgya mdshoḥi pha rol mchog tu ḥgro.）

圣天亦于《摄行炬论》，成立先须修习到彼岸乘意乐，次趣密咒渐次道理。摄此义云："诸初业有情，转趣于胜义，正等觉说此，方便如梯级。"

《四百论》中亦说道次极为决定："先遮止非福，中间破除我，后断一切见，若知为善巧。"

告诉修法者说，首先要学修，净治非福业的十不善的一切过患，这样来解释下士道之法；然后再讲授遮止（断除）轮回根本是无明和我执的中士道之法；最后教授破除一切邪见妄想的上士道法门。修行者如果能明了这一切教理，这位修行者即为修上士的大智者了。这里解释了必须按次第逐渐引导修行者如何学修佛法的道理。

敬母善巧阿阇黎亦云："如净衣染色，先以施等语，善说动其心，次令修诸法。"

这就是说，把洁白无瑕的白布准备染色的时候，最初之前要煮好颜料后再准备染布匹。同样的道理，首先以布施等积集福德资粮成为下士道、中士道根器的修法行者，即修行条件成熟的人生起这种心后，再给他讲授种种佛法，将他引向上士道中。

如果修行者对次第出现错乱，那就怎样努力修持也无济于事，或从近似次第的另一方式误修，也难以获得成就。保证修持的次第的正确，其功德增长极快，并能生起直接所要修行之道的信解，借此殊胜威力，便能迅速生起上士道的愿力。

在修密方面，明白指示出密宗的道次、生圆二种瑜伽、密乘三昧耶戒，尤以抉择密宗微细空性之见成就佛的法身，依于幻身和光明成就佛的报化二身，此圆满现证三身的修法均系宗喀巴大师之所阐发，作为格鲁派密法方面的最大特点。行持方面，特别重视戒律，提倡无论在显在密均要严格遵守佛制和一切律仪。

宗喀巴大师对修法方面，总破修时只要安住修，而依照大德莲花戒论师所造《修次第论》等中所说，"应观察修时观察修，应安住修时安住修，应间杂修时间杂修。""外护声闻行，内住极喜地"，是说外安住毗奈耶（戒律）行，内修二次第瑜伽。[①]

三世章嘉·若必多吉国师曾说过："自佛教传入西藏雪域后，历代佛学家对龙树、佛护、月称的中观论进行过研究，但仅作了些表面文字的注释工作。而将《中观论》融会贯通，变成自己的佛学思想体系的只有宗喀巴一人。"大师的代表作为格鲁派奠定了坚实的修行次第和理论基础。[②]

---

① 土观·罗桑却季尼玛：《土观宗派源流》（讲述一切宗派源流和教义善说晶镜史），刘立千译注，西藏人民出版社1984年版，第185—186页。

② 杨贵明编著《塔尔寺文化》，青海人民出版社1997年版，第10—11页。

附　录

雍和宫主持嘉木扬·图布丹大师在无量寿佛延寿灌顶法会上的开示讲解

1. 讲解法器三过失（闻法弟子的三种缺点）：

（1）耳不听，如器口下覆，不能注入妙法；

（2）心不记（漏器），如器底穿漏，终归流失；

（3）具烦恼（垢器），如容器不洁，终变污秽，不堪饮用。（修不了妙法）。

2. 讲解六想：

（1）众生把自己看做有病而冥想；

（2）说法的法师（在密乘为金刚上师）为医生而冥想；

（3）所教诫（上师说法）为医药和处方而冥想；

（4）如法修持为治疗疾病而冥想（烦恼等痛苦以佛法来消除对治）；

（5）于如来所住（佛光临人世间）为善士而冥想（把佛当做最胜功德的大圣者而想，从而由内心生起无比的敬仰心和欢喜心）；

（6）一切正法永远住世而冥想（把佛法看做最殊胜的智慧宝藏，从而由内心生起保护继承弘扬胜法，使之常住世间）。

3. 讲解六度：

学习六度（布施、持戒、忍辱、精进、禅定、智慧度），熟自佛法，学习四摄（布施、美言、利行、同事），熟他有情。到彼岸，达究竟，度无极，略译为度。梵语译为波罗蜜多。修学大乘所当修持，六度所摄一切善法之心及其相应之法，以其远远胜过世间及声闻、独觉所有一切善法，故有彻底超越之意。

受灌顶是为了一切众生而愿成佛。不仅要发菩提心，而且也一定要行菩萨行。

度化四舍（财、法、无畏、慈）。抱着这样心情接受灌顶。

东门入坛城，弟子转化为除痴阎魔王。

4. 八无暇：

（1）地狱有情；（2）旁生（畜牲）；（3）饿鬼；（4）长寿天；（5）边地生者；（6）诸根不全者；（7）执邪见者；（8）生如未来临地区者。

5. 十圆满：

（1）生为人；（2）生于中土；（3）诸根全具；（4）未犯无闲；（5）敬信三藏；（6）值佛出世；（7）值佛说法；（8）佛法住世；（9）信奉佛教；（10）有缘修学。前五为自圆满，后五为他圆满。

第 五 章

华严密法之《圣普贤菩萨行愿王经》
中的阿弥陀佛信仰

引 言

　　蒙古地区很久就有了阿弥陀佛的信仰。蒙古地区普通民众一般信仰和供奉阿弥陀佛的缘由还要提到蒙古人的信仰意识：阿弥陀佛能够给世人以延寿的能力，有为民众增进幸福感的功德。蒙古语称阿弥陀佛为"纳苏努布尔汗"（Nasun-un Burqan），即无量寿佛之意。为此，蒙古族民众每年都邀请附近佛教寺院的僧众到自己家中，为年迈的父母和老人的健康长寿举办无量寿佛延寿灌顶等法会。法会以密法的《阿弥陀佛灌顶》（tShe chog ḥdod ḥjo dbang gi rgyal po shes bya ba bshugs so）①和《华严经》中的《圣普贤菩萨行愿王经》（Qotugtu sayin yabudal non Yirugel non hagan）② 等经典来为依据举行法会，迄今还在蒙古地区广泛流传。

　　《大乘佛教经典法华经》和《无量寿经》中说，阿弥陀佛是有永久生命的佛。历史上的佛陀释尊，80 岁入灭，留下了不灭的法。可在西天极乐净土的阿弥陀佛，就其本质来讲，是在永久的法理中，使我们可以直接亲身体验，几乎以具体地人格化的形式来显现。③ 尊崇阿弥陀佛是永久生命的长寿佛，作为信仰意识，正是蒙古地区佛教徒的宗教意识。

---

　　① 《阿弥陀佛灌顶》，北京雍和宫所藏，藏文。
　　② 《颂词汇编》，青海民族出版社 1989 年版，第 181—190 页记载的《圣普贤菩萨行愿王经》。
　　③ 参见前田惠学《佛教要说》"印度和中国"，日本山喜房佛书林 1968 年版，第 67—68 页。

阿弥陀佛
Amitabha Buddha

阿弥陀佛说法图（雍和宫收藏唐卡）

修持往生法门的多数佛教徒，在往生阿弥陀佛的极乐净土的思想意识中，是依据《无量寿经》所讲的48愿诠释和修持往生。蒙古地区的佛教徒，依据《无量寿经》的48愿祈求得到往生是必要的。此外，依据《圣普贤菩萨行愿王经》和《往生极乐净土愿》（bDe ba can du skye baḥi smon lam bshugs so)① 等经典修持，也同样能够往生极乐世界，能够修成证果，可谓殊途同归。此文仅就《圣普贤菩萨行愿王经》所记载的有关往生极乐净土的阿弥陀佛信仰进行分析研究。

另外藏文《圣普贤菩萨行愿善说庄严经》②和《圣普贤菩萨行愿王经》以及台湾佛教出版社出版的《净土五经》之一的《大方广佛华严经普贤菩萨行愿品》③ 等文献中记载的普贤菩萨十大愿相关的阿弥陀佛信仰也是本文涉及的内容。

① 胡雪峰、嘉木扬·凯朝编译《藏汉蒙佛教日诵》，民族出版社2009年版，第224—257页记载的《往生极乐净土愿》。

② 章嘉罗赖毕多尔吉活佛：《圣普贤菩萨行愿善说庄严经》，北京雍和宫所藏。

③ 《净土五经》（全一册）（台湾佛教出版社出版），第62—74页。净土宗是中国佛教十三宗之一。中国净土宗是以念佛修行为内因，阿弥陀佛的愿力为外缘，念阿弥陀佛的名号，通过念佛往生西方净土，即极乐世界，所以称净土宗。又据前田惠学《佛教要说》"印度和中国"，日本山喜房佛书林1968年版，第106—107页说，もともと中国には、天神や死後の世界に対する素朴な信仰があったが、死の問題について深く考えた思想体系はなかった。佛教は精神の不滅を説く教えとして中国人に受容され、人間の死後、生前における善悪の業の果報を受けて輪回転生する、即ち生まれ変わることができるという思想が、極めて大きな影響を人々の心に与えた。それだけにまた、因果応報と六道輪回を超越した净土思想が、深く信じられることとなったと考えられている。

第一节　《圣普贤菩萨行愿王经》中
的阿弥陀佛信仰

　　《圣普贤菩萨行愿王经》中说，修行者依据普贤菩萨的十大愿修持，可以亲见阿弥陀佛的法身大日如来，依据此善缘，大日如来显现给修行者授记，依此功德可以往生阿弥陀佛化身的无量光佛之极乐净土。

　　以下引用藏文《圣普贤菩萨行愿王经》和汉文《圣普贤菩萨行愿王经》① 对照。

　　Gang gis bzang spyod smon lam hdi btab phs // des ni nan song thas cad spans bar hgyur // des ni grogs pho ṅan pa spang ba yin // snang ba mthaḥ yas de yang des myur mthong //

　　诸有发此贤行愿，彼能远离诸恶趣；彼亦远离诸恶友，彼速亲睹无量光。

　　bDag ni ḥchi baḥi dus byed gyur pa na // sgrib pa thabs cad dag ni phyir bsal te // mnon sum snang ba mtha yas de mthong nas // bte ba can gyi sh ing der rab tu ḥgro //

　　愿我临欲命终时，普能扫除一切障；亲睹如来无量光，即得往生极乐刹。

　　rGya baḥi dkyil ḥkhor bzang shing dgaḥ ba der // padmo dam pa śin tu mdses las sgyes // snang ba mthah yas rgyal bas mnon sum du // lung bstan pa yang bdag gis der thob śog /

　　彼佛中围贤调悦，我从瑞严妙莲生；亲睹如来无量光，我于其中得记别。

　　bZang po spyod paḥ i smon lam bsnos pa yi // bsod nams dam pa mthaḥ yas gang thob des // ḥgro ba sdug bsngl chu bor bying ba rnams // ḥod dpag med paḥi gnas rab thob par śog /

　　以此贤行愿回向，所护福德胜无边；沈溺苦海诸有情，往生无量光佛刹。

---

① 《颂词汇编》，青海民族出版社 1989 年版，第 128—136 页记载《圣普贤菩萨行愿王经》。

　　以上四偈，在《圣普贤菩萨行愿王经》中，是称赞阿弥陀佛的偈。一、二、三，三偈是藏语，称："南旺塔耶"（sNang ba btha yas），即指阿弥陀佛的法身大日如来。最后的第四句也是藏语，称："奥德巴嘎美德"（hod dphag med），即称赞阿弥陀佛化身的无量光佛。藏传佛教经典中的"无量光佛"是指阿弥陀佛的化身。蒙古地区称班禅博克多（Pan chen bogda），即阿弥陀佛的化身①，受到藏蒙地区僧俗的尊敬。

　　以上是《圣普贤菩萨行愿王经》中所显现的与阿弥陀佛相关的往生极乐净土的记载。蒙古地区的僧俗认为如果按此经的普贤菩萨十大愿如法修持，修行者可实现远离六道轮回之苦，远离恶人断除烦恼障和所知障，圆满福德资粮和智慧，阿弥陀佛法身之大日如来迅疾显现在修行者面前，授记修行者。依此授记之功德，即可往生阿弥陀佛化身的殊胜无量光佛极乐净土。

　　这一理论，是蒙藏地区佛教显宗和密宗相结合修持的一个特点。如此讲述《圣普贤菩萨行愿王经》的利益功德的经典深受蒙古地区佛教僧俗的重视。在蒙古地区所有的寺院都作为修持的课诵。许多蒙古僧人以此经典一生修持，每日必诵，如此坚持来修持的话，临终时相信能够往生阿弥陀佛的极乐净土。可以看出，终究成佛的佛教意识在蒙古僧众中非常普遍。

　　藏文译本《圣普贤菩萨行愿王经》所记载的普贤菩萨十大愿如下。②

　　rgyal ba kun la rab tu phyag htshal lo//

---

　　① 详见笔者的《中国蒙古族地区佛教文化》，民族出版社 2009 年版，第 126 页。以及「チベットとモンゴル佛教における活佛の由来」《同朋大学佛教文化研究所紀要》第 21 号、2001年）19—49 页。又请见丹湃迥冉纳班杂、李德成《名刹双黄寺　清代达赖和班禅在京驻锡地》（中国宗教文化出版社 1997 年版）第 42—43 页。因みに1645 年、モンゴルのグシ・ハーン（Gu si Han 固始汗 1582—1654、本名は Tho rol pavi hu 图鲁拜琥）が、チベット全土を微服した。グシ・ハーンは、当時のチベット佛教のゲルク派の代表者であり、グシ・ハーンに協力を惜しまなかったロサン チョジ ゲルツェン・ラマ（bLo bzang chos kyi rgyal mtshan 羅桑却吉堅贊 1567—1662）に、「班禅博克多」（Pan chen bogda）の圣号を贈った。康熙五十二年（1713 年）康熙皇帝は、パンチェン・ラマ五世（1663—1737）に「班禅額爾德尼」の圣号と「敕封班禅額爾德尼之印」の金册、金印を贈った。「額爾德尼」は満洲語であり、「宝貝」（erdeni）を意味する。これが、清朝政府から正式にパンチェン・ラマを册封した始まりであった。

　　② 《颂词汇编》，青海民族出版社 1989 年版，第 116—128 页记载《圣普贤菩萨行愿王经》参照。

第一愿、礼敬诸佛，

bde bar gśegs pa thams cad bdag gis bstod//

第二愿、称赞如来，

mchod pa gang rnams bla med rgya che ba//

第三愿、广修供养，

sdig pa thams cad bdag gis so sor bśags//

第四愿、忏悔业障，

ḥgro ba kun gyi bsod nams rjes yi rang//

第五愿、随喜功德，

ḥkhor lo bla na med pa bskhor bar bskul//

第六愿、请转法轮，

thams cad rdsogs pahi byang chub phyir bsngoho//

第七愿、普皆回向，

bskhal ba shing gi rdul sñed bshugs par śog /

第八愿、请佛住世，

de dag rgyal ba thams cad la yang mos//

第九愿、常随佛学，

de dag khun gyi rjes su bdag yi rang//

第十愿、恒顺众生。

普贤菩萨图

在藏汉蒙译文的《圣普贤菩萨行愿王经》中，以十五种偈的形式来阐述普贤菩萨十大愿的内容。

（1）第一愿——礼敬诸佛

ji sñed su dag phyogs bcuhi ḥjig rten na// dus gsum gśegs pa mi yi seng ge kun//
bdag gis ma lus de dag thams cad la// lus dang nag yid dang bas phyag bgyiḥo//

所有十方世界中，游于三世人狮子；我以清净身语意，遍礼一切悉无

余。＜第一偈＞

bzang bo sphyod paḥi smon lam stobs dag gis// rgyal ba thabs cad yid kyi mnon sum du// shing gi rdul sñed lus rab btud pa yis// rgyal ba kun la rab tu phyag tshal lo//

普贤行愿威神力，普现一切如来前；一身复现刹尘身，一一遍礼刹尘佛。＜第二偈＞

（2）第二愿——称赞如来

rdul gcig steng na rdul paḥi sangs rgyas rnams// sangs rgyas sars kyi dbus na bshugs pa dag / de ltar chos kyi dbyings rnams ma lus par// thams cad rgyal ba dag gis gang bar mos//

于一尘中尘数佛，各处菩萨众会中；无尽法界尘亦然，深信诸佛皆充满。＜第三偈＞

de dag bsngags pa mi zad rgya mtsho rnams// dbyangs kyi yan lag rgya mt-shohi sgrakun gyis// rgyal ba kun gyi yon tan rab brjod cing// bde bar gśegs pa thams cad bdag gis bstod//

各以一切音声海，普出无尽妙言辞；尽于未来一切劫，赞佛甚深功德海。＜第四偈＞

（3）第三愿——广修供养

me tog dam pa ḥhreng ba dam pa dang// sil sñan rnams dang śug pa bdugs mchog dang // mar me mchog dang bdug spos dam pa yis// rgyal ba de dag la ni mchod par bgyi//

以诸最胜妙花鬘，伎乐涂香及伞盖；如是最胜庄严具，我以供养诸如来。＜第五偈＞

na bzaḥ dam pa ranms dang dri mchog dang / phye ma phur ma ri rab mñam pa dang / bkod pa khyad par ḥphags pahi mchog kun gyis rgyal ba de dag la ni mchod par bgyi//

最胜衣服最胜香，末香烧香与灯明；一一皆如妙高聚，我悉供养诸如来。＜第六偈＞

mchod pa gang rnams bla med rgya che ba// de dag rgyal ba thams cad la yang mos// bzang bo spyod la dad pahi stobs dag gis// rgyal ba kun la phyag ht-shal mchod par bgyi//

我以广大胜解心，深信一切三世佛；悉以普贤行愿力，普遍供养诸如

来。＜第七偈＞

（4）第四愿——忏悔支（sdig pa bśags paḥi yan lag，悔罪支、忏悔业障）；

ḥdod chags she sdang gti mug dbang gis ni// lus dang nag dang de bshin yid kyis kyang // sdig pa bdag gis bgyis pa ci mchis pa// de dag thams cad bdag gis so sor bśags//

我昔所造诸恶业，皆由无始贪瞋痴；从身语意之所生，一切我今皆忏悔。＜第八偈＞

（5）第五愿——随喜功德

phyogs bcuhi rgyal ba kun dang sangs rgyas sras// rang rgyal rnams dang slob dang mi slob dang //ḥgro ba kun gyi bsod nams gang la yang // de dag kun gyi rjes su bdag yi rang //

十方一切诸众生，二乘有学及无学；一切如来与菩萨，所有功德皆随喜。＜第九偈＞

（6）第六愿——请转法轮

gang rnams phyogs bcuhi ḥjig rten sgron ma rnams// byang chub rim par sangs rgyas ma chags brñes// mgon po de dag bdag gis thams cad la//ḥkhor lo bla na med pa bskor bar bskul//

十方所有世间灯，最初成就菩提者；我今一切皆劝请，转于无上妙法轮。＜第十偈＞

（7）第七愿——普皆回向

phyag htshal ba dang mchod cing bśags pa dang // rjes su yi rang bskul s-hing gsol ba yi// dge ba cung zad bdag gis ci bsags pa// thamas cad bdag gis by-ang chub phyir bsṅoḥo //

所有礼赞供养福，请佛住世转法轮；随喜忏悔诸善根，回向众生及佛道。＜第十一偈＞

（8）第八愿——请佛住世

mya ṅan ḥdaḥ ston gang bshed de dag la //ḥgro ba kun la phan shing bde baḥi phyir // bskal ba shing gi rdul sñed bshugs par yang // bdag gis thal mo rab sbyar gsol bar bgyi //

佛若欲示所涅槃，我悉至诚而劝请；唯愿久住刹尘劫，利乐一切所众生。＜第十二偈＞

（9）第九愿——常随佛学

ḥdas paḥi sangs rgyas rnams dang phyogs bcu yi//ḥjeg rten dag na gang bshugs mchod par gyur// gang yang ma byon de dag rab myur bar// bsam rdsogs byang chub rim par sangs rgyas spyon//

我随一切如来学，修习普贤圆满行；供养过去诸如来，及与现在十方佛。＜第十三偈＞

（10）第十愿——恒顺众生

phyogs bcuḥi sems can gang rnams ji sñed pa// de dag rtag tu nad med bde bar gyur// ḥgro ba kun gyi chos kyi don rnams ni// mthun par gyur cig re bang ḥ .grub par śog /

十方所有诸众生，愿离忧患常安乐；获得甚深正法利，所有意望亦成满。＜第十四偈＞

byang chub spyod pa dag ni bdag spyod cing //ḥgro ba kun tu skye ba dran par gyur// tshe rabs kun tu ḥchi ḥpho skye ba na// rtag tu bdag ni rab tu ḥbying bar śog /

我为菩提修行时，一切趣中念本生（jātaka 阇多迦）；诸余生中受生死，愿我常得趣出家。＜第十五偈＞

以上藏蒙译文《圣普贤菩萨行愿王经》中以十五偈的形式来阐述了普贤菩萨十大愿。

还有，藏译《Phags pa bzang po spyod pai smon lam gyi rgyal po》《圣普贤菩萨行愿王》和蒙古文译《Qotugtu sayin yabudal non irugel non hagan》《圣普贤菩萨行愿王》① 第十四偈，与其他经典即佛陀跋陀罗译《文殊师利发愿经》② 和不空译《普贤行愿赞》③，梵本《Bhadracari-pranidhāna-rāja》《普贤行愿王》④ 第十五偈的顺序不同。第七愿、第八愿、第九愿、

① 《颂词汇编》，青海民族出版社 1989 年版，第 116—128 页记载《圣普贤菩萨行愿王经》第 224—257 页参照。

② 佛陀跋陀罗译《文殊师利发愿经》（《大正藏》10，878c—879c）。

③ 不空译《普贤行愿赞》（《大正藏》10，880c—881c）。

④ 香川孝雄：《净土教の成立史的研究》（山喜房、1993 年）483—484 页によれば、《文殊師利発愿経》のみ、偈の順序が異るが、内容はほぼ同じである。そして、梵本には、いくつかの系統があったと考えられるが、南伝系と見られる慈雲本を底本とし、京都大学梵語学梵文研究室所蔵の3本を校合して校訂された足利本は、他のネパール所伝本と比べると偈の順序に違いがあるとされる。

第十愿四愿的顺序也不同。

依照普贤菩萨的十大愿修持，坚信阿弥陀佛的本愿，依仗阿弥陀佛功德转让的菩提行精神，修行者皆可往生极乐净土，这种依据密法的净土思想除《圣普贤菩萨行愿王经》以外在藏蒙译文经典也有很多，都是与往生阿弥陀佛的极乐净土有关。兹不赘述。

第二节　依据普贤菩萨十大愿的阿弥陀佛信仰

《圣普贤菩萨行愿善说庄严经》（ḥPhags pa bang po spyod paḥi smon lam gyi rnam par bśad pa kun tu bzang boḥi dgongs pa gsal bar byed paḥi rgyan shes bya ba bshugs so）[①] 为藏文《大藏经》的《甘珠尔》（bKaḥ ḥgyur）中记载。

藏传佛教格鲁派创始人宗喀巴（tSong kha pa blo po bzang grags pa，1357—1419，本名"善慧称"）的弟子喜绕僧格（Śes rab seng ge），5世纪在西藏拉萨，创建了藏传佛教密教寺院"下密院"（sMad rgyud）。下密院的善知识喜绕丹达尔（Śes rab bstan dar）活佛，为了佛教的兴隆、利益一切众生，祈请内蒙古最大的章嘉罗赖毕多尔吉活佛（lCang skya Rol paḥi rdo rje，1716—1786），撰著了《圣普贤菩萨行愿善说庄严经》，现收藏在北京雍和宫寺院中。

依据普贤菩萨的十大愿往生阿弥陀佛的极乐净土的修持方法，在以下经典里都有所阐述。如台湾佛教出版社出版的《净土五经》之一《大方佛解华严经普贤菩萨行愿品》、藏文《圣普贤菩萨行愿善说庄严经》等。内容如下：

普贤菩萨的十大愿如下：

善财白言、大圣、云何礼敬、乃至回向。

（1）第一愿——礼敬诸佛

普贤菩萨告善财言，善男子，言礼敬诸佛者，所有尽法界虚空界，十方三世一切佛刹极微尘数诸佛世尊，我以普贤行愿力故，深心信解，如对目前，悉以清净身语意业，常修礼敬。

一一佛所，皆现不可说不可说佛刹极微尘数身。一一身，遍礼不可说

---

① 《净土五经》（全一册），台湾佛教出版社出版，第62—74页。

不可说佛刹极微尘数佛。虚空界尽我礼乃尽。以虚空界尽故，我此礼敬无有穷尽。如是乃至众生界尽，众生业尽，众生烦恼尽，我礼乃尽。而众生界乃至烦恼无有尽故，我此礼敬无有穷尽。念念相续，无有间断。身语意业，无有疲厌。

（2）第二愿——称赞如来

复次，善男子，言称赞如来者，所有尽法界虚空界，十方三世一切刹土，所有极微一一尘中，皆有一切世间极微尘数佛。

一一佛所，皆有菩萨海会围绕。我当悉以甚深胜解现前知见，各以出过辨才天女微妙根，一一舌根，出无尽音声海。一一音声，出一切言辞海。称扬赞叹一切如来诸功德海。穷未来际，相续不断。尽于法界，无不周遍。如是虚空界尽，众生界尽，众生业尽，众生烦恼尽，我赞乃尽。而虚空界乃至烦恼无有尽故，我此赞叹无有穷尽。念念相续，无有间断。身语意业，无有疲厌。

（3）第三愿——广修供养

复次，善男子，言广修供养者，所有尽法界虚空界，十方三世一切佛刹极微尘中，一一各有一切世间极微尘数佛。

一一佛所，种种菩萨海会围绕。我以普贤行愿力故，起深信解现前知见，悉以上妙诸供养具，而为供养。

所谓花云鬘云，天伞盖云，天衣服云，天种种香，涂香烧香末香，如是等云，一一量如须弥山王。种种灯，酥灯油灯，诸香油灯，一一灯炷如须弥山，一一灯油如大海水。以如是等诸供养具、常为供养。

善男子，诸供养中，法供养最。所谓如说修行供养，利益众生供养，摄受众生供养，代众生苦供养，劝修善根供养，不舍菩萨业供养，不离菩提心供养。

善男子，如前供养无量功德，比法供养一念功德，百分不及一，千分不及一，俱胝那由他分、迦罗分、算分、数分、喻分、优波尼沙陀分、亦不及一。何以故，诸如来尊重法故。

以如是说行，出生诸佛故。若诸菩萨行法供养，则得成就供养如来。如是修行，是真供养故。

此广大最胜供养，虚空界尽，众生界尽，众生业尽，众生烦恼尽，我供乃尽。而虚空界乃至烦恼不可尽故，我此供养亦无有尽。念念相续，无有间断。身语意业，无有疲厌。

（4）第四愿——忏悔业障

复次，善男子，言忏悔业障者，菩萨自念我于过去无始劫中，由贪瞋痴，发身口意，作诸恶业，无量无边。若此恶业有体相者，尽虚空界不能容受。

我今悉以清净三业，遍于法界极微尘刹，一切诸佛菩萨众前，诚心忏悔，后不复造，恒住净戒一切功德。

如是虚空界尽，众生界尽，众生业尽，众生烦恼尽，我忏乃尽。而虚空界乃至众生烦恼不可尽故，我此忏悔无有穷尽。念念相续，无有间断。身语意业，无有疲厌。

（5）第五愿——随喜功德

复次，善男子，言随喜功德者，所有尽法界虚空界，十方三世一切佛刹极微尘数诸佛如来。

从初发心，为一切智，劝修福聚，不惜身命，经不可说不可说佛刹极微尘数劫。

一一劫中、舍不可说不可说佛刹极微尘数头目手足。一切难行苦行、圆满种种波罗蜜门、证入种种菩萨智地、成就诸佛无上菩提、及般涅槃、分布舍利、所有善根、我皆随喜。

及彼十方三世一切世界六趣四生一切种类、所有功德乃至一尘、我皆随喜。

及彼十方三世一切声闻、及辟支佛，有乐学无学，所有功德，我皆随喜。

一切菩萨所修无量难行苦行，志求无上正等菩提，广大功德，我皆随喜。

如是虚空界尽，众生界尽，众生业尽，众生烦恼尽，我此随喜无有穷尽。念念相续，无有间断。身语意业，无有疲厌。

（6）第六愿——请转法轮

复次，善男子，言请转法轮者，所有尽法界虚空界，十方三世一切佛刹极微尘中，一一各有不可说不可说佛刹极微尘数广大佛刹。

一一刹中，念念有不可说不可说佛刹极微尘数一切诸佛成正等觉，一切菩萨海会围绕。而我悉以身口意业种种方便，殷勤劝请妙转法轮。

如是虚空界尽，众生界尽，众生业尽，众生烦恼尽，我常劝请一切诸佛转正法轮，无有穷尽。念念相续，无有间断。身语意业，无有疲厌。

（7）第七愿——请佛住世

复次，善男子，言请佛住世者，所有尽法界虚空界，十方三世一切佛刹极微尘数诸佛如来，将示般涅槃者。

及诸菩萨声闻缘觉有学无学，乃至一切诸善知识，我悉劝请莫入涅槃。经于一切佛刹极微尘数劫，为欲利乐一切众生。

如是虚空界尽，众生界尽，众生业尽，众生烦恼尽，我此劝请无有穷尽。念念相续，无有间断。身语意业，无有疲厌。

（8）第八愿——常随佛学

复次，善男子言，常随佛学者，如此娑婆世界毗卢遮那如来，从初发心，精进不退，以不可说不可说身命而为布施。剥皮为纸，折骨为笔，刺血为墨，书写经典，积如须弥。为重法故，不惜身命，何况王位，城邑聚落，宫殿园林，一切所有，及余种种难行苦行。

乃至树下成大菩提，种种神通，起种种变化，现种种佛身，处种种众会，或处一切诸大菩萨众会道场，或处声闻及辟支佛众会道场，或处转轮圣王小王眷属众会道场，或处刹利婆罗门长者居士众会道场，乃至或处天龙八部人非人等众会道场。处于如是种种众会，圆满音，如大雷震，随其乐欲，成熟众生、乃至示现入于涅槃、如是一切我皆随学。

如今世尊毗卢遮那，如是尽法界虚空界，十方三世一切佛刹，所有尘中一切如来，皆亦如是，于念念中，我皆随学。

如是虚空界尽，众生界尽，众生业尽，众生烦恼尽，我此随学无有穷尽。念念相续，无有间断。身语意业，无有疲厌。

（9）第九愿——恒顺众生

复次，善男子，言恒顺众生者，谓尽法界虚空界，十方刹海所有众生，种种差别。所谓卵生胎生湿生化生，或有依于地水火风而生住者，或有依空及诸卉木而生住者，种种生类，种种色身，种种形状，种种相貌，种种寿量，种种族类，种种名号，种种心性，种种知见，种种乐欲，种种意行，种种威仪，种种衣服，种种饮食，处于种种村营聚落城邑宫殿。乃至一切天龙八部人非人等。

无足二足四足多足，有色无色，有想无想，非有想非无想，如是等类，我皆于彼随顺而转。种种承事，种种供养。如敬父母，如奉师长，及阿罗汉，乃至如来，等无有异。于诸病苦，为作良医。于失道者，示其正路。于暗夜中，为作光明。于贫穷者，令得伏藏。

菩萨如是平等饶益一切众生。何以故，菩萨若随顺众生，则为随顺供养诸佛。若于众生尊重承事则为尊重承事如来。若令众生生欢喜者，则令一切如来欢喜。何以故，诸佛如来，以大悲心而为体故。因于众生而起大悲因于大悲生菩提心成等正觉。

如旷野沙碛之中，有大树王，若根得水，枝叶花果，悉皆繁茂。生死旷野，菩提树王，亦复如是。一切众生而为树根，诸佛菩萨而为华果。以大悲水饶益众生，则能成就诸佛菩萨智慧花果。何以故，若诸佛菩萨以大悲水饶益众生，则能成就阿耨多罗三藐三菩提（anuttarā samyak-sambodhiḥ）故。

是故菩提属于众生。若无众生，一切菩萨终不能成无上正觉。善男子，汝于此义，应如是解。以于众生心平等故，则能成就圆满大悲。以大悲心随众生故，则能成就供养如来。菩萨如是随顺众生，虚空界尽，众生界尽，众生业尽，众生烦恼尽，我此随学无有穷尽。念念相续，无有间断。身语意业，无有疲厌。

（10）第十愿——普皆回向

复次，善男子，言普皆回向者，从初礼拜，乃至随顺，所有功德，皆悉回向尽法界虚空界一切众生。愿令众生得安乐，无诸病苦。欲行恶法，皆悉不成。所修善业，皆速成就。关闭一切诸恶趣门，开示人天涅槃正路。

若诸众生，因其积集诸恶业故，所感一切极重苦果，我皆代受。令彼众生，悉得解脱，究竟成就无上菩提。菩萨如是所回向，虚空界尽，众生界尽，众生业尽，众生烦恼尽，我此回向无有穷尽。念念相续，无有间断。身语意业，无有疲厌。

（11）十大愿功德

善男子，是为菩萨摩诃萨十种大愿，具足圆满。若诸菩萨于此大愿，随顺趣入，则能成熟一切众生，则能随顺阿耨多罗三藐三菩提，则能成满普贤菩萨诸行愿海。

是故善男子，汝于此义，应如是知。若有善男子善女人，以满十方无量无边不可说不可说佛刹极微尘数一切世界上妙七宝，及诸人天最胜安乐，布施尔所一切世界所有众生，供养尔所一切世界诸佛菩萨，经尔所佛刹极微尘数劫，相续不断，所得功德。

若复有人，闻此愿王，一经于耳，所有功德，百分不及一，千分不及一乃至优波尼沙陀分，亦不及一。或复有人，以深信心，于此大愿受持读诵，乃至书写一四句偈，速能除灭五无间业。

所有世间身心等病，种种苦恼，乃至佛刹极微尘数一切恶业，皆得消除。一切魔军，夜叉罗刹，若鸠盘荼，若毘舍阇，若部多等，饮血啖肉，诸恶鬼神，皆悉远离。或时发心亲近守护。

是故若人，诵此愿者，行于世间，无有障碍。如空中月，出于云翳。诸佛菩萨之所称赞，一切人天，皆应礼敬，一切众生悉应供养。此善男子，善得人身，圆满普贤所有功德。

不久当如普贤菩萨，速得成就微妙色身，具三十二大丈夫相①。若生人天、所在之处，常居胜族。悉能破坏一切恶趣，悉能远离一切恶友，悉能制伏一切外道，悉能解脱一切烦恼。如狮子王，摧伏群兽。堪受一切众生供养。

又复是人临命终时，最后刹那，一切诸根悉皆散坏，一切亲属悉皆舍离，一切威势悉皆退失。辅相大臣，宫城内外，象马乘，珍宝伏藏，如是一切无复相随。唯此愿王，不相舍离，于一切时，引导其前。

一刹那中，即得往生极乐世界。到已，即见阿弥陀佛，文殊师利菩萨，普贤菩萨，观自在菩萨，弥勒菩萨等。此诸菩萨色相端严，功德具足，所共围绕。其人自见生莲华中，蒙佛授记。得授记已，经于无数百千万亿那由他劫，普于十方不可说不可说世界，以智慧力，随众生心而为利益。

不久当坐菩提道场（bodhi-maṇḍa）②，降伏魔军，成等正觉，转妙法轮。能令佛刹极微尘数世界众生，发菩提心。随其根性，教化成熟，乃至尽于未来劫海广能利益一切众生。善男子，彼诸众生，若信此大愿王，受持读诵，广为人说。所有功德，除佛世尊，余无知者。是故汝等闻此愿王，莫生疑念，应当谛受。已能读，读已能诵，诵已能持，乃至书写，为人说。是诸人等，于一念中，所有行愿，皆得成就。所获福聚，无量无

---

① 中村元《佛教語大辞典》（東京書籍、1994 年）472 頁によれば、三十二大人相ともいう。偉大な人間のもつ三十二の瑞相であり、偉人の具える三十二の優れた身体的特徴である。その一つ一つについては経典ごとにかなりの異説がある。

② 中村元《佛教語大辞典》（東京書籍、1994 年）472 頁によれば、釈尊が悟りを開いた道場である。ブッダガヤーにおける菩提樹下の金剛座をいう。または、悟りの庭ともいう。悟りを得る場所である。《理趣経》を読誦する時は「ほていとうちょう」と読む。

边。能于烦恼大苦海中，拔济众生，令其出离，皆得往生阿弥陀佛极乐世界①。

结　语

上述内容是笔者依据藏文《圣普贤菩萨行愿王经》、《蒙古佛教源流》、《圣普贤菩萨行愿善说庄严经》，汉文《净土五经》之一的《大方广佛华严经普贤菩萨行愿品》等四部经典记载普贤菩萨十大愿与阿弥陀佛极乐净土密法逐一进行解读分析后，在此基础上对蒙古地区佛教僧俗修持往生法与普贤菩萨十大愿之间的关系和阿弥陀佛信仰进行阐述。

在《华严经》最后一会的"入法界品"中所说的法界，是普遍真理世界，指大日如来（Mahā Vairocana，毗卢舍那佛）的境界。入大日如来的真理世界乃为入法界。而入法界的条件必须依靠普贤菩萨"行愿无尽"的大愿大行的菩提行，这样方能入法界。在"入法界品"中普贤菩萨作为主尊修行者出现的，而代表智慧的文殊菩萨作为客尊陪侍出现，他们之间作为求法者身份出现的活跃分子，实际是善财童子。

就这样普贤菩萨以十大愿为基础如法修持，精进不止，终成正果。在"入法界品"中详细阐述了修持十大愿的利益功德②。

正因为普贤菩萨十大愿有如此的利益功德，所以在蒙古地区的佛教寺院，把《圣普贤菩萨行愿王经》也作为往生极乐净土相关的阿弥陀佛信仰，规定为佛教寺院早课念诵的经典之一，也作为蒙古地区佛教僧侣一生修持经典之一，每天念诵此经。坚信"未作不起，已作不失"的因果关系，坚信此经是成佛的重要修持法门之一，如若一生念诵此经，坚信临终时阿弥陀佛会派遣观音菩萨或大势至菩萨前来接应修行者入极乐净土。

蒙古地区佛教的僧侣，过去就有每天早晚念诵经文，绕寺院、佛殿、佛塔的习惯，并且在佛殿或佛塔前以五体投地的方式进行礼佛。

念诵《圣普贤菩萨行愿王经》作为重要的修行之一，每天坚持不断地修持的话，临终时不会有差错，就能够往生阿弥陀佛的极乐净土。

---

① 笔者的《阿弥陀仏の信仰——中国・日本・チベットと蒙古のナンワンタヤェ信仰の比較研究 —》（中国、日本、西藏和蒙古的阿弥陀佛的信仰比较研究）是 1997 年提交日本爱知学院大学大学院文学研究科的硕士论文，未出版）第 191—222 页。

② 前田惠学：《佛教要说》"印度和中国"，日本山喜房佛书林 1968 年版，第 67—68 页。

山西省五台山，青海省塔尔寺等佛教圣地，都是蒙古地区佛教僧俗前去礼佛的圣地。很多信仰坚定的蒙古地区的僧俗，以五体投地的方式，不远千山万水、长途跋涉，口诵密咒或念诵《圣普贤菩萨行愿王经》向佛教圣地朝拜。

在蒙古地区佛教僧俗的信仰意识中，以"五体投地"的形式礼佛，其宗教礼仪是依据《圣普贤菩萨行愿王经》①的"以彼普贤行愿力，一切如来意现前；一身复现刹尘身，一一遍礼刹尘佛。于一尘中尘数佛，各往菩萨众会中；无尽法界亦复然，我信诸佛皆充满"的教言。为此，在蒙古地区僧俗的信仰意识中，在无限尘数的大地虚空中，都有诸佛、诸菩萨、圣众的莅临，所以"五体投地"礼佛，也是给诸佛、诸菩萨、圣众礼佛相同的功德。当然也与普贤菩萨的十大愿有着密切关联。台湾法鼓山圣严法师说：如果有人发了要学做菩萨的心愿，便不该厌离生死之苦，应当学习普贤菩萨那样，一边常随佛学，一边恒顺众生。不论有多艰难的逆境困扰，也不会让他退失救度众生的大菩提心。菩萨行者的信愿坚贞，难舍能舍，难忍能忍，难行能行。一般人如果厌苦离苦，便想逃避现实世界，菩萨行者则是知苦、耐苦，救度众生脱离苦难，所谓"不为自身求安乐，但愿众生得离苦"，所以菩萨不厌生死之苦。②

按蒙古地区僧俗的传统宗教信仰意识，无论任何人（包括一切众生），只要依照普贤菩萨的十大愿努力精进修行，起码今世能达人天最高境界，幸福安康。而来世修行者会如愿往生阿弥陀佛的极乐净土。再则向上起修，只要按照普贤菩萨的十大愿进行实际修持的话，即能够实现佛教的下化众生、上求菩提的伟大理想。

---

① 胡雪峰、嘉木扬·凯朝编译《藏汉蒙佛教日诵》，民族出版社 2009 年版，第 325—326 页。
② 圣严法师：《智慧100——消除烦恼的方法》，陕西师范大学出版社 2009 年版，第 207 页。

第 六 章

蒙藏地区佛教活佛转世的由来

引 言

蒙藏地区佛教的特征之一就是活佛转世，即"乘愿再来"的"转世真者"①活佛。在蒙藏地区佛教信众的信仰意识中，活佛是诸佛、诸菩萨的乘愿再来②。通俗一些讲，蒙藏地区佛教寺院因有无活佛住持决定着寺院宗教地位。

在蒙藏佛教信众的心目中，能令僧俗信众幸福和解脱的高僧，俗称"呼毕勒罕"（Qubilgan），汉地佛教信众称"活佛"。"呼毕勒罕"是蒙古语"化身"的音译；蒙藏佛教徒对学修有成，能够以自己的意愿转世的人，称之为"呼毕勒罕"。（下文顺其习惯叫法，称"活佛"。）

活佛转世是蒙藏佛教特有的传承方式。它把佛教的"乘愿再来、行愿无尽"自如的教义和佛、菩萨圆觉解脱、化身降世、普度众生的思想融为一体，得到佛教界和广大信众的认同。追根溯源，活佛转世制度开始于初期藏传佛教噶举派噶玛噶举的首领都松钦巴·曲吉扎巴圆寂时，那是1193年，他遗嘱其弟子"将转生再来"。11年后噶玛拔希（Karma bagši，1204—1283）降生，10岁时被都松钦巴的大弟子崩扎巴认定为其师的转世灵童，经过寺院10年的培养，正式以该派首领的身份弘法利生，成为蒙

---

① 摘自中国佛教协会前会长赵朴初先生曾经在中国藏语系高级佛学院开学典礼上的讲话。
② 众生是以善恶业力、烦恼轮回于六道中。

藏佛教第一位转世活佛。当时，蒙古帝国的蒙哥汗（Mongke Han，1252—
1259 在位）曾封噶玛噶举派的噶玛拔希为"国师"，并授玉印，总领天下
释教的重任，赐金边黑僧帽，尊崇为"噶玛拔希"。"拔希"一词是蒙古
语，"老师"、"上师"之意。从而以此为契机，蒙古佛教和西藏佛教诸派
先后产生了活佛转世制度。16 世纪中叶，格鲁派，即达赖、班禅、章嘉、
哲布尊丹巴的传承系统开始采用活佛转世的传承方式。到 17 世纪中叶，
活佛转世的传承办法已经发展成为蒙藏佛教首领人物的主要传承方式。

　　当时，由于政教合一，藏区由达赖喇嘛和班禅额尔德尼来管理，内蒙
古地区、北京以及包括东北三省蒙藏佛教的事务由章嘉呼图克图（Zang
skya Qutugtu）来管理，外蒙古由哲布尊丹巴呼图克图（rJe btsun dam pa
Gutugtu）来管理，这些大活佛对于蒙藏地区政治、宗教、文化起到了很大
的影响，并影响着蒙藏僧俗的信仰和日常生活。

　　在佛教六大语系四大传承中，唯独蒙藏民族地区的佛教有活佛转世制
度。据《藏传佛教》一书载，清朝乾隆年间，在理藩院正式注册承认的呼
图克图（Qutugtu）160 人，呼图克图是蒙古语音译，是对上层大活佛之封
号。其中，西藏 30 人，内蒙古 57 人，蒙古国 19 人，青海和甘肃 35 人，
北京 14 人。新中国成立初期的 1949 年至民主改革的 1959 年之间，仅西藏
自治区就有活佛约 300 至 400 人①。又据《西藏和蒙古的宗教》所载，
1900 年之前，仅在蒙古族地区就有转世活佛 243 人，其中内蒙古地区（包
括北京、东北三省）占 157 人②。

　　自蒙古民族执政的元朝、汉民族执政的明朝、满族执政的清朝三个朝
代开始，汉民族受蒙藏佛教的影响甚大。随之，汉民族的僧俗即把蒙藏佛
教的高僧称为"老佛爷"（Lao fo ye）、"喇嘛爷"（La ma ye）、"活佛"
（Huo fo）等。特别是"活佛"的叫法扩展开来，自此，凡是蒙藏佛教的
高僧几乎都俗称活佛了。

第一节　金瓶掣签的由来

　　金瓶掣签（gser bum dkrug ḥdon），藏语称色朋朱巴，意为"摇金瓶"，

---

　　①　弘学：《藏传佛教》，四川人民出版社 1996 年版，第 173 页。

　　②　［意］图齐、［西德］海西希：《西藏和蒙古的宗教》，天津古籍出版社 1989 年版，第 353
页。云南地区巴利语系佛教称高僧为"老佛爷"。

即从金瓶中抽签来确定活佛转世灵童。这是 1792 年（乾隆五十七年），清朝中央政府通过《钦定藏内善后章程》29 条的颁布，为蒙藏地区佛教最后认定大活佛转世灵童特立的一项法定制度。它从蒙藏佛教当时的实际出发，在严格遵循佛教教义和仪轨的前提下，采取的一项利国利教利民的改进措施。它采用在释迦牟尼佛前进行金瓶掣签，由佛祖智慧之光法断活佛转世灵童的做法，使活佛转世制度显得更为庄严郑重，因而一经颁行即受到八世达赖喇嘛（坚白嘉措，ḥJam dpal rgya mtsho，1758—1804）、七世班禅（丹白尼玛，bsTan paḥi ñi ma，1782—1853）大师为首的蒙藏佛教的高僧大德、四众弟子和广大信教群众的拥戴，并得到普遍的贯彻执行。纵观200 多年的实践，其对佛法的弘扬、蒙藏地区的稳定、民族的团结、国家的安定都起到了积极的作用。

1792 年（乾隆五十七年），清朝中央政府同时颁赐两个金瓶，其一颁给西藏拉萨大昭寺（后移置布达拉宫），专掣达赖、班禅等藏区呼图克图以上的大活佛，另一颁赐予北京雍和宫，掣定蒙古各部以及青海、甘肃等地呼图克图以上的大活佛的转世灵童。[①]

第二节　活佛转世的依据

佛教的认识论是"缘起论"，宗喀巴大师在《入中论大疏》中也这样讲到："释迦牟尼佛说：诸法的本性是'此生故彼生，此有故彼有'。在无明烦恼的作用下，导致不同的行业形成。"

"Ye dhammā hetuppabhavā, tesaṃ hetuṃ, tathāgato āha Tesaṃ ca,
yo nirodho, evaṃ vādi mahāsamaṇo.

诸法因缘生，结谢还复灭，我师大沙门，常作如是说。

Om Ye dhammā hetu prabhavā, hetuṃ, teshaṃ tathāgato, hyavadat,
teshaṃ cha yo nirodha, evaṃ vādi mahāshramaṇaḥ ye svāhā.

诸法从缘生，如来说是因，是法从缘灭，是大沙门说。"

大乘佛教主张芸芸众生，皆有佛性，唯因妄执，不能悟得。是说世上所有众生，本来都具有和佛一样的智慧德相，只因有妄想执著，才迷失本

---

① 参见《佛门盛事——第十一世班禅额尔德尼寻访、认定、坐床纪实》，中国藏学出版社1996 年版。

性而不能觉悟，错把妄执当真智，只有在先觉者——佛的教化引导下，发菩提心，行菩萨道，逐渐消除心中的妄想执著和烦恼障碍、所知障碍，圆满福德资粮、智慧资粮，灭妄归真，明心见性，才能证得理智不二、不生不灭、无挂无碍的正果，从而脱离六道轮回，达到涅槃彼岸，了生脱死，得道成佛。

佛的本意就是觉悟者。而觉悟者之中，又分自觉、觉他、觉行圆满三个层次。自觉：即通过发心修行，灭除诸障碍，觉悟佛性，自证胜果。这属于佛法一般品位，也称阿罗汉果位。觉他：自己觉悟以后，上求佛道，以大慈大悲之心，进而教化他人——普度众生，使诸多有情皆得成佛。这属中等品位，也称菩萨果位。觉行圆满：继续悟心明性，断除五住烦恼①，证得四智菩提②，达到福慧两俱；同时坚持履行"众生无边誓愿度"、"众生度尽，方证菩提，地狱未空，誓不成佛"的本愿，在觉悟本性和行愿度人两个方面都功德圆满，从而达到佛法的最高境界——一切功德圆满，即为人天导师，例如：释迦牟尼佛、阿弥陀佛等。由此可知佛和菩萨都以普度众生为己任，这乃是佛、菩萨的"平等本愿"。为实现这一本愿，随之产生诸佛有法身、报身、化身的"三身说"③。其中的化身，是指积聚了佛的无量无边殊胜功德之身，能观机施教（应机说法），随类化身，普度众生。《妙法莲华经》第十六品中说："思念种种有情，教化众生，可在无限无数世间存在。"世间芸芸待度众生与这种佛的化身、转世的关系，正是佛教缘起论"此有则彼有，此生则彼生，此无则彼无，此灭则彼灭"（《中阿含经》第四十七品）的关系。这就是蒙藏佛教活佛转世的根本理论基础。

---

　① 中村元：《佛教语大辞典》，东京书籍株式会社平成6年，第367页。五住烦恼（五住地惑）：指众生执著三界九地之生死之惑（烦恼）的五种烦恼。（1）三界的见即见一处住地惑。（2）欲界的思惑即欲爱住地惑。（3）色界的思惑即色爱住地惑。（4）无色界的思惑即有爱住地惑。（5）三界的无明即无明住地惑。

　② 同上书，第527页。四智（catvāri jñānāni; cattāri ñāṇāni; dṅos bshi）：法智、类智、他心智、世俗智。佛的智慧：大圆镜智、平等性智、妙观察智、成所作智。藏译《摄大乘论》中说：（1）我生已尽（断尽轮回生存之智慧）。（2）梵行已立（完成清净修行之智慧）。（3）所作已办（圆满应该做的一切事之智慧）。（4）不受后有（终结生存不再轮回之智慧）。

　③ 法身：代表着佛法，绝对真理，也指存在于每个人心中的佛性，法身不现。报身：经过艰苦修行，证得真理而成佛，他是佛的一种客观存在相，行态圆满福态，极为高大，常为诸菩萨说法，报身时隐时现。

第三节　活佛转世的三殊胜

按照蒙藏佛教应供殊胜、地方殊胜、根器殊胜的"三殊胜"教义，如理如仪地确定活佛转世灵童，自然会得到殊胜圆满的结果。相传释迦牟尼佛示现涅槃之前，应文殊菩萨之请，垂示工巧天神为其修造法身相无烟塔及立于大海中高一千丈之报身相和十二岁身量之化身坐相。塔相成就，世尊亲为开光，散花加持，作为示寂后的应供殊胜三宝。其中化身坐像在天界供奉百年后，由智慧空行母迎至西方邬坚供奉五百年，又以神变力降临于人间的印度金刚座寺受供五百年；随着佛教在印度的衰微，被辗转迎至佛教盛行的中国唐都长安受供。公元641年唐朝文成公主入藏与松赞干布联姻时，这尊殊胜稀有的应供三宝之一的佛祖像，又被文成公主请至拉萨。1409年宗喀巴大师为佛像献五佛冠（Rigs lṅa），遂成为积聚无量悲智的报身像。藏传佛教尊此佛像为"觉阿仁布切"，意谓至尊大宝，是蒙藏佛教界人士和各族广大佛教信众以及全世界佛教信众最崇拜、信仰的佛祖金身，是心中的精神支柱，因而许多人不惜千山万水跋涉万里，以朝拜此像为终身最高的心愿。[①]

在活佛转世灵童的寻访中，按照宗教仪轨和传统做法，从众多聪颖幼童内，遴选出数名慧根殊胜的灵童候选人。在地方殊胜的拉萨大昭寺内，应供殊胜的释迦牟尼佛像前，举行金瓶掣签。仰仗释迦牟尼佛无量悲智法断，确定转世灵童真身，使寻访认定工作获得殊胜具足之妙果。之后，再报请中央政府批准继位，承袭法统，弘法济世，度众利民。佛教四众弟子能得如此殊胜妙缘，实属不可思议！

一　达赖喇嘛转世的由来

明清以后蒙藏地区佛教文化的变迁，藏传佛教格鲁派（dge lugs pa 意为善律派）[②] 教法传入蒙古地区。

朱元璋于1368年，在南京定都，正式建立了明朝，为明太祖。元朝

---

① 见《西藏王统记》。

② 格鲁派由宗喀巴（tSong kha pa blo po bzang grags pa，1357—1419，善慧称）大师开创，大师在青海修行之后，16岁就赴藏区佛教圣地拉萨求法，其后建立格鲁派教法。

最后的皇帝，元顺帝妥懽帖睦尔（Thgon themür，1333—1368 年在位）于大都（北京）出走，返回了蒙古草原（现在的内蒙古赤峰市克什克腾旗），进入了史称的北元时期。

随着元朝的终结，在蒙古地区盛兴弘传的藏传佛教萨迦派的实力也随之渐渐衰退。萨迦派在蒙古族地区传播约 200 多年，为促进蒙古地区的宗教文化起了重大作用①。

蒙古地区佛教文化进入明朝以后发生了很大的转折。蒙古人主要与藏传佛教的格鲁派交流频繁，之间的开拓者是以蒙古土默特部的阿勒坦汗（Altan Khan，1507—1582），格鲁派的三世达赖喇嘛·索南嘉措（bSod nams rgya mthso，1543—1588，福德海，以下略称三世达赖喇嘛）。阿勒坦汗与三世达赖喇嘛最初是 1578 年在"青海湖会晤"的，后来阿勒坦汗邀请三世达赖喇嘛到现在的内蒙古首府呼和浩特（kukekota，汉译为"青城"），为蒙古佛教信众讲经说法，故称呼和浩特市为"归化城"，意为皈依佛教的城市。又在该地为三世达赖喇嘛建造了弥勒寺（史称美岱召）②，美岱召是由城墙和寺院建筑群组成的，堪称塞北蒙古高原的一绝"城寺"。三世达赖喇嘛在此弘扬佛法，讲述经论，为佛教文化在蒙古地区的弘扬起到了推动作用。

当时，阿勒坦汗和三世达赖喇嘛二人互赠了尊号。阿勒坦汗封给三世达赖喇嘛的尊号是，"圣识一切瓦齐尔达喇达赖喇嘛"，以表示对其尊敬。"圣"是梵语的意译，"ariya"在佛教里表示超出世间高贵的人物；"识一切"（bükün -i ailadugci 蒙古语）是蒙藏佛教对显宗方面取得最高成就人的称号；"瓦齐尔达喇"（vajra-dhara）是梵语的音译，意为"执金刚"是指蒙藏佛教对密宗方面修行取得最高成就人的称号；"达赖"（dalai）是蒙古语"大海"的意思；"喇嘛"则是藏语"上师"之意。这样，整个尊号合起来意为，在显密两方面皆有成就、超凡入圣、学修知识渊博如大海一样的上师。这就是达赖喇嘛名号的由来。三世达赖喇嘛赠给阿勒坦汗的尊号是，"咱克喇瓦尔第彻辰汗"，"咱克喇瓦尔第"（cakravarti）是梵语，转轮王之意，"彻辰汗"（secen Han）是蒙古语，聪明睿智之王的意思，这就

---

① 元朝时期的蒙古地区佛教为宫廷佛教，明清后的蒙古地区佛教为民众佛教。

② 坐落在内蒙古包头市大青山（蒙古语：弥勒寺之意，梵语：Maitreya），1565 年兴建，初为阿勒坦汗的金国都城，1606 年改建成藏传佛教寺院。

是说，阿勒坦汗如同印度著名的转轮王一样伟大、聪明、睿智之圣王。三世达赖喇嘛的转世为四世达赖喇嘛云丹嘉措（Yon dan rgya mtsho，1589—1616，功德海），出生于蒙古族家庭。随之藏传佛教格鲁派教法在蒙古地区迅速传播。阿勒坦汗接受格鲁派教法的重要原因之一是与三世达赖喇嘛的尽心尽力分不开的。而且当时蒙古人所追求的宗教意识也接近格鲁派教法的内容，这一教法逐渐替代了蒙古地区原有的博克教（Bögeyin šasin 即萨满教的一种）信仰。

阿勒坦汗携三娘子于万历六年（1578 年）与藏传佛教格鲁派高僧索南嘉措一同，于青海湖的察布恰勒庙（仰华寺）进行了具有历史意义的会晤。阿勒坦汗在仰华寺举行了隆重的欢迎仪式，并赐予索南嘉措"达赖喇嘛"的称号，正式迎请藏传佛教格鲁派高僧到蒙古地区弘扬佛法。三世达赖喇嘛到达蒙古时，阿勒坦汗已圆寂。据《蒙古源流》所载三世达赖喇嘛的行经路线分析，传说中的三世达赖喇嘛曾在灵觉寺的坐床还是可信的。万历十六年（1586 年），三世达赖喇嘛在内蒙古圆寂，其转世灵童的呼毕勒罕，即四世达赖喇嘛是阿勒坦汗的孙子苏木尔岱青之子，名云丹嘉措（Yon dan rgya mtsho，1589—1616，功德海）。四世达赖喇嘛云丹嘉措长大后，被送回西藏坐床，于是西藏僧界即派迈都哩雅·呼图克图来内蒙古掌教弘扬佛法，这次迎请迈都哩雅·呼图克图（Gutugtu）来灵觉寺主持弥勒佛的开光典礼仪式是由阿勒坦汗的孙媳五兰妣吉主持的，此史实在《蒙古源流》中记载颇详。美岱召即"灵觉寺"，城门石匾上也记下了五兰妣吉修建泰和门的经过，时间均在万历三十四年（1606 年），可知史籍不误，由于迈都哩雅·呼图克图长期在灵觉寺掌教弘扬佛法，人们便称之为"迈都哩雅召"，以后又俗称其为"美岱召"。

二　班禅额尔德尼转世的由来

班禅是藏传佛教格鲁派大活佛之一。1645 年，清朝驻藏地方首领固始汗赠予第四世班禅罗桑曲结"班禅博克多"的尊号。这是班禅名号的正式开始。其前三世班禅也被追认。1713 年 4 月，清朝康熙皇帝册封第五世班禅为"班禅额尔德尼"，并赐金册、金印。这是历代班禅正式称谓"班禅额尔德尼"的开始。1987 年，中国藏语系高级佛学院在第十世班禅大师和中国佛教协会前会长赵朴初的倡导下，于 1987 年 9 月 1 日在北京名刹西黄寺成立并开学。

三 哲布尊丹巴呼图克图转世的由来

元朝以后的明清时代在蒙藏地区佛教中确立了"活佛转世"制度。在蒙古历史和蒙古佛教史中，影响最大的可称为弥勒佛化身的哲布尊丹巴呼图克图（rJe btsun dam pa Qutug-tu，至尊圣人之意），蒙古人俗称他为"温都尔格根"（ündür ge-gen），温都尔格根是蒙古语，高贵的觉悟人之意。在蒙古佛教史以及世界佛教史上僧人当过一国之主皇帝的，也只有这位弥勒佛的化身哲布尊丹巴呼图克图一人。1911 年 12 月 29 日蒙古国独立时，曾一度把他推上了皇帝宝座，年号为"共戴"①。

多罗那它尊者（Tāranātha 1575—1634，哲布尊丹巴呼图克图第一世）是著名的《印度佛教史》的作者，西藏名为衮嘎宁波（Kun dgaḥ sñiṅ po 欢喜心之意）。

十世班禅大师

多罗那它尊者于 1614 年，在现西藏自治区拉孜县彭错林区创建了一座达丹彭错林寺（dal ldan phun tshogs gliṅ）。不久，蒙古的土谢图汗部的阿巴岱汗（Abadai Han, 1534—1586），派人到西藏邀请高僧藏巴汗，于是，就派遣了与格鲁派以外的觉囊派的高僧多罗那它尊者前往蒙古传教。万历四十二年（1614 年）多罗那它到达蒙古后，常驻库伦，即今日的蒙古国首都乌兰巴托，传授佛法和佛教文化。

多罗那它尊者前往蒙古之时，四世达赖喇嘛云丹嘉措（Yon tan rgya mtsho, 1589—1616，功德海）赠给多罗那它尊者"迈达理"（Maidari）的称号，迈达理是梵文 maitarya 的音译，意为弥勒佛。因此，蒙古人都把多

---

① 张怡荪主编《藏汉大辞典》，民族出版社 1986 年版，第 2053 页。"共戴"一词来自古印度最初出现的国王，受到大众的敬重，尊称为"众敬王"（maṅbkur rgyal po）。

罗那它尊者称之为，"迈达理格根"（Maidari gegen），格根乃蒙古语是指活佛之意，即是说，多罗那它尊者是弥勒佛的"乘愿再来"的活佛。多罗那它尊者赴蒙古之后，他讲经说法、兴建佛教寺院的原动力，受到蒙古王公贵族和民众的欢迎。①

多罗那它尊者于 1634 年，示寂于蒙古的喀尔喀部，在蒙古传教弘法 20余年。第二年，土谢图汗衮布恰好生育一子，蒙古各部汗王认定衮布之子为多罗那它尊者"乘愿再来"的转世活佛，将他尊为蒙古地区第一世"哲布尊丹巴呼图克图"（1635—1723），此即成为蒙古最大活佛的转世由来。

一世哲布尊丹巴呼图克图一生精进于弘扬佛法，特别是在制作佛像艺术方面，师尊亲手创作，创造出独具艺术特色的蒙古佛像、菩萨像、阿罗汉像，开拓了蒙古佛教艺术史上的新篇章。

扎纳巴扎尔（Zanabazar，乍那巴乍耳），是一世哲布尊丹巴呼图克图授居士戒即在家戒（obasig sanwar，乌巴什戒）的法名。三岁时（1638年），由尊师扎木巴力巴诺们汗（rGyal dpal pa nomon qagan）授在家戒。由旺希布如勒喇嘛授出家戒，法名为罗布桑丹贝成勒（bLo bo bzaṅ bstan baḥi phrin las）②。

第二世哲布尊丹巴呼图克图·罗布桑丹彬多密（1724—1757）（Blo bzaṅ bstan ḥdsin mthu mi 善慧持教力者），是清雍正、乾隆年间出现在蒙古地区一位著名政教领袖。③ 他为维护祖国统一，平息叛乱，抵制沙俄的分裂活动起到了积极作用。④

四　章嘉呼图克图转世的由来

章嘉呼图克图（Zang skya Qutugtu）是包括内蒙古、北京、东北最大活佛⑤。

章嘉呼图克图因出生于青海幸嘉村一张姓人家，俗称"张家活佛"，后来把"张家活佛"的"张家"二字写成"章嘉"，所以我们在历史资料

---

① 黄春和：《藏传佛像艺术鉴赏》，华文出版社 2004 年版，第 194 页。
② 中国社会科学院中国边疆史地研究中心主编《清代蒙古高僧传译辑》，全国图书馆文献缩微复制中心 1990 年版，第 346 页。
③ 参见本章后附录一。
④ 嘉木扬·凯朝：《蒙古佛教的研究》，日本法藏馆 2004 年版，第 209—237 页。
⑤ 参见附录 2。

雍和宫所藏章嘉呼图克图唐卡像

中，"章嘉"为多见。最初，章嘉呼图克图是青海省郭隆寺（dgon lung byams pa gliṅ，佑宁寺）的活佛，后在康熙年间，受邀到内蒙古多伦诺尔（dolugan nugur，七湖之意）成为汇宗寺的活佛，开启了章嘉呼图克图的转世制度。各世的章嘉呼图克图为多伦诺尔造像艺术事业的发展起到了重要作用。[①]

多伦诺尔即现在的内蒙古自治区锡林郭勒盟多伦县城，以城南多伦河而得名。多伦诺尔在历史上曾有过重要的地位和影响，金代为桓州府，元朝为上都开平府，明朝为开平卫地。清朝康熙年代，康熙皇帝召集蒙古各部会盟于多伦诺尔，庆祝平定噶尔丹的胜利，旋即造建了汇宗寺，康熙皇帝又任命哲布尊丹巴呼图克图主持，后由章嘉呼图克图主持，成为传播佛教的重要道场。随着蒙古地区建造寺院和塑造佛像的需要，多伦诺尔佛像铸场便应运而生。多伦诺尔铸造的佛像有铁、铜、银、金、泥、木石等不同材料，其中而较多的是铜质佛像。制作方法有模范浇铸和打胎两种。其中打胎制作法是多伦诺尔铸场最擅长的，远近闻名。

据蒙古学者阿木尔巴图著《蒙古族美术研究》的记载：

多伦诺尔当时铸造佛像艺术的情况是，多伦诺尔集中了不少作坊，在钟楼后街尾则是多伦诺尔的几家铜匠辅，同时也是最主要的几

---

① 张羽新：《清世宗实录》卷六十三"清政府与喇嘛教"，西藏人民出版社 1988 年版，第 140—141 页。

家制作佛像的铺子。据说多伦诺尔制作佛像的作坊共有七家，营业的有六家，其中阿龙希铜匠铺是多伦诺尔最初的，也是规模最大最有名望的。……那些博学和熟知经书的喇嘛们说，多伦诺尔佛像的工艺比北京和蒙古库伦以及其他地方的佛像都好，认为多伦诺尔的佛像，比例尺寸精确，制作工艺和镀金水平很高。[1]

法国传教士古伯察曾还专程访问调查过多伦诺尔，他的《鞑靼西藏旅行记》内也叙述了多伦诺尔铸场的情况，他说，"出自多伦诺尔大铸造厂的那些钢铁和青铜的漂亮铸像不仅仅在整个鞑靼即蒙古地区，而且在西藏最偏僻的地区都具有赫赫的名望。曾亲眼看见一支确实很大的队伍出发前往西藏，他们负责护送唯一的一尊佛像，共有88头骆驼拆散驮载，乌珠穆沁旗的王爷前往拉萨朝圣，要去见达赖喇嘛"[2]。

多伦诺尔制作的佛像等佛教艺术品不仅满足了蒙古地区佛教寺院和信教民众的请购供奉，而且还被请到蒙古和西藏、青海、甘肃、云南等蒙藏佛教地区，世界各国艺术家和佛学家们都给予高度评价。

五　章嘉呼图克图与内蒙古梵宗寺

内蒙古梵宗寺（蒙古语叫 šasin ündüsün süm－e，藏语叫 bstan paḥi ḥbyuṅ gnas gliṅ）意为佛教发祥之地，因梵宗寺有著名的活佛，寺院恢复的速度比其他蒙古族地区的佛教寺院要快。梵宗寺坐落在内蒙古自治区赤峰市翁牛特旗乌丹镇四公里处，元朝年间，与成吉思汗家族有关，为蒙古佛教大本山之一，号称元朝的"护国寺"，后因与北京的护国寺区别，改称"护卫寺"，至乾隆八年（1743年），由乾隆皇帝赐名梵宗寺，沿用至今。

据说，当时在内蒙古自治区赤峰市翁牛特旗地区发生灾难，于是翁牛特旗的王爷派人前往西藏拉萨邀请高僧，就此西藏拉萨色拉寺的贡噶俄日布（Kun dgaḥ nor po 1754—1818）活佛，受八世达赖喇嘛·绛贝嘉措（ḥJam dpal rgya mtsho 1758—1804）的委托，赴内蒙古梵宗寺，赢得了蒙古王公贵族和民众的爱戴与尊敬。因此，被招请为内蒙古梵宗寺的第一世

① 蒙古族学者阿木尔巴图：《蒙古族美术研究》，辽宁民族出版社1997年版，第303页。
② ［法］古伯察：《鞑靼西藏旅行记》，耿升汉译，中国西藏人民出版社1988年版，第304页。

活佛，这是梵宗寺寺主丹迥·冉纳班杂活佛的由来和开始。第一世丹迥活佛曾胜任过章嘉·罗赖比多尔吉耶喜忒皮嚼纳曼伯拉森波（Zaṅ skya Rol paḥi edo rje ye ses thob paḥi bsod nams dpal bzaṅ po）即章嘉国师的经师，现任梵宗寺寺主五世丹迥·冉纳班杂活佛，是中国藏语系高级佛学院教务处处长、中国佛教协会常务理事等。

丹迥活佛因精通蒙藏医药学，曾被内蒙古医学院聘请，教授蒙藏医药学，后又在辽宁省阜新蒙古自治县蒙医研究所工作。丹迥活佛协助第十世班禅大师筹备创建中国藏语系高级佛学院，又经第十世班禅大师亲自选为第一批活佛学员。尊师为藏语系高级佛学院的创建与发展做了不懈的努力。2009 年荣获共和国 60 年突出贡献人物，共和国奉献者、为中华之崛起作出突出贡献人物中华精英人物、共和国功勋人物等荣誉称号。

结　语

本章主要论述了蒙藏地区佛教活佛转世的历史由来，阐述了活佛转世因何兴盛于蒙藏地区，而不是其他地区和国家。笔者认为其理由与蒙藏民族的文化习俗和元明清三个朝代、三个民族的政治制度有一定关联。

其一，蒙古帝国的蒙哥汗曾封噶玛噶举派的噶玛拔希为"国师"，并授玉印，总领天下释教的重任，赐金边黑僧帽，尊崇为"噶玛拔希"。从而以此为契机，蒙藏地区佛教诸派先后产生了活佛转世制度。

其二，16 世纪中叶，蒙古地区佛教文化进入明朝以后发生了极大的转折。蒙古人主要与藏传佛教的格鲁派交流频繁，彼此之间的开拓者是蒙古土默特部的阿勒坦汗和格鲁派的三世达赖喇嘛索南嘉措。二人最初于 1578 年在"青海湖会晤"，后来阿勒坦汗邀请三世达赖喇嘛到呼和浩特，为蒙古佛教信众讲经说法，故称呼和浩特市为"归化城"，意为归依佛教的城市。二人互赠了尊号。阿勒坦汗封给三世达赖喇嘛的尊号是，"圣识一切瓦齐尔达喇达赖喇嘛"，以表示对他的尊敬。三世达赖喇嘛在内蒙古圆寂，其转世灵童的呼毕勒罕，即四世达赖喇嘛是阿勒坦汗的孙子苏木尔岱青之子，名云丹嘉措。

三世达赖喇嘛赠给阿勒坦汗的尊号是，"咱克喇瓦尔第彻辰汗"，"咱克喇瓦尔第"是梵语，转轮王之意，"彻辰汗"是蒙古语，聪明睿智之王的意思，这就是说，阿勒坦汗如同印度著名的转轮王一样伟大、聪明、睿智。

1645 年，清朝驻藏地方首领固始汗赠予第四世班禅洛桑确吉"班禅博克多"的尊号。这是班禅名号的正式开始。

在蒙古佛教史上，被誉为弥勒佛化身的哲布尊丹巴呼图克图，在蒙古佛教史以及世界佛教史上僧人当过一国之主国王的，也只有哲布尊丹巴呼图克图一人。1911 年 12 月 29 日蒙古国独立时，将他推上了国王宝座，年号为"共戴"。还有章嘉呼图克图等大活佛大呼图克图都与蒙古地区佛教和民俗有着密切的关系。至 17 世纪中叶，活佛转世的传承办法已经发展成为蒙藏佛教首领人物的主要传承方式。

以佛教教义解释，"乘愿再来、大慈大悲、行愿无尽"自如的教义和佛、菩萨圆觉解脱、化身降世、普度众生的思想融为一体，"众生无边誓愿度"、"众生度尽，方证菩提，地狱未空，誓不成佛"，得到佛教界和广大信众的认同。

大乘佛教主张芸芸众生，皆有佛性，唯因妄执，不能悟得。只有在先觉者——佛的教化引导下，发菩提心，行菩萨道，逐渐消除心中的妄想执著和烦恼障碍、所知障碍，圆满福德资粮、智慧资粮，从而脱离六道轮回，达到涅槃彼岸，了脱生死，得道成佛。由此可知佛和菩萨都以普度众生为己任，这乃是佛、菩萨的"平等本愿"。为实现这一本愿，随之产生诸佛有法身、报身、化身的"三身说"。其中的化身，是指积聚了佛的无量无边殊胜功德之身，能观机施教（应机说法），随类化身，普度众生。化身又是佛的变化身，佛为了教化众生，可化现为六道众生，以各种生命形式显现，活佛就是佛以人体的形式显现来教化众生的。已故季羡林老先生说："这种精神称为功德转让。"《妙法莲华经》第十六品中说："思念种种有情，教化众生，可在无限无数世间存在。"世间芸芸待度众生与佛的化身、转世的关系，这就是蒙藏佛教活佛转世的根本理论基础。藏传佛教高僧兰仁巴阿旺彭措（ṅag dbaṅ phun' dshogs）大师说："凡能起到佛的作用者就是佛，这些上师从事佛的事业，起到了佛的作用，因而就是佛。那么佛的工作和作用是什么呢？佛的主要工作就是向能够度化的众生施教善道。上师做了这样的工作，起到了佛的作用，因此，上师就是佛。"[1] 这样说，活佛即是佛的化身。

---

① 兰仁巴大师：《菩提道次第心传录　一位西藏著名修行者的笔记》，多识仁波切译，甘肃民族出版社 2006 年版，第 47 页。

附录一

《清政府与喇嘛教》的"清世宗实录"卷六十三记载：

哲布尊丹巴胡图克图与班禅额尔德尼、达赖喇嘛等之后身，出处甚确，应封于库伦地方，以掌释教。朕为普天维持宣扬教化之宗主，而释教又无分于内外东西，随处皆可以阐扬。昔达赖喇嘛与班禅额尔德尼在西域时，其居住青海之厄鲁特顾实汗等与之邻近，相与护持，故其教盛行于西藏。自此，各部落俱为檀越，踵而行之有年矣。盖宣扬释教，得有名大喇嘛出世，即可宣扬，岂仅在西域一方耶？哲布尊丹巴胡图克图，其钟灵原有根源，乃与达赖喇嘛、班禅额尔德尼相等之大喇嘛也。故众喀尔喀俱尊敬供奉之。且伊所居库伦地方、弟子甚众、着动用帑金十万两、修建大刹、封伊后身、俾令住持、齐集喇嘛、亦如西域讲习经典、宣扬释教。再、多伦诺尔地方、乃众喀尔喀顺时、我皇考巡狩于此、众喀尔喀齐来朝觐会盟之地也。应选造寺宇以表彰之、俾去年之张家（章嘉）呼图克图居住。张家呼图克图者、西域有名之大喇嘛也、唐古忒人众、敬悦诚服、在达赖喇嘛、班禅额尔德尼之上、各处蒙古皆尊敬供奉。今其后身禀性灵异、确实可靠、着将多伦诺尔（脑儿）地方寺宇、亦动用帑金十万两、性理宽广、使张家呼图克图之后身、住持于此、齐集喇嘛、亦如西域讲习经典、宣扬释教。蒙古汗、王、贝勒、贝子、公、等同为檀越。朕如此推广教法、建造寺宇、一如西域、令喇嘛居住、讲习经典。于伊等蒙古之诵行善、亦甚便易。盖礼佛行善、无分远近。宣扬释教之处愈多、则佛法可以日广。即哲布尊丹巴胡图克图、张家呼图克图、皆前世达赖喇嘛之弟子、伊等岂肯忘其宗派耶？

附录二

《御制善因寺碑》中记载：

……章嘉胡图克图道行高超、证最上果、博通经品、克臻其奥、有大名于西域、诸部蒙古咸所遵仰、今其后身秉质灵异、符验显然。且其教法流行徒众日广。朕特行遗官、发币十万两、于汇宗寺之西南里许、复建寺宇、赐额曰善因、俾章嘉·胡图克图、胡毕尔汗主持兹寺，集会喇嘛、讲习经典、广行妙法。蒙古汗、王、贝勒、贝子、公、台吉等俱为檀越、主人前身后身、敬信无二、自必率其部众听从后诲导、胥登善域、主人稽古圣王之治天下、因其教不易其俗、使人易知易从，此朕赞承先志、护持黄教之意也。况此地为我皇考驻跸之地（所）、灵迹斯存、惟兹两寺当与漠野山川、并垂无极、诸部蒙古台吉属下、永远崇奉、欢喜信受、薰蒸道化、以享我国家亿万年太平之福。朕深有望焉。

雍和宫碑文亭

　　二世章嘉与二世哲布尊丹巴胡图克图奉旨、将藏文《大藏经》的论部《丹珠尔》全部译成了蒙古文。《胜教宝灯》中记载：二尊者因奉敕命、用心翻译、大蒙古国各地语言虽同、亦有方言之异、翻译教法、傥不统一语汇、翻译人工、各依其便、则必难达理解、造成谬误。因先集成教法语汇、依便译经之用。是故章嘉·灵宝奇特着《正字学源泉》一书。先定内容与翻译之方法、次分为般若波罗蜜多、中论、具舍论上下、律、宗义、真言、因明、工巧明、医方明、新旧语类等章。又作蒙、藏两语差异对照表、编纂前所未有善说明之论者、予蒙古人以无量之恩惠。……如是章嘉·灵宝奇等二人主持翻译、并集精通圣典诸善友、能译（蒙、藏）二语之众学者、于辛酉年（1741）季秋月……至壬戌年（1742）孟冬月……完全翻译。呈皇帝御览、极蒙嘉奖、重赐诸译史、并命以国币开版。于是蒙古国之境广被（恩慈）、教宝遂得弘通焉……

第 七 章

蒙藏地区佛教的护国爱民思想

引 言

追溯佛教的历史，先要提到释迦牟尼佛（śākamuni，约公元前 566—前 486），他诞生于古代印度迦毗罗卫国，出家后，经过六年苦心修行，之后又在菩提树下坐禅静悟，发现了缘起法真理（称为佛陀）。后释迦牟尼佛弘法四十五年（称为如来）①。应该说，释迦牟尼佛所讲述的佛法是不分国家、不分地区、不分民族、宗族的，是以平等包容的精神向世界各地发展起来的，是以慈悲喜舍，拔苦与乐的救世利他的愿行和思想传播至今的。信仰佛教的人是有国家、地区、民族、宗派的区别，释尊也不例外，他降生到古代印度迦毗罗卫国，佛教的理论精髓即是讲，缘起有自性空的道理和人生理念。所以说，诸佛均在世间成佛。正如佛经所云"佛法在世间，不离世间觉；离世求菩提，犹如觅兔角"。

我们首先要知道什么是护国，为什么要护国，把这个道理搞清楚了，就知道从哪里切入讲护国的历史及现实意义了。大家知道，任何一个人，活在人世间没有一个是从天上掉下来，或从地下跳（蹦）出来的，都有

---

① 日本著名佛学家前田惠学博士说：释尊发现觉悟缘起真理应称佛陀，初转法轮给五比丘讲法开始利他行应称如来。在原始佛教时期，佛弟子虽然觉悟的很多，但他们没有利他行，所以只能达到阿罗汉果，未能成佛，随之，释尊也就没有确立继承人。

尼泊尔蓝毗尼花园

亲生父母。当然佛教也不派出这个原则或这个自然规则，释尊是我们人间的最好榜样，他也同样，父亲叫净饭王，母亲叫摩诃摩耶；他的国家叫释迦国（今尼泊尔境内），他的民族叫释迦族。佛教提出的"报国土恩，报众生恩"这个理念在释尊的原始佛教时代就已经产生了。对佛教来讲，"报国土恩，报众生恩"途径有八万四千多种，以"对机说法，应人说教，应病施药"的对治方法来报答国土，报答父母以及一切众生的恩德。而且，佛教的修持方法上也是要求修行者把自己的物质和精神方面（福德资粮和智慧资粮）全部奉献给对方，这样才是真正的修行，真正的佛教修行者是舍，而不是取。如在蒙藏地区比较常用的哈达就是从原始佛教开始的。

关于哈达，有这样一段故事：相传释迦牟尼佛在世的原始佛教时期，一日，释尊给僧俗大众讲经说法，来听法的人很多，各行各业，男女老少，富人穷人。其中有位老奶奶，身无分文，她的全部财产只有身上的一条遮体的白布，老奶奶把这条布拿到河边洗净，站在墙外虔诚的用双手捧着洗净的白布听佛说法，后将白布献给释尊。讲法后释尊说道，今天来众中功德最大的施主，就是院外的老妪。为什么这么说呢？因为对老妇人来讲，所敬献给佛的虽然只是一条白布，但这是她仅有的财产，而这唯一的白布则代表了她倾其所有的布施，即物质方面和精神方面（福德资粮和智慧资粮）。佛教传播到世界各地后，蒙藏地区佛教寺院弟子叩头拜师，向老师敬献哈达，老师接受你的哈达就是认可你为传法弟子了。这一拜师学艺敬献哈达的礼节，后又成为藏蒙等地的民族交往的礼仪，家里来客献上哈达以表达迎客的热忱；结婚定亲也要用献哈达的形式来表示，接受哈达的话，就表示答应这门亲事，反之是不同意女儿嫁给他。

第一节　阿育王护国理念的动机

阿育王（Aśoka，阿输迦）受佛教影响，放弃了以战争和暴力的手段治国的方针，实行救国护国的策略。

阿育王即位七年时皈依佛教，成为佛教徒，即位九年时征服了迦陵伽国（Kaliṅga）①。此次战争极为悲惨，10 万人被杀，他感到战争的悲惨，内心悔恨（anisocana），停止了战争扩张区域的政策，从战争转向和平，决定以佛法实现国家治理，并向邻国发出放弃战争，以佛法来实现和平友好相处的誓约。他也不排除其他宗教的存在，如婆罗门教等，认为这些宗教与佛教同样保护着他们，共同执行善法的伟大愿望。他给没有住处的贫苦人民建造房屋，建造医院，为医治牲畜还建造兽医院，禁止无益的杀生，对囚犯给予恩赐，建立立法大官等制度。

今天我们想来，在历史上曾有一位伟大统治者，他有勇气、有信心、有远见，敢于倡导实施非暴、和平与友爱的教诲，将它们应用于治理一个广袤帝国的内外事务上，实在令人快慰之至。这位公元前三四世纪时的伟大佛教帝王阿育王，曾被称为"天人所敬爱者"。②

起先阿育王完全步他父亲宾头沙罗王以及祖父旃陀菊多王的后尘，想要用武力完成征服整个印度半岛的伟业。但是他后来成为佛教徒，就完全改变作风，被佛的教诫所感化，前后判若两人。在他刻在岩石上的一道有名诰文（现在叫做第十二号诰义，原文至今尚在）中，提到征伐迦陵伽之

---

① 《季羡林谈佛》，当代中国出版社 2007 年版，第 201 页。

② 化普乐·罗侯罗长老著《佛陀的启示》，新加坡佛教坐禅中心 2002 年版，第 140—142 页参照。

战。这位国王公开表示忏悔，并说想到那次大屠杀，感到极度的悲痛。他公开宣称，将永远不再为任何征战而拔剑，而"愿一切众生废除暴力，克己自制，实践沉静温和之教"。这当然是"天人所敬爱者"最大的胜利——以德服人的胜利。阿育王不但自己摒弃战争，而且表示他要"我的子子孙孙也不可认为新的征服是值得发动的……他们只许以德服人"。这是人类历史上唯一的例子，一位胜利的征服者，在他声威显赫、日丽中天的时候，却放弃了战争与暴力，转向和平与非暴力。

这是给今日世界的一项教训。一个帝国的统治者，公开放弃战争与暴力，而遵奉和平与非暴的福音并没有失去威严，历史证明没有任何邻国的国王，因为阿育王修德而乘机以军力来攻击他，或是在他在世之日，帝国内部有任何叛逆发生。反之，当时全境都充满和平，甚至他强域之外的国家，似乎也都接受了他仁慈的领导。靠恐怖是不可能有真正而永久的和平的。随恐怖而来的，只有憎恨，不善欲与敌忾。这些心理也许一时可以压抑得住，但随时都可以爆发而成为暴动。只有在友爱、亲善、无怖、无疑、安全无险的气氛中，真正的和平方能抬头。

佛教的目的在创造一个社会，这社会摒斥毁灭性的权力之争，远离胜负之见而为和平与安宁所占据。在这里，迫害无辜必受严谴；能够克己自律的人比以军事及经济力量征服成百万众的人更受尊敬；仇恨被仁慈所征服，恶被善所征服；人心清净，不为仇恨、嫉妒、不善、贪欲所感染；慈悲是一切行为的原动力；一切众生，包括最微小的生命在内，都受到公平、体谅与慈爱的待遇；这社会里的生活平安而和谐，物质供应，令人满足。它最崇高最圣洁的目标是亲证最终的真理——涅槃。

佛说："仇恨永不能化解仇恨，只有慈悲可以化解仇恨，这是永恒的真理。"又说："应以慈惠战胜嫉妒，以善胜恶，以布施胜自私，以真实胜虚诳。""有人能在战阵中征服百万雄师，但是征服自己的人，虽然只征服了一个人，却是一切战胜者中最伟大的。"[1]

佛教第三次结集时，在佛教护法大王阿育王（即位时间约为公元前273年）的大力支持下，开始大规模地编纂大藏经，在首都波吒利弗（Pāṭaliputra，现在的巴特那）由长老目犍连帝须（Moggaliputta Tissa）为上首，会集众僧，共同编纂佛典。上首又把佛教教团的长老作为传道师派遣边境各

① 参见巴利文《法句经》第八章第四节。

地宣传佛教。五人以上的传道士前往各地，到斯里兰卡去的就是阿育王的弟弟（一说是阿育王的儿子）摩哂陀（Mahinda）。斯里兰卡佛教徒说，现存的巴利文《大藏经》就是摩哂陀带到斯里兰卡去的，而巴利文也是摩揭陀语（Magadhā nirutti, Magadhikā bhāsā），换句话说，巴利文就是佛所说言语语种的称谓，而巴利文《大藏经》也就是佛教的唯一正统的经典①。

各国都有自己的国情。中国地域广阔，人口众多，是多宗教、多元文化、多民族的国家。每一个民族的文化、宗教艺术需要有专业人才去挖掘和研究，这样才体现我国文化建设百花齐放、百家争鸣的方针。我们每一个地区，要发挥自己的优势，因地制宜地建设有其特色的美好家园。第十世班禅大师也提出：爱自己的民族、爱自己的国家、爱自己所信仰的宗教，三者缺一不可。

佛教思想学说，尤其是蒙藏佛教强调"为父为母有情利益愿成佛"的宏愿，"一切众生（人民大众和自然界的生命）是我的幸福田"，对待一切众生，像对待自己今世的父母、兄弟、姐妹一样去关心，去帮助，是修行者的积累福德资粮的机缘。《释迦牟尼佛赞》说："一切诸佛兴于世，圣教显明如日光；持教相和如兄弟，愿施正教恒吉祥。"大家想一想，没有我们的父母，哪有我们的今天，从生下来，父母给了我们无私的养育，应该说，父母之爱是世间最纯洁的爱，真诚的爱，所以佛经上把一切过去、现在、未来的众生都看作我们今生的父母来对待，知恩、念恩、报恩、慈爱、大悲、增上意乐（广大的责任心）、发菩提心。这里说的"一切众生是我的幸福田"，是指社会上的各行各业的人们都在为我服务，假如没有人民大众，我们在这个世界上一天也生存不了。所以佛教界提出善待众生，感恩回报国土的理念。《上师供养仪轨》中说：

> 爱执自己衰损门，爱执诸母功德本；
> 故以自他等换行，作修心要祈加持。
> 至尊上师大悲者，慈母有情罪障苦；
> 今于我身令成熟，尽我乐善施舍他，
> 众生具乐祈加持。

---

① 《季羡林谈佛》，当代中国出版社 2007 年版，第 202 页。

　　蒙藏地区广大僧俗信众在纪念宗喀巴大师恩德的同时善发菩提之心，学佛行佛，以大师的教诲为明灯，树立为一切众生拔苦与乐、圆满成佛的信心。宗喀巴大师把一切众生视为亲生父母，把慈母有情的一切烦恼、业障、苦恼，当下都由自己一人代受；把自己所修行的一切功德喜乐皆奉献给众生，这是自他相换的高尚品德。我们在悲力方面要学习大师的那种舍身弘教利生的菩提精神。

第二节　松赞干布与文成公主、赤尊公主的护国思想

　　文成公主为了护国爱民的利益，带着释迦牟尼佛十二岁的等身像千里迢迢从中原嫁给藏王松赞干布，尼泊尔国的赤尊公主（Khri btsun）也为尼泊尔国人民的利益带着释迦牟尼佛八岁的等身像长途跋涉入藏嫁给藏王松赞干布。众所周知，这两位公主都是虔诚的佛教徒。二人虽然各自的国家和民族不同，但是都是佛教徒，她们俩首先是为了护国，走到了一起，为国家的和谐太平大业作出了杰出的贡献。这就是说，只要有佛法，就有办法，他们就以佛法的宽容、包容、慈悲的理念教化民众，让国与国之间和睦相处。二人虽然国家不同，但是因为有佛法作为其坚强的依靠，毅然做出常人不能做的伟大事业。文成公主和金成公主都受到藏民的爱戴，至今在许多佛教寺院内，二人的尊像分别供奉在松赞干布两旁①。文成公主的慈悲心和高风亮节受到了藏族僧俗群众的爱戴及传颂，并被视为绿度母菩萨的化身，是中国历史上唯一请入佛教寺院受广大僧俗信众供拜的女性②。藏学家王尧先生说，她的可敬形象高高地矗立在青藏高原上，活在藏族同胞的心中。无疑她是位历史的幸运儿，是古代中国女性的骄傲。

　　文成公主是一位虔诚的佛教徒，她入藏时的西藏社会，佛教还处于初有还无的状况。她离开长安赴藏时携带着佛像、佛塔和佛经等物品，表明是有备而去。途经玉树时，她就在住了多时的贝纳沟，即后来建为文成公主庙后的崖壁上刻写了《摩诃般若波罗蜜多心经》。中原佛教是经由她传

---

　　①　详见胡戟、齐茂椿著《重走唐蕃古道——接文成公主回娘家》，陕西师范大学出版社 2007 年版，第 34—43 页。

　　②　同上，仁钦扎木素上师"汉藏佛教文化史册中的一件盛事——为《重走唐蕃古道》一书序"，第 1—6 页。

播到西藏的，也是她在西藏的四十年支撑下去的精神支柱之一。可以说在佛教初传西藏时，文成公主对藏传佛教的创立，起了至关重要的作用。

西安广仁寺文成公主像

　　两位公主和松赞干布在西藏弘传佛教能够成功，除了执政权力的背景外，有三点很重要：一是处理与当地苯教的关系，虽然免不了不时发生一些冲突，比如在建大昭寺时，因为苯教的阻挠破坏，砌的墙一倒再倒，起先时怎么也建不成。为调和矛盾，松赞干布在建佛教寺院方面较多地方采取了苯教的元素，苯教徒看了比较满意，才暂时平息了风波。按现在的话来讲，正因为有矛盾有冲突，所以要求和谐、求沟通，文成公主用的就是这种方法解决了当时佛教和苯教间的矛盾的。再一点是在整个教义教规上，文成公主没有墨守她从汉地带来的汉传佛教僧侣信奉的讲明心见性的禅宗一派，容忍了印度佛教的密宗传承四续部（rgyud sde bshi）的事续部、行续部两部初级密法（瑜伽续部、无上瑜伽续部），提倡以观音菩萨为本尊，以持诵六字大明咒"嗡、嘛、呢、叭、咪、吽"（Oṃ ma ṇi pad me huṅ）为修持法门，还改变汉传佛教的戒律戒规，允许僧人信徒食肉，因为牧民放牧牛羊是他们最重要的生计，乳肉是食物的主要来源，牧区是无法坚持不吃肉的戒条，所以因地制宜就变通了一些戒条。蒙古族后来接受佛教，此理为其一。

再一点是佛经的翻译。无论是文成公主带去的汉译佛经，还是梵文佛经，不翻译成藏文是难于流传和修持。从松赞干布开始，用新制的藏文译经，译成藏文的佛经称为《甘珠尔》；人们将从松赞干布到朗达玛灭佛前的二百年中，从译师土弥桑布札（thu mi sam bho ṭa）到南喀迥总共有51位译师的时期称前弘期；将从蒙古准噶尔部统治西藏前718年，从译师仁钦桑波以下称为后弘期。《甘珠尔》的翻译成果对藏传佛教的流传影响颇大。

文成公主利用自己特殊社会地位的影响在吐蕃传播佛教与人为善的宗教信条，协助松赞干布赢得观音化身的美誉，成就了夫君在治国大业上的崇高声誉，同时也造就了自身在藏传佛教信仰上被崇为绿度母的菩萨形象，受到了广大藏族同胞的爱戴。她在弘扬佛法，安定八方，利乐有情等多方面作出了不可磨灭的贡献。

在建寺传教的同时，佛教在西藏实际成为传播印度和中国知识文化的载体，更是根植于藏人千年的精神生活中。在藏区，无论是在拉萨大昭寺周围还是其他寺院以及在公路上，都可见到叩长头的信众，甚至在漫天风雪之中，他们的脸上依旧绽放着灿烂幸福的笑容，他们对信仰的追求与虔诚①。

第三节　成吉思汗与耶律楚材的护国理念

蒙古帝国的蒙哥汗（Mongke Han，公元1252—1259年在位）时期，汉传佛教的高僧海云法师和克什米尔的那摩法师，先后被封为蒙古帝国的国师，管理蒙古帝国全国佛教事务。更值得一提的是蒙古帝国至元朝时期伟大的国务活动家，蒙古帝国的禅人宰相耶律楚材（公元1189—1244年），从蒙古帝国的成吉思汗时期到窝阔台汗（公元1229—1241年）、贵由汗（公元1246—1248年）时期，约26年为蒙古帝国出谋献策和传播佛教思想，即以儒学治国，以道术治身，以佛学治心（国民的心）的兴国方略。

据《中书令耶律公神道碑》记载，建立元朝中央政府的统治之前，因

① 详见胡戟、齐茂椿著《重走唐蕃古道——接文成公主回娘家》，陕西师范大学出版社2007年版，第45—46页。

为采用了耶律楚材的治国方针，方持续了 200 年的历史。耶律楚材建议人人平等，虽然国家、地区、民族不同，但是人与人之间应是平等和睦相处；主张以人为本的人生理念；禁止杀生的慈悲包容的利他思想。他提出：（一）尊重信仰自由，（二）不要把思想、主义作为国权，（三）不提倡民族、国家、个人之间的分别心①。

日本学者小林高四郎在《成吉思汗》一书中写道："给血腥的西征送来一阵清风的恐怕就是道教真人长春被召至遥远的西域，请教长生不老之道这件事。"其实，自始至终伴随成吉思汗西征的佛、道、儒三家的忠实信徒耶律楚材，对成吉思汗及其子孙产生了更大的影响。

西夏人常八斤善造弓矢，很受成吉思汗信任，经常自我吹嘘，看不起耶律楚材等一帮儒臣，说："国家方用武，耶律儒者何用。"但在楚材看来，常八斤不过是个匠人而已，根本不配谈论天下大事，因此他针锋相对地回答说："治弓尚须用弓匠，为天下者岂可不用治天下匠耶？"他认为"儒者"正是"治天下匠"，要想治理好一个国家，就不能只靠武力，而要实行儒家的"上兵伐谋"治国方针。"帝闻之甚喜，日见亲用。"成吉思汗听到耶律楚材的主张后，感到楚材确实是一个非同一般的人，于是对他更加信任了。

对于天文历法，耶律楚材也有很高造诣。成吉思汗初起时，蒙古人不懂天文历法，任用了一批畏兀儿人观测天象。他们预报某年五月十五日夜里要出现月食，楚材认为这个推测不准确，结果那一天果然没有发生月食。后来，楚材推测第二年十月十五日晚将发生月食，畏兀儿人则不同意楚材的推测，结果到了那天夜里，果然"月食八分"。从此成吉思汗对耶律楚材更佩服了，说："汝于天上事尚无不知，况人间事乎！"正是在这种情况下，耶律楚材的思想主张逐步在成吉思汗身上发生了潜移默化的影响。

耶律楚材治理天下的方法是，使老百姓人人做到"能仁、不杀、不欺、不盗、不淫"，也就是用"因果之诚化其心，以老氏慈俭自然之道化其迹，以吾夫子君君、臣臣、父父、子子之名教化其身，使三圣人之道行之于世，则民之归化，将若草之靡风，水之走下矣"。也可以说是"行文教，施善道"。用这种说教代替蒙古贵族的屠杀和掠夺。

---

① 饭田利行：《大蒙古禅人宰相耶律楚材》，日本柏美术出版社 1994 年版，第 41—45 页。

要治理国家，统治人民，不能单靠暴力，还要进行思想教化；不能一味地屠杀，也得注意休养生息。这些主张对成吉思汗君臣确实发生了一定的影响。

成吉思汗征战杀伐了一生，在临死时却发布了一个不准杀掠的命令，这不仅仅是"人之将死，其言也善"，不是一时的良心发现，而是说明他已经意识到用游牧民族的奴隶制的杀掠方法，已经不能统治广大汉族地区和其他地区，要想争取民心，有效地统治封建化程度较高的广大地区，就必须限制杀掠，逐步采取比较文明的封建主义的统治方法。这是一个重要的思想上、政策上的转变，与耶律楚材以及其他汉族人、契丹人、女真人的影响有着密切的关系。耶律楚材在蒙古帝国政权向封建制转化中起着重大作用。

蒙古政权由奴隶制向封建制转化，是从成吉思汗时开始，到元世祖忽必烈时完成的。其所以会发生这种转化，起决定作用的当然是由于"经济条件"发生了变化，但它与出生于汉族、契丹族、女真族的大臣的影响也有重大关系。在这种转化中，耶律楚材是一个不容忽视的人物。成吉思汗临终前曾指楚材谓太宗曰："此人天赐我家。尔后军国庶政，当悉委之。"（《元史·耶律楚材传》）窝阔台认真执行成吉思汗的遗志，继位之后任命楚材为中书令，进一步发挥了耶律楚材的作用。在成吉思汗时，尤其是在成吉思汗死后，耶律楚材利用自己在蒙古汗廷的地位，对蒙古最高统治者的政策施加影响，促使蒙古政权由游牧奴隶制向封建制转化，对蒙古政权的发展作出了杰出的贡献。

耶律楚材一贯认为，天下可以马上得之，不可以马上治之。要治理好天下，必须重用儒臣。成吉思汗在世时，虽然采取了一些重用道士、禁止杀掠的措施，但并没有重用儒者来治天下。只是在窝阔台责成耶律楚材负责征收赋税工作时，才给他提供了一个提拔重用儒生的机会。十路征收课税所的正副长官"悉用士人"，并且都是"宽厚长者，极天下之选"，共选用了二十名天下著名的儒生，其参佐也全部任用熟悉封建制度的"省部"。这是蒙古政权第一次大规模起用汉族知识分子做官。正是由于这些知识分子的共同努力，才使耶律楚材征收赋税的工作取得了可观的成绩。也正是在这种情况下，窝阔台才在中央正式设立了中书省，将更多的权力交给耶律楚材，"即日拜中书令"，规定"事无巨细，皆先白之"。从而出现了蒙古宗王、将领掌军权，大断事官掌司法权，中书省掌行政、财政大权的三权分立的局面。直到这时，耶律楚材才由掌文书、管占卜的必阇赤（管家）变成了蒙古大汗名副其实的亲臣、重臣。

耶律楚材用自己的胸中才学促进了中华民族的发展，促进了历史的进步，他在中华民族的发展史上占有重要地位。

第四节　藏传佛教高僧的护国思想

佛教是由汉族人、克什米尔人、藏族人的高僧传播到蒙古地区的。传入蒙古地区的教法，蒙古统称："布尔汗奴莎芯"（burqan no šasin），即"释尊的教法"。蒙古人后来陆陆续续用蒙古文来翻译其经论，最终把藏文《大藏经》全部翻译成蒙古文，即世人所瞩目的《甘珠尔》、《丹珠尔》。在蒙藏地区，佛教信仰最突出的护持者是僧侣。佛教徒认为僧侣是佛家弟子的再现。他们之中有上师，上师中又有活佛。在蒙藏地区笃信上师和活佛以及僧侣的人们，便是佛教信徒。蒙古地区佛教信徒与佛教中所论述的四众弟子是相同的。在蒙古语中，比丘叫阿雅嘎它木克令（ayaga takim-lig），比丘尼叫察巴甘齐（cabaganci），男居士叫额勒格台希图根（eregtei sitügen），女居士叫额么格台希图根（emegtei sitügen）。佛教逐渐在信众心目中由释尊及其教法与佛弟子僧侣构成了佛、法、僧三宝。蒙藏地区佛教信徒在三宝之上还增加了一个"上师"，称为"四宝"。

蒙古佛教的黎明期（蒙古帝国时期），藏传佛教萨迦派的教法传入蒙古地区，蒙古帝国太祖博克达·成吉思汗（Bogda Cinggis Han，公元1162—1227 年，略称成吉思汗）以及蒙古诸皇帝，接受佛教的途径和主要原因多以蒙古学者萨襄彻辰著的蒙古文《蒙古源流》（Sagang secen，Erde-ni yintob ci）一书[①]为依据，《蒙古源流》中有如下的叙述：

> 成吉思汗，四十五岁（公元 1206 年）用兵于土伯特（tübed 西藏）之古鲁格多尔济汗（Külegedorci qagan）。彼时土伯特汗遣尼鲁呼诺延（Niluku noyan 尼鲁呼大臣之意）为使，率三百人前来进献驼只、辎重无算，会于柴达木疆域。

---

① 萨襄彻辰：《蒙古源流》（Sagang secen，*Erdeni yin tobci*），内蒙古人民出版社 1980 年版，第 190—191 页。

成吉思汗赏赐其汗及使臣，並送礼物和信件给萨察克罗杂斡阿难达噶尔贝嘛喇（Saskiya cag lo-zawa ananda gerbi），信中说："尼鲁呼诺延之还也，即欲聘请喇嘛，但朕办理世事，未暇聘请，愿遥申皈依之诚，仰恳护佑之力"。于是收服阿里三部（mṅaḥ ris skor gsum）属八十土伯特人众。

另有久明柔白多杰藏文著的《蒙古佛教源流》（ḥJigs med rig paḥi rdo rje，Hor gyi chos hbyuṅ)①，由固始噶居巴洛桑泽培蒙古文著，陈庆英、乌力吉汉译注的《蒙古佛教史》② 等书，都涉及阐述了成吉思汗与萨迦派的萨察克罗杂斡阿难达噶尔贝喇嘛的关系③。但是萨迦派的历史著述中没有此人。《蒙古佛教源流》中记载说，成吉思汗与萨迦派的高僧萨钦·贡噶宁布（Sa skya kun dgah sñiṅ po，公元 1092—1158 年，以下略称贡噶宁布）结成施主与上师（mchod yon）的关系，成吉思汗给贡噶宁布发了信函等。其实成吉思汗和贡噶宁布在时间上不是同一时代的人，贡噶宁布是公元 1092—1158 年间的人物，成吉思汗则是公元 1162—1227 年间的人物，成吉思汗诞生四年前贡噶宁布则已圆寂了。再进一步说，成吉思汗被推举为

① 久明柔白多杰：《蒙古佛教源流》（藏语），青海民族出版社 1993 年版，第 19—20 页参照。

② 固始噶居巴洛桑泽培著、陈庆英、乌力吉译注《蒙古佛教史》，天津古籍出版社 1990 年版，第 9 页，有如下叙述：
皇帝四十五岁之藏历第四饶迥火兔年（1207 年）之时，用兵于吐蕃之乌思地方、第悉觉噶与蔡巴贡噶多尔济等人闻之，遣使三百人来迎，奉献盛宴说：愿归入您之治下。将纳里速三围，乌思藏四如，南部三冈等地面全部呈献、皇帝对此大加赏赐，将吐蕃全部收归治下。
此后、寄送礼品及书信给萨钦·贡噶宁布，书信中说：我要迎请大师你、但是还有数件国事未曾完成、一时未能迎请。我在此地依止于您，请您在彼处护佑于我。今后我之事务完结之时，请你及你的弟子来蒙古地方弘扬佛法。此次虽未亲自与上师相见，但已遥拜上师，向乌斯藏之三所依（佛像为身所依、佛经为语所依、佛塔为意所依）及僧伽献了供养。
故皇帝已成为佛法之施主，教法之王。
又据汉文《蒙古佛教史》的引言，著者固始噶居巴洛桑泽培（Gu shri dkaḥ bcu pa blo bzaṅ tshe hphel）师是蒙古高僧，藏历第十三饶迥铁鼠年（1780 年）7 月 5 日，与四百 400 名僧侣一起从六世班禅·罗桑贝丹耶希（bLo bzaṅ dphal ldan ye śes 公元 1738—1780 年）授了比丘戒。佛教的戒律学来说，授比丘戒必须到年满二十岁才能授具足戒，即比丘戒的权利。所以推算固始噶居巴洛桑泽培师，是 1760 年前后生的人物。
固始噶居巴洛桑泽培师，是受蒙古佛教的晋美南喀活佛（ḥJig med rnam mkhas）的指示用蒙古语著述了《多桑蒙古史》，1819 年完成。汉语书名为《蒙古佛教史》。

③ MongGol-un niguca tobca'ān，蒙古族古典文学丛书编委会编《蒙古秘史》，内蒙古人民出版社 1993 年版，第 201—243 页。

蒙古帝国的皇帝是公元 1206 年的事情，贡噶宁布去世已有四十八年之久。以此推论，当时萨迦派接受成吉思汗信函等事宜的，应该是萨迦派第三祖扎巴坚赞（Grags pa rgyal mtshan，公元 1147—1216 年）。当时虽然佛教还没有正式传入蒙古地区，但是，因成吉思汗发给西藏的信函，使蒙古佛教信众非常感激成吉思汗恩德。正因为如此，蒙古人对佛教的虔诚信仰是与成吉思汗有关的[1]，诚然，此前蒙古人对佛教并不陌生，他们通过契丹人、女真人、伊犁龟兹人、和畏兀儿人与佛教产生接触。

其后，蒙古帝国的王子阔端王（Godan han，公元 1206—1251 年）给藏传佛教萨迦派第四祖萨迦班智达（Sa skya paṇḍita，公元 1182—1251 年，以下略称萨迦班智达）发送的"阔端通达亲书"，是由萨迦班智达接到信函后，前往蒙古地区弘扬佛法七年有余。其间，萨迦班智达亲笔给西藏僧俗写了"萨迦班智达致蕃人书（Bu slob rnams la spriṅ ba bshugs）"，解释说明了蒙古帝国的具体情况，成为西藏归顺蒙古帝国的契机，确立了蒙古帝国和西藏的政治与宗教关系。进一步确立了佛教传入蒙古地区的新篇章。阔端王与萨迦班智达的会晤史称"凉州会谈"（今甘肃武威）。上述的蒙古帝国佛教弘传情况，可以说是蒙古佛教的黎明期。

然而笔者认为，成吉思汗与萨迦派高僧之间交换亲书的情况，不只是个人之间的关系，而是当时蒙古帝国与藏传佛教的萨迦派之间公共关系的亲书，即当时在西藏地区社会有政教合一的背景，为此蒙古帝国与西藏之间的关系处于公共上的关系。有关这些情况在《蒙古源流》、《多桑蒙古史》、《蒙古佛教源流》、《阿勒坦汗传》等文献资料中都有记载。

据蔡巴贡噶多吉著的《红史》[2] 记载，噶玛拔希在蒙古帝国的时候，修建佛教寺院 3000 余座，尚可能包括汉传佛教的寺院，以祈祷国泰民安，使人们安居乐业。尊师还请求蒙哥汗，在西藏楚布寺建经堂塑造了高达约 50 尺高的释迦牟尼佛（śagjamoni borqan）像，左右塑造了五方佛和弥勒菩萨、文殊菩萨（manshir borqan 蒙古语）、观世音菩萨（aryabalu borqan 蒙古语）等九尊造像。

萨迦班智达没有被封为国师。藏传佛教高僧被封为国师的嚆矢是萨迦派第五祖八思巴·洛追坚赞（ḥphags pa blo gros rgyal mtshan，公元 1239—

---

① 嘉木扬·凯朝：《蒙古佛教的研究》，日本法藏馆 2004 年版，第 17—27 页。
② 蔡巴贡噶多吉：《红史》，东嘎洛桑赤列校注，中国西藏人民出版社 1988 年版，第 81 页。

1280 年，汉译圣者慧幢，略称八思巴）。

第五节　元朝时期蒙藏佛教的护国思想

　　元朝时期的蒙古地区佛教的形势和形成过程，还可从十三世纪初期克什米尔国归顺蒙古帝国说起。蒙古人自古以来的宗教信仰，属于萨满教（shamanism）的博克教（Bögeyin šasin），蒙古地区的博克教没有强制改变和歧视其他民族和外国人的宗教信仰，允许保持其信仰的宗教，并加以保护。应该说蒙古族原有的博克教与汉传佛教、藏传佛教、道教、基督教、伊斯兰教等各种宗教，在蒙古地区呈现了平等共存的局面。

　　元朝时期，佛教在蒙古帝国的形成和发展过程，主要是忽必烈汗（Hubilai Han，公元 1260—1294 年，亦称薛禅汗 Sechen Han）与他的帝师藏传佛教萨迦派第五祖八思巴·洛追坚赞之间，建立特殊关系而进行的，这使藏传佛教传入蒙古地区并生根发芽逐渐发展壮大，最终成为元朝的国教。其中，以建立"施主与上师"（ügligen ejin kiged bagsi）的关系为开端，忽必烈汗首先从八思巴接受了藏传佛教密宗灌顶《喜金刚灌顶》（dGyes pa rdo rje yi dbaṅ bskul pa）等密宗大法的传承，当时，忽必烈汗封八思巴为"三界大国师（khams gsum chos kyi rgyal po）"和帝师，即皇帝的老师，帝师掌管全国的一切宗教事务，是皇帝佛学方面的导师，有普天下万民之上，皇帝一人之下的崇高地位。

　　忽必烈汗为什么赐给藏传佛教萨迦派高僧八思巴国师和帝师呢？其缘由是：忽必烈汗对八思巴传授佛教的殊胜见地以及修持的神通力十分景仰，与他精通佛教史学有关。另一方面忽必烈汗也有一定的宗教信仰基础，而更重要的是与政治密切相关。上述情况在《宗教源流史》①、《元朝帝师八思巴》② 等文献资料中均有比较详细的记载。

　　忽必烈汗于藏历阳木虎年（1254 年），从蒙古与藏地相接壤处今甘肃省凉州，给藏传佛教僧侣发送诏书"优礼僧人诏书"。在"优礼僧人诏书"之中忽必烈汗提到了有关接受八思巴的请求，内含对于藏传佛教僧侣以"优待"和"期待"之意。从"优礼僧人诏书"的内容中，可以看出

---

① 图官·洛桑却吉尼玛：《宗教源流史》（藏文），甘肃民族出版社 1984 年版。
② 陈庆英：《元朝帝师八思巴》，中国藏学出版社 1992 年版。

忽必烈汗对八思巴的信赖，及对佛教何等的期待。同时，从元朝的帝师的责任以及职务也可以看出大元帝师不仅地位崇高，而且属元朝中央政府的高级官员。帝师掌握全国的一切宗教事务，可以说是皇帝宗教方面的精神导师。

八思巴在各地的活动情况：八思巴最先参拜的是中国佛教四大佛山之一文殊菩萨（manshir borqan 蒙古语）的道场——五台山的藏传佛教名寺，并首次在五台山创建了蒙藏佛教的寺院。八思巴参拜五台山，给蒙藏佛教和汉传佛教以很大的影响。藏传佛教高僧被封为国师的是指八思巴。

除八思巴以外，还有汉传佛教的高僧海云法师和克什米尔的那摩国师，先后被封为元朝的国师。更值得一提的是蒙古帝国至元朝时期的伟大的活动家，蒙古帝国的禅人宰相耶律楚材从蒙古帝国的成吉思汗时期到窝阔台汗、贵由汗时期，约 26 年为蒙古帝国出谋献策和传播佛教思想，起到了重要作用。

13 世纪初期，克什米尔国归顺蒙古帝国。忽必烈汗封那摩国师为蒙古帝国的大国师，管理蒙古帝国全国佛教事务。蒙古帝国元朝时期的蒙古地区佛教，已经建立了蒙古佛教的寺院，有蒙古人出家僧，有蒙古文翻译的经典和蒙古人佛教信众①。

一 蒙古地区佛教的传播和修建佛教寺院情况

（1）据《元史》1291 年的记录，全国约有佛教寺院 4 万座，僧侣约 20 万人，即包括汉传佛教和蒙藏佛教寺院。蒙古地区佛教到了清朝，可以称之为黄金时代。康熙、雍正、乾隆、嘉庆年间（公元 1662—1820 年），蒙古地区的佛教寺院和僧侣人数达到历史上最多的时期。

（2）13 世纪，佛教逐渐传播到蒙古地区以后，从元朝的大德午间（公元 1297—1307 年）至清朝乾隆十四年（1749 年）约 450 年间，开始用蒙古文翻译藏文《大藏经》的续藏《甘珠尔》（bKaḥ ḥgyur）和论藏《丹珠尔》（bsTan ḥgyur），先后进行了五次规模较大的翻译和刻印工作。

（3）蒙古地区的佛教寺院是其文化教育艺术和宗教活动中心。在过去的岁月里，蒙古地区多数人家的男孩中半数以上均出家为僧。加之蒙古人

---

① 嘉木扬·凯朝：《蒙古佛教的研究》（日文），日本法藏馆 2004 年版。

笃信佛教，因而较多地将家里最聪明的孩子送到佛教寺院。蒙古人认为，孩子为僧福报大，相当于全家塑造了一座金塔（Altan suburga）。加之过去蒙古地区在经济、文化等方面较落后，所以普通人家的孩子一般受教育是非常困难的。

（4）蒙古地区佛教寺院又是医疗中心，担负着为该地区百姓医疗的重任。因为过去蒙古地区除佛教寺院以外几乎没有医师和诊所，所以说寺院中的医药僧院，即是培养医药学人才的场所，又是一所医院。佛教寺院的医学高僧，被蒙古大众所爱戴和崇敬。

（5）蒙古地区的佛教寺院又是其经济贸易活动的中心。在过去，蒙古地区佛教寺院相当于草原的城镇，即政治、经济、文化中心；每年、每月、每个季度几乎都举行盛大的"庙会"，在"庙会"上牧民用他们的牛、马、羊及皮毛和肉类等畜产品，交换中原各族商人带来的布匹、茶叶、食盐等物品，这种友好的经济贸易活动，为促进蒙汉等民族的经济和文化的发展起到了积极的作用。

二　忽必烈与蒙古文字的关系

关于蒙古文字，一般认为是从畏兀儿字体而来。但从佛学角度也有以下的说法：萨迦班智达，黎明时坐禅于定中，以显现一个女子持揉革、搔木跪地为契机，即依搔木形，有了萨迦班智达创制蒙古文字之缘由。从而，这位定中出现的女子被神化成佛菩萨的化现。萨迦班智达以畏兀儿文字为基础，又参考了梵文文字、藏文文字的语法，并模仿了汉文的竖写方式，创制了蒙古文字。萨迦班智达创制的蒙古文字，其字母和单词具有阳性、中性、阴性三种特性。后来，在萨迦班智达创制的蒙古文字的基础上，经蒙古族高僧曲吉斡儿（Chos kyi od zer，约公元 1214—1321 年）细化加工后完成了现在所用的蒙古文字①。

曲吉斡儿法师在萨迦班智达造的蒙古文字"a，e，i 三个元音字母之上增补了 o、u、ö、ü"四字的闭音节元音字母，词末位置的 126 子音字母（蒙古语叫 segül tü üsüg = debisger üsüg）和记录外来语的 35 个文母，从而完善了蒙古文字。元成宗乌尔吉图汗（Oljeitu han，公元 1294—1310 年

---

① 贺希格陶克陶著、井上治訳"元代の佛僧チョイジオドセル（曲吉斡節儿の経歴再考）"，《内陸アジア史研究》10 号，1995 年版。

在位）时，建立五所译经院，使用曲吉斡儿造的蒙古文字，开始翻译藏文《大藏经》的续藏《甘珠尔》（bKaḥ ḥgyur）和论藏《丹珠尔》（bsTan ḥgyur）。曲吉斡儿法师应称得上是使用蒙古文翻译藏文《大藏经》的开拓者。

忽必烈汗下诏八思巴造出的蒙古新字弥补和影响了元朝"一代制度"，元朝公文书正式使用蒙古新字。对于树立和维系元朝国威起到了重要的作用。八思巴示寂后，忽必烈汗为八思巴建造了舍利塔和金顶的佛殿。元末顺帝（1328 年）下诏和汉传佛教高僧德辉法师所著《勅修百丈清规》中均规定，要求汉传佛教寺院举办八思巴的示寂日法会，要与释尊的涅槃日发挥同等规模。忽必烈汗下诏八思巴造出的"蒙古字"（hor yig）[①] 弥补了元朝"一代制度"，元朝公文书等正式使用蒙古字，八思巴造的蒙古文字对树立和维系元朝的国威起到了重要的作用。忽必烈所需要的蒙古文语法是参照梵文和藏文的语法，他所喜欢的字形是当时汉文竖排文字，这样蒙古文是以竖排结构组成的文字。

第六节　雍和宫历代蒙古族高僧的护国理念

一　新中国成立后雍和宫第一任堪布噶拉藏呼图克图

1956 年 9 月，中国佛教协会副会长噶拉藏活佛任雍和宫堪布，成为新中国成立后第一任正式堪布。

噶拉藏，全称噶拉藏隆日降措（skal bzaň lhun grub rgya mdso），蒙古族，1911 年 4 月 10 日生于科左后旗阿都泌努图克都楞营子。幼年在都楞营子读小学。10 岁时，被辽宁阜新蒙古族自治县巴达旺庙按藏传佛教仪轨认定为该寺活佛。13 岁到青海塔尔寺拜土观呼图克图为经师，15 岁赴甘肃拉卜楞寺深造达 8 年之久。这期间，曾在 1933 年他 22 岁时，赴北京朝拜九世班禅大师，受赐呼图克图称号，1935 年获得堪布尊号，后回到本寺任住持。在住持本寺数年中，噶拉藏呼图克图主持维修佛殿，扩建庙宇 80 余间，创办喇嘛学校，培养喇嘛大夫，继承和发掘藏、蒙医学遗产，减轻了百姓的疾苦。日本侵占东北后，老百姓受奴役当劳工，噶拉藏呼图克图

---

① 乌力吉巴雅尔：《蒙藏文化关系研究》，中国藏学出版社 2004 年版，第 18—19 页。"蒙古字"也称，蒙古新字、蒙古国字、方块字、八思巴字等多种称谓。

也未能逃过。1944 年噶拉藏呼图克图到阜新煤矿当喇嘛勤劳奉仕队队长，受尽日本侵略者的折磨。

1946 年春，在中共辽北区地委、中共阜新县委领导下，阜新地区成立了"阜新蒙古自治县、彰武县、土左旗、苏鲁克联合政府"，组建了蒙古族人民武装——阜新蒙民大队。地、县委认真贯彻党的民族宗教政策，团结一切可以团结的力量，共同对付国民党反动派，发挥蒙古族进步青年的作用。当县委了解到阜新附近蒋管区巴达旺庙噶拉藏呼图克图对国民党的大汉族主义不满，对共产党的民族、宗教政策感觉亲切的情况时，派人去做争取噶拉藏呼图克图的工作，恳请呼图克图北上解放区参加联合政府。活佛在听了来人介绍解放区情况和"蒙古族人民只有在共产党的领导下干革命才能得解放"等语重心长的劝导后，当即表示愿意站在革命的蒙古族青年一边，同解放军一道与国民党斗争，并商定了出行日期。1946 年 7 月，噶拉藏呼图克图以北上探亲为名，避开众人耳目，离开活佛府邸，投奔到联合政府所在地哈尔套，受到县委和联合政府领导的热情欢迎。从此以后，呼图克图同内蒙古自治运动联合会、联合旗支会及蒙民大队一起，结合当时的中心任务，宣传党的民族政策和宗教政策，团结更多的民族、宗教界上层人士，扩大统一战线。由于活佛的特殊身份和信教群众对呼图克图的信任，使广大蒙古族群众相信"跟着共产党搞民族区域自治，蒙古民族才有希望，共产党定能战胜国民党"。从而使许多蒙古族青年僧侣参军参战，许多蒙古族群众送子参军。噶拉藏呼图克图在巩固根据地、深入发动群众、扩大解放区等方面发挥了重要作用。尤其在争取团结宗教界有影响的上层人士方面，起到了一般人起不到的特殊作用。1946 年 10 月末，中共辽北省委陶铸书记在奈曼旗召开的座谈会上，肯定了噶拉藏呼图克图的奉献精神，表扬他是个"好活佛"。

1946 年冬，噶拉藏呼图克图来到内蒙古乌兰浩特，内蒙古自治运动联合会领导人乌兰夫、王再天、哈丰阿等亲切接见了他，希望他继续努力工作。同时安排噶拉藏呼图克图为内蒙古自治运动联合会蒙古总分会顾问，以后又被委任为内蒙古自治政府一等参事。从 1946 年至 1948 年秋，噶拉藏呼图克图在乌兰浩特特创办了喇嘛医务学校，培养出一批发展蒙医蒙药的专门人才。

甘珠尔庙全景

　　1948 年秋，噶拉藏呼图克图应呼盟新巴乐虎左旗甘珠尔庙①之邀，前去主持该寺院管理。在甘珠尔庙，健全了寺院管理制度和正常法会，号召僧众学好蒙藏文精进修持佛法，努力研究蒙藏医学，为人民多做好事，同时利用各种机会向牧民群众及寺院僧众进行民族政策和宗教政策宣传和拥护共产党、反帝爱国的宣传。对于贯彻党的方针政策，提高牧民群众和宗教界人士的思想认识都起了很好的作用。

　　1954 年，噶拉藏呼图克图作为佛教界代表参加中央访问西藏的成员之一。在拉萨除参加访问团的全部活动外，还参拜了扎什伦布寺，朝拜了班禅大师和达赖喇嘛。这次访藏后，根据雍和宫堪布历来由西藏委派"格西"担任的历史惯例，由中央民委汪锋副主任提议，经达赖喇嘛批准，委

　　① 甘珠尔庙又称寿宁寺，是呼伦贝尔地区最大的蒙古佛教寺院。寺院中主供释迦牟尼佛、官布、扎木苏伦等佛像，由于寿宁寺曾收藏过蒙藏文《甘珠尔经》，故而又得名为甘珠尔庙。建筑风格以汉式、蒙古、西藏建筑三种风格为一体，反映了三种文化的巧妙融合的特色。

　　甘珠尔庙距新巴尔虎左旗所在地阿木古郎镇西北 20 公里。此庙于清乾隆三十六年（1771 年）御批并由清廷拨银建寺。乾隆三十八年（1773 年）破土动工。乾隆五十年乾隆帝赐庙号并题写"寿宁寺"匾额。该庙前后建 11 座庙宇、4 座庙仓、10 多间伽蓝，总建筑面积 1 万余平方米。庙中喇嘛僧众最多时达 4000 余名，其中常住庙僧人 400 余名。

任噶拉藏呼图克图为雍和宫堪布。1956 年 8 月 9 日，国家民委把达赖喇嘛的委任文件向中央、中央统战部和当时的陈毅副总理上报备案。9 月，噶拉藏呼图克图到雍和宫就任，成为新中国成立后的雍和宫第一任堪布（住持）。

噶拉藏呼图克图就任后，建立了民主管理制度，健全了佛经、佛像、法物、法器等文物的管理和财务管理制度，加强殿堂及环境卫生清扫，规定了参观开放制度，并根据实际情况解决了僧众住房僧舍等生活上的困难。同时，在雍和宫开设招待所，方便了来京礼佛、问医的农牧民群众。为增进中国佛教界与国际佛教界的友好往来，噶拉藏呼图克图受国家和人民的委托，出访蒙古、缅甸、尼泊尔、印度等国，圆满完成了任务。

新中国诞生后，噶拉藏呼图克图当选为第一、二、三届全国人大代表，人大民族委员会委员，中国佛教协会副会长。1965 年 8 月 1 日圆寂，享年 54 岁[①]。

二　新中国成立后雍和宫第二任堪布伯云乌力吉法师

新中国成立后的雍和宫第二任堪布（住持）伯云乌力吉，（俗名：高全寿 1926—1998），蒙古族，生于辽宁省阜新蒙古族自治县红帽乡道力板村。自幼出家，12 岁到雍和宫。1985 年 4 月，伯云乌力吉住持被选为北京市人民代表大会代表。1987 年当他 61 岁时正式坐床，荣任雍和宫住持。1992 年 12 月，伯云乌力吉住持被选为北京市佛教协会副会长。

伯云乌力吉住持生活俭朴，不喜张扬，平易近人，对佛教事业和恢复雍和宫寺院作为宗教场所对外开放贡献很大。1980 年雍和宫也随着全国宗教政策的落实，准备恢复一切佛事活动，当时雍和宫僧人较少，只有他和几位老僧人。没有僧团就无法举行佛事活动，于是他就四处寻找在"文化大革命"期间被下放劳动的雍和宫僧人回来从事佛事活动。不辞辛苦亲自与北京市民委宗教事务局的领导赴内蒙古自治区各盟旗和辽宁省阜新蒙古族自治县等地精心挑选考察招收了蒙古族青年来雍和宫，归依佛门，学修佛法。又为青年学僧从内蒙古各大寺院里请来了在蒙藏佛教界深有名望的大善知识嘉木扬·图布丹法师，益希纳达美法师和盆错克法师及拉西仁钦法师等，给新来的学僧们讲授佛典，又从中国佛学院聘请了藏汉兼通的胡

① 黄春和主编，马兰、李立祥著《雍和宫》，华文出版社 2004 年版，第 76—80 页。

继欧老师讲授佛教史（藏汉对照）。来雍和宫的青年僧众真可谓善缘殊胜，佛经有这样一句话"暇身难得，五根难具，佛法难闻，功德上师难遇"，尤其是能遇上有真修实证法师是十分困难的，因为一切功德都是由闻而得。《听闻集经》中云："由闻知诸法，由闻遮诸恶，由闻断无义，由闻得涅槃。"（Thos paḥi dshom las, Thos pas chos rnams śes par ḥgyur, thos pas sdig las ldog par ḥgyur, thos pas don ma yin pa spoṅ, thos pas mya ṅ an ḥdas pa thob.）

西黄寺汉白玉清净化城塔

　　由十世班禅大师和中国佛教协会赵朴初会长发起，于 1987 年 9 月 1 日在北京西黄寺创办了中国藏语系高级佛学院。在那里十世班禅为培养藏传佛教弘法人才，从藏蒙地区各大寺聘请德高望重的活佛、高僧为学员传授显密经论，这里学员大多数是藏蒙地区各大小寺院的转世活佛和少数青年学僧。在伯云乌力吉住持的大力支持下，雍和宫的青年骨干僧侣也有缘到该佛学院学习修持深造。而今很多由他培养选拔的青年僧侣已成为雍和宫佛学院和寺管会的骨干。

　　1746 年 2 月 1 日开始，在雍和宫首次举办了祈愿大法会（sMon lam chen mo 默朗钦摩），乾隆皇帝亲临雍和宫。同时章嘉·罗赖毕多尔吉呼图克图与其他许多高僧进行了各种佛学辩论活动①。

雍和宫僧众，每年二月初一都要举办祈愿大法会（金刚驱魔法舞包括在内），一直延续到 1958 年。1966 年文化大革命（1966—1976），雍和宫的一切法事活动停止。文化大革命结束后，1978 年 12 月 18 日召开了中央委员会全体会议（中共十一届三中全会）落实宗教政策，1981 年雍和宫法事活动重新开始，伯云乌力吉住持在 1984 年，从辽宁省阜新蒙古族自治县佛寺瑞应寺（Gayihamsig jokiragulugci süm -e），聘请到金刚驱魔法舞高僧高尼根加布法师给学僧传授了此法舞，1987 年 1 月 23 日（旧历）雍和宫举行祈愿大法会等，同时也恢复了金刚驱魔法舞②。

雍和宫的弥勒大佛供奉于雍和宫万福阁，万福阁是雍和宫最雄伟的建筑，飞檐三重。巨大的汉白玉须弥座上，耸立着一尊高大的白檀香木雕刻的木质贴金佛像，被誉为雍和宫木雕三绝之一。此弥勒大佛像是由一棵完整的白檀香木所雕刻，地面垂直高度 18 米，地下部分深有 8 米，这根 26 米高的白檀香木原产地为古印度，是 1748 年至 1750 年间，由西藏第七世达赖喇嘛格桑嘉措（bsKal bzang rgya btsho，公元 1708—1757 年）用大量宝物重金购得后，经西藏、四川历经三年运到北京，献给乾隆皇帝的③。后由蒙古高僧察罕达尔汗（Cagan darqan）喇嘛设计，由皇宫的养心殿造办

---

① 据丹迥·冉纳班杂、李德成《名刹双黄寺 — 清代达赖和班禅在京驻锡地》，法宗教文化出版社 1997 年版，第 203 页，北京西黄寺（中国藏语系高级佛学院），最早将金刚驱魔法舞传来的则以五世达赖阿旺·罗桑嘉措（1617—1682），日期为 1653 年 1 月 14 日。又雍和宫管理处编《走近雍和宫》李立祥著"雍和宫的跳布札"，民族出版社 1999 年版，第 97 页中，则说清康熙五十九年（1720 年），这一舞蹈流传到北京，起初在黄寺跳，后得到朝廷的许可，每年在雍和宫也举办大愿法会，并跳布札。

② 北京雍和宫在大愿祈祷法会期间，主要念诵的经典有：日常念诵经典以外有《悲愿诵》、《释迦牟尼佛赞》、《献沐浴诵》、《供养曼荼罗》、《缘起赞》、《礼赞启请能人十六阿罗汉仪轨》、《妙吉祥三根本》、《菩提道次第摄论》、《总忏悔文》、《三十五佛忏悔文》、《普贤菩萨行愿偈》、《往生极乐净土愿》、《大威德金刚祈愿文》、《吉祥天母回供》、《永保护法》、《财宝天王》、《地狱主》、《正道启门品》、《入菩萨行愿·回向品》、《初中后善愿》等经典。《释迦牟尼佛赞》、《献沐浴诵》、《供养曼荼罗》、《总忏悔经》、《三十五佛忏悔经》、《往生极乐净土愿》、《御译衍教典》等在大愿祈祷法会期间是每日必诵之经典。北京雍和宫一般由住持和副住持每日交替担任阿阇梨（ācārya），主持全寺僧侣举行法会。普宁寺的大愿祈祷法会也同样。期日则不同，普宁寺是在农历正月十一日至十三日举行。

③ 据金梁编纂《雍和宫志略》，《西藏汉文文献丛书》第三辑之二，中国藏学出版社 1994 年版，第 284—285 页。这是清《内务府养心殿造办处事例》中所载的一段，造办处雕錾作的老工人，和中正殿办佛像年老的喇嘛们，大半全都知道这个故事。北京有句对雍和宫而发的俗谚，"先有佛像，后有宫殿"。就是说先雕刻的弥勒大佛，后建盖的万福阁。

处所辖的"广木作"、"雕銮作"、"漆作"等工程部各行造办佛像的蒙藏高僧工匠师负责施工，精心雕刻完成了举世瞩目的这尊弥勒巨大佛像。伯云乌力吉住持对此十分珍视。1988 年，他毅然用 50 两黄金（金箔）为大佛贴金重光，可谓功德无量。这尊大佛像 1990 年被认证列入《吉尼斯世界纪录》[①]。

伯云乌力吉住持功德彰显，但从不居功自傲，仍然谦虚谨慎，尊敬上师。他十分崇敬十世班禅大师，多次参拜并恭请大师莅临雍和宫讲经说法，认真听取大师的教导。1996 年 11 月 22 日，十一世班禅坐床周年法会在雍和宫举行，他虔诚地叩拜十一世班禅大师，以表达他对党中央的拥护和对十世班禅大师"乘愿再来"的喜悦之情。

1998 年夏，伯云乌力吉住持圆寂于北京雍和宫，他那默默无私奉献、爱国爱教、爱民族、爱众生的菩提精神永远鼓励雍和宫僧俗勇猛精进于利乐有情的伟大事业上。

三　新中国成立后雍和宫第三任堪布嘉木扬·图布丹大师

嘉木扬·图布丹大师（以下称：图布丹住持）是一位和蔼的长老，平素话语不多，慈祥的目光中闪现着智慧与刚毅，紫红色面庞上布满皱纹，记载着他几十年沧桑的经历。1932 年，图布丹住持在内蒙古自治区鄂尔多斯市杭锦旗草原菩提济度寺出家，1942 年 5 月始，在藏传佛教圣地青海塔尔寺学经习律长达 27 年之久；此期间，他刻苦研习，熟练掌握了藏、梵语文，并取得了格西学位，被塔尔寺任命为经师[②]。

图布丹大师曾任全国政协委员、中国佛教协会副会长。恩师通晓梵、蒙古、藏语言文字，精通显密教法和藏传佛教的传承，是当代中国著名高僧之一，深受国内外佛教界和各界人士的爱戴与尊敬。

1981 年 5 月应北京市宗教事务局和北京雍和宫迎请，莅临雍和宫任教，为学僧们讲授佛法。1986 年当选为北京市佛教协会副会长，1987 年当选为第五届中国佛教协会理事，1989 年当选为第六届北京市政协委员。1987 年 10 月至 1993 年 10 月，任北京雍和宫副住持，1993 年 10 月迎请升

---

① 黄春和主编，马兰、李立祥：《雍和宫》，华文出版社 2004 年版，第 82 页。

② 嘉木扬·图布丹：《吉祥果聚塔缘起及佛塔浅论——见而获益奇莲花乐园》，民族出版社 2007 年版，前言。

座为北京雍和宫住持，1993年当选为第六届中国佛教协会常务理事。1995年参加中、日、韩三国佛教友好交流会并为首席代表。图布丹住持离开家乡后，时常挂念菩提济度寺。然而，经过岁月的动荡和自然灾害的破坏，这座始建于明朝的寺院到1987年时只剩下了一座大雄宝殿。1989年，当地政府决定重建菩提济度寺，恩师十分高兴，不仅多方筹资，个人也努力捐献。近几年，广大护法居士闻讯后，为弘扬佛法，利乐有情，都踊跃集资兴建菩提济度寺。这样，菩提济度寺逐渐扩建了大雄宝殿、甘珠尔殿、护法殿、四大天王殿以及部分僧舍等建筑，以及前年举行开光庆典的吉祥果聚塔。其中，仅殿堂内的佛像就用了数百万人民币，多由恩师个人捐资。图布丹住持说：“我捐资重建菩提济度寺，是为了使佛法在我的家乡和出家地得到弘扬，济度当地一切有情，离苦得乐；同时也是以这一妙好时机以实际行动报国土恩、报众生恩，回报国家以及当地政府对佛教、民族教育事业的关怀大力支持。”

图布丹大师在雍和宫给僧众讲经说法教学的同时，没有放弃佛学研究。他翻译出版了藏译蒙《智慧之源》，与人合作校订了藏蒙文《四部医典》，整理翻译出版了《释尊本生记》41幅唐卡画，并以（藏汉蒙对照）诗歌赞颂形式写出每幅故事的内容。2000年，在图布丹大师的倡议下，雍和宫组织专业经师对所藏木质经版进行了整理、分类、登记、排序。这些都体现了图布丹大师渊深的佛学知识和对佛教文化事业的关心与重视。

20多年来，在图布丹大师的指导下，雍和宫在恢复了传统的佛事活动外，在每年国庆节到来之际，举行为期7天的“大威德金刚坛城大法会”祈愿国泰民安。

雍和宫在20多年的对外开放中，图布丹住持总是以亲身的经历，向国内外友人热情地讲述佛教给众生离苦得乐的菩提行和爱国爱教爱民族的人生哲理。赞颂宗教政策、民族政策和改革开放给雍和宫带来的巨大变化。20多年来，他先后出面接待了200余位国家元首和地区首脑，在这方面作出了贡献。1995年，图布丹住持还亲赴西藏参加了十世班禅大师转世灵通的金瓶掣签仪式。

图布丹大师生活俭朴，乐善好施。在他的倡导下，雍和宫捐建了数所“希望小学”，并在他的家乡捐款恢复了几座古寺①。

---

① 黄春和主编，马兰、李立祥：《雍和宫》，华文出版社2004年版，第83—86页。

雍王府改建蒙藏佛教寺院以后，雍和宫翻开了其历史上辉煌的一页。雍和宫主要以蒙古族喇嘛（僧侣）为修持佛法习经之地，并为生活在京城的佛教信徒开辟了诵经礼佛的活动场所，同时也成为清朝皇帝联系蒙古族地区和藏区的桥梁和纽带，其发挥的政治作用和民族团结社会和谐方面的作用是不可替代的。

雍和宫成为联系蒙藏等民族，进行友好交流的黄金纽带，现在又担负着与各国首脑、宗教团体、社会人士进行友好交流的责任。雍和宫以蒙古族高僧住持为首的僧侣之"一言一行"都代表着国家、民族和宗教的形象，与祖国统一、民族团结、世界和平有着密切的关系。新中国成立以来，雍和宫的几代住持每年都接待来自世界各地的国家元首和地区首脑以及宗教、民间团体，在这方面的贡献有目共睹，并向国内外友人讲述佛法给众生拔苦与乐的菩萨行和"不依国主、法事难立"的爱国爱教爱民族的人生哲理。赞颂民族宗教政策的落实和改革开放的巨大变化。

雍和宫的住持及全体僧侣始终依照十世班禅大师提出的"爱国爱教爱民族"的人生理念，依照全国政协主席贾庆林同志在 2009 年迎春座谈讲话中，对宗教界和各宗教团体提出了三点希望：（1）要更加自觉地继承和弘扬优良传统，坚定不移地走中国特色社会主义道路；（2）要更加积极地服从服务于党和国家工作大局，为保持经济平稳较快发展和维护社会和谐稳定贡献力量；（3）要更加扎实地推进爱国宗教团体和宗教教职人员队伍建设，切实保证宗教组织领导权牢牢掌握在爱国爱教人士手中，勇猛修持、精进不懈。

近 30 年对外开放实践证明雍和宫的历任住持和僧众，没有辜负政府以及全国各族人民的期望，他们定会将雍和宫建设成为一座弘扬正法、利乐有情、和谐共融的庄严道场；同时也为来自国内外四面八方的游客打造一个文化深远、清净高雅的文化旅游胜地。

结　语

综上所述，这些高僧大德以及君主们，以出世入世的济世精神，为了护国爱民，以不同身份在各自有缘的国土上用他们的智慧、福德、人品影响着有缘的民众，止恶行善，使之认识自我，感恩他人；奉献社会，从我做起的人生观，引导他们拔苦与乐；以"以人为本"的人生理念爱国爱教爱民族，为和谐社会尽心尽力；他们为人类文明的进步，世界和平添砖加瓦，与乐人天。这些高僧大德，把多年修行积累的功德（即物质方面和精神方面——福德资粮和智慧资粮），毫无保留地分享给护国爱民的利他伟大事业上。这些高僧大德都坚信因果关系，知道应该做什么，不应该做什么，护国爱民利他，坚信佛教护国是普度众生的一部分。

胡锦涛总书记提出了"八荣八耻"作为国人的道德准则，这是我国最基本的道德规范和做人的行为准则，在佛教里可以把他称为，"八善八不善"。什么叫善，今生后世对自己和别人有究竟利益者叫做善，反之叫做恶。光对自己好对别人不好的事情不叫善，而这里面的利益乃究竟利益。就是说，永远有利益，不是说暂时的利益，暂时的利益不叫善。佛教里非常重视这一究竟追求的护国理念。目前，我们的国家正处在改革开放，社会发展的关键时期，全国各地的建筑、道路、居住的条件都比过去有了飞速的发展，这乃是物质文明的发展，但是，面对这一变化我们的精神层面也要跟上去，所以在这一转型时期，人们的价值取向、道德伦理都在改变，在这种状态下，更要把握自己的信念，这是非常重要的。很多人都在为自己找借口，大家都那样做，我也那样去做。但是我们在任何时候、任何地方都必须有一个原则，这就是有益于国家、有益于他人、有益于社会、有益于自然、当然也有益于自己的理念来约束自己的言行。

如上所说，和谐的反面是冲突、矛盾，冲突给自己和别人带来的是痛苦。比如，恐怖主义给自己和别人带来的都是一种毁灭性的痛苦。所以我们每天把这个"心"都要保护住，使它不受外来的污染，这是我们做人的宗旨。我想这个和谐，首先要心里和谐，也可以叫心里平衡，你不这样去做，就跟谁都和谐不了，因为你看什么都别扭，说明你心里本身就有问题，有一点不平衡心就不顺畅了。可以说是好事还是坏事都是我们自己找的。遇好事应该感恩对方，坏事要勇敢承认自己的修行还不够，继续精进。如果我们知足常乐，感到生活幸福，用简单的话来说，就是"平常心是道"，心里平衡。自己平衡以后，才能与别人和谐，这就叫社会和谐。再有，我们要与自然和谐相处。正因为社会群体难免有矛盾有冲突，所以需要求和谐、求共存。2005 年 9 月，胡锦涛主席在联合国成立 60 周年首脑会议上，郑重倡导"努力建设持久和平、共同繁荣的和谐世界"。和谐是人类的美好愿望，是社会进步的重要标志。我们共同生活在地球这个大家庭中，"家和"才能"诸事兴"。国与国的和谐，人与人的和谐，人与自然的和谐，才有利于人类的和平发展，国家的和顺兴旺，民族的和睦团结，社会的祥和稳定。这样更能体现政府提出的"政治上团结、信仰上互相尊重"的和谐理念。

佛教界提出应为社会培养出"立场坚定（培养政治上拥护中国共产党的领导，热爱祖国，走社会主义道路）、品德高尚（修持上有慈悲喜舍的精神，有那种'先天下之忧而忧，后天下之乐而乐'的奉献精神）、学识渊博（佛学上有较高造诣的高级宗教人才）"的爱国爱教的高级人才的新主张。这是古德释道安禅师说的，"不依国主，则法事难立"教诲的具体体现（《梁高僧传》卷五《道安传》）。禅师教导人们爱国爱教爱民族的道理，这就说明一个道理，只有国家繁荣富强兴盛了，社会成员才有可能享有信奉你所信仰的宗教。上述事实告诉我们，宗教也应为国家、为民族、为创建和谐社会做出应有的贡献。

一般来说，宗教信仰是一种把相信神灵或其他超人智慧的存在的信仰者聚集在一个精神共同体中的信仰体系制度，具有经济的、政治的、意识形态的、认识的、文化的、教化的和整合的多种功能，有人将此概括成社会控制功能、整合功能、行为规范功能、心理调节功能和陶冶情操的美感功能等五种基本功能，归根结底是人们精神生活的需要。人毕竟都是除了物质生活之外，还有精神生活的要求，这就是对自己人格尊严、人生价值的追求．对自己感情、理想的追求。在现实生活中失落的东西，有些人会到宗教世界去寻找。在社会文明和教育不够发达因而社会生活不能尽如人意时，应该允许人们有这样的选择，以求解脱，平衡心理。博大精致的佛教教义恰恰又善于帮助人们解决宇宙观、人生观方面的精神问题，"众生平等"，"慈悲为怀"等众多思想精华极富吸引力，尤其是有对穷人和罪人还给予特别的关怀和宽容的"四无量心"的说教，无怪乎被马克思称为"被压迫生灵的叹息，是无情世界的感叹"。所以，无论上智下愚僧俗贵贱，礼佛仪式过程的相同是社会各层次人士共同的平等的信仰的突出体现。信仰是自由的，还应该看到宗教更利于生灵的叹息和呵护，是对生命的呼唤与升华。佛教戒恶劝善的说教，安抚心灵的创伤，保存智慧，是文明的见证和宝库。佛教反对暴力杀生，在佛教戒律里自杀也是犯戒的，因为你的生命不只是你自己一个人的，你的自杀给父母朋友带来极大的痛苦。佛教宣扬积德行善，祈求和平安详，我们可以定义为道德宗教，宽容和善待的道德宗教，是符合社会和谐进步的共同利益的。

如果把宗教等同于迷信，是一种简单化的极"左"的思维。宗教是一种靠经验演绎的生命观、人生观、世界观。科学实验是自然科学认识世界的方法，而研究处处发挥主观能动性的人类社会，方法和自然科学应有所区别，经验和历史的借鉴在这里很重要，虽然结论大多无法像自然科学一样用实验重复来验证，可是研究成果可以用来指导人生，指导社会实践，并被社会实践证明是有效的。宗教不仅是人们心灵自由的一种选择，更是认识世界的一种伟大实践，所以宪法和国际法都保障宗教信仰的自由。要关注的只是宗教和邪教，道德宗教和极端主义派别的区别，要高度警惕和坚决反对宗教极端主义妄图消灭一切异己的疯狂。早在 1963 年，毛泽东主席就指出：不研究宗教"就不能写好哲学史，也不能写好文学史和世界史。"

佛教是宽容、慈悲的宗教，是不分民族、国度、种族、没有分别心的宗教。佛教为世界文化史、思想史、哲学史、文明史作出了卓越的贡献。北京大学佛学大学者季羡林老教授说："佛教几乎影响了中华文化的各个方面，给中华文化增添了新的活力，促使发展，助其成长。这是公认的事实。"他还说："现在大家都承认，不研究佛教对中国文化的影响，就无法写出真正的中国文化史、中国哲学史甚至中国历史。"佛教在促进国际友好往来，特别是促进海内外文化友好交流等诸多方面起着积极的推动作用。国家宗教局原局长叶小文说，"三通未通，宗教先通；宗教未通，佛教先通"。这说明佛教在国际交流等方面起着积极的穿针引线的调解与和谐作用，出发点不外乎都是为了护国爱民利他。

2010 年 10 月 16 日，由中国社会科学院佛教研究中心、中国佛学院、重庆华岩寺、佛教在线（www. fjnet. com）联合主办的"佛教护国思想与实践"研讨会在北京福慧慈缘会馆召开（佛教在线北京讯）。来自中国社会科学院、北京大学宗教研究所、中国人民大学佛教与宗教学理论研究所等学术机构、知名院校的近百名学者对佛教护国思想深刻而丰富的内涵进行了充分的挖掘整理，并对这一思想在历史上产生的深远影响及对于当今社会的现实意义展开了交流探讨。有学者提出，中国可借鉴佛教政治观、和平观和道德伦理观，为转型期的现代社会提供新的治国方略和治心安邦良策。

参加此次研讨会的领导、学者、法师有：国家宗教事务局副局长齐晓飞，中国社会科学院世界宗教研究所所长卓新平、书记曹中建，中国人民大学佛教与宗教学理论研究所所长方立天教授，北京大学宗教研究所所长楼宇烈教授，中国社会科学院佛教研究中心魏道儒教授，中国佛教文化研究所所长宋立道教授，中国佛教协会王健秘书长、卢浔副秘书长、中国佛学院张厚荣副院长、副院长向学法师、副院长兼教务长宗性法师，中国宗教杂志社社长兼总编韩松，国家宗教事务局一司佛教处匡盛处长等。《法音》编辑部桑吉扎西主任、《中国民族报》宗教周刊部张广艳主任、中国新闻社刘舒凌、酷6网记者等多家媒体代表也参加了此次研讨会。

此次研讨会是我国学术界首次以"佛教护国思想与实践"为主题进行专题学术讨论。佛教在线安虎生总干事在开幕式上简要地介绍了此次研讨会的缘起：2010年12月12日至14日，佛教在线在参加佛教界庆祝澳门回归10周年的"万佛佑澳门"活动之际，向澳门特区行政政府赠送了一个仁王护国经转经筒，这个转经筒高达560厘米，周长960厘米，内藏108万部《仁王护国经》，期许借此发挥佛教"上报四重恩"的积极作用，发扬佛教爱国爱教的优良传统，此次研讨会则是这一期许的延续和深化。

在研讨会开幕式上，中国佛学院副院长兼教务长宗性法师首先宣读了中国佛学院院长传印长老的贺信。传印长老在贺信中写到，新时代佛教的爱国思想具体表现为积极与社会主义社会相适应，在这方面新中国佛教界已经历了六十年的探索和实践，此次学术研讨会的召开能够推动佛教界的深入研究，对进一步探索佛教在新时期如何与社会主义社会相适应具有积极意义。

随后中国社会科学院世界宗教研究所曹中建先生在致辞中讲到，佛教作为中华传统文化的重要组成部分，在传入中国两千年的历史中，与中国的文化相互吸收和融合，形成内容丰富的护国思想与实践，对于中外文化的交流，民族的融合与团结，社会的安定与和谐都作出了不可磨灭的历史巨大贡献。深入挖掘和发扬佛教的护国思想，对于维护国家的安定、民族的团结以及国家统一都有积极的意义，而且对构建社会主义和谐社会也有着重要的作用。

方立天教授在发言中从"以人为本"的角度阐述了对佛教护国思想的思考。方教授认为，忧患意识、慈悲观念、因果缘起理论，感恩报恩思想，都体现了以人为本的思想，关心人的安全，关心人的平安，关心人的辛苦，作为本位文化的思考，体现了佛教护国思想的核心，这一思想有助于国家的安定与社会的和谐，非常值得弘扬。

楼宇烈教授从个人修行与净化社会的关系对佛教的护国思想进行探讨。楼教授表示，在强调个人修行的同时不应仅仅看到净化"个业"，更应看到许多苦难是"共业"所造成，佛教"共业"思想也就是净化社会的思想，是护国思想里面一个重要的内容，应该在实践中更好地来宣传引导。

齐晓飞副局长在讲话中表示佛教的护国思想与实践是一个非常具有现实意义的重要话题，此次研讨会的举办对进一步深化和丰富爱国爱教思想内涵有着很大的启发，齐晓飞副局长还指出，提倡佛教的爱国在当今构建和谐社会的现实环境中还有一个非常重要的角度，即"认同"，中华民族的认同和中华文化的认同，有着十分积极和现实的意义。

随后与会学者分三场就中外佛教护国思想的理论、历代实践及现代内涵展开了研讨，魏道儒教授在最后作了学术总结。

此次研讨会共发表论文数十篇，对佛教护国思想与实践的重大问题进行了较为深入的探讨，包括佛教护国思想的根源、内涵及其在历史进程中的增益与发展；佛教护国思想的历史地位、价值影响，以及对当今社会的价值意义。提交的论文涵盖面非常之广，涉及了汉传、南传、藏传三大佛教语系，横跨了中国、印度、日本、韩国、朝鲜、东南亚等地区，贯穿了宋、元、明、清以及民国等时代。这次学术讨论会还提出了许多创新性的观点，弥补了许多学术研究空白。

出席此次研讨会的还有北京大学宗教研究所姚卫群教授，中国人民大学佛教与宗教学理论研究所执行所长张风雷教授，北京师范大学徐文明教授，西北大学佛教研究所所长李利安教授，中央民族大学班班多杰教授，山西大同安大钧教授，华东师范大学宗教与社会研究中心李向平教授，中国社会科学院哲学研究所成建华教授，中国社会科学院佛教研究中心尕藏加教授，西藏那曲地区罗坡寺住持贡赛宁波仁波切，中国社会科学院佛教研究中心凯朝博士，北京大学宗教研究所王颂副教授，中国社会科学院哲学所李海涛博士，上海社会科学院佛教研究中心刘元春教授，中国社会科学院佛教研究中心周广荣博士，中国社会科学院佛教研究中心纪华传博士，杭州师范大学黄公元教授，中国社会科学院佛教研究中心郑筱筠教授，北京唐密精舍真圆阿阇黎，西安电子科技大学传统文化研究所所长荆三隆教授的代表王旭先生，中国政法大学哲学系俞学明教授，江苏省宗教局宗教研究中心张华副主任，来自北京的李阳泉居士，中国社会科学院世界宗教研究所杨健博士，北京大学国学研究院博士生熊江宁，中国宗教学术网李文斌先生，还有来自泰国的 Sudharat Bantaokul 博士。辽宁双灵寺传悟法师、内蒙古呼和浩特观音寺住持澄怀法师、无宣法师、昌觉法师等法师也出席了此次研讨会。

第 八 章

蒙古地区佛教的清规

——关于忏悔仪轨的思考

引　言

蒙古地区佛教寺院在每月十五日和月末（农历二十九日或三十日），满月或新月的那一天举行忏悔法会，即布萨仪轨。受过戒的僧众都要到大经堂参加每半个月举行一次的忏悔法会，而小寺院的僧侣也要来到大寺院参加忏悔法会（梵语：uposatha，布萨）。在忏悔法会上念诵《释迦牟尼佛赞》、《总忏悔经》、《三十五佛忏悔经》等①。

（一）礼佛续：僧众礼佛三拜。（二）诵经续：念诵经文《释迦牟尼佛赞》、《总忏悔经》。（三）回向续：全体僧众面向布萨阿阇黎，3人一组，忏悔反省自己在半个月中所犯的罪恶，祈请佛三宝加持消除业障（烦恼障和所知障），成就福德和智慧资粮②。

蒙古地区佛教要求皈依佛门受戒要有"三改"过程：（一）俗名要改成法名（佛弟子名）。（二）俗人的长头发改成短头发（剃光）以及俗装改穿僧装。（三）俗人的思想心境改成出世的佛菩萨的心境③。

释尊在世时的原始佛教时期，居士供养什么饮食，释尊和弟子们就吃

---

① 胡雪峰、嘉木扬·凯朝编译：《藏汉蒙佛教日诵》，民族出版社 2009 年版。
② 觉者：佛、佛陀，二障清净，二智圆满。
③ 入佛门皈依三宝，入大乘发菩提心，入密乘接受灌顶。

什么，按照佛教戒律，比丘过午不食，其原因有两个：一是僧众的饮食是由居士供养，每天只托一次钵，日中时吃一顿，可以减少居士的负担；二是过午不食，有助于修持禅定，这个制度，在南传佛教国家和地区仍然保持普遍实行，如斯里兰卡、泰国、缅甸、孟加拉、老挝以及我国云南省德

西安广仁寺释尊

宏等地区的南传佛教僧侣都继承了这个传统。在过去，蒙藏地区佛教僧侣因气候、地域的关系，蔬菜极少，不食肉不能生活，所以一般都吃肉，但是，在饮食方面三种肉不能吃，自己亲手杀的，指使别人杀的，别人为你而杀的，都不能吃，在每月的农历初八要吃素食，不吃肉食，现在也有一部分蒙藏僧侣过着吃素食的生活。

第一节　忏悔仪轨所用的经典及念诵文的阐释

一　《皈依发心仪轨》[①] 的阐释

佛教徒无论修显修密，均应修学前导行四种加行。因此四者，为前行

①　《皈依发心仪轨》，宗喀巴大师辑，汤芗铭敬译。

释迦牟尼传承法
Sakyamuni's Succession

雍和宫唐卡

共道，无显不入道，无密不成佛，显密二乘所共修故。云何四种加行：（一）"皈依发心"，（二）"上师瑜珈"，（三）"金刚萨埵百字明"及"三十五佛忏"，（四）"供曼荼罗"是也。皈依为入佛道之门，发菩提心为入大乘之门，是故四加行中，又以皈依发心为先修道。

共皈依：

皈依十方三世一切如来身语意功德事业为体，八万四千法蕴生处；一切圣僧之主，具恩本师及相传承一切胜德诸上师。（诵一遍）

皈依上师、皈依佛、皈依法、皈依僧。①

修加行十万皈依者，于此四句诵十万遍。

皈依本尊中围圣众及诸眷属。（诵三遍或七遍）

皈依具慧眼者吉祥怙主守护正法一切诸护法。（诵三遍或七遍）

不共皈依发心偈：

诸佛妙法众中尊，乃至菩提我皈依；

我行施等诸善根，为利有情愿成佛。（诵三遍）

修加行十万皈依者，于此四句至少念一万遍。

受菩萨戒偈：

我今皈依胜三宝，一切罪业皆忏悔；

随喜有情诸善事，至心受持佛菩提。

———————

① 首先皈依上师的理由，在于有佛、有法、有僧三宝，如果没有上师的正确引导，就无法真实理解认识佛法，不知从何入手修持佛法（八正道、经律藏、三学等），最终无法离苦得乐，究竟成佛。所以说："上师是诸功德本，如理奉侍即道因；见此广以菩萨戒，加持愿令勤奉侍。"

正觉妙法圣僧伽，乃至菩提我皈依；

成就自利他利故，发起求证菩提心。

既发最胜菩提心，接引有情如大宾。

乐行最胜菩萨行，利有情故当成佛。（诵三遍）

愿诸有情具足安乐及安乐因，愿诸有情永离苦恼及苦恼因；

愿诸有情永不离失无苦恼之乐，愿诸有情远离爱恶亲疏住平等舍。（诵三遍）

本译若与下文各法连续修诵，而于本译乐简修者；可诵至此为止，即便接修下法亦可诵至皈敬法身偈为止。

二　《三十五佛名忏悔》[①] 的阐释

本忏悔在藏本中名《菩萨堕忏》，出《佛说决定毗尼经》佛告舍利弗，若有菩萨，成就五无间罪，犯于女人、或犯男子、或有故犯、犯塔、犯僧，如是等余犯菩萨，应当于三十五佛前所犯重罪，昼夜独处，至心忏悔，忏悔法者，归依佛、归依法、归依僧、乃至归依合掌礼。

大科分三：（一）忏悔，（二）回向善根，（三）随喜回向。

（一）初忏悔分四：（1）依止力，（2）对治力，（3）拔除力，（4）防护力。

（1）归依上师、归依佛、归依法、归依僧。（诵七遍或多遍）

（2）对治力、嗡、南无曼殊沙利耶、南无苏沙利耶、南无乌答、麻沙利耶娑訶。（诵三遍或七遍）

南无婆伽梵如来应供正遍知释迦牟尼佛

此佛身纯金色，右手按地、左手定印，上托满盛甘露之钵，着出家三衣，三十二相，八十种好，额喉心三处，三字庄严，光明清澈，体似琉璃，于自身所生光蕴之中，金刚跏趺而坐（以下各佛庄严同此）。作是观者，能消过去生中一万劫罪业。

南无金刚不坏佛

此佛身黄色，二手结说法印，作是观者，能消过去世中一万劫罪业。

南无宝光佛

此佛身红色，二手定印，作此观者，能消过去世中二万劫罪业。

---

①　《三十五佛名忏悔》，敦煌三藏译，刘彭翊科注。

三十五佛

南无龙尊王佛

此佛面须白色，臂蓝色、后有龙项佩，二手结说法印，作此观者，能消过去世中千劫罪业。

南无精进军佛

此佛身黄色，右手微伸作无畏施印，左手作说法印，作此观者，能消过去世中一切口业。

南无精进喜佛

此佛身黄色，二手结说法印，作此观者，能消过去世中一切意业。

南无宝火佛

此佛身红色，右手按地左手定印，作此观者，能消过去世中一切两舌破和合僧罪业。

南无宝月光佛

此佛身白色，右手按地，左手定印，作此观者，能消过去世中，一劫罪业。

南无现无愚佛（不空三藏译不空见佛）

身绿色，右手当心，作无畏印，左手定印，作是观者，能消过去世中宣说，四众过失罪业。

南无宝月佛

此佛身白色，而手胜菩提印，作是观者，能消过去世中杀父罪业。

南无无垢佛

此佛身蓝色，二手定印，作是观者，能消过去世中杀父罪业。

南无勇施佛

此佛身黄色，二手作上下说法印，作是观者，能消过去世中杀阿罗汉罪业。

南无清净佛

此佛身黄色，右手按地，左手定印，作是观者，能消过去世中出佛身血罪业。

南无清净施佛

此佛身红黄色，二手作说法印，作是观者，能消过去世中一万劫一切罪业。

南无娑留那佛（不空译水王佛）

此佛身白色，二手作说法印，作是观者，能消过去世中杀菩萨罪业。

南无水天佛

此佛身白色，二手作说法印，作是观者，能消过去世中杀菩萨罪业。

南无坚德佛

此佛身黄色，右手微伸作无畏印，左手作说法印，作是观者，能消过去世中杀圣人罪业。

南无栴檀功德佛

此佛身蓝色，右手按地，左手定印，作是观者，能消过去世中阻止斋僧罪业。

南无无量掬光佛

此佛身红色，二手作说法印，作是观者，能消过去世中毁坏塔寺罪业。

南无光德佛

此佛身蓝色，二手作上下说法印，作此观者，能消过去世中一切嗔业。

南无无忧德佛

此佛身浅红色，二手定印，作是观者，能消过去世中一切贪业。

南无那罗延佛（或译无爱子佛）

此佛身黄色，二手作说法印，作是观者，能消过去世中一万劫罪业。

南无功德华佛

此佛身黄色，右手伸开作拇食二指相捻印，左手作说法印，作是观者，能消过去世中一万劫罪业。

南无清净光游戏神通佛

此佛身黄色，右手按地左手定印，作是观者，能消过去世中七劫罪业，按本译文，此处无此佛名，前第十二尊处多一离垢佛名，均照藏本改正，因修观故，不得不尔。

南无莲华光游戏神通佛

此佛身红色，右手按地左手定印作是观者，能消过去世中一切意业。

南无财功德佛

此佛身蓝色，两手定印，作是观者，能消过去世中盗取僧物罪业。

南无德念佛

此佛身黄色，二手定印，作是观者，能消地去世中毁谤高僧罪业。

南无善名称功德佛

此佛身白色，右手说法印，左手定印，作是观者，能消过去世中一切嫉妒罪业。

南无红焰帝幢王佛

此佛身蓝色，右手持幢斜倚左肩，左手定印，作是观者，能消过去世中一切慢业。

南无善游步功德佛

此佛身蓝色，右手持剑当心，左手定印，作是观者，能消过去世中两舌罪业。

南无战斗胜佛

此佛身蓝色，两手捧甲，作是观者，能消一切烦恼。

南无善游步佛

此佛身蓝色，右手按地，左手定印，作是观者，能消过去世中一切教他作恶之罪。

南无周币庄严功德佛

此佛身红黄色，右手微伸作无畏印，左手说法印，作是观者，能消过去世中随喜不善之罪。

南无宝花游步佛

此佛身红黄色，右手微仰，左手说法印，作是观者，能消过去世中毁法谤法罪业。

南无婆伽梵如来应供正遍知宝莲花善住娑罗树王佛

此佛身黄色，二手托妙高山，作是观者能消过去世中毁谤上师及破犯誓句一切罪业。

修十万加行礼拜者于本忏中称诵佛名，做礼拜十万次。

（3）拔除力分三：初，启请证明；二，明所忏罪；三，正忏悔法。

今初，如是等一切世界，诸佛世尊，常住在世愿诸世尊当慈念我。二，明所忏罪分二：初，略明；二，广明。今初，若我此生、若我前生、从无始生死以来，所作众罪。若自作、若教他作，见取随喜。二，广明分三：初，明盗三宝物罪；二，明五无间罪；三，明十不善业罪。今初，若塔、若僧、若四方僧物。若自取、若教他取、见取随喜。二，明五无间罪。五无间罪，若自作、若教他作、见作随喜。三，明十不善业罪。十不善道，若自作、若教他作，见作随喜。三，正忏悔法。所作罪障，或有覆藏或不覆藏，应堕地狱饿鬼畜生，诸余恶道，边地下贱及篾戾车如是等处所作罪障，今皆忏悔。

按此段文在不空三藏译本其文稍广，与藏本略同，附录于次，由此业障，覆薇身心，生与八难，或堕地狱傍生鬼趣、或生边地及弥戾车、或生长寿天，设得人身诸根不具，或起邪儿，拨无因果，或厌诸佛出与于世，如是一切业障，我今对一切诸佛世尊具一切智，具五眼者，证实际者称量者知者见者前，我今诚心悉皆忏悔不敢覆藏。

（4）防护力。

从此制止。本译无此句，他译本有之，为科圆满故，增补于此。

（二）回向善根分三：初，启请作证；二，明所回向之善根；三，正作回向之法。

今初，今诸佛世尊当证知我，当忆念我。二，明所回向之善根。我复于诸佛世尊前，作如是言。若我此生若于余生，曾行布施或守净戒，乃至施与畜生一博之食，或修净行所有善根，成熟众生所有善根修行菩提所有善根，及无上智、所有善根。三，正作回向之法。

一切合集校计计量。皆悉回向阿耨多罗三藐三菩提（无上真实圆满正等正觉菩提）。

（三）随喜回向。

如过去未来现在诸佛所作回向，我亦如是回向。

众罪皆忏悔，诸福书随喜；及请佛功德，愿成无上智。

去未现在佛，于众生最胜；无量功德海，皈依合掌礼。

经文至此为止，依藏本仪轨，有下各颂。

身业有三种，口业复有四；以及意业三，十不善尽忏。

从无始时来，十恶五无间；心随烦恼故，诸罪皆忏悔。

我昔所造诸恶业，皆由无始贪嗔痴；

从身语意之所生，一切我今皆忏悔。

所有礼赞供养福，请佛住世转法轮；

随喜忏悔诸善根，回向圆满大菩提①。

此后发愿回向，可诵《普贤行愿王偈》，或诵《极乐世界愿文》，随行者意乐。

三　《金刚萨埵忏罪修法》的阐释

汤芗铭敬译

皈依无上胜三宝，我当救度诸有情；能令安立菩提处，真实发起菩提心。(诵三遍)

自己顶上 𑀪邦字，化生莲花。花上，𑀷阿字化，生月轮。上有 𑀳吽字，化生白色五股金刚杵。杵之脐间，以吽字帜，吽字放光，作二事已。于收回时便俱转变为白色金刚萨埵，一面二手，执杵与铃。以金刚跏趺而住。天绢摩尼诸宝璎珞以为庄严。顶上白色，𑀑嗡字，喉间红色，阿字，心间蓝色，吽字。心间吽字放光，召请同已之智慧尊。

𑀚杂、𑀳吽、𑀪邦、𑀳霍，成为不二。又由心间吽字放光召请一切授灌顶佛。

仰祈一切如来现前灌顶既祈请已，彼彼一切手持充满智慧甘露宝瓶。口诵：

嗡、萨喇翰答他嘎答阿逼客，嘎答三昧耶，西立叶吽。

为作灌顶智慧甘露充满其身。过剩之水注于顶上即使转成不动佛，顶上庄严余其心间月轮座上，吽字，周围百字咒鬘环绕。

仰祈薄伽梵金刚萨埵。令我与他一切有情，所有罪障、及所违犯三昧耶戒涤除净尽。

既祈请已。彼心间咒鬘与吽字、具放光明净除一切有情罪障，供养诸

雍和宫三怙主唐卡

佛诸菩萨众摄取彼彼身语意三，一切功德，光明相状，入于咒鬘与吽字中。从此降下白甘露流，向外流出，入自梵孔。周身便为智慧甘露流所充满。清净三门［身口意］一切罪障。诵咒：《金刚萨埵百字明》

修十万加行者应于此咒念诵十万遍，诵时观修之法一依上师口诀。

以我愚昧无知者，有所违越三昧耶；至尊上师作救护，诸部主尊金刚持。具大悲悯大白性，有情主宰我皈依。

金刚萨埵说云：善男子，汝诸罪障，及所毁犯三昧耶罪涤除净尽说已，化光入于自身。自己三门［身口意］与金刚萨埵身语意无二无别。

四　《四加行修持仪轨》的阐释：

"加行"为前行预备阶段之意。

（一）入佛门修持者必须皈依佛、法、僧三宝，入大乘必须发菩提心。发心，指发菩提心，即自觉觉他，普度众生，愿一切众生离苦得乐直至觉悟成佛。所以说《皈依发心仪轨》是作为蒙藏佛教信众最基本的念诵修持

宗喀巴说法图（雍和宫收藏唐卡）

方式。不论小乘大乘，不论显宗密宗和各教派，皈依佛门一定要首先念诵修持《皈依发心仪轨》。

（二）念诵修持《兜率天上师瑜珈法》是祈求上师加持之基本的修持法门。

此法是依靠宗喀巴为主尊的上师瑜伽法，因宗喀巴所创建的格鲁派主寺噶丹寺意译为兜率天而得名。据说此赞原是宗喀巴迎接自己上师时献给上师的，后上师以原颂稍易末后二句而赞宗喀巴，之后弟子等，得其许可，诵此赞：①

> 无缘悲藏观自在，无垢智王微妙音；
> 伏魔无余秘密主，雪岭智严宗喀巴，
> 贤慧名称前祈祷。

蒙藏地区佛教寺院在法会开始前，唱诵《悲愿颂》亦称《宗喀巴大师赞》，其理由是佛教徒与佛有缘皈依佛门，全仗上师引进佛门之功德也。因为宗喀巴大师是蒙藏佛教格鲁派僧俗信众的上师，所以蒙藏地区佛教寺院法会开始前均念诵《悲愿颂》，来纪念感恩宗喀巴大师的恩德。而且，

---

① 李无阳主编《藏传佛教礼赞祈愿文》（藏汉对照），中国民族音像出版社 1997 年版，第12 页。

宗喀巴大师是观世音菩萨、文殊菩萨、金刚手（秘密主）三大菩萨之化身，大师具足"悲智力"圆满三大功德。即观世音菩萨的"大悲"、文殊菩萨的"大智"、金刚持菩萨的"大力"。人（包括众生）若要想真正达到自己的目的，对于佛教徒而言，要想普度一切众生，究竟成佛；不具备上述的"大悲"、"大智"、"大力"的话，是难以实现他的目的。只有"大悲"而没有"大智"的头脑和"大力"的身体，不能达到他的目的，只有"智慧"，而没愿望理想和力量的话，也不能达到他的目的，只有力量而没有智慧和悲愿的话，也同样不可能达到他的目的。所以说，"大悲"、"大智"、"大力"这三个条件缺一不可。佛教所讲的是缘起真理，诸法因缘生的道理。因此蒙藏地区佛教徒，修持宗喀巴大师的理由也就是上述的这个观点。

（三）念诵修持《金刚萨埵百字明》也是修持者忏悔一切业障，补益在念诵经咒时的遗漏字句之修持法门。

（四）念诵修持《供曼荼罗文》的功德在于祛除一切众生的烦恼与所知二障；圆满福德与智慧二资粮之殊胜修持仪轨。

以上各修持念诵仪轨，修持者需修持念诵十万遍以上方能成就善业，起到修持念诵的无量功德。

（五）念诵修持《三十五佛名忏悔》的功德在于修持者虔诚修持念诵礼敬三十五佛名号，这样使佛菩萨以大慈大悲加持修持者，消除修持者过去世一万劫乃至一切劫之身、口、意所造的贪、嗔、痴等一切业障。

第二节　各地佛教对戒律的思考

一　蒙古地区佛教临终忏悔"依法灭罪"

在蒙古人的信仰意识中，人临终时，一生所造的"尼古勒 nikül"（蒙古语"罪恶"之意）如果不忏悔、不净化，往生阿弥陀佛的极乐净土是不可能的。所以，在蒙古族地区，人临终时，亲人必须祈请僧人到家里，给死者诵经祈福。断除净化死者生前所造的"罪恶"，使其往生佛国净土。蒙古人常常口诵观世音菩萨的六字真言，"嗡嘛呢叭咪吽"（Oṃ maṇi pad me huṅ），以五体投地礼拜佛教圣地五台山等地。在蒙古族地区佛教信仰中，佛教徒一般坚信常念诵六字真言，能忏悔净化罪恶。《阿勒坦汗

阜新海棠山摩崖造像千手千眼观音

传》(*Altan Qagan u Tuguji*)①里记载说，观世音菩萨的六字真言，是一切诸佛密意本质的总合。即八万四千法蕴的根本融会在一起的真髓，是一切善业和功德的源泉，成就一切利乐的根本，善趣解脱圣道之法理。

蒙古族地区的佛教徒认为，一生坚持念诵观世音菩萨的六字真言，净化一切罪恶，消除烦恼。一生能朝拜一次他们心目中的净土西藏的拉萨、青海的塔尔寺(sku ḥ bum byams pa gliṅ)、山西的五台山等地，即能净化过去罪恶，当来世到来时必定往生极乐等净土，最终成佛。

① 吉田顺一、贺希格陶克陶译注《阿勒坦汗传》(*Altan Qagan u Tuguji* 日本风间书房、平成10 年) 144—141 页。观世音菩萨的六字真言，"嗡嘛呢叭咪吽"(Oṃ ma ṇi pad me huṅ)，起源于藏传佛教，由三世达赖喇嘛索南嘉措（bSod nams rgya mthso，公元 1543—1588 年，福德海）传到蒙古地区。《阿勒坦汗传》记载说：ene jirgugan üsüg ün cinar/ yosun inu kemebesü. . erkin oμ üsüg/ tengri ner ün omug tu torüküi ükükin/ ece tonilgayu. . erketü maüsüg asuri/ nar un bayiralaldun temeceldüküi ece/tonilgayu. . ele i üsüg kümün ü/ dorden jobalang aca tonilgayu. . jibqulang/ tu pad üsüg adugusun u kelegei/ mungqarjobang aca tonilgayu. . jici me/ üsüg birid un olüsküi umdagasqui/ jobalang aca tonilgayu. . jirgalang tu/ qung üsüg tamu yin küiten qalagun/ jobalang aca tonilgayu. . jirgugan üsüg ün/ cinar togulasi ügei caglasi ügei/ ülisi ügei boluyu:：若言六字之本性，"嗡"尊字，解脱诸大骄傲之生死。"嘛"字有力，解脱阿修罗之斗争。"呢"字，解脱人之四苦。"叭"字威光，解脱畜生之无明苦。"咪"字，解脱饿鬼之饥渴苦。"吽"字安乐，解脱地狱之寒热苦。六字本性有无数无量的功能。又嘎鲁和吉仁太整理的《莫日根葛根诗文选》(*Mergen Gegen lobsangdambijalsan no gabum jarlig kemegdekü orusiba*，民族出版社 1986 年版，第 224—230 页记载说，如若诵观世音菩萨的六字真言，"嗡嘛呢叭咪吽"(Oṃ ma ṇi pad me huṅ)，能往生阿弥陀佛的极乐净土。

二　汉地佛教临终忏悔以"带业往生"

在汉地佛教徒的净土意识中，在这一生所造的罪恶即使不能净化，也可以带业往生阿弥陀佛的极乐净土继续修行。这种净土思想在汉传佛教中称"带业往生"。这种净土思想成为现代中国佛教净土宗的一个特征[①]。而且"带业往生"是特指带着"恶业"往生极乐净土的人而言[②]。

《阿弥陀经》记载说：极乐净土有，

> 复次舍利弗。彼国常有。种种奇妙。杂色之鸟。白鹄孔雀。鹦鹉舍利。迦陵频伽。共命之鸟。是诸众鸟。昼夜六时。出和雅音。其音演畅。五根五力。七菩提分。八圣道分。如是等法。其土众生。闻是音已。皆悉念佛念法念僧[③]。

依据《阿弥陀经》所记载的情况进行分析，人即使往生阿弥陀佛极乐净土，还有必要继续在极乐净土修行。如果没有必要在极乐净土继续修行的话，阿弥陀佛就没有必要宣说，"五根五力、七菩提分、八圣道分"等法。这里最关键是阿弥陀佛说往生极乐净土的人，再也不会入六道轮回。阿弥陀佛又说往生极乐净土的人，能够在极乐净土静下心来，没有私心杂念，只管一心修行、念佛、念法、念僧即得正果。笔者认为阿弥陀佛的本愿功德就在于上述的思想方面。

无量寿佛坛城
Mandala of Amitayus

雍和宫唐卡无量寿佛

---

① 前田惠学："访问考察北京、河北《念佛打七》"，《中外日报》平成 11 年 9 月 16—18 日刊。

② 详细情况参阅嘉木扬·凯朝"中国《念佛打七》信仰的发展与现状"，《同朋大学佛教文化研究所纪要》第 20 号，2000 年，第 131—148 页和拙论"中国《念佛打七》信仰的形成"，《东海佛教》1999 年第 44 辑，第 62—76 页。

③ 鸠摩罗什译：《佛说阿弥陀经》，《大正新修大藏经》第一卷，第 366—367 页。

三 日本佛教净土真宗临终忏悔以"恶人正机"往生信念

在日本，由于净土真宗的"恶人正机"① 净土意识的影响，不管恶人还是善人，死后都往生阿弥陀佛的极乐净土以成佛果。受这种净土思想的影响，日本人把死者称"浩陶克"（hotoke），即日语"佛"的意思。这种叫法成为日本社会普遍的净土意识②。

日本净土真宗的开祖亲鸾圣人（公元 1173—1262 年），把"至心回向"一词，不按照传统汉文的读法，亲鸾圣人有其独特的读法和解释。他认为问题在于"回向"这一词本身。通常认为是众生自己修行的善业向阿弥陀佛等佛菩萨回向祈求佛菩萨的加持成就修行者以得正果，这是一般大乘佛教

日本净土真宗开祖亲鸾圣人

的对"回向"的解释和理解。亲鸾的理解和解释是：阿弥陀佛把自己多劫修行的正果功德向一切众生"回向"，使其往生极乐净土离苦得乐，此乃阿弥陀佛的本怀，也是日本净土思想他力成佛的根本所在③。关于"回向"，应该说佛与众生之间有着因缘关系"回向"才能成立。比如，日本佛教的净土真宗的"回向"思想，不管是回向的佛，还是被回向的众生，因为有佛与众生的存在，所以才有回向的必要性，就如同，即使有电视，如果没有人看，电视的存在是没有意义的。原始佛教有这样的教导："诸法因缘生，结谢还复灭；我师大沙门，常作如是说。"（Ye dhammā hetuppabhavā tesam hetum tathāgato āha tesam ca yo nirodho, evām vādi mahāsamano. ）

---

① 关于"恶人正机"的依据是《叹异抄》的第三条里记载的"善人なをもて往生をとぐ。いはんや恶人をや"。（善人如若能往生，难道恶人就不能往生吗。）又季羡林老先生在《季羡林谈佛》（当代中国出版社 2007 年）中说："一阐提"是梵文 icchantika 的音译，意思是"十恶不赦的恶人"。连这种人都有佛性，其余的人就不必说了。也是法显对中国佛教的一大贡献之一。

② 中村元选集（决定版）《日本人的思惟方法》第三卷，春秋社 1994 年版，第 68—75 页。

③ 铃木大拙：《净土系思想论》，法藏馆昭和 53 年版，第 2—8 页。

　　笔者认为亲鸾圣人的本意，很可能是站在因缘立场上分析回向的，就是说阿弥陀佛以大慈大悲的本愿来回向众生，众生真心真意深信依靠阿弥陀佛的本愿定能往生极乐净土。

结　　语

　　忏悔，佛教徒每忏悔诵经，异教徒及非宗教者，常常误以为迷信。忏悔，梵语叫"kṣama"，是自己错了以后，承认自己错误的意思。因为一个人，在过去世以及现在世中，谁都做过种种错事，犯有种种罪恶，留下招引困难、障碍修道解脱的业力，为了减轻及消除障碍困难的业力，所以在佛、菩萨、众僧前，承认自己的错误，以消除自己的业障。佛法礼忏中有忏悔的法门，在佛法的修持上，是非常重要的。忏悔要自己忏，内心真切地忏，才合乎佛教的本意。

　　一般人不会忏悔怎么办呢？古代祖师就编辑忏悔的仪规，教我们一句一句念诵，口诵心思，也就知道里面的意义，忏悔自己的罪业了。忏悔仪轨中教我们怎样礼佛，求佛菩萨慈悲加护，承认自己的错误，知道杀生、偷窃、邪淫等的不是，一心发愿悔往修来，这些都是过去祖师们教我们忏悔的仪轨，但主要还是从心里发出真切的悔改心。

　　有些人连现成的仪轨也不会念诵，就请出家人领着念，慢慢地自己不知忏悔，专门请出家人来为自己忏悔了。有的父母眷属去世了，为要藉三宝的恩威，来消除父母眷属的罪业，也请出家人来忏悔，以求亡者的超升，然而如不明佛法本意，为了铺排门面，为了民间风俗，只是费几个钱，请几位出家人来忏悔做功德，而自己或不信佛法，或者自己毫无忏悔恳切的诚意，那是失掉忏悔的意义了。

　　佛教到了后来忏悔的意义模糊了，学佛的人自己不忏，事无大小都请出家人，弄得出家人为佛事奔忙，今天为这家忏悔，明天为那家做功德，有的寺院，天天以做佛事为唯一事业，出家的主要事业放弃不管，这难怪佛教要衰败了。所以，忏悔主要是自己，如果自己真真切切地忏悔，甚至是一小时的忏悔，也是超过请了许多人，做几天佛事的功德。了解这个道理，如对父母要尽儿女的孝心，那么自己为父母忏悔的功德很大，因为血缘相通，关系密切的缘故。不要把忏悔、做功德，当作出家人的职业，这不但毫无好处，只有增加世俗的毁谤与误会。

忏悔如同饿了一定要自己吃饭，渴了一定要自己喝水，更是病了自己吃药一样，任何人都替代不了；忏悔一定要自己来做不可。

诵课，学佛的人要早晚诵经念佛，在佛教里面叫课诵。基督教早晚及饭食的时候有祷告，天主教徒早晚也要诵经，这种宗教行仪，本来没有什么问题，从前印度大乘行人，每天六次行五悔法。时间短些不要紧，次数不妨增多。总之，学佛不只是念诵仪轨，在家学佛，决不可因功课繁长而影响家庭工作。

"心净国土净，心安众生安，心平世界平"，"僧像僧、庙像庙"，教育僧人，以戒为师，依法为师，规范自我。《法句经》（Dhammapada）云：

> 诸佛出现乐，演说正法乐；僧伽和合乐，共修持戒乐。

附录：蒙古地区佛教吃茶吃饭时的念诵文

《献茶供文》

无上导师释迦佛，具足慈悲智慧主；
文殊弥勒诸菩萨，至心祈愿赐加持。
五百庄严一切智①，无量光佛燃灯佛；
观音菩萨种敦巴，无漏甘露请享受。
诸佛唯父文殊师，显现比丘宗喀巴；
慈悲加持遍虚空，大乐甘露作圆满。
至尊恩父文殊师，时常护佑大宝尊；
不离心间莲花居，无量甘露作献供。
自身即是本尊体，虽离百味之甘露；
诸事如意大安乐，多么稀有妙缘分。
我等眷属诸世中，永世不离佛法僧；
恒常供养三宝尊，三宝加持祈吉祥。

---

① 张怡荪主编《藏汉大辞典》，民族出版社 1986 年版，第 702 页。佛法住世十期，最后一期五百年，即唯相期。此期佛教衰微，仅余外表形相。五百年十期。佛教流传世间，共五千年，分为十期，期五百年。初证阿罗汉果，次证不还果，三证预流果，是为证果三期；四修胜观，五修寂止（禅定），六持净戒，是为修行三期；七学法藏，八学经藏，九学律藏，是为教法三期；末五百年，见行失常，唯具出家外表形相，是为唯相一期。

茶是世界上最健康的饮料。茶文化适合一切层次，不分国家、不分地区、不分民族、不分贫富、不分年龄、不分男女老少、不分僧俗。茶文化以平等文明的方式对人与人之间的交流、民族与民族之间的交流、地区与地区之间的交流、国家与国家之间的交流作出了巨大贡献。茶文化的内涵丰富，我们

雍和宫法轮殿法会

可以看出一切众生平等和睦相处文明向上的精神。不管家里来客人，单位来客户，朋友之间集会，都会冲泡一杯茶水，在和睦的氛围中交流。而在佛教寺院中的禅茶文化内容非常丰富。举行各种大小法会，一定先要给佛法僧三宝敬献上茶水，进入法会系列程序。蒙藏地区佛教徒，每日晨起佛教寺院修持早课，先要献上茶水以表示对三宝的虔诚之心；同时僧众在饮茶前要念诵《献茶经》以对信众做的功德回向，祈愿众生吉祥幸福①。

　　以茶会友越饮越提神，以酒交往越喝越迷糊；
　　茶艺品茶对治酗酒客，身心轻安茶心即佛心。
　　大家一起"吃茶去"!②

----

① 蒙藏地区佛教和尼泊尔、孟加拉等国主要喝奶茶，中国、韩国等主要喝清茶，日本传统和抹茶，平常喝清茶为主。大体分世界三大饮茶习惯：即奶茶、清茶、抹茶。
② 楼宇烈：《人生佛教生活禅》，《法音》2011年第6期，第20—21页。"吃茶去"表示了一个什么样的理念？我讲了，茶是当时寺庙里面一件最普通的事情——说法要吃茶，休息要吃茶，坐禅要吃茶，后来形成了中国人生活中不可或缺的开门七件事之一，也就是说茶就是生活，生活就是茶。所以赵州和尚很明确地讲，"老僧此间即以本分事接人，佛即是烦恼，烦恼即是佛"。

第 九 章

以佛教理念对信仰与道德的思考
——蒙古人的道德观

引　言

　　现今大家都谈和谐社会"以人为本"①这个话题，由此，我们先谈一谈什么是信仰？什么是道德？要知道，只讲信仰和道德，不了解其内涵的话，这个社会还是和谐不了。以佛教的理念来讲，信仰首先必须要了解因果关系。那什么是因果关系呢？那就要追溯源头：我是谁，我是怎么来到这个世界，我是怎么长大成人的，我的父母是谁，我的国家是谁；还有我应该做什么，不应该做什么；自知之明，正确认识自我。我们要时时刻刻心存一种感恩，要念恩，不要怀恨；要知恩，不要忘恩；要感恩，不要以怨报德；要报恩，不要恩将仇报，心境平和地度过每一天、每一周、每一月、每一年，要潇洒人生，不要虚度年华，首先要对得起自己。佛教讲："佛法难闻今已闻，人身难得今已得；此身不向今生度，更向何生度此生。"这一人生理念要记住。

　　《华严经》说："信为道元功德母，增长一切诸善法。"从佛教来讲，我们包括众生对于佛法的依恋，就像初生的婴儿眷恋母亲温暖的怀抱一样。相信正信佛法的殊胜功德，相信佛、法、僧的话语是真理，佛、菩萨以大慈大悲给众生以力量，乃至相信佛、菩萨的力量是无限的，能够成就

---

　　① 佛教的理念是"人成则佛成"的人间佛教思想。

有缘众生的一切善业直至究竟成佛。宗喀巴大师著的《释迦牟尼佛赞》（skabs gsum pa bshugs so）中讲述的：

> 如来体微妙云何，及于眷属共寿量；境界及于号云何，愿我等皆亦复然。赞祝释尊微善力，我等随方所在处；病魔贫争尽消除，法祥增长祈皆赐。①
>
> （De bsin gśegs pa khyed sku ci ḥdra daṅ //ḥkhor daṅ sku dseḥi dsad daṅ siṅ khamsdaṅ // khyed kyi mdsan mcog bzaṅ bo ci ḥdra ba// de ḥdra kho nar bdag sogs ḥgyur bar śog//）

《圣大解脱经》中说："何谓菩萨，不由他教，自行六波罗蜜（par phyin drug 布施、持戒、忍辱、禅定、精进、智慧），长者即如来（身边的父母就是我们的佛菩萨，就是我们最好的靠山），……"学习六度修自佛法，学习四摄（bsdu baḥi dṅos po bshi，布施、美言、利行、同事）②利他有情的道理，我们要好好体会这些教诲的真意。

依照佛教的"缘起有自性空"的理念，依照众缘合和的因果关系，平等对待一切人群（包括一切有情众生）。应该说，父母社会群体就是我的幸福田，就是我牢固的靠山。我依靠父母

释尊说法传承图（雍和宫唐卡）

社会就有"心无挂碍、得大自在"的精进勇猛信心。佛教，尤其蒙藏佛教强调"为父为母有情愿成佛"的宏愿，"一切众生（人民大众和自然界的生命）是我的幸福田"，对待一切众生，像对待自己今世的父母、兄弟、姐妹一样去关心帮助，这是修行者积累福德和智慧资粮的妙好机会。《释迦牟尼佛赞》① 中说：

> 一切诸佛兴于世，圣教显明如日光；持教相和如兄弟，愿施正教恒吉祥。
>
> （ston pa ḥjig rten khams su byon pa daṅ// bstan pa ñi ḥod śin tu gsal ba daṅ //
>
> Bstan ḥdshin bu slon śin tu mthun pa yi// bstan pa yun riṅ gnas paḥi bkra śis śog/）

大家想一想，没有我们的父母，哪有我们的今天，父母给了我们无私的养育，父母之爱是世间最纯洁的爱，真诚的爱；所以佛经上说：把一切过去、现在、未来的众生、都看做我们今生父母，知恩、念恩、报恩、慈爱、大悲、增上意乐（广大的责任心），发菩提心。这里所说的"一切众生是我的幸福田"，是指父母等社会上的各行各业的人们都在为我服务，假如没有人民大众，我在这个世界上一天也生存不了。佛教界倡导众缘合和、善待众生、念恩、感恩、报恩回报社会的人生理念。《上师供养仪轨》（bla ma mchod paḥi cho ga bshugs so）中说：

> 爱执自己衰损门，爱执诸母功德本；故以自他等换行，作修心要祈加持。
>
> 至尊上师大悲者，慈母有情罪障苦；今于我身令成熟，尽我乐善施舍他，
>
> 众生具乐祈加持②。
>
> raṅ ñid gces ḥdsin rgud pa kun gyi sgo// ma rnams gces ḥdsin yon tan

---

① 胡雪峰、嘉木扬·凯朝编译：《藏汉蒙对照佛教日诵》，民族出版社 2009 年版，第117—118 页。

② 同上书，第189—190 页。

kun gyi gsi// de phyir bdag gshan brje baḥi rnal ḥbyor la// ñams lin sñyṅ
por byed par byin gyis rlobs// des na rje btsun bla ma thugs eje can// mar
gyur ḥgro baḥi sdig sgrib sdug bsṅal kun// ma lus da lta bdag la smin pa
daṅ// bdag gi bde dge gshan la btaṅ ba yis//ḥgro kun bde daṅ ldan par byin
gyis rlobs//

　　台湾佛光山星云大师提倡，身体要做好事，口要说好话，心要存好
念，就是"三好运动"。其实"三好运动"，口说好话就是真，身做好事
就是善，心存好念就是美……把欢喜布满人间，把幸福布满
人间。

　　"三好运动"也是佛教对佛教徒基本要求是十善法：即（1）不杀生；
（2）不偷盗；（3）清净行（此三为身善）；（4）不妄语；（5）无离间语；
（6）无粗恶语；（7）无绮语（此四为，语善）；（8）不起贪心；（9）无
嗔心；（10）无邪见（此三为意善）。僧人以十善法来约束自己的一言一
行一思，佛教讲连十善法都做不了的僧人，那就更谈不上是正见正信，信
仰坚定的有道德的佛教徒了。古德弘一法师教导学人，"士以致远者，当
先器识而后文艺。教导学人们，首先要人格修养，次重文艺学习。应使文
艺以人传，不可人以文艺传"。① 弘一法师一贯履行先做人后做事的理念，
他以伟大的人格感染力，以慈悲智慧普度众生、拔苦与乐的精神影响着后
人的人生观。

　　佛学大家王志远博士在论及因果关系对中国的影响时是这样说的：两
千多年的历史长河里，佛教已经完成了中国化进程，并且与儒、道等思想
文化互相作用，共同成为中国传统文化的主流。他认为，佛教的众生平等
与儒家的"仁"的精神共同造就了中国人宽厚仁爱的品性，佛教思想中的
"因果"二字更是纵观中国历史文化所不可避免的重要存在。同时，王志
远博士为我们梳理了佛教在中国的四个传承，揭示了中国作为佛教第二故
乡在佛教发展中举足轻重的作用。在佛教传入之前，中国讲究"善有善
报，恶有恶报"。"积善之家必有余庆，积恶之家必有余殃"，但现实生活
并不全是这样，在无法兑现的时候，人们积善的信心就可能动摇了。佛教
提出业报轮回的观念，与先前的思想区别在于：每一个人的命运是由他自

---

　　① 韩秉芳：《弘一法师与居士佛教》，《世界宗教文化》2011 年第 2 期，第 74—75 页。

作者在台湾佛光大学前

己过去所作所为引发和造成的，由他本人承担。父母这一代做的好事是由父母自己在来生得到回应，儿女自己带来的后果受到"恶报"，也与父母无关。这样就从一个整体家族的互相责任，归结到每个人要对社会所负的责任。轮回观念在两个方面有着积极意义：一个方面是让人们有信心，做一个好人，此生不能做完的，来世还可以继续未竟的事业，这就是"死而不已"，所以，佛教在历史上是给人们带来期望的，哪怕最苦难的时候，还有对未来的期望，尤其是对那些志士仁人而言；另一方面，轮回观念对遏止人们做坏事也有很大的作用，就像一个无形的警察要求人自律，除了道德说教、教育以外，自律在古代中国最有效的就是佛教的轮回观念所带来的，做了恶事要负责任，就是本人要受到报应，这是很让一些人的灵魂战栗的。

佛教教人以平和的态度积极进取，以善因得善果，通过自己努力去获得相应的福报，这种思想对社会是有积极意义的。王志远博士曾与河北柏林寺方丈净慧长老谈话，说到儒家和佛家两大思想派别对中国两千多年文化的贡献，都可以用两个字来概括。儒家的两个字是"忠孝"，以孝为本，以孝作忠。普遍来看，中国人在交朋友时会不知不觉地考察其是否孝顺父母，假如耳闻其不孝顺父母，就会逐渐疏远，"孝"成为最起码的做人准则，而一个孝顺的人必然会对朋友忠、对事业忠、对国家忠。儒家理论可以归结为两个字，即"忠孝"①。《吉祥经》（Maṅgala sutta）中说："若能孝敬父与母，定然妻慈子又孝；无有恶报心泰然，此真所谓胜吉祥。"② 告诉人们孝敬父母的功德之伟大。

如果大家正确认识信仰与道德的关系，共同做到"认识自我，感恩他人；奉献社会，从我做起"。这里所说的"认识自我"，不是别人，而是自身，人在世间应当确知我是谁？我的父母是谁？我的国家是谁？我来到这个世界是怎样长大成人的？如果每位社会成员都清楚地"认识自我"，自然会升起一种感恩他人，奉献社会，从我做起的正确信念。这就是说，有了父母的养育之恩，有了社会各界的关心和帮助，才有我们今天幸福的生活。佛法所说的"无我"，不是说没有绝对的我，而是说"我"是因为依靠大家、社会群体，所以才有我生存的空间，大家都是相互依赖，我才能有机遇生存，才能存在这个世间。佛法说的"缘起有、自性空"就是这样的一个感恩的永恒哲理。佛教所说的"善"，首先意指你帮不了别人也不要去坑害别人，不要做损人不利己的事情，这是最大的护生，这就是正确认识的信仰和道德，这样才能做到和谐共存共生。这样，也就是最好的人生，即以人（仁）为本的人生理念。佛教告诉我们止恶行善的人生观。要知道人身难得，五根难具，生命短暂如泡影，业报不虚。要知过去因，现在受者是；要知未来果，现在造者是。坚定信仰，勿失良机，不虚度年华，坚持一日一善，一日不做、一日不食的高尚人生观。在佛教戒律上来说，自杀都是犯戒的，因为你的生命不只是你自己一个人的，父母养育你，学校培养你，社会关心你，你才能够成长成人的。

社会的生存常识使我们知道：人生在世间，没有一个人是从天上掉下来，或者从地下蹦出来的，都有其亲生的父母。释尊是我们人间的最好榜样，父亲叫净饭王，母亲叫摩耶夫人，他的国家叫释迦国（今尼泊尔境内），民族叫释迦族。而佛教提出的"报国土恩，报众生恩"这一思想早在释尊的原始佛教时代就已经产生了。佛教"报四恩"的途径有八万四千多种，以"对机说法，应人说教，应病施药"的对治法门来报答四恩。佛教的修持方法要求修行者把自己的福德资粮和智慧资粮（物质和精神方面）的财富无私奉献，这是真正的修行，因为真正的修行者"是舍，而不

---

① 王志远：《因果是佛教对中国的最大影响》，《雍和宫》2010 年第 1 期，第 49—52 页。
② 那拉达法师：《佛陀与佛法》，新加坡佛教坐禅中心 1999 年版，第 538 页。

是取"。真正的信仰首先要孝敬父母，奉献社会，只有这样，才能够在人生观和道德观不断进步，脱离烦恼业障（ñon moṅs kyi sgrib）和所知障（śes rab gyi sgrib），圆满福德（bsod nams kyi dshogs）和智慧资粮（ye śes kyi dshogs）①，得大自在；慈悲做人，智慧做事，是以先做善人后做好事的人生理念，为社会群体，为人类文明做出我们自己每一个应该作的贡献。

第一节　"农禅并重"的传统禅修与现今 "商禅并重"的根本区别

　　历史上的中国佛教提出的"农禅并重"的传统禅修与现今佛教界一部分人提倡的"商禅并重"或"工禅并重"的意义和目的是完全不同的，两个概念问题。佛教传到中国的最初时期，应该说，应属是以小农经济模式为主的国家，是自给自足模式的自然经济，出家僧侣隐居深山老林，远离世俗社会的一个修持道场，所以说，僧侣如果不自己丰衣足食的话，谈不上学佛行佛，坐禅念佛念咒了，释尊也从来没说过，出家为僧后，立刻就摆脱远离衣食住行，也需要持久地如法修持之后，方可渐渐觉悟脱离烦恼障和所知障等恶业，成就福德资粮和智慧资粮等善业，究竟成佛。以往，高僧大德提出的"农禅并重"的修持方法方式结合当时的情况，是应机入世的具体表现。

　　可是现在与过去历史背景，社会条件有了根本性的区别，时代发展的这么快，交通各个方面非常便利，如今的人们基本上解决了温饱问题，大家到佛家寺院来的目的主要是需要佛教的精神食粮，现今的佛教僧侣用不着经商，用不着务农，作为出家僧人，把精力主要放在修持方面，严修经藏，僧像僧样、寺像寺样；以佛教的六波罗蜜之一的法布施（财布施、法布施、慈布施、无畏布施）给予善男善女以及企业家商人们足够的精神食粮；善男善女们又以物质财力方面的布施做佛教寺院的经济后盾，佛教提倡，众缘合和、互相依赖生存，就像台湾星云大师讲的五个指头一样，五个指头加在一起成为拳头。世人做事，只是社会需求不同分工而已，无论做什么，只要勇猛精进，人人皆可成佛离苦得乐，乘愿再来，普度众生。

---

　　① 觉者：佛、佛陀，二障清净，二智圆满。

藏传佛教高僧兰仁巴大师说过："凡能起到佛的作用者就是佛，这些上师（法师）从事佛的事业，起到了佛的作用，因而就是佛。那么佛的历史使命和责任是什么呢？佛的主要历史使命就是向能够度化的众生施教善道。上师承担了这样的历史使命，起到了佛一样的责任心，因此，上师就是佛。"

第二节　蒙古族地区佛教徒对"转经轮"的认识与信仰

在蒙藏地区佛教徒的信仰意识中，转一次"转经轮"（俗称：转经筒，藏语称：嘛呢轮 ma ṇi ḥkhor lo）相当于念诵一遍佛经的功德。为什么要创造"转经轮"呢，因为佛教初传到蒙藏地区的时代，广大民众没有多少文化知识，也就是说没有自学读书的能力，更谈不上读佛经看佛经的能力，在这种情况下，蒙藏地区的高僧大德，就以佛教的方便法门，用金属、木材等制作出能用手转动的"转经轮"，在"转经轮"里装满显宗和密宗多种佛经作为经藏，"转经轮"的外面又用梵文书写或雕刻观世音菩萨的六字真言："嗡、嘛、呢、叭、咪、吽"（Oṃ ma ṇi pad me huṅ）。这样一来，普通民众就可以口念六字真言，手转动装满佛经的"转经轮"，心里观想佛、菩萨，心系一处达到佛教密法中所说的身、口、意三业来修持佛法的功德，尤其佛教密宗特有的修持法门，即三密相应"立即成佛"的理念。修行者能以身、口、意来真心真意地念诵修持佛、菩萨的身、

雍和宫讲经殿前的转法轮

语、意圆满三功德的话，佛、菩萨会随机以大慈大悲来加持其修行者，让他离苦得乐，究竟成佛、大彻大悟。依照佛教的理论解释的话，佛、菩萨多年多世修行积累的功德分享给众生，按现在的话讲，就像父母用多年努力工作的积蓄，不求回报培养、养育自己的子女，使自己的子女过上幸福美满生活一样的心情和举动。已故国学大师季羡林先生曾经说，这种精神和行为称为大乘佛教功德转让的菩提行。

佛、菩萨的身、语、意圆满三功德，即佛教密宗所说的"嗡、啊、吽"（Oṃ ā huṅ），又以"吽"字之力能去色香之垢使其洁净；以"啊"字之力现成甘露微妙之食，以"嗡"之力无量出生自然增长。

佛说浩如烟海，佛法博大精深，虽说解脱途径有八万四千法门，但佛法的精髓在于缘起法，即"缘起有、自性空"之真理，且宣说的是"应机说法"的方便法门。世间任何事情均有因缘关系，佛经有这样的话："Ye dhammā hetuppabhavā, tesaṃ hetuṃ, tathāgato āha tesaṃ ca, yo nirodho, evaṃ vādi mahāsamaṇo.（诸法从缘生，如来说是因，是法从缘灭，是大沙门说。）"等缘起真理，对于每一个人，众生而言，有限生命的一生能与佛法相遇就是一种缘分，无论修那一门法，都是有缘分，尤其能在这个世界，能转动"转经轮"即可修持一切佛法，与佛法有缘的人，是人一生中殊胜的善缘和福报。经文中说："我（众生）之所求诚实力，如来加持悲愿力；法界同体大悲力，所求一切诸利益，种种一切诸善业，无碍无障自然成。"

《华严经》说："信为道元功德母，增长一切诸善法。"从佛教来讲，我们包括一切众生对于佛法的依恋，就像初生的婴儿眷恋母亲温暖的怀抱一样。相信转动"转经轮"之殊胜功德，相信佛、法、僧的话语是真理，佛、菩萨以大慈大悲给众生以力量，乃至相信佛、菩萨的力量是无限的，就能够成就有缘众生的一切善业直至究竟成佛。蒙藏文《释迦牟尼佛赞》中讲述的："如来体微妙云何，及于眷属共寿量；境界及于号云何，愿我等皆亦复然。赞祝释尊微善力，我等随方所在处；病魔贫争尽消除，法祥增长祈皆赐。"

黄念祖老居士时常强调学佛者不应有分别心，佛教修行法门有八万四千之多，修行者要选择适合自己的条件，无论是净土念佛、禅宗坐禅、密宗念咒，民众转动"转经轮"，只要真心真意，学佛行佛的话，大家皆能成就善业，终究离苦得乐。

黄念祖还在《净土资量》中论述：在现今的五浊恶世的娑婆世界中，修行者修行是非常难的一件事，即"进一退九"。他提出只有念佛、念咒、转动"转经轮"才是修行者最适合的修行法门，才能把贪心转换成喜舍、瞋心转换成慈悲、痴心（愚昧的心）转换成智慧，最终成佛，以大慈大悲、乘愿再来普度众生。

内蒙古翁牛特旗吉祥法增寺

转动"转经轮"之方便法门的利益功德，适合于一切层次，不分年龄、不分男女老少、不分僧俗、不分民族、不分国家、不分地区的佛教徒学佛行佛，这种修行方法体现了佛教一切众生平等的精神。包容一切法，是圆融无碍的殊胜方便修持法门。"转经轮"修行法门将为佛法大众化、信仰生命化、佛教全球化起积极的促进作用。

建造 108 转经轮的功德

（一）108 名僧众转经轮的功德

佛教三宝之一为僧宝。这里所说的"僧"乃是一个僧众团体，即宗教场所内四名僧人以上才可称僧众，如若几十名乃至几百名的僧人举行的法会，更具加持力，且法力无边，这是普度众生之无上功德的方便法门。由于佛弟子僧众有多年持戒、持咒严修之功德，尤其密乘又讲灌顶传承之法脉法门，"僧宝"有佛、菩萨、本尊真语之加持，所以由僧众口诵经文、手转动经纶、心观想佛菩萨是有殊胜功德和无限力量的。因此，众僧一起转动经轮代表108位菩萨的无量功德。

（二）108名居士转经轮的随喜功德

居士是佛教四众弟子之一，又是寺院和普度众生的坚强后盾，108名居士可代表佛教的福德资粮。从古到今，居士在佛教历史上作出了不可磨灭的贡献。

（三）深怀虔诚之心抱108部《大藏经》转经轮的功德

佛经是佛教三宝之一的法宝，是释尊多劫修持菩萨行觉悟亲证大智慧和大慈悲的宝藏。法是引导众生的指路明灯。法宝阐述了众生离苦得乐的道理。持108部《大藏经》转经轮是佛教徒续佛慧命，继承释尊"以法为师"的传统。《涅槃经》中释尊说"自皈依、自灯明，法皈依、法灯明"的教诲；"学佛行佛"，尽一切学，以实现普度一切众生的"慈悲喜舍"之大愿大行精神。

（四）108次海螺的功德

佛教中，海螺是吉祥的象征。僧众持海螺吹108次，相继发出优雅的妙音，意为给一切众生带来幸福好运。

（五）敲108次大钟的功德

佛教认为，众生主要有108种烦恼，利用敲钟来对治108种烦恼，给众生排忧解难，带来无上福德资粮。所以，很多崇信佛教的国家内寺院每年除夕迎新年之际，都要敲大钟108次，祈福国泰民安！五谷丰登！

（六）供养108份供品的功德

供奉供品，代表佛家弟子对佛菩萨的无限感激，供品又代表佛教"六般若密多度"之一的布施度（四种布施：财施、法施、无畏施和慈施），用水果、点心等各种饮食来供奉佛菩萨，答谢佛菩萨对众生赐予的大恩大德。

（七）供108个海灯的功德

海灯在佛教文化中代表智慧，修持者燃点海灯能够启迪智慧。每一个信众有了智慧就有了分辨善恶的能力，知道什么事可做，什么事不可做的道理。有了智慧就知道佛说的四谛，苦、集、灭、道，即知苦、断集、证灭（涅槃）、修道（八正道）的道理和修持方法。

（八）击鼓108次的功德

击鼓意为能给人天带来福音，人天欢喜，即意味着诸佛、菩萨、护法皆大欢喜，由此众缘合和，使大家团结一致，并感恩对方（包括他人、社会、大自然山川草木）的恩惠，和谐社会从我做起，奉献社会从心开始，以鼓击响人生的崇高理想。

第三节　蒙古族地区佛教推行礼佛三炷香功德
——雍和宫管家都嘎嘉布谈礼佛

现今有一些学佛人，非要在正月初一到佛教寺院烧头一炷香，其实每一个人心目中的佛就是他心目中的头一炷香。佛教禅宗说"日日是好日"，修行之人把每一天都作为好日子生活、工作、学习，自然，每一周、每一月，每一年，乃至人的一生都是好日子，都充满欢喜心。再者，我们大家想一想，每一个国家由于地理位置不同，自然时间不一样，有的相差几个小时，所以，我们究竟是以什么时间来烧香，全看自己的内心不要把外在的形式看得太重。心有则有，心无则无，修佛之人，以古德的教诲"平常心是道"为理念，首先

香炉

要把自己的心调整好，人生就会充满快乐。这样，每一天都如同大年初一，日日是好日。

一　烧香礼佛的真实意义是什么？

佛教寺院是佛教信众积德行善、修慧续命的清净场所，通常在寺院供奉的佛祖为释迦牟尼佛（śākamuni，约公元前566—前486年）。佛教的历史首先要提到佛祖，他诞生于古代印度迦毗罗卫国，出家后，经过六年苦心修行，又在菩提树下坐禅静悟，即发现了缘起法真理，后释迦牟尼佛弘扬佛法四十五年。

释迦牟尼佛留下的遗教就是今天的佛法，是他大彻大悟的真谛，具体来说即四圣谛，"苦、集、灭、道"：知苦、断集、证灭、修道。"苦"来自生死轮回，是因愚昧造业所产生的果报；"集"的意思是业力和愚痴，它们是"苦"的真正原因；所谓"灭"是前面所说的苦与集的完全消失；"道"是达成"灭"的正道。正道又称八正道，即（1）正见，（2）正思惟，（3）正语，（4）正业，（5）正命，（6）正精进，（7）正念，（8）正定。

烧香礼佛的真正意义在于表达对释尊的尊敬、感激与怀念，去染成净，认识自我，感恩他人，奉献社会，祈愿离苦得乐的人生。如此而行，自然积福增慧，心想事成，成就善业，圆满福德资粮和智慧资粮。

二　供养佛、菩萨一定要烧香吗？

不一定。供养佛、菩萨方法很多，通常用鲜花（表因）和水果（表果），如果条件不具备，仅供一杯清水（表清净平等）也行。

三　烧香的含义是什么？

第一，表示虔诚恭敬供养诸佛、诸菩萨、众僧的功德。

第二，表示传递信息于虚空法界，祈请发心十方诸佛、诸菩萨、众僧的加持。

第三，表示燃烧清净香，普香十方，提醒佛门弟子无私奉献。

第四，表示点燃了自己内心的戒定真香，含有默誓"勤修戒、定、慧，断除贪、嗔、痴"意，佛并不嗜好世间大香贵香，但却喜欢佛弟子的戒定真香。

四　烧香求财可以得到吗？

就看求财的动机，利益众生拔苦与乐是可以的，利己就不可以了。佛经上讲："佛氏门中，有求必应。"关键要懂得其中道理，求财要如理如法去求。燃香成灰是表示无私的奉献，即佛门所说的"布施"。这启示我们：众生求财求福，先要舍财种福。布施是因，得财富是果。舍是因，得是果，舍得不二。所以，一个人的福报主要是自己来修，佛菩萨圣僧指点修持者施舍的功德。佛门常讲："命由己造，福由己求。"烧大香就发大财吗？这纯属"以凡夫之心，度诸佛之腹"。大彻大悟、大慈大悲的诸佛菩萨，又怎会像凡夫众生一样，去在看你大香小香而分别赐富呢？当然不会。

五　有人一定要烧香怎么办？

寺院是公共活动场所，一般会限制烧超长超大尺寸的香，加上节假日人流量多，烧大香稍有不慎就会灼伤他人；浓烟滚滚，不利环保，也易引起火患，如此，求福不成，反造无边罪业。

六　烧香礼佛应当许什么样的愿？

烧香礼佛时应当心地清净，一尘不染，获福无边。若要许愿，当放弃自私自利，损人利己的念头，发利益社会、利益众生之大心愿，则功德无量。佛经上讲"礼佛一拜，灭罪河沙；念佛一声，福增无量"这即是以心作佛以心礼佛的道理。

七　礼拜佛菩萨，上几支香为宜？

烧香时应以上三炷香为宜。以此表示"戒、定、慧"三无漏学；也表示以自己的"身、口、意"来供养诸佛、诸菩萨、众僧的"身、语、意"三大功德。如此为最圆满且文明的烧香供养。上香不在多少，贵在心诚，所谓"烧三炷文明香，敬一片真诚心"。

信众春节时在雍和宫礼佛

八 寺院里供奉的佛菩萨很多，给每个佛、菩萨都要烧三支香吗？

不一定。一般在寺院的一个大殿前上三炷香就行了，其他各殿合掌礼拜，效果是一样的。当然，也可以按照寺院的规定，根据寺院香炉分布的情况自行决定，但每个香炉中不超过三炷香为宜。《普贤菩萨行愿品》说："普贤行愿威神力，普现一切如来前；一身复现刹尘身，一一遍礼刹尘佛。于一尘中尘数佛，各处菩萨众会中；无尽法界尘亦然，深信诸佛皆充满。"这说明诸佛菩萨无处不在的道理。

九 把点燃的香拿在手上拜佛正确吗？

这种作法不正确。把香点燃后应插在香炉中，心中默念佛号或真言咒语：供养佛，觉而不迷，供养法，正而不邪；供养僧，净而不染。应对佛像，肃立合掌，恭敬礼佛。现在有人将一把香点燃以后拿在手上拜佛，既可能引起火患，烧伤他人或自己，也容易烧坏拜垫和器物，更造成浓烟滚滚，污染环境，危害健康，实在是不文明不如法。

峨嵋山普贤菩萨

要知道，诸佛诸菩萨众僧是没有分别心的，平等善待饶益一切众生。何以故，菩萨若随顺众生，则为随顺供养诸佛。若于众生尊重承事则为尊重承事如来。若令众生生欢喜者，则令一切如来欢喜。何以故，诸佛如来，以大慈大悲的菩提心为行愿无尽，给予有缘众生拔苦与乐，让众生离苦得乐成就菩提心，究竟成正觉等。

真正懂得佛法的人应该知道礼佛烧香是一种供养，是人与佛、菩萨的一种沟通方式，是集聚福德资粮、净除宿业、魔障的一种方法。佛教讲一切由心造，外在的形式是为了表达内心的状态，对内心表达就有了燃香供佛之举。所以我们提倡敬佛、菩萨，燃香要短小、精致、环保、文明的三炷香为宜。敬佛贵在我们的一片赤诚心，不在乎烧多少香、多高的香。三炷香代表修持者的身、口、意敬献给佛、法、僧三宝，更加坚定信心修学戒、定、慧三学，铲除贪、嗔、痴三毒，转换成喜舍、慈悲、智慧三功德；再有，礼佛还有很多种方式，可以敬献鲜花、供果、吉祥灯（油灯、蜡烛灯），鲜花代表我们来生更加美丽、漂亮，吉祥灯代表着光明与智慧。所以我们怀着一颗"平常心是道"的心态，以慈悲心、菩提心去敬佛、礼佛，不论供奉什么，其结果应该都是圆满吉祥的。

第四节　蒙古族地区佛教寺院的门票话题

我认为佛教寺院卖门票，不在于门票收入问题，主要看佛教寺院本身卖门票的动机。中国改革开放的功勋人物邓小平提出，要"建设中国特色的社会主义国家"的理念。中国的国情与世界诸国的国情不一样，中国的佛教建设也和世界诸国和其他地区的佛教建设有所不同。任何事情都有一段过渡时期，才能有大发展。佛教寺院卖不卖门票的问题，我认为从实际情况来分析决定。

以大城市北京雍和宫和承德普宁寺来讲，每天来参观或参拜的有几千人，甚至上万人，所以他们的管理模式是卖门票。（一）卖门票可以解决本地区就职问题，体现佛教的入世精神，帮助政府和社会解决就业问题，这也是佛教对社会的关心。（二）来佛教寺院的不一定都是佛教徒，有人只是以一般的游客参观而已，所以可以售门票。（三）真正有信仰的佛教徒（有皈依证的更好），就不应该出售门票了，因为他们是佛教徒，而且他们有不同程度供养给佛教寺院的布施，应该比门票钱还要多，对佛教徒来讲，不是门票钱多少的问题，而是佛教寺院对他们信仰佛教的态度问题。对他们而言，信仰佛教是不能用门票来买的。

有的小寺院卖门票或不卖门票都没有什么区别，寺院里不来游客只来佛教徒，卖门票反而带来坏影响，而且有的佛教寺院自身建设都做不到，怎么能有能力帮助社会解决一部分就业问题。佛教是讲中道思想的，就是说，不能取绝对的常见，也不能取绝对的断见。藏传佛教衮唐桑活佛著的《弘扬格鲁真实义祈愿文》中说："了脱常断清净见，断除昏沉清净修；如佛法理清净行，善慧教法愿兴隆。"讲述了破除极端主义的做法。佛教讲

"应机说法、因人施教"道理的学说，对社会、对人民大众（包括一切众生），乃至对自然有利益的事情都应该努力去做，这样更体现佛教的博大精深，包容一切，善待一切的宽容救世的思想理念。日本佛教的寺院也有出售门票来帮助社会就业问题，如京都的东寺、清水寺、奈良的东大寺等大的佛教寺院都出售门票，但是不管任何国家和地区的僧侣一律不收门票。

已故北京大学佛学研究巨匠季羡林老先生在《季羡林谈佛》中论述说：在世界上所有的国家中，解决宗教需要与生产力发展之间的矛盾最成功的国家是日本。他们把佛的一些清规戒律加以改造，以适应社会生产力的发展，结果既满足了宗教需要，又促进了生产力的发展，成为世界上的科技大国。

在中共十六届六中全会上通过的《中共中央关于构建社会主义和谐社会若干重大问题的决定》明确指出："发挥宗教在促进社会和谐方面的积极作用。"全国政协常委、国家宗教局局长叶小文先生说："社会主义中国的宗教，应该是积极力量，是和谐因素。我们要把广大信教和不信教的群众团结起来，把他们的意志和力量，都凝聚到建设小康社会、构建和谐社会、实现民族复兴的共同事业上来。为构建和谐社会，为祖国和平统一，为世界和平发展，为天下太平，人类幸福，做出应有的贡献。"

综上所述，说明一个道理，只有国家繁荣富强兴盛了，每个人才有条件有环境信仰你所信仰的宗教，反之，宗教也应为国家、为民族、为构建和谐社会做出应有的贡献。

第五节　佛教僧侣办理养老保险、社保基金的意义

众所周知，佛教是平等的宗教，而且，释迦牟尼佛说的已经非常清楚了，只要人（包括一切众生）生活在这个娑婆世界，不管是谁都摆脱不了生老病死的痛苦，乃至怨憎会苦、爱别离苦、求不得苦、五盛阴苦的八苦。古德也说过"佛法在世间，不离世间觉；离世求菩提，犹如觅兔角"。而且，现在我国也提出"以人为本"（与佛教界提出的人间佛教是一致）的和谐社会，人都做不好，那怎能谈得上成佛，"人成则佛成"。佛以及各宗派的祖师们没有说过，出家就断尽一切烦恼，就不会得任何疾病，出家

皈依佛门成为僧侣，佛教四众弟子的僧团之一，如果利用好佛教寺院这个好环境，是非常殊胜的，但不如法如理修持，则将成为反面四种邪气（俗气、阔气、官气、霸气）的危险也是不可避免的。如果僧侣确实以戒为师、以法为师度过每一天、每一个月、每一年直至一生的话，难行能行，难学能学，也许不会生病，但是那只能是局限于修行有成就的高僧大德而言，一般的僧俗是难以达到的。一般的僧俗是很难守住身口意三业，如果人确实一生能守住身口意三业的话，那可真的达到"即身成佛"的果位。那就符合宗喀巴大师在《菩提道次第广论》里开示的修持次第，"不行难行业，不获难得果"的道理。

　　佛教是宽容包容的宗教，国家宪法也规定信仰自由，谁也肯定不了出了家，他（她）就不还俗了。佛教界也应该为佛教自身和社会培养两用人才而考虑，这样更能体现佛教的慈悲喜舍的宽容包容的精神。即使从佛教寺院还俗不要成为社会的渣子，要培养他们成为社会有用之才。说白了佛教不能做自了汉，只顾面子，不考虑平民百姓，先让老百姓感觉到体会到佛教的宽宏大量的包容心，真正的佛教，会自然而然会主动关心社会，不只培养佛教自身的人才，还会想到为社会培养优秀人才的，这已经在有些国家与地区进行多年了。如日本、韩国和我国台湾以及香港等地区的佛教界高僧大德已经认识到这一点，他们已经像菩萨一样主动为社会和人民大众的利益精进于普度众生的菩萨道上，为社会各界培养了方方面面的优秀人才。现在是信息时代，大家都有目共睹。真正的佛教高僧大德，不会考虑自己的面子，像地藏菩萨一样拥有"我不入地狱谁入地狱"的包容心、勇敢心，站在人民大众的立场上，去解决他们的问题。

　　最主要的还是佛教的自身建设问题，佛教内部自身建设的好坏直接影响佛教徒和社会人群，如果信仰坚定的佛教僧俗，他不会只考虑自己的利益问题，他会首先考虑人民大众的利益问题，诸佛、诸菩萨他们的本愿宏愿的实现根本就没有考虑到自己的利益，但是，他们为何就能够离苦得乐，最主要的还是诸佛、诸菩萨是以心做事，不是搞形式主义的缘故吧，有那种"自未得度先度他"的慈悲心，那种"先天下之忧而忧，后天下之乐而乐"的大无畏精神的菩萨心肠。所以说，佛教界也理应面对现实，对自己的佛教负责，对社会负责，对众生负责。人一进入佛门，出了家，就成圣人，这种想法是不对的，佛已经给众生讲过了胜义谛和世俗谛两个方面的修持道理，以及显宗多生成佛，密宗即身成佛的见解，佛教有八万四千法门，全仗众生选择那一法门，而且是和那一法门适合你来修持是关键的问题所在。释尊开示说："住戒有慧人，修习心与慧；有勤智比丘，彼当解此结。"

综上所述，有条件的佛教寺院，依照社会的发展，充分利用我国社会主义社会的优越性，积极适应国家提出的以人为本的和谐理念，继承和发挥佛教界古德提出的人成则佛成的道理。现在，我国形势一片大好，宗教政策也越来越好，如果我们出生在贫穷落后的国家，连吃饱问题都解决不了，那将如何还能谈得上"养老保险"、"社保基金"的加入一说呢！宗教界在寺院修行的僧侣参加各种保险，这是我国社会主义宗教政策和法制健全的具体体现。佛教也随着我国各方面的大发展而发展，面对着前所未有的一个太平盛世，一个走向小康的和谐社会，也应该有新的理念，新的生命力，发挥人间佛教的先成人后成佛的理念。

第六节　佛化婚姻将成为引导人们趣入佛法的方便法门

可以这么说，最初男女双方结婚的初始，都是抱着有缘结合在一起，两人携手并肩，希冀一生过上幸福美满的生活。如果双方都是佛教信士，心中会更明确，他们知道佛教止恶行善，作为佛教修持者，就应以"自未得度先度他"的菩萨行者来约束自己的一言一行，处处为对方、为他人的利益而去着想的。

结婚后，应该是每天给对方做一些有利益的事情，让对方过得幸福美满，佛教的人生态度是："一日一善，一日不做，一日不食。"这种人生态度可以带到每一个家庭，并努力成为现实，何乐而不为呢？我们要切记，结婚后不要有这样的观念：让对方服服帖帖，为你必须做什么或不做什么。我们要知道，佛教修行的第一步并不是从对方得到什么，而是要向对方奉献，要持这样的修持态度。佛教修行六度的第一度就是从布施开始的，就是说，要向对方给予精神和物质（法布施、财布施、慈悲布施、无畏布施）以满足对方的需要。藏文《心经》中说，把"一切敌人都成为慈悲心，都成为自己的朋友"，既然是终生的伴侣，那就更应该处处关心对方，不要把自己最亲密的人变成敌人，如若这样，学佛就没有任何意义了。

　　佛教界提出，"为父为母有情愿成佛"的宏愿，"一切众生（人民大众和自然界的生命）是我的幸福田"。对待一切众生，像对待自己今世的父母、兄弟、姐妹一样，去关心，去帮助，是佛教信士积累福德资粮的机缘。既然有缘人请求在佛教寺院举行婚礼，那就以善待众生的菩提心来成就其心愿。这样，诸佛、菩萨也会加持护佑他们的人生旅途幸福美满。

　　佛教寺院对佛教信士来说是清净的修行道场，佛、法、僧三宝常驻的殊胜的圣地，是心中清净的有福德资粮、智慧资粮的幸福田。在这样一个殊胜的清净道场举行婚礼，有缘能够面对佛、法、僧三宝庄严宣誓，没有皈依的从此皈依佛门三宝，已皈依佛门的长养自己的菩提心，按照佛教的清规戒律在人生生涯中履行两个人的誓言。信仰坚定的佛教信士，不会在三宝前宣誓之后，违背誓言，因为他们相信因果关系：善有善报，恶有恶报的结果，"要知过去因，现在受者是，要知未来果，现在造者是"的道理。佛教界的高僧大德呼吁"发扬佛教优良传统，提倡人间佛教，启迪智慧，净化心灵"，以入世精神来利益有缘众生。佛教讲当下，有缘人来佛教寺院皈依佛门，举行婚礼，是非常殊胜的因缘，以佛教寺院的殊胜平台，来应机教化众生趣入无上菩提道。日本佛教曹洞宗开祖道元禅师说："初使自己同于他，后则使他同于自己"（《正法眼藏——四摄法卷》）以这一方便法门来引导众生离苦得乐，这是个机缘。

　　而两人婚后要达到和睦相处、达到家庭和谐，就要从学习修持佛教的四无量心开始，即"愿诸有情具足安乐及安乐因，愿诸有情永离苦恼及苦恼因；愿诸有情永不离失无苦恼之乐，愿诸有情远离爱恶亲疏住平等舍"。祈愿包括我和所有的一切众生，离苦得乐，在佛教里叫发菩提心。发菩提心是怎么样的心呢？是觉悟的心，"心净则国土净，心安则众生安，心平则天下平"，是说让我们自己和别人都去觉悟，脱离烦恼痛苦。达到究竟幸福法喜的美好境界。

　　正因为佛教寺院是清净的道场，所以，正确引导新婚的人们以佛教界提出的生存求解脱的八要素（八正道）要求自己，即（1）正见，（2）正思惟，（3）正语，（4）正业，（5）正命，（6）正精进，（7）正念，（8）正定，这是正确的人生观。让新婚的人们以佛教慈悲、宽容、包容的心和智慧的抉择去开启心智，以得到正确的处事方法，止恶行善、利人利己。我们要知道人身难得，五根难具，生命短暂如泡影，业报不虚。要长养坚定的菩提心，勿失良机，不虚度年华，坚持"一日不善，一日不做、一日不食"的高尚人生观。把贪念的心态转化成为喜舍的心态，把嗔恚的心态转化成为慈悲的心态，把愚痴的心态转化成为智慧的心态，以使我们的人生充实，使婚姻美满幸福。

《吉祥经》云："若能孝敬父与母，定然妻慈子又孝，无有恶报心泰然，此真所谓胜吉祥。"以此教言来祝福所有有缘结为夫妇的人们！家庭和谐幸福、六时吉祥！

第七节　大威德金刚坛城

大威德怖畏金刚，梵语称"雅曼达嘎"（Yamāntaka 閻曼德迦），汉译"大威德金刚"，亦称"怖畏金刚"，是藏传佛教密乘无上瑜伽部本尊之一，系藏传教格鲁派（dge lugs pa 意为善规派）创始人宗喀巴（tSoṅ kha pa blo po bzaṅ grags pa 1357—1419 善慧称）大师所传。"大威德金刚"是文殊师利菩萨（manjuśrī bodhisattva，通称：文殊菩萨）的愤怒之相，有伏恶之势，谓之大威；有护善之功，谓之大德，为调伏难调众生示现大威德愤怒恐怖之相，以降魔消灾，和智慧之力摧破烦恼业障，使众生从"无明"中解脱出来，表示其有断除诸障、调伏怨敌的功德。蒙藏地区佛教僧俗多修此法，格鲁派尤为重视。

大威德金刚本尊是显恐怖相，身黑蓝色，其形裸体，九面三十四臂十六足右屈左伸、卷舌、獠牙、露齿、戚额、赤发上冲、须眉似火、五骷髅为冠、五十滴血人头为颈饰、黑蛇络腋、并以骨饰等为庄严。

九面相者，正为面黑蓝，水牛面并有二锐角，各面具愤怒相，九面各具三目。

三十四臂，诸手皆持法器，前抱佛母之二手，右执钺刀，左持盈血颅骨，最上二手执象皮披风，余手持各种法器。

十六足，右八脚踩人及走兽，左八脚踩鹫等飞禽，足下分别踏帝释等诸天，象征八自在，八成就。

佛母名金刚起尸母，蓝色、一面二臂、右执钺刀、左捧盈血颅器，骨饰庄严，与佛父双运于炽焰烈火之中，卓然而住。

九面相者表佛教九部契经，二角者表二谛，三十四手及身语意表三十七道品，十六足表十六空性，二手抱明妃者表大乐（悲智双运），足踏物右为八成就，左为八自在清净，裸体者表无覆随（脱离尘垢盖障），赤发

雍和宫图布丹法师主法火供仪式

上冲者表般若涅槃果位，而后面的火焰背光表示教令法界，降伏邪恶意，总义为三十七道品，彻悟十六空性，空乐无有差别，成就殊胜共与不共两种悉地，障碍消尽，自得大涅槃。

由于大威德金刚本尊威德极大，能制伏毒龙，断除诸障，对治阎罗死神与部多起尸等诸魔障，是无上瑜伽密父续部，即身成就的主尊。

综上所述，大威德怖畏金刚本尊的修行法总览了佛教以相表理的全部。佛法浩如烟海，博大精深，佛教虽说解脱的途径有八万四千法门，但是佛教的中心在于缘起法（缘起有、自性空的道理），而且宣说的是"对机说法"的方便法门。佛经有这样一句话"暇身难得，五根难具，佛法难闻，功德上师难遇"。对于每一个人包括众生来讲，这一生能与佛法相遇就是一种缘分，不管修那一门法（密乘讲本尊），都可称是有缘分，尤其蒙藏佛教特别讲到与密乘有缘之人，为其一生殊胜的福报。《开胜道门诵》云："通常修行至器时，与乘中尊金刚乘；善分众生胜渡口，加持令皈易无难。"而且本着与有缘的本尊如法如理去修行，善发菩提心者，今生会幸福圆满，再加上上师的不断教导，在三宝的加持下成就"即身成佛"的殊胜果位是能够实现的。就密乘来讲，要求修行者也是"即身成佛"的金刚持果位。

坛城，蒙古语称"曼达"，梵语称"曼荼罗"（māṇḍāra），是密乘本尊及其眷众集聚的菩提道场，也可解释为佛教理想的净土世界。坛城的做法有两种表现方式：一种是用唐喀画出来的平面图，另一种是用金银等材料制作的立体坛城。雍和宫大威德金刚坛城大法会上的坛城是以各色矿物质颜料粉漏制而成。

大威德坛城大法会的大意是僧众通过诵经仪轨迎请大威德金刚降临坛城，以威猛的姿态，慑服一切魔障，使众生离苦得乐，福慧双增。

举办大威德坛城法会以《无上瑜伽部大威德金刚十三尊成就仪轨》（dpal rdo rje hjygs byed lha bcu gsum maḥi choga bshugs so）来承办，北京雍和宫安排在国庆节前举行，正是从佛教的"庄严国土，利乐有情"的大愿精神出发，为的是祈祷世界和平，国泰民安，人民幸福安康。

雍和宫大威德金刚坛城法会上的坛城是以各色矿物质颜料粉漏制而成的，在法会前七日，僧人们即开始投入制作坛城的准备工作。首先，僧人们先将上一年制作的坛城刮平，将颜料粉请出，通过诵经，由众僧和佛乐队护送至牌楼院，倒至水井内。倒掉上一年的坛城，体现了佛教"三法印"中"诸行无常"的理论，经"成、住、坏、空"，重新开始，同时，寓意将坛城送给水中的龙王，因为，宝物多从水中现出，倒至水井中的旧坛城颜料粉，通过时日现为摩尼宝。旧时，倾倒坛城颜料粉是在当年法会过后，即刻进行这一仪式，而现在雍和宫担负着宗教活动场所和旅游开放景点的双重功能，为了展示藏传佛教博大精深的文化，让到这里游览的中外客人都能看到制作精美的粉彩颗粒坛城，故法会过后，将坛城置于法轮殿内展示，倾倒坛城的仪式延至第二年法会之前。

制作坛城的过程均有严格的仪轨，制作时要洒水、漱口、沐手，并在制坛城的底板上绘好白描图样。之后，僧人们将色粉装入尺余长铜管内，管端有一小孔，四名有此技艺的僧人一手持铜管，另一手以金属棒刮铜管上的棱儿，通过均匀的振动将色粉漏下来，用色粉逐渐组成高约一厘米，面积四平方米的坛城，其图案色泽丰富艳丽，结构井然有序。此坛城外围为尸陀林、塔、山、水、火和修行者等，均为八个，守护着内坛；二圈为绿、橘黄、蓝、红颜色，呈火焰状，为生物界，表示般若烈焰守护轮；火焰之内为金刚杵围绕，表示法界，以镇一切邪恶，再为莲瓣，表示清净无染；内为方城，蓝色为金刚部，白色为佛部，黄色为宝生部，红色为莲花部，绿色为羯磨部。中央成井字形，中为金刚部大威德，前方（东）佛部大威德，右为边（南）宝生部大威德，后方（西）毗卢遮那大威德，左手边（北）为事业成就大威德所就之位。

上方虚空分有三族，中为金刚持与大威德传承祖师；右为观世音、文殊、金刚手等三尊；左为释迦牟尼佛与绿度母、白度母。

下方为护法众，如六臂护法、四臂护法、吉祥天母、阎魔护法。

在大威德金刚坛城法会开始的前一天晚上，全体僧人要去法轮殿诵经。

第一日清晨，全体僧人诵经，以迎请大威德金刚下界，至坛城之内，以其威猛的姿态，慑服一切魔障，使众生离苦得乐，福慧双增。后面几日均为诵经，至 9 月 30 日下午，依藏传佛教仪轨，在万福阁院内举行大威德金刚法门的息灾护摩法会，即烧施仪式。此仪式藏语称金丝贺，蒙古语称嘎拉满德勒，俗称火供或火祭，即将各种谷物、薪木和花果通过诵经加持后，在火坛焚烧，以作供养。

火供仪式所用十三种谷物

这项仪式由雍和宫住持嘉木扬·图布丹亲自主法。这天，但见地面上置一用白灰砌成的圆台，台后置梵文木牌，此梵文音译为"巴木斯"，喻雪山之意，主水，故置于火前，火喻般若智慧之火，以焚烧迷心。圆台北侧置一条案，上供十三盘谷物与薪木，依次为：（1）浆树枝，以其之力达到威德圆满，息灭一切障碍。（2）酥油，以其之力达到富裕圆满。（3）芝麻，以其之力灭除一切中断和恶患。（4）白芥草，以其之力求长寿。（5）大米，以其之力使福德增长，息灭障碍。（6）奶酪，以其之力得胜乐，息灭一切魔障。（7）吉祥草，以其之力得护佑。（8）白芥子，以其之力驱魔障。（9）大麦，以其之力获丰收、吉祥。（10）青稞，以其之力达迅捷、力量、圆满。（11）豌豆，以其之力获力量、求吉祥。（12）小麦，以其之力祛病魔、求吉祥。（13）以鲜牛奶，酸牛奶，生、熟大米，白面，檀香等和在一起制成的面团，以其之力达大吉祥、大成就。

这十三种谷物，总意为：向大威德金刚诸尊做供养。

罗布桑·散木丹住持主法火供仪式

下午二时许，住持及众僧头戴五佛冠，身披袈裟，肩披如意云肩入法场，住持坐西朝东，任火坛坛主，其身旁置一案，上有奔巴壶、嘎巴拉碗及米盒等法物，众僧则在北面分两排席地成半跏趺坐。此时，但见住持双手舞动铃杵，众僧随之摇铃。这里，杵表阳，象征支配轮回或世间生活的权力；钟表阴，以其声惊觉诸尊。铃杵共舞，阴阳和合，可在僧众心中化成一种深切的敬仰之情。

　　随着阵阵铃声，经声渐起。和着经声，住持将柴草点燃，火苗腾起。这时，他将侍僧递给他的各种谷物轻松自如地徐徐投入火中，将谷物供养给大威德金刚诸尊，以迎吉纳祥。此时经声、铃声不断，香烟袅袅，炉火正红，谷香、酥油香弥漫在空中。当夕阳西下之时，住持与众僧又至法轮殿内，齐诵《度母经》、《吉祥经》等经文，祈愿人民幸福，国家富强。

第 十 章

阿葛旺丹达尔等大德的佛学思想

第一节　阿葛旺丹达尔和（日本）前田惠学的佛学思想研究

阿葛旺丹达尔拉隆巴（拉隆巴：藏语是指在拉萨的佛学博士之意），蒙古族，是活跃在清朝的蒙藏佛教著名学者高僧，在国内外学者均有高度评价，认为他是蒙藏文中的大语法家、宗教哲学家、文学理论家、语言学家、诗人和超越印度班弟达（智者）的译师。

前田惠学博士是日本佛教界的泰斗，对日本国文化以及亚洲佛教文化有功劳的人士，世界上名列前茅的佛学家、佛教文化人类学家。在他的著作中总结了佛教的过去，研究分析了现今佛教发展的方法论。前田惠学一生的学术成果以及他的佛学思想均收录在《前田惠学集》中（全七卷，别二卷），此专著由日本山喜房佛书林出版发行。

中国与日本是友好邻邦，从隋唐时期开始两国就开始进行交流活动，并且是以佛教文化交流为开端的。今后，中日交流不仅应体现在经济贸易方面，更要体现在文化方面，因为文化方面的交流是人与人之间心灵的沟通与交往，是"心"的交流，即精神方面通融。应该说，物质方面和精神方面的交流要齐头并进，才是中日完美的友好交流，也将为世界和平、人类文明的发展起到积极的促进作用。赵朴初居士认为：在中日韩三国友好交流中，有一条源远流长，至今还闪闪发光的纽带，那就是我们共同信仰的佛教，被誉为"黄金纽带"，他还说："黄金，至为坚固，至为宝贵。"

　　阿葛旺丹达尔是一位致力于蒙藏民族文化事业发展的先驱，他对于蒙藏民族文化的发展所作出的贡献和起到的积极作用是举世公认的。前苏联学者叶·符拉基米尔佐夫和蒙古国大文豪、大学者策·达木丁苏荣等都曾对其有过极高的评价。策·达木丁苏荣还撰著题为《阿拉善阿旺丹达尔拉隆巴》的学术论文，全面地评价过他。另外，还有很多国际国内学者专门以阿旺丹达尔生平及其著作为命题开展学术研究，且在国内外学术刊物上发表。（由内蒙古自治区阿拉善盟政协朝格图主编《阿旺丹达尔研究论文集》，内蒙古文化出版社出版，1999年，为阿旺丹达尔研究丛书之一，该书收录了国内外31名学者的阿旺丹达尔专题研究论文。）学者们认为，阿旺丹达尔主张以世道治理社会，以人道管理民众，专心研究当时的社会人情世故及民族语言文学。他的著作包括语言、文学、哲学、辞学、箴言、评论、翻译和古籍诠释等，都具有很高的思想性和艺术性。

　　在阿葛旺丹达尔生活的年代，蒙、藏语法尚不规范，也不系统化。针对这一情况，他撰写《详解蒙文文法通讲》和《智者语饰——藏文字词概述》，并以上述著作名扬海内外，引起蒙藏语法研究界的高度评价。阿葛旺丹达尔晚年之作有：清道光八年（1828年），北京崇嵩寺木刻出版的《皓月辉映词典》（蒙藏词典），清道光十年（1830年），72岁的阿葛旺丹达尔用蒙藏两文著述的训诫长诗《人伦教戒喜宴》，还有一部力作是1838年（道光十八年）木刻出版的《千日光明词典》（蒙藏词典）。阿葛旺丹达尔的一生，用蒙藏两种文字著述了40余部著作，并被收入《阿葛旺丹达尔拉隆巴全集》，在清代，由塔尔寺印经院木刻出版。

　　日本著名佛学家前田惠学博士于2010年10月31日往生极乐净土。前田惠学博士是我（嘉木扬·凯朝）留学日本爱知学院大学院就读硕士博士期间的导师，对我们学子不仅在学术上给予全面指导，而且在生活上也给予了极大的资助。依照佛教思想来讲，前田惠学博士把自己的福德资粮和智慧资粮都施给与他有缘的人们。我获得博士学位（2001年）之后，前田惠学博士希望我早日回国报效自己的国家，希望为中日文化交流起到穿针引线的作用。自2002年起，前田惠学博士多次邀请我所科研人员访日，2002年10月，受日本同朋大学佛教文化研究所和爱知县佛教会共同邀请，以中国社会科学院世界宗教研究所所长卓新平为团长的"中国社会科学院访日文化交流团"（社科院宗教所4人、雍和宫4人、中国藏语系高级佛学院1人共9人组团）赴日参观访问。王志远博士在同朋大学作了"中国佛教的回顾与展望"的演讲，刊于日本《同朋大学佛教文化研究所纪要》（第23号，2003年3月）。何劲松博士在爱知学院大学作了"禅意与书画艺术"的演讲，中国藏语系高级佛学院曹志强副院长在日本真言宗别格本山大须观音宝生院作了"藏传佛教"的演讲，又在日本日泰寺由"中国社会科学院访日文化交流团"与日本民间团体举办了颇具规模的交流活动，中国学者和官员平易近人的风格赢得日本民众的好评。交流参观团还参访了日本净土宗大本山光明寺、净土真宗大谷派东本愿寺和前田速念寺等佛教相关大学以及寺院。日本新闻媒体分别刊登在日本《中外日报社》、《中日新闻社》、同朋大学学报、爱知学院大学学报等刊物上，得到日本学术界和学生们的关注。在日期间，前田博士热情接待了大家，他的慈悲喜舍、宽容大量、平等待人的利他精神永远留在我们的心中。前田惠学博士是世界著名的佛学家，公认的世界佛教领袖之一，为中日佛教、世界佛教的交流作出了巨大的贡献。他热爱和平，反对暴力。我想，大家如若都像前田博士那样，以"先天下之忧而忧，后天下之乐而乐"的精神身体力行、奉献社会，人间将会呈现出和谐、吉祥、美丽乐园。前田博士经常教导后学："修持佛学不是取而是舍，不做利他行则无法成佛。"

　　我跟随前田惠学博士去过很多地方，亲耳聆听过许多佛学和其他学科的知识讲座，博士都让我记录下。大家知道：释尊在世说法时，都是佛的大弟子阿难等以心记的方法记录了释尊的言教教诲，并得以流传至今。所以佛经都是以"如是我闻"开始的，意为"我是这样听释尊教导的"。现代社会发展了，人的记忆力在减退，我们要与时俱进，于是我用现代的记录方法，录制了前田惠学博士讲经说法开示的内容。

笔者与前田博士

　　我在日本留学研习佛学十余年，前田惠学博士一贯教导我们研究现代佛教必须要注重两种方法，（一）在文献研究的基础上，（二）必须要进行田野调查才能了解佛教的真实样态。把高僧大德的讲经说法记录下来，把民众的信仰状况记录下来，这样才能体现佛教的博大精深，体现"教义佛教"（涅槃为目标，教义佛教 Doctrinal Buddhism）和"民众佛教"（业和轮回的信奉，民众佛教 Popular Buddhism）、信仰佛教和上座佛教的情况——洞窟修行僧和在家信徒的区别。对于每一个人包括众生而言，这一生能与佛法和学识渊博品德高尚的老师相遇就是一种缘分，所以，我有责任将每次讲课开示的言语整理分享给有缘的众生，也是我知恩、报恩、感恩的妙好机会。而且像前田惠学博士这样精通佛法和世间法的学者高僧在现今实为稀有。前田惠学博士曾经访问过世界各国，深得世界学术界和佛教界信众的赞扬和爱戴。

前田惠学博士大正 15 年（1926 年）生于日本名古屋市速念寺，昭和 37 年（1962 年）获得日本东京大学文学博士学位，曾担任过东京大学助手、同朋大学讲师、东海学园女子短期大学教授、加拿大多伦多大学客座教授、爱知学院大学教授、同人间文化研究所初任所长、文学部长、大学院文学研究科长、日本学术会议会员等，创立日本巴利学佛教文化学会，初任会长，该学会成立于 1977 年，宗旨是为研究巴利学佛教文化学的研究人员提供相互理解、相互协助的平台。设立"前田基金"用于田野调查和邀请海外学者进行学术演讲，学术成果刊登于《巴利

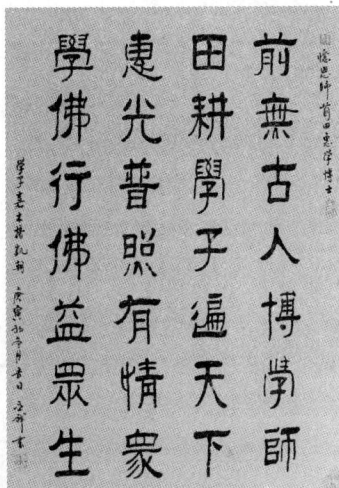

笔者作诗忆前田老师

学佛教文化学研究》年刊上。我所郑筱筠研究员曾应邀两次参加了"巴利学佛教文化学学术大会"并发表了"中国云南省上座佛教的民族特征"（刊登于《巴利学佛教文化学研究》第 21 号，2007 年）和"中国南传佛教信仰地区泼水节的区域性特征"（刊登于《巴利学佛教文化学研究》第 22 号，2008 年）；我本人也先后发表了"文化大革命后的蒙古族地区佛教的状况——以北京市雍和宫和承德市普宁寺为中心"（刊登于《巴利学佛教文化学研究》第 16 号、2003 年）、"蒙古地区的净土思想"（刊登于《巴利学佛教文化学研究》第 17 号、2004 年）、"蒙古族地区佛教寺院的早课研究"（刊登于《日本巴利学佛教文化学》第 20 号，2006 年），2009

年 5 月，在日本高野大学举办的第 23 次巴利学佛教文化学学术研讨会上发表了《云南省佛教现状》一文。

前田惠学博士认为，研究佛教必须首先了解原始佛教，了解原始佛教，必须要了解与研究当初释迦牟尼佛所讲的法，这样才能够称得上佛教的研究者。前田博士极力强调佛教不是某一个宗派的佛教，或只崇拜各自宗派的始祖，而无视释迦牟尼佛的理论，这样，就不成为佛教。他认为，佛教是宽容、理性、一切众生平等的宗教，若有宗派之见，有民族之见，有国度之见的话，就背离佛教的思想和理念。

前田惠学博士在昭和 41 年（1966 年）著《原始佛教圣典的成立史研究》，获得日本学士院恩赐奖，成为研究原始佛教文献的基本研究书，给佛学研究填补了文献学研究的空白，因而确立了其文献学者的最高地位和最高荣誉。平成元年，编著《现代斯里兰克的上座佛教》等获得日本中日文化奖，斯里兰卡佛教拉满尼派授予的"教光法爱"的称号。平成 10 年（1998年）日本政府授予他"文化功劳者显彰"奖，平成 11 年（1999 年），日本政府授予"勋二等瑞宝章"奖，平成 16 年（2005 年），斯里兰卡国立 rufuna 大学授予名誉博士称号，平成 17 年（2006 年），日本佛教传道协会授予"佛教传道功劳奖"，同年获得印度 korukata 国立 rufuna 大学授予的金牌奖。

丹迥活佛访日与爱知学院大学学长在一起

前田惠学博士曾经访问过世界各国，深得世界学术界和佛教界信众的赞扬和爱戴。近 40 年来，他在研究当代现存世界各地佛教，以身体力行田野调查的研究方法，不仅走遍了斯里兰卡、缅甸、孟加拉、印度、泰国、老挝、新加坡等南传佛教国家，而且走遍从北美到欧洲以及伊斯兰国家的印度尼西亚。这些田野调查的研究成果和方法论收录在《前田惠学集》的第三卷《现代上座佛教的世界》（一）、第四卷《现代上座佛教的世界》（二）、第五卷《佛教中的文学表现之研究》、第六卷《核时代时期的和平与共存》、第七卷《命终时》，以及别卷二《现代斯里兰克的上座佛教》，通过这些业绩他被世界公认为佛教文化人类学者。前田惠学博士研究认为，当今"展开世界之诸地域佛教，大体分二大领域：（一）南方的上座佛教，（二）北方的大乘佛教；不了解不研究这两地区的佛教，就无法了解佛教的全貌"。由此，前田惠学博士在研究"南方的上座佛教"的基础上，又以"北方的大乘佛教"为对象，亲临韩国、中国（包括台湾地区、蒙古族地区）进行了实地调查研究。对中国佛教的田野调查研究成果收录在第二卷《什么是佛教、佛教学应该如何进展》题为"访问北京、河北地区念佛打七"和第七卷《命终时》题为"现代中国的居士佛教与念佛信仰"。1999 年 7 月，我陪同前田惠学教授来我国访问，拜会了中国佛教协会副会长净慧法师，在教务部主任妙华法师的推荐下，特访了北京佛教居士林夏法圣理事长，以及北京雍和宫胡雪峰住持、北京广化寺怡学方丈，了解通教寺等寺院的念佛情况。两国佛教之间对净土念佛进行了热情洋溢的交流。此次访问成果由前田惠学教授在日本《中外日报社》以"关于访问北京、河北念佛打七情况"为题（1999 年 9 月 16、17、18 日）进行连载。

2003 年 11 月，日本巴利学佛教文化学会和日本东海印度学佛教学会（两会均为前田博士兼任学会会长）共同邀请了北京佛教居士林夏法圣理事长参访日本（北京市宗教局季文渊副局长同行）。访问期间，在日本同朋大学分别做了"中国的居士与居士林"、"禅净双修与人间佛教——打禅七与念佛打七"、"净土念佛与临终的关系"的演讲。日本《中外日报社》（2003 年 11 月 27 日）和日本《中日新闻社》（2003 年 12 月 7 日）分别刊登介绍了夏法圣理事长和北京市宗教局季文渊副局长访日演讲的内容。受到日本学术界的关注。林夏法圣理事长的演讲内容"现代中国的居士佛教"以研究报告的形式刊登于日本《同朋大学佛教文化研究所纪要》（第24 号，2004 年 3 月）。

前田惠学博士还与韩国佛教界的关系非常密切，他的夫人前田龙女史，从 49 岁开始学习韩语，翻译出版了《汉日韩净土之读诵经典》（日本法藏馆、昭和 59 年），以韩文翻译了日本净土真宗的《叹异抄》等，收录在第七卷《命终时》，该卷还记载了夫人手记"追记二、母亲的事件——看护十八年"，记述了尊夫人前田龙女史精心照顾前田惠学博士母亲 18 年的感人事迹。前田惠学博士亲临韩国田野调查的研究成果收录在第二卷《什么是佛教、佛教学应该如何进展》题为"通过韩国佛教——思考日本佛教与韩国佛教的关系"、同卷的题为"首次学术大会在首尔举办——佛教学应该如何与时俱进"。平成 14 年（2002 年）7 月，日本印度学佛教学会学术大会在韩国东国大学召开，前田博士代表学会学术界应邀特别演讲，对于日本支配朝鲜半岛带来的痛苦、悲剧表示真诚的谢罪。前田博士经常思考"什么是佛教"，他总结的结论在第二卷《什么是佛教、佛教学应该如何进展》的标题第一页上简洁地记述说："佛教以释尊为开祖，涅槃乃至觉悟和济度最高究竟的价值，乃至它的目的（实现而为目标），在世界各地区展开的综合性的文化体系。"前田博士对有关各种现代社会问题的思考和解答，在他的著作集第六卷《在核时代的和平与共存等》题为"主张佛教的共存思想为世界和平起现实作用"的文中，提出佛教与其他宗教的和谐的可能性。在第七卷《命终时》中收录了题为"藏器移植问题"一文，他作为日本印度学佛教学的检讨委员会的委员长，阐述了其自己的见解。

前田博士的《前田惠学集》从第一卷《如何思考释尊》（的生涯）开始，前田博士说：释尊发现觉悟缘起真理应称佛陀，初转法轮给五比丘讲法开始利他行应称如来。在原始佛教时期，佛弟子虽然觉悟的很多，但他们没有利他行，所以只能达到阿罗汉果，未能成佛，随之，释尊也就没有确立继承人。在第七卷《命终时》针对日本净土真宗进行了如实的分析研究。他在文中指出：要达到亲鸾圣人的教诲立场主要在于"还相回向"，要达到实现"还相回向"，就必须要修持"普贤之菩萨行"，如此，才能入道。他说："在生命持续之下，坚定不移地修持利益众生的菩萨行上，即净土最高的修持法门"，指出亲鸾圣人所说的"恶人正机"的恶人不是别人，而是修行者自己。《释迦牟尼佛赞》中说："一切诸佛兴于世，圣教显明如日光；持教相和如兄弟，愿施正教恒吉祥。"大家想一想，没有我们的父母，哪有我们的今天，父母给了我们无私的养育，父母之爱是世间最纯洁的爱，真诚的爱。所以佛经上说：把一切过去、现在、未来的众生，都看作我们今生的父母，知恩、念恩、报恩、慈爱、大悲、增上意乐（广大的责任心），发菩提心。正如佛教所说的"一切众生是我的幸福田"，前田博士认为：社会上的各行各业的人们都在为我服务，假如没有人民大众，我在这个世界上一天也生存不了。佛教界倡导众缘合和、善待众生、感恩回报社会，以传播佛教文化和所提倡的"诸恶莫做，众善奉行；自净其意，是诸佛教（诸佛的教诲）"的诸佛所强调的理论和实践基

石。人们能否遵循"认识
自我，感恩他人；奉献社
会，从我做起"，放下世俗
的聒噪，感受菩提智慧的
清凉呢。

　　前田博士的一生就是
身体力行实践释迦牟尼佛
教导的一生。他的往生不
仅是日本学术界的重大损
失，也是中国乃至世界佛
教界和学术界的一大损失。
前田惠学博士的人格品德

雍和草原情在日本名古屋展

永远昭示我们做人和为学的准则，他的精神将永存世间。

　　祝愿前田惠学博士乘愿再来，利乐人天！

　　1998 年 3 月 27 日至 4 月 15 日，应全日本佛教会副会长、爱知县佛教
会岩田文有会长（日本净土宗大本山光明寺住持）和名古屋净土宗想念寺
邀请，丹迥·冉纳班杂活佛作为中国藏语系高级佛学院佛教文化交流团团
长，同河北省承德市普宁寺塔日吉德活佛、中国藏语系高级佛学院办公室
李德成主任一行 3 人赴日本访问。在日本期间，先后走访了爱知县、名古
屋市、京都府、鸟取县、东京都等 5 个佛教宗派的 22 所寺院和佛教大学
（爱知学院大学、同朋大学、龙谷大学），以及有关的佛教团体和新闻出版

机构（中日新闻、京都新
闻、中外日报、佛教周刊、
爱知学院大学学报）。弘法
传情，广结善缘，为中日
两国源远流长的佛教文化
交流史增添了光辉，增进
了我国汉、藏、蒙语系佛
教与日本佛教界的友谊。
爱知县是日本佛教寺院最
多的县，现有佛教寺院
4500 多座。全日本佛教约

丹迥活佛访日与岩田文有会长在一起

有 16 个宗派、77000 多座寺院，共有僧侣 80000 多名（日本总人口 1.3 亿）①。

2009 年 4 月，在日本名古屋樱花盛开的时节，经北京雍和宫藏传佛教艺术博物馆的支持和本人的推荐，应日本佛教曹洞宗德林寺和同朋大学的邀请，北京雍和宫李立祥老师、徐新华老师和旺吉拉老师与我赴日本名古屋市访问，"心系雍和宫与草原美术作品展"于 4 月 1 日至 8 日在名古屋市德林寺和同朋大学同时展出，都得到前田惠学博士的多方关照。

前田惠学博士对"天上天下唯我独尊"的解释借用了以下原始佛教"一世界一佛"的思想。

菩提释尊

释尊对乌巴卡说，我是自己一个人战胜一切烦恼的胜利者，通达一切的智者，灭尽一切欲望的解脱者；对我来讲没有老师，无师独悟者，在这个世界上没有与我能等同的人，我是这个世界的阿罗汉，同时也是唯一的正等觉者，开悟的人。②

第二节　内蒙古梵宗寺丹迥活佛介绍
十世班禅大师开示
——如何做活佛

成立中国藏语系高级佛学院，是十世班禅大师的心愿。大师曾经指出："藏传佛教以悠久的历史和举世闻名的经典著称于世，我们必须继承和发扬，作为活佛肩负着这一重任，国家和信教群众对你们寄予很大希望。这几年，我们花了很多人力、物力、财力，修复了很多寺院，但是，

---

① 210 页上图：1998 年 4 月中国藏语系高级佛学院教务长、内蒙古梵宗寺寺主丹迥冉·纳班杂活佛、内蒙古赤峰市佛教协会会长格格·塔日吉德活佛、中国藏语系高级佛学院办公室主任李德成访问了日本爱知学院大学，与校长小出忠孝博士、前田惠学教授、笔者合影留念。

210 页下图：1998 年 4 月蒙古族两位活佛访问了中日新闻社并与爱知县佛协会长岩田文有长老、秘书渡边观永师（净土宗想念寺住持）、笔者合影留念。

② "佛教的开祖释尊的事迹"，《驹泽大学祝寿文化讲演集第十二辑》，平成十六年 11 月发行，第 36 页至第 37 页。

光有漂亮的寺院，没有学校是不成的，我们必须加强对藏传佛教工作的建设，包括思想、经济、学习研究和组织管理的建设，这关系到负荷如来家业，继承发扬民族文化的大事，也关系到祖国千秋大业的大事。"大师还说："大家知道，转世活佛是藏传佛教一个突出特点，活佛在群众中影响很大，被尊为'圣人'，是藏蒙信教群众信仰的一个重要对象。过去，活佛在孩提时被作为圣人迎进寺院中，对其膜拜崇敬。同时又把他作为人，特别是作为宗教传人，从小管教培养，进行十分严格的清规戒律和佛学经典及文化知识训练。所以一般都成长为颇有宗教造诣和良好道德修养的宗教职业人员。他们讲经释义，著书立说，主持佛事，劝善祈福，继承发扬佛教和民族文化，满足信教群众的宗教生活，对宗教，对民族，对社会都作出了一定的贡献。因此受到信教群众的拥戴。……，众所周知，藏蒙地区的面积占全国三分之一，地域辽阔，物资丰富，是祖国不可分割的一部分。建国后，中央给了藏蒙地区各方面极大的支援，敬爱的周恩来总理等老一辈领导同志，对我们藏蒙地区的民族问题和宗教问题非常重视，制定了一系列正确的政策。特别是对于活佛等佛教的知识人才和继承人如何培养的问题极为关心，但由于种种原因，未能解决。今天在党的宗教政策的光辉照耀下，在中央同志的极大关怀下，我们不但要有物的万里长城，更重要的是要建筑一座人心的万里长城。培养活佛，就是完成这一伟大任务的一个重要途径。"[1]

第二届学员入学以后，针对他们的学习状况，班禅大师告诫他们："要有自知之明，要正确估计自己，认识自己，不要辜负'活佛'这个称号。你们原来没有什么学问或者学问不高，给你们提供如此难得的良好学习机会，应该珍惜，埋头学习，增长知识。我们不是说普度众生，大慈大悲吗？只有首先把自己完善起来，才是救众生啊！"[2]

班禅大师在对全院师生员工讲话时指出："过去转世制度的规定是非常严格的，某某活佛的转世认定之后，都要配备经师、管家进行严格的培养，这样的活佛大多数都能合格、称职，他们对宗教事业，及至对某一地区的民族文化、社会事业都起过积极作用。但现在这些都没有了，认定一

---

① 丹迥·冉纳班杂、李德成：《名刹双黄寺——清代达赖和班禅在京驻锡地》，宗教文化出版社1997年版，第217—218页。班禅额尔德尼·确吉坚赞《在中国藏语系高级佛学院首届佛学大专班毕业典礼上的讲话》，1988年6月。

② 同上书，第222页，《班禅大师在全学员教职员工大会上的讲话》，1989年1月7日。

个孩子是转世的活佛，没有接受严格的培养，只因为他是活佛，群众盲目
的崇拜，因为他是宗教界的代表人物，党和政府对他很照顾，可是他没有
接受过教养，习惯成浪荡散漫的人。如果对其不进行教育、培养，这种人
对宗教、对社会、对群众都没有什么好处。……你们首先要知道自己的身
份是活佛，受群众尊敬时认为自己是活佛，受到约束时，就不认为是活
佛，把自己看成是通俗人，这怎么能行呢?"

十世班禅大师

"我还是那句话，首先你们要好好学习，要清楚我们学院的性质，如果
把这个学院当作一般的学校，那就错了，我们是宗教院校，是藏传佛教的高
级学院。许多学校的科研部门，都在学习宗教，把宗教当作一门学问来研
究。我们是为了继承和发扬佛教的真谛而学习佛教，研究佛学，创办佛学
院。因此，我们的每一行动都不能背离佛教的教义、教规，这一点丝毫不能
含糊。国家有国家的根本大法，没有宪法，无法治国，每一个工厂、企业、
学校、机关、社会团体，也都有自己的规章制度，没有规章制度也是不行
的。只顾大的原理原则，不顾具体的规章制度也是不行的。很多具体的规章
制度也是根据大的原理原则来制定的，它们相辅相成，互不矛盾①。"

① 丹迥·冉纳班杂、李德成:《名刹双黄寺——清代达赖和班禅在京驻锡地》，宗教文化出
版社1997年版，第223页，《班禅大师在全学员教职员工大会上的讲话》，1989年1月7日。

摩崖造像

大师还以无尽的慈心向他的学子们做过最后一次训示："我是院长，有句俗话'强将手下无弱兵'，我希望我的学生，都能够成为一名合格的人才。在现在的这个有利时机学好本领，能够做一点事情，对今生和来世都是很光荣的。我坚信我们从事的事业是光荣的、伟大的，同时，也是很艰巨的。我们应该有牺牲精神、献身意志，这是必须具备的。……作为一个人，应该有理想和追求，要上进。今天我讲的这些话，你们要记住。我希望你们在这里学习好、生活好，毕业后回到各自的地区和寺院，做出成绩，不要辜负了我，辜负了党和人民的殷切希望。我相信，在三宝慈光的加被下，在藏蒙各族群众的支持下，在党和政府的关怀下，我们的佛教事业一定能够取得重大的胜利。"①

十世班禅大师的一生是光辉的一生，他几十年如一日，辅政弘教，世间与出世间法圆融；广结善缘于中外，成就胜德于中华。他为维护祖国统一、加强民族团结，为建设团结、富裕、文明的社会主义新西藏，为正确

---

① 丹迥·冉纳班杂、李德成：《名刹双黄寺——清代达赖和班禅在京驻锡地》，宗教文化出版社 1997 年版，第 226 页，《班禅大师在全学员教职员工大会上的讲话》，1989 年 1 月 7 日。

贯彻党的民族和宗教政策，为世界和平作出了卓越的贡献。十世班禅大师爱国爱教爱民族，行愿无尽、慈悲喜舍、庄严国土、利乐有情；他的治学方针和治学精神永存①。

第三节　内蒙古梵宗寺丹迥活佛谈放生

"生为一切物命之所爱，死为一切物命之所悲"，爱惜生命、救苦救难是佛教的优良传统。

放生，就是看到异类众生被擒、被抓、被关、被卖、被杀，发慈悲心予以赎买、解救、释放的行为。

放生为的是救生。如果没有科学知识和环境生态知识，盲目放生就是一种形式主义，显然与我们放生的目标相背离，不仅不能救生，反而是害生了。

放生一事看似简单，其道理非常深奥，非真正具足智慧的人无法明白，非真正具足正知正见、有修有证的人无法提倡。印光大师在《南浔极乐寺重修放生池疏》中说杀："戒杀放生之事浅而易见，戒杀放生之理深而难明。若不明其理，纵能行其事，其心绝不能至诚恻怛，其福田利益亦随其心量而致成微浅。倘遇不知者阻诽，遂可被彼所转，而一腔善心随即消灭者有之。"

慧能大师自得五祖弘忍人师心印后曾乔装平民，隐居猎户群中。大师慈悲，见被擒、被掳之猎物，莫不设法为之放生，还说服猎户放下屠刀，改行向善。

现代人有钱了，仅为了作功德而放生，那又有多少利益呢？

池塘中养殖的活鱼，贩于市场，大批买回，不考虑放入河中能不能成活，有没有生存能力，一味追求放生的功德，往往适得其反。养殖业的鱼由工业化生产而来，买之不尽；为了放生而大批购买，得益的是卖鱼者；将鱼放入水中，又为捕捞者提供了货源。再者，你要放什么，我就去抓什么，有些人没有一点因果报应意识，需要引起我们的注意。

我们在放生活动时，应考虑鸟类、龟类、禽类、兽类，是否能够独立

---

① 丹迥·冉纳班杂、李德成：《名刹双黄寺——清代达赖和班禅在京驻锡地》，宗教文化出版社1997年版，第229页。

活命，还要考虑到是否给当地环境造成"物种侵略"灾害。

放生是为了救助物命，如果我们直接参与社会团体中的救助野生动物基金会或世界濒危物种拯救中心的系列活动，都是在全球环境下维持人天和谐的善举，我想换一个方法参与放生可能会更有意。

保护环境使动物有一个良好的生存环境更为重要。

若是环境被污染了，有多少的生命会遭殃。如果整治好环境，减少了污染，也就是在救生。治理环境污染需要国际合作、国家投资，作为佛教徒积极参与环境保护，也是在护生。

丹迥活佛讲经说法场面

努力念经诵咒，精进修行，将动物早日度脱畜生道，这是最好的放生。

不杀生是最大的护生，在我们日常生活中随时都要注意这一点。

我们内蒙古有一个优良传统，老百姓一定将热水、热汤放凉后再倒，如果随意乱泼热水会杀死无数看不见的生灵。养成良好的生活习惯，关注微小乃至无形的生命。这也很重要。

　　总之，放生是为了救生，要思考如何让其健康生存。放生之时要考虑物种来源、放生环境、放生后果，盲目放生可能会造成生态危害，好事变坏事。在现代社会中民众的环境意识增加，我们寺院的同修是否也可以参与野生动物救助活动，变化放生的方法，有组织、有意义地放生，而不是随一位游僧、一位活佛、喇嘛，说说皈依、诵诵咒就是放生。佛教是在闻思修和戒定慧上下功夫，希望大家努力修行，能够真正地利乐众生。

第 十 一 章
北京雍和宫的寺院管理理念

第一节　雍和宫住持谈如何构建和谐寺院

雍和宫一贯坚持寺院管理以"三境"（净、静、敬）为基础做好僧众应该做的事。正如北京大学楼宇烈教授所言：寺院应当具备"三境"，一为"净"，二为"静"，三为"敬"，这是当代佛教寺院建设的三大要素，缺一不可。

对于寺院来讲，就要严格管理，加强道风建设，提高僧众素质。随着雍和宫的旅游开放，每日游客信众甚多，我们认识到，雍和宫的僧众形象代表着首都宗教界乃至全国宗教界的形象，我们必须僧像僧、庙像庙。于是，我们不断加强僧众的道风建设。

"和谐"一词，在佛教中早有说法，世界上，万事万物和合共生，"有因有缘集世间，有因有缘世间集"。"儒治世、佛治心、道治身"，和谐世界，从"心"开始，"心净则佛土净，心安则众生安"，也就是说，只有内心的平和与安定，才有外在的和谐与安宁。创建和谐寺院，我认为首先要做到三个"加强"。

一　道风建设

我认为：和谐首先要与自己和谐，内心得到平衡才能知足常乐。同时，还要与他人和谐、与社会和谐、与自然和谐，传统与现代和谐，最后达到整体和谐。对于我们僧团来讲，就要奉行佛教的"六和敬"精神，

即："身和同住、口和无诤、意和同悦、戒和同修、见和同解、利和同
均。"以自觉觉他的菩提心为基础，将众生的究竟安乐作为终极目标，让
众生离苦得乐，圆满成佛，建立清净庄严的佛国净土。这样的净土就是人
人幸福，一切美好的社会。而对于在家信众来说，就要做到"人心和善，
家庭和睦，人际和顺，社会和谐，人间和美，世界和平"。

雍和门前

　　一是规章制度的落实。庙管会定期召集全体僧人开会，进行总结，教
育僧人，以戒为师，经云"住戒有慧人，修习心与慧；有勤智比丘，彼当
解此结"的教诲。严格遵守各项制度，不断规范自己，注重行为与礼仪。
并印制了《制度手册》，僧众人手一册。
　　二是庙管会委员认识上的统一。通过学习与实践，大家认识到，我们
只有努力精进、严于律己，起到表率的作用，才能引领信众，度化众生。
　　三是"德"的教育。我认为，创建和谐寺院，还有一个"德"的问
题。"信为一切道元功德母"，只有信仰坚定，道风才能纯正，这就要加强
全体僧人的学习，使大家完全按照"三个净、静、敬"去做，即"干干净
净、安安静静、恭恭敬敬"，还要讲述"三好运动"，即"身做好事、口
说好话、心存善念"。严格的管理、正确的教育，使僧众树立了以大众为
利益的思想，在每年的扶贫济困、捐助希望工程、义务献血、植树等项活

动中，大家都走在了前面。我经常对信众说："要将烦恼化为菩提，达到人格的完成，心口如一，这样才会使心境平和愉快。"因为，只有学会做人，才能达到觉悟；人生在世，生死无常，顽强的精神是战胜一切困难的前提，"仰止唯佛陀，完成在人格。人成即佛成，是名真现实"。于是，我们支持边疆和少数民族地区的寺院，经常参加协助其佛事、文化等活动，弘传佛法、济世度人。因为，在人与人之间的关系上，佛教主张"自他不二"，即每个人的生存都有依赖于他人和社会。人与人互相依存，密切关联，谁也离不开谁。这也说明宇宙万物，成、住、坏、空都是众缘的相互作用。不论是佛教之"和合缘起"及其所表现出来的"自利利他"的精神，还是"无缘大慈，同体大悲"的观念，皆指与天地万物自然和谐才能共存，崇尚和谐，慈悲济世。

二　人才培养

我们认识到：创建和谐寺院、加强道风建设，首先要提高僧众的政治、文化素质。于是，在工作中庙管会将主要精力用在雍和宫佛学院的建设上，坚持学院丛林化、丛林学院化、修学一体化、管理科学化的办学办佛教文化寺院方针，努力为僧众创造良好的学习环境和条件。

对于僧众来讲，要依缘起法门，对自己的内心要转染成净，这种转染成净的方法，就要不断地修习。"心净则佛土净"，只有内心的平和与安定，才有外在的和谐与安宁，才能适应社会、弘法利生。由于雍和宫是开放单位，僧人白天需要看护殿堂以及从事各种事务工作，工作比较繁忙。于是，我们在保证白天1个班学习外，每晚各班均坚持上课。同时，还聘请北大、人大佛学、哲学等领域的教授学者到雍和宫授课，使僧众的素质不断得到了提高。现在，雍和宫佛学院内设教室、备课室、图书阅览室、会议室，大大改变了僧人的学习环境。

为了雍和宫的发展和僧众整体素质的提高，近年来，我们将庙里的骨干力量分期分批选送到中国藏语系高级佛学院、拉卜楞寺甘肃省佛学院、北京师范大学等学院进行深造，毕业后回到寺院担任经师，为庙里人才的培养和佛事活动的开展贡献力量，如今，许多学成归来的僧人均已成为庙里的骨干力量。

当今，改革深入地进行，人们的思想表现各异，我们感到作为佛教信众只停留在烧香、祈愿上是远远不够的。在庙管会和管理处的共同努力下，雍和宫的文化挖掘与宣传工作进一步展开，并相继出版了一些书籍和画册。自今年起，我们还计划每年定期印行《雍和宫》杂志，除了广征文稿外，主要发动我们的经师和骨干力量将自己在学佛、行佛中的认识与体验撰写出来，文稿中既有讲述信众来到庙里怎样烧香、如何拜佛的礼仪，又有佛教的历史与文化、学佛理论等，以使信众学习以后得到正信、正解、正行，同时使雍和宫的文化建设再上一个新台阶。

三　整体管理

佛教的基本教义中有"缘起论"、"平等观"、"诸法因缘生"的理论。其中心是"和谐"。我们认识到，雍和宫是一个大家庭，我们要培养僧俗热爱这个集体。于是，每年的各大法会，庙管会与管理处密切配合，僧俗共同努力，使之井然有序，并取得了圆满成功。按每年惯例，我们在做好平日接待工作的同时，重点完成几个节庆日的接待任务。比如腊八日舍粥活动，庙管会和管理处团结合作，提前数天开始准备，食堂工作人员更是辛苦。去年，雍和宫食堂共熬了45锅腊八粥，用料约2000多斤，其中包括28种原料。还有正月下旬的"大愿法会"、国庆节前夕举行的"大威德金刚坛城法会"和"火供仪轨"，第十一世班禅来雍和宫主持法会等大型佛事活动，在大家的努力之下，使之秩序有条不紊，取得了圆满成功。每年农历正月初一，是最忙碌的一天，大家几乎彻夜未眠，自清晨两点就到殿里诵经，祈愿国泰民安、世界和平。由于积极配合、维护秩序，创造了和谐的寺院环境，使得各项工作完成得出色。同时，通过这些活动，僧众的身心得到了锻炼，思想境界更高了。

加强雍和宫的整体管理、创造和谐寺院的工作千头万绪，但我们心中首先要有一盘棋，明了什么该做，什么不该做，哪件事先做，哪件事后做，都要有科学的安排。这些年，来雍和宫旅游和朝拜的人与日俱增，这与雍和宫的科学发展和严格管理分不开的。

"把钱用在刀刃上"是我经常对庙管会成员讲的话。告诫大家钱不能乱花，要精打细算，虽然我们是大庙，生活好了，但我们要想着还有许多上不起学的孩子。因为佛教视一切众生如现世父母，因此，提出"庄严国土、利乐有情"的主张和"报四恩"的思想。如此，大家积极参加社会公益事业，尽己所能做了一些工作。不为自己求安乐，但愿众生得离苦，今后我们在这方面还要继续努力。佛教的"和合缘起"及其所表现出来的

"自利利他"的精神，还有"无缘大慈，同体大悲"的思想，皆指与天地万物自然社会和谐共存、慈悲济世。如此，雍和宫每年拿出可观的资金资助希望工程、贫困受灾地区与寺院。这些年助建了数所希望小学，并多次为贫困受灾地区捐款。

雍和宫有二十多位老僧人，每年"九九重阳节"，庙里都要组织60岁以上的老僧人在京城参观游览，每年还为80岁以上的老僧人祝寿。

当前，国家在国际舞台上的社会地位不断上升，我们要紧紧抓住这个大好机遇，带领广大信教群众走在构建和谐社会的前列，广积善业和福泽，净化人生，传播智慧，"以和合之力耕耘，用慈悲之水浇灌，使智慧之花盛开"。为雍和宫的发展，为创建和谐寺院，为国家、为民族尽我们的一己之力。

第二节　雍和宫住持谈《菩提道次第——亲近善知识讲义》

一　引言

就宗喀巴大师菩提道次第中所阐释的理念来讲，作为合格的老师应该具备什么样的条件，作为学生应该将如何亲近善知识。应该说，选择好老师对人的一生乃至解决生死大事，究竟离苦得乐，是非常重要的。我认为作为社会、团体、公司、家庭的主管，如果像《菩提道次第广论》中对老师要求的"善师须具戒定慧，德胜勤奋学问广；具有正见善解说，富有慈悲与耐性"来做的话，应该都是好老师、好领导、好家长。

《菩提道次第广论》中对学生的要求是："心正聪慧求上进，此乃堪称闻法器。"以及在《华严经》中所说的九种心，亲近依靠善知识（好老师）的话，就能得到一切自利利他

十一世班禅大师在雍和宫讲经说法

的大成就。这就是说，具备正确的心态、聪明智慧，再加上一心求上进的学生，才是合格。社会、团体、公司、家庭的每一个成员都要心正，而且不要有私心杂念，一心为国家、为社会、为公司、为孝敬父母而学习工作，自然而然社会就更加高效和谐，呈现欣欣向荣的面貌。

二　如何亲近善知识（好老师）

在《菩提道次第广论》中，关于如何亲近善知识（好老师）的问题有以下六个方面的解释。

本文关于亲近善知识之道理分如下六部分内容：

（一）所依善知识之相（bsten bya dge baḥi bśes gñen gyi mdshan ñid）

（二）能依学者之相（sten byed slob maḥi mdshan ñid）

（三）彼应如何依师之理（des de ji ltar bsten paḥi dshul）

（四）依止胜利（bsten paḥi phan yon，一切功德利益）

（五）未依过患（ma bsten paḥi ñes dmigs）

（六）摄彼等义（de dag gi don bsdu baḥo）。

限于篇幅，在此仅就第一、第二和第五点予以详细论述。

（一）所依善知识之相（bsten bya dge baḥi bśes gñen gyi mdshan ñid）

那么什么样的老师才能算是合格的善知识，就是说好老师呢。在《菩提道次第广论》中有如下解释。

《经庄严论》（mdo sdeḥi rgyan las）云：

"知识调伏静近静，德增具勤教富饶，善达实性具巧说，悲体离厌应依止。"（bśes gñen dul ba shi ba ñer shi ba, yon tan lhag pa btson bcas luṅ gis phyug, de ñid rab tu rtogs pa smra mkhas ldan, btse baḥi bdag ñid skyo ba spaṅ s la brten. ）

这是说学习修持佛法的人，必须要依靠以上成就十法的善知识。还说，自未调伏，而调伏他，无有是处。因此，能调伏别人的人，一定要首先调伏自己才有资格调伏其他人，自己都做不到，如何让别人去做。以及如何看待和敬奉上师礼仪，应该亲近上师。

上师是一切善功德之源，尽诸佛未尽之责，替诸佛行事，引渡苦海众生拔苦与乐者，是人天导师释尊教证二法纯真法脉的继承者和弘扬者，不是随便一个什么人就可以担当这个重任的。

从一个学法弟子的角度讲，拜师是诸世大计、解决生死大事，选好上师可以诸世受利，选不好就会堕入罪恶的深渊。

拜师如就医，若逢到良医，可以治好病，逢到庸医不但治不好病，还会要命。病中最可怕的不是影响肉体的疾病，而是影响精神健康的疾病，因为前者只影响今生一世，而后者却能影响万世的苦乐。

我们这些人所害的是无明烦恼病，是深入到心性深处的最可怕的病。世上的人治疗一个肉体上的小病，尚且选择良医，何况我们害的是最难治的大病，岂能随便请人治疗？因此，选师必须十分慎重。

选师不能看名气大小、地位高低、信徒多少，也不能看有没有装神弄鬼的神通之类，而要看具备不具备经续中明确指出的那些可做上师的德性。

想做上师的人要以经续中提出的德性形象衡量自己，提高自己，想拜师就学的人，也要以这些德相条件衡量投靠的对象。

弥勒在《经庄严论》中对大乘师的德相做了如下的界定：

善师须具戒定慧，

德高勤奋学问广；

具有正见善解说，

富有慈悲有耐性。

在菩提道次中讲的《经庄严》中的这十条，现简介如下：

1. 具足戒性——戒的本意是"调伏"，即调伏粗野的身心，使之变得和顺，使一切行为符合弃恶扬善、自利利众的三乘道德标准。尤其比丘戒有253条，作为真正的出家比丘的话，守戒才能符合比丘的条件。

2. 具足定性——定是心离外境五欲、守持心地清净，是消除散乱混浊，心神凝聚沉静，显现正见的内心境界相。

3. 具足慧性——慧指智能，有分别思维活动的称智，无分别思维活动的称慧。后者是定中智慧。是见道以上的智能，常人无法得到。

三学之戒定慧：戒学说，即诸恶莫做，定学说，自净其意，慧学说，众善奉行。这样学习佛法修持佛法，即是诸佛教。也就是说，依照诸佛所教导去修持。才是合格的佛教徒。

所以，这里提出的作为上师条件的慧德，是指一般的分辨是非善恶的智能、知识、理论素质等，上师是否这样教导，有一个原则和标准了。

4. 具有广深的学问——作为一个大乘教法合格的上师，"五明"、"十学"都应掌握，但最主要的是要精通三藏教义。

就菩提道次的上师而论,《菩提道次第广(略)论》是三藏教义的总纲,如果在整体上不掌握三藏教义,很难讲深讲透这部大法。

佛教中的每一部经典都是佛教总系中的一个组成部分,如果不掌握佛教的总体精神和教理大原则,就经说经,从文字表面上理解,就会犯曲解的错误,由此可知上师讲经要广识博学的重要性。

5. 具有正见——正见就是指缘起性空正见、二无我正见是人们的世界观、人生观。

经中说:"戒行比生命重要,正见比戒行更重要。"没有正见就不可能有正信、正思惟、正修持。

一个没有正见,甚至充满邪见的人怎能做上师?怎么会指引弟子入正道?所以,为人师者最不能缺少的就是正见。

正见分概念性和直觉性两种。后一种是见性真智的观察境界,见道位以下无此种正见。

上师条件中的正见是指概念性的理论性的正见,无此正见不但讲不好"止观"一类的高深佛法,就连轮回报应方面的基础法也无法讲深讲透。

6. 德才优胜——上师的德性,学问,才能一定要高于所教弟子。

《亲友集经》(mdshahi bśes gyi tsoms las)中作如是说:

"诸人依劣当退失,依平等者平然住,依尊胜者获尊胜,故应亲近胜自者。"(dman pa bsten pas mi dag ñams ḥgyur shiṅ, thad kar bab pa bsten pas so na gnas, gtsor gyur ba, de phyir bdag pas gtsor gyur bsten par bya.)

"诸佛非以水洗罪,非以手除众生苦,非移自证于余者,示法性谛令解脱。"

(thub rnams sdig pa chu yis mi ḥkhru shiṅ, ḥgro baḥi sdug bsṅal phyag gis mi sel la, ñid kyi rtogs pa gshan la spo min te, chos ñid bden pa bstan pas grol bar mdshad.)

元朝皇帝忽必烈汗曾问八思巴:"你与你的叔叔班智达相比,谁的学问高?"

八思巴答道:"我叔叔学如大海,我从大海中只舀了一瓶。"

像大海一样的学问不是人人可以学到的,但学问见识必须高于所教的对象这是做上师的起码条件。

7. 勤奋——上师的勤奋包括两个方面的内容。

一是指做上师的人必须首先自己要戒骄戒躁,谦虚对待学问,经常努力学习，勤奋修炼，不断提高自己；

二是指上师要勤于教导，勤于事业，以勤奋精进的精神教育弟子。

8. 善于解说——即熟练掌握语言表达技巧和逻辑思维规则，能够把所讲的理论知识，全面、准确、有条不紊地解说清楚。

9. 具有慈悲心——慈悲心是成佛的种子，学佛的人，人人都不可缺少。

尤其是传法的上师，若无慈悲心，就会贪心滋长，做出贪财卖法，败坏佛门的种种丑事。若无慈悲心，那些社会上的穷苦信众就没有学法的机会。

佛教讲"法施"，戒禁卖法。卖法的罪过比杀人抢劫还重，没有慈悲心，就会把"法施"变成"法市"，本来是抑制贪欲的佛法，就会被搞成助长贪欲的魔法。

如此看来，为上师者清除贪心，发扬真正的慈悲心多么重要。

10. 具有耐性——众弟子智力根器、思想素质、爱好习性各不相同，不但要善于因材施教、对机说法，而且还应该具备那种百问不厌，诲人不倦的精神和教育低劣质弟子的耐心。

《博朵瓦语录》（po to baḥi gsuṅ sgraos dol bas bsgrigs pa）中云：

"总摄一切教授首，是不舍离善知识。"

"能令学者相续之中，下至发起一德，损减一过，一切善乐之本源者，即为善知识。"

就是说，修持者在学习佛法之时，所得到的一点功德福报，消除一点烦恼痛苦，都是上师给予帮助的结果，所以说，善知识是幸福的源泉。

《菩萨藏经》（byaṅ cub sems dpaḥi sde snod las）作如是说："总之获得菩萨一切诸行，如是获得圆满一切波罗蜜多、地、忍、三摩地、神通、总持、辩才、回向、愿及佛法皆赖上师为本，从上师出、上师为生及为其处、以上师生、以上师长、依于上师、上师为因。"

博朵瓦亦云："修解脱者，更无紧要过于尊重善知识重要，即观现世可看他而作者，若无教者亦且无成，况是无间从恶趣来，欲往从所未经之地，岂能无师？"

上文所说的是，修持者如果依靠上师指点的方式去修行的话，可以成就圆满菩萨果位等六度十地。

十波罗蜜多（phar phyin bcu）：（1）布施，（2）持戒，（3）忍辱，

（4）精进，（5）禅定，（6）智慧，（7）方便，（8）力量，（9）愿，（10）般若。

菩萨十地（sa bcu）：（1）极喜地，（2）无垢地，（3）发光地，（4）焰慧地，（5）极难胜地，（6）现前地，（7）远行地，（8）不动地，（9）善慧地，（10）法云地。

为菩萨十地之行法，属菩萨所修四法之一。

"回向"：必需做过善事才能叫回向，相当于将劳动的收入存到银行一样，需要的时候可以随时取出，或分享给所需要的人。

"愿"：不一定已经有做过的善事，以后发愿如何做好事，如何做善事等将要进行的一切行为。

《别解脱》（so sor thar ba las）云："心马常驰奔，恒励终难制，百利针顺衔，即此别解脱。"

又如《分辨教》（luṅ rnam ḥbyed las）云："此是未调伏所化衔。"如调马师，以上利衔调拢戾马，根如戾马随邪境转，若其逐趣非应行时，应制伏之。

善知识敦巴云："言大乘上师者，谓是须一，若讲说时，能令发生无量知解，若行持时，于后圣教，能成何益，当时能有何种义利。"达实性者，是殊胜慧学，是谓通达法无我性，或以现证真实为正。此若无者，说由教理通达亦成。

就是说，作为一名大乘佛教的上师，在讲经说法时，能够随心所欲地讲解佛法，通达佛教的实性，必须具备殊胜的大智慧，才能了解通达"人无我法无我"的道理，"人无我"是指一切有生命的有情众生，"法无我"是指一切没有生命的现象；这样才具备通达教证的资格。也就是说，具备上师的资格。

（二）能依学者之相（sten byed slob maḥi mdshan ñid）：

《四百论》（bshi bgya pa las）曰："说正住具慧，希求为闻器，不变说者德，亦不转听者。"（gzur gnas blo ldan don gñer baḥi, ñan po snod ces bya bar bśed, smra bo yon tan rnam gshan du, mi ḥgyur ñan pa po laḥaṅ min.）

心正聪慧求上进，此乃堪称闻法器。这就是说，具备正确的心态心情，聪明智慧，又加上一心求上进的学生（或徒弟），可以成为接受佛法甘露的宝器之人。

1. 心正是指没有邪见、偏见、歪门邪道、心理正常、思想纯朴、行为端正。心正的反面是心不正，在思想意识中沾有偏见、动机不纯等许多毛病，"不洁之器"，垢器，如脏盆。脏盆虽能承接法露，但法露被污染变质成脏水，不能饮用。

2. 聪慧是指具有正常以上的认识思维能力，辨别是非善恶的能力等；聪慧的反面是愚蠢愚钝，即智力低下、思维能力差、记忆力差等，"不受之器"扣器，虽天降甘露，扣盆里无法得到点滴。

3. 求上进是指对所学之法具有浓厚的兴趣，非常认真学习、刻苦钻研、锲而不舍、精进不息的求学求法精神；其反面是不求上进、不认真学习、所学不巩固、听过当作耳边风，对这种情况的人叫"漏器"，如无底烂盆，灌水一滴存不下，灌得再多也无益。

就是说，学习佛法的修持者，必须是正直善良的人，有智慧的人，追求利益与大众的人，没有丝毫杂念的人，"先天下之忧而忧，后天下之乐而乐"的人，这样的人才能符合学习佛法。学习佛法的修持者一定要以"六想"来约束自己，才能有大成果。六想如下：

（1）把自己看做是有病的人来冥想。

（2）把讲佛法的法师为医生而冥想。

（3）把佛法看做是医药而冥想。

（4）精进努力如法如理修持佛法为治疗疾病而冥想。

（5）把佛当做最胜功德的大圣人而冥想，生起无比敬仰心。

（6）佛法常住而冥想。

学习佛法者，即闻法弟子的三种缺点来教诫自己的言行。

（1）扣器，是指这个人不管好事坏事都听不进去，对他有利的也好，对他没利的也好都听不进去的人。

（2）漏器，是指不管好事坏事，听完之后，全部忘掉、没有心思的人。

（3）垢器，是指好的方面他听不进去，让他做好事，他不做，坏的事情他能听进去，让他做损人利己事，他愿意做。

《华严经》（sdoṅ po bkod pa）说：以九种心，亲近承事诸善知识，能摄一切亲近意乐所有扼要。

1. 如孝子心（bu mtshaṅs pa lta baḥi sems），弃自自在，舍于尊重令自在者。

就是说，放弃自己的一切，听从老师的安排，一心一意为老师服务。

2. 如金刚心（rdo rje lta baḥi sems），谁亦不能离其亲爱能坚固者，谓诸魔罗及恶友等，不能破离。经云"应当远离，亲睦无常，情面无常"。

就是说，依靠老师的决心，就像金刚一样坚定，不受任何人任何条件而改变依靠老师的决心。

3. 如大地心（sa lta baḥi sems），荷负尊重一切事担者。

就是说，承担和接受老师给安排的事情，发自内心任劳任怨，不偷懒、不懈怠认真对待完成任务。

4. 如轮围山心（khor yug gi ri lta baḥi sems），生起任何苦恼，悉不能动。

就是说，跟随老师学习的决心，就像坚固的城墙一样，遇到任何困难都不会动摇坚定不移地尊敬老师。

5. 如世间仆使心（ḥjig rten gyi bran lta baḥi sems），就像仆人一样，重活脏活都能干，老师让干什么就干什么，一切听从老师的安排去做。

6. 如除秽人心（phyag btar ba lta baḥi sems），尽断一切慢及过慢，较于尊重应自低劣。如善知识敦巴云："我慢之高丘，不出功德水。"

就是说，就像谦让恭敬的部下一样，不骄不躁地为老师服务，清理好老师讲经说法的会场等。

7. 如乘心（theg pa lta baḥi sems），谓于尊重事，虽诸重担极难行者，亦勇受持。

就是说，承担老师的事情，就像大车一样，再难再重都能拉，没有任何怨言。

8. 如犬心（khyi lta baḥi sems），谓尊重毁骂，于师无怒。

就是说，象能忍而不背叛主人一样的"义犬"，主人说什么就听什么干什么。好话恶言都是教导我止恶行善的指路明灯，都是给我拔苦与乐，感恩老师的功德。

9. 如船心（gru lta baḥi sems）。谓于尊重事任载几许，若往若来，悉无厌患。

就是说，尊敬老师，就像轮船一样，风里来、浪里去从不厌烦。

《十法经》亦云："由何出导师，信为最胜乘，是故具慧人，应随依于信。诸不信心人，不生众白法，如种为火焦，岂生青苗芽？"这里是说，什么事情可以做，什么事情不可做的两种方式解释了信为一切功德本的内涵。

作所喜者，谓有三门：供献财物，身语承事，如教修行。

博朵瓦云："差阿难陀为释尊侍者时，谓若不持释尊不著之衣，不食释尊之余食，许一切时至大师前，则当侍奉承事释尊。"

《华严经》（sdoṅ po bkod pa）云：

> 若善男子，若诸菩萨，为善知识正所摄受，不堕恶趣。若诸菩萨，为善知识所思念者，则不违越菩萨学处。若诸菩萨，为善知识所守护者，胜出世间。若诸菩萨，承事供养善知识者，于一切行不忘而行。若诸菩萨，为善知识所摄持者，诸业烦恼难以取胜。

《不可思议秘密经》（gsaṅ ba bsam gyis mi khyab pa las kyaṅ）中亦云：

> 若善男子，或善女人，应极恭敬，依止亲近承事上师。若如是者，闻善法故成善意乐，及由彼故成善加行，由是因缘，造作善业，转趣善行。能令善友，爱乐欢喜。由是不作恶业，作纯善故，能令自他不起忧恼。由能随顺护自他故，能满无上菩提之道，故能利益趣向恶道诸有情类。是故菩萨应依上师（好老师），圆满一切功德资粮。（第 51—52 页）

（三）未依（善知识的）过患（ma bsten baḥi ñes dmigs）：

请为知识若不善依，于现世中，遭诸疾疫非人损恼，于未来世，当堕恶趣，经无量时受无量苦。

《金刚手灌顶续》（lag na rdo rje dbaṅ bskur baḥi rgyud las）云：

> 薄伽梵，若有毁谤阿闍黎者，彼等当感何等异熟？世尊告曰：金刚手，莫作是语，天人世间悉皆恐怖，秘密主（gsaṅ baḥi bdag po）然当略说，勇士应谛听。我说无间等诸极苦地狱，即是彼生处，住彼无边劫，是故一切种，终不应毁师。

善巧成就寂静论师所造《札那释难论》（śāntibas mdshad paḥi dgra nag gi dkaḥ ḥgrel du drags pa）中云：

设唯闻一颂，若不执为尊，百世生犬中，后生贱族姓。

《念住经》（dran pa ñe bar bshag pa las）云：

为贪嗔痴一切根本者，谓罪恶友，此如毒树。

《亲友集》（mdshaḥ bśes kyi tshoms las kyaṅ）云：

无信而悭吝，妄语及离间，智者不应亲，勿共恶人住。若自不作恶，近诸作恶者，亦疑为作恶，恶名亦增长。人近非应亲，由彼过成过，如毒箭置裹，亦染无毒者。（55 页）

三　结语

学习佛法，一定要像常啼佛子（rgyal sras rtag tu ñu）一样，以坚韧不拔的毅力去修持佛法，一定要像善财童子（gshon nu nor bzaṅ）一样，依靠相信上师学习佛法，保持耐心，永不知足地学习佛法，与乐人天及一切有情。

立祥画图老师图

即身成佛的大成就师冒觉巴说："苦修成佛难致信，信仰成佛我不疑。只要意念不离师，不会念经也可以，不会坐禅也可以。"《华严经·树庄严》中说："心中常念恩师，诸事如愿遂成。"雍和宫老住持图布丹老师说：印度的原始佛教，就不分佛和上师的关系；所以，皈依三宝，把释尊尊称为大沙门、大比丘。

佛教传到蒙藏地区以后，蒙藏地区佛教认为，没有上师的话，有佛、有法、有僧，我们也无缘亲近他们；与佛、法、僧有缘全靠上师的指点引见，才有修持佛法的缘分和机会。所以，首先要发心皈依上师，是理所当然的事情了。

第三节 雍和宫经师谈金刚驱魔法舞是修持清净佛心的殊胜法门

在蒙藏佛教寺院举行大型法会时，"金刚驱魔法舞"常常是必不可少的仪轨项目之一。金刚驱魔法舞俗称"打鬼"，是僧人们戴上各本尊、护法神面具，手持各种法器，身着色彩各异的不同法衣，随着鼓钹莽号等法器的节拍所跳的舞蹈，并通过这极为特别的表演形式传达和显现出密宗的无上之奥秘。舞者以身、语、意三密相应相吸的仪式来展示，达到驱邪现正道、净化心灵、修身的特殊目的。其次，佛教讲亡灵处于前身已弃，后身未得的"中阴"境界，会面对各种威猛怪神。对于那些未能修习密法的尘世俗人，如果前生能看到威猛面具的法舞，死后在"中阴"不会感到惊吓害怕，而能清醒地面对并认出其护法，摆脱"中阴恐求得投生善趣"。

正月雍和宫举行金刚驱魔法舞

　　举行这种法事对跳法舞的僧人要求很严格。就像五世达赖所造《本尊游舞》中说道："身具本尊姿态之游舞，语诵密咒犹如雷鸣声，意住生圆双运三摩地，具相持明咒者甚希有。"舞姿犹如本尊、护法神亲自下凡般勇猛、奔放，口中不断续地念诵各自心咒，心中观想生起，圆满二次第的禅定。当舞者穿上金刚法舞的服饰时，他们就是与本尊或护法神无二无别的代表，所呈现出的力量亦是本尊或护法神的力量，跳法舞的过程本身就是一种禅定形态的展现。被选中跳法舞的僧人必须有修密的基础，法会前需闭关修法，所以金刚法舞是一种修法仪轨。《本尊游舞》中又讲："舍弃标准若随自造作，大集会中诸金刚舞者，正是衰败大密法教者，难道他化自在天①降临？"如果不依正规的传承，自我新造，对佛法丝毫没有益处，反而成为灭法之因。因此，金刚法舞的每一个环节、每一个动作、乃至每一个步伐都是有严格如法如理的规定，舞者绝不能随意编改。

雍和宫送祟仪式

　　从金刚法舞的具体形态看，不同地区、不同派别的蒙藏地区佛教寺院中的面具形象各有不同，但一般都以本尊、护法神、伴属神为主要形象。

---

　　① 他化自在天：六欲天之一，夺他所化妙欲资具而自享用，故名他化。

以雍和宫为例，主要有：一位黑帽者——召请本尊护法以及其他神降临神舞场的咒师形象，四位阿修罗——佛教传入西藏时的阿阇梨①、译师、占卜师、侍者等形象，四位骷髅神——手持彩棒测量众生善恶业，象征生命无常的死神形象，五尊阎摩护法神——根据不同积业判决每人转世去向的判官形象，两对男女共四尊尸陀林主——胜乐金刚化为护法神来享用邪魔之肉血的形象，鹿牛二神——阎摩护法神眷属中的两位来完成伏魔仪式的形象。在法舞中，多以面制"祟"代表"魔"，本尊和护法神都显现出自己的形象，起舞作法驱魔，法舞以"魔"被摧毁收尾。

谈及驱魔的深意，大多数人认为是一些看不见的妖魔鬼怪。《密宗道次第广论》讲，"魔"分密、外、内三种。密魔指修习密乘隐没次第中增相、得相、光明时使修者心境错乱的假象。外魔指天灾、地祸、瘟疫、战争、邪教、诅咒、噩梦等对行善及修行有障碍的东西。内魔则指的是众生的我执中所产生的贪、瞋、痴三毒。从这三毒中又产生无明、贪、瞋、痴、慢、疑、见等六种根本烦恼②，继而衍生出八万四千种烦恼。这些烦恼意识无一不驱使和怂恿人造下恶业，而一旦造恶业，人就难免继续沦于轮回之苦。因此，内魔可以说是把众生推进轮回苦海中的主要魔鬼。金刚法舞所驱的"魔"，不仅是人生中所遭遇的"苦"或外魔，更加是源于烦恼的内魔。

金刚驱魔法舞绝不只是一场世俗谛的仪式，而是一场人佛共处的圣义谛的盛典。在藏区，如举行金刚法舞，人们不说去观看，而说去朝拜。然而，内地的信众和香客观看法舞时，多将其看做一场隆重的表演，区别仅在是怀着崇敬之心，还是出于好奇之意。即便有懂佛之人觉得借着法舞沾了莫大的福气和荣光，也多觉得自己是置身事外的旁观者。其实不然，每一个观舞者都是佛光笼罩的当局者，每个僧人舞者的一举一动、一声一响，都在驱逐观者的内外之魔。观者应懂得法舞之深意，融入其中，并将其与自己的修行联合起来观想——勇猛起舞的僧人与本尊、护法神合而为一，以法力招引我们心中的所有贪、瞋、痴等烦恼，将其化为"祟"的形象烧毁，从而断绝烦恼，根除生活中的病痛、恐惧、悲伤等种种苦痛，将幸福之感给予我们内心，将幸福之源引入未来之路。因此可以说，观看金刚法舞即是修炼清净佛心的殊胜法门。

①　阿阇梨：ācarya，规范师。轨范正行，可矫正弟子行为，为其轨则师范高僧之敬称。
②　烦恼：梵语吉隶舍（kleśa），烦心闹身，造作恶业，使自心不能平静的情绪。

第四节 关公信仰与雍和宫

在北京著名的蒙藏佛教寺院雍和宫的雍和门殿（即天王殿）内背对山门，面向雍和宫殿（即大雄宝殿）的韦陀护法像两侧对称供奉着两幅清朝中期绘制的以关公为主尊的唐卡珍品。这两幅唐卡与降伏魔杵竖搭在肩上的韦驮菩萨及雍和门之上装饰的纵横各九，共计九十九颗鎏金门钉，共同彰显出雍和宫皇家寺院的尊崇地位。那么作为辅佐刘备成就西蜀霸业的关公是从何时起开始与佛教结缘，又是如何受到雍和宫的推崇的。

关羽，后世尊称为关公，本姓长生，后改字云长，河东解人（今山西运城），东汉末年著名的蜀将。据《三国志·蜀书·关羽传》所述："先主（刘备）于乡里合徒众，而（关）羽与张飞为之御侮。先主为平原相，以羽、飞为别部司马，分统部曲。先主与二人寝则同床，恩若兄弟。"关公对后世的影响，与元末明初时期的小说《三国演义》在明朝中叶广泛的流传有密不可分的关联。在小说中关羽"温酒斩华雄"、"三英战吕布"、"斩颜良诛文丑"、"挂帅封印"、"千里走单骑"、"过五关斩六将"、"华容道"、"单刀赴会"、"水淹七军"、"败走麦城"等英雄事迹经艺术加工后被描绘得生龙活现，丝丝入扣。从而使得关羽英勇善战、忠烈刚毅、知恩图报、义薄云天的英雄气概在社会大众的内心烙下深刻的印记。其所代表的忠、义、信、智、仁、勇成为中国千百年来传统伦理、道德、理想的最佳典范，于是关羽自然而然地成为在中国长期占统治地位的，以儒家思想为根本的文人士大夫阶层"教化万民"的楷模。而关羽悲壮的结局又激起了社会众生内心深处对于悲剧性人物的怜悯之情，这一切综合因素是关羽最终能够在中国的佛教、道教及民间信仰中都拥有历史性地位的前提。

历代帝王对于关羽的加封与推崇，起源于以儒家思想为基础，吸收融合了佛教与道教思想的被称为"新儒学"的"程朱理学"的开创与发展的北宋时期。宋徽宗崇宁元年（公元1102年），帝封关羽为"忠慧公"，崇宁三年（公元1104年），封"崇宁真君"，宣和五年（公元1123年），封"义勇武安王"。此后，每朝每代，对关公的追封不断，如南宋高宗建炎二年（公元1128年），封"壮缪义勇武安王"；元朝泰定帝天历八年（公元1335年），封"显灵义勇武安英济王"；明神宗万历二十四年（公元1613年），封"单刀伏魔神威远镇天尊关圣帝君"。清朝努尔哈赤以十三副铠甲成就帝业，极为崇尚武力，仰慕英雄，故而对关公极尽推崇，不但自己喜读《三国演义》，更译成满文，作为战策要求将领学习。此后，清朝凡有重大战役结束，都要修关公庙，祭祀关公。顺治、雍正、乾隆、嘉庆、道光各帝对关公皆有封赐。因此清代的关庙数量之多、影响之盛位居众神之首。号称"今且南极岭表，北极塞垣，凡儿童妇女，无有不震其威灵者。香火之盛，将与天地同不朽"。雍正皇帝更发出："自通都大邑下至山颇海邀村墟穷僻之壤，其人自贞臣贤士仰德崇义之徒，下至愚夫愚妇儿童走卒之微贱，所在崇饰庙貌，奔走祈攘，敬思瞻依，凛然若有所见"的感慨。清代光绪帝将关公奉为"忠义神武灵佑仁勇显威护国保民精诚绥靖翊赞宣德关圣大帝"，崇为"武圣"，自此，关公遂与"文圣"孔子齐名。

关公唐卡

关公与佛教结缘据佛教文献记载源自隋朝。清乾隆版《关帝志·灵异·建玉泉》就有这样的记述：隋开皇十二年（公元592年），有"东土释迦"之称的汉地佛教最早的宗派"天台宗"创始人，"天台宗四祖"当阳天台智者大师（公元538—597年）智顗欲建精舍于荆州玉泉山，夜梦关公显灵，承诺"吾当为力建一刹供护佛法"，并大施威力促玉泉寺成，关公授五戒，遂成此寺护法神。由于当时将寺院称为"伽蓝"，所以关羽又被称为

三世章嘉活佛唐卡

"伽蓝护法"或"伽蓝菩萨"。

相较于汉传佛教,关公正式进入蒙藏佛教序列虽相对较晚,但重视程度却有过之而无不及。如汉传佛教对关公虽有信仰,但只限于供奉,并无祈祷、赞颂以及供奉仪轨。而蒙藏佛教对关公的信仰却有完整细腻的供赞仪轨、功德文及法会。究其原因,一方面与将"独尊黄教"(藏传佛教格鲁派)作为国策的清朝宫廷对关公的崇拜密不可分;另一方面,亦得益于雍正、乾隆两朝的大国师,雍和宫的首任住持三世章嘉呼图克图诺必多吉(公元 1717—1786 年)与关公的缘起。据长期同章嘉国师一同研习佛法、协助其管理在京宗教事务并任掌印喇嘛、御前常侍禅师的三世土观呼图克图洛桑却吉尼玛(公元 1737—1801 年)编撰的《章嘉国师诺必多吉传》一书中记载:三世章嘉活佛诺必多吉在 20 岁时从西藏经四川返回京师,途经襄陵山时,于梦中见一红脸大汉邀其到山顶家中小憩。并宣称"从此地以下汉地都属我管辖,给我布施食物者在西藏也有不少,特别是后藏有一位老年高僧一再供给我饮食。从今天起,我做你的保护者,明日你在途中将遇小难,我可排除"。次日,章嘉活佛在路途上,忽然一只猴子从树林里抛出一块石头,绕过章嘉打在他的侍者楚臣达杰头上,侍者并未受到大的伤害。询问当地僧众,果有一位藏语称之为"真仁嘉波"(sprin rin rgyal po)的神仙人物居于此地,而"真仁嘉波"汉文意译就是"云长国王"或"云长大帝"(云长胜者)。三世章嘉亦曾亲口告诉土观呼图克图:在去西藏时,到梦中见到的那座大山底下献酒祭礼后,不知从哪里出现一只老虎,一直护送自己到山背之后。《章嘉国师诺必多吉传》还记述章嘉国师忽患痛风之病,手足麻木,帝数次命御医调治,却无济于事。于是便请术士进行占卜,于幻象中见一位威风凛凛的红脸大汉手持大刀,将章嘉国师身边拥聚的很多巨大的蜘蛛赶往他处。当夜,章嘉国师又梦见这位红脸人对他说:"伤害你身体的那些小鬼已被我驱逐。"国师追问此人居于何处,答曰:"在皇宫前面大门外右方。"次日,身体大为好转的国师命侍从依址察看,却发现那是一座历经数代香火不断的关帝庙。章嘉国师由此认定自己有关帝护佑,遂举行大祭,更亲笔撰写《关老爷祈请颂》之赞词。此后,土观活佛亦依此编著了《降三界魔·嘉钦关云长金针法》和《三界伏魔大帝关云长之历史和祈供法》的功德文,将关公认定为观世音菩萨变现的马头明王眷属中的红面狱主(亦说是大红司命主),后藏的那位供养关公的老年僧人亦被认定是五世班禅。自此关公成为了蒙藏佛教上层神灵体系中一位特殊的出世间护法神，受到雍和宫与青海塔尔寺的推崇。时至今日，纪念关圣帝大法会仍然位居雍和宫全年重大佛事活动之列。在农历五月十三日这一天从上午 9：00—11：00，雍和宫全体僧众在法轮殿举行盛大的法会纪念关圣帝磨刀，主要念诵《供养关圣帝赞颂文》和《無上瑜伽部大威德金刚独尊仪轨》。在农历六月二十四日这一天从上午 9：00—11：00，雍和宫全体僧众在法轮殿举行盛大的法会纪念关圣帝诞辰，主要念诵《供养关圣帝赞颂文》和《無上瑜伽部大威德金刚独尊仪轨》。

关云长（关圣帝）是北京雍和宫的护法，也是京城的护法，也是蒙古地区佛教徒的护法，信众虔诚供奉。雍和宫全体僧众每天早课都念诵《关圣帝护法略诵文》，在每月的初一、十五上午 9：00—11：30 时也念诵《关圣帝护法广诵文》，来祈祷国泰民安、人民安居乐业。

《关圣帝护法略诵文》中云：

> 东方中国大护法（战神），誓愿护佑能仁教；
> 麟种云长王之称，关帝眷属恒常住。
> 供养饮食如大海，无漏甘露已加持；
> 成就瑜伽之正法，违缘皆消成顺缘。
> 佛教兴隆国民富，住行远途皆幸福；
> 瑜伽师徒施主等，如法如意千万友。
> （凯朝藏译汉）

在中国很多地区民间，流传着许多关圣帝显灵的故事，他成为"司命禄，佑科举"，治病除灾，驱邪避恶，保护家庭安全，招财进宝等多种功德；而且又是"忠、孝、节、义"的化身，深受中国各族人民以及在住国外华人的崇拜和爱戴。据雍和宫的老僧人讲，关圣帝为保护北京城和雍和宫的安全也显过很多神通，这些情况北京的很多老人也都知道，所以北京的很多老人们，也都愿意来雍和宫供养礼拜关圣帝，保佑他们全家幸福美满和北京社会的安全。

第 十 二 章

内蒙古阿拉善佛教寺院调研

第一节　阿拉善盟宗教概况

阿拉善盟位于内蒙古自治区最西部，东与巴彦淖尔市、乌海市、鄂尔多斯市相连，南与宁夏毗邻，西与甘肃接壤，北与蒙古国交界，边境线长735公里。现辖阿拉善左旗（县）、阿拉善右旗、额济纳旗和阿拉善经济开发区、孪井滩生态移民示范区2个自治区级开发区，共有24个苏木镇（蒙古语：乡镇）、191个嘎查村（蒙古语：村）。盟府所在地巴彦浩特。

阿拉善盟前身是阿拉善和硕特旗和额济纳土尔扈特旗。中华人民共和国成立前，两旗曾先后直属清政府理藩院和民国政府蒙藏委员会。中华人民共和国成立后，先后五次变更隶属关系，曾归宁夏、内蒙古、甘肃管辖。1979年重归内蒙古自治区，1980年5月1日成立阿拉善盟。

主要盟情特点：一是地广人稀。全盟总面积277平方公里，总人口22.05万人，有蒙、汉、回、藏等28个民族，其中蒙古族人口占22.4%，是内蒙古面积最大、人口最少的盟市。二是自然条件艰苦。沙漠、戈壁、荒漠草原各占总面积的三分之一，适宜人类生产生活面积仅占总面积的6%。年均降雨量由东向西200—40毫米，蒸发量高达3500毫米以上。境内仅有两条河流，一条是季节性内陆河流——额济纳河（黑河下游），境内流程275公里。另一条是从盟境东缘流过的黄河，入境流程85公里。三是资源远景看好。已发现矿藏86种，探明一定储量的45种，已开发利用的有煤、盐、铁、金等30种。全盟95%的面积没有做过地质详查，北山成矿带属"十一五·国家金属矿产勘查16个重点靶区之一",正在开展地质勘察工作。旅游资源独特,有巴丹吉林沙漠、胡杨林、黑城遗址等,是全球唯一以沙漠为主题的世界地质公园,被誉为"中国秘境—阿拉善"。四是区位比较偏远。1992年开通了策克口岸,是自治区第三大常年开放陆路口岸。2009年过货量超过360万吨,其中进口原煤355万吨。地处呼包银经济带、陇海兰新经济带交汇处,与内蒙古、宁夏、甘肃三省区12个地市毗邻。五是国防地位重要。境内有空军试验训练基地和东风航天城,多颗卫星、"神舟"号系列飞船均在阿盟成功发射。

2010年9月国家宗教局在阿拉善召开的宗教界开展公益慈善事业研讨会合影

改革开放以来特别是近年来,在自治区党委、政府的正确领导下,阿拉善盟以邓小平理论和"三个代表"重要思想为指导,深入贯彻落实科学发展观,紧紧围绕富民抓发展,坚持工业主导、生态优先、富民为本,把工作的着力点放在抓项目建设、抓产业发展、抓增收富民上,努力实现富民与强盟相统一,加快推进富裕、文明、和谐阿拉善建设进程。2009年,全盟生产总值完成245.1亿元,增长23%,其中工业增加值180.5亿元,增长28.9%;固定资产投资完成141.9亿元,增长32.8%;地方财政总收入完成32.6亿元,增长28.8%;城镇居民人均可支配收入达到16604元,增长11%;农牧民人均纯收入达到6821元,增长12%。

阿拉善敖包

2010 年上半年，全盟生产总值完成 121.14 亿元，同比增长 21.5%，其中工业增加值 93.59 亿元，同比增长 26.4%。固定资产投资完成 76.96 亿元，同比增长 19.9%。地方财政总收入完成 22.81 亿元，同比增长 38.1%。城镇居民人均可支配收入达到 9151 元，同比增长 10.95%；农牧民人均现金收入达到 8413.6 元，同比增长 6.72%。

阿拉善盟现有佛教（蒙藏佛教、汉传佛教）、伊斯兰教、天主教、基督教四种宗教。依法登记的宗教活动场所有 33 处，其中蒙藏佛教寺院 17 处、汉传佛教 1 处、伊斯兰教 13 处、基督教 2 处。固定宗教活动处所 6 处，其中天主教 1 处、伊斯兰教 2 处、基督教 3 处。宗教团体 2 个，即阿拉善盟佛教协会和伊斯兰教协会。教职人员 775 人，信教群众约 4 万人。阿拉善盟宗教历史悠久，并且形成了鲜明的地域特色。四大宗教中又以藏传佛教和伊斯兰教影响最广，遍及全盟各个地区。阿拉善盟蒙藏佛教在佛教界拥有特殊的地位，藏传佛教格鲁派转世活佛六世达赖喇嘛仓央嘉措（tshang dbyangs rgya mtsho）圆寂于阿拉善。阿拉善的广宗寺、延福寺、福因寺、承庆寺、昭化寺、妙华寺、方等寺和宗乘寺八座佛教寺院，均接受过清帝御赐的满、藏、蒙、汉四种文字书写的金字匾额，是享誉中外的宗教文化圣地。阿拉善盟还有一支信仰伊斯兰教的蒙古人，当地称为"科布尔"蒙古，也称"蒙古回回"、"缠头回回"或"信仰伊斯兰教的蒙古人"。在中华

蒙古族下马酒仪式

人民共和国成立后的几次人口普查中，被认为是信仰伊斯兰教之蒙古族，主要分布在阿拉善左旗巴彦木仁、敖伦布拉格、乌素图苏木一带。

佛教主要以藏传佛教为主在阿拉善左旗的传入发展与阿拉善蒙古族的迁徙发展同步。藏传佛教是中国西藏地方传播的佛教之一支。格鲁派（dge lugs pa，俗称：黄教）在元朝时（公元 1280—1368 年）就传入蒙古族上层社会，明清后逐渐在蒙古民众中传播。明崇祯十五年（公元 1643年），卫拉特蒙古和硕特部首领顾实汗在西藏扶持格鲁派。后来，顾实汗之孙和罗理游牧阿拉善地区，其子阿宝又奉命护送达赖喇嘛入西藏，统兵驻守 4 年之久，从青海带来《甘珠尔经》和佛像和宗喀巴大师像，在王府设立家庙。从此，阿拉善民众和西藏结下不解之缘，蒙藏佛教影响益深。到乾隆年间，僧侣（俗称：喇嘛）达到 3000 余名，全旗有 90%以上的人都信奉蒙藏佛教（俗称：喇嘛教）。清同治年间，阿拉善地区蒙藏佛教最为兴盛，僧侣达 6400 多名。后，由于战争、疾病等原因僧侣总数逐渐减少，中华人民共和国成立时，有僧侣 4270 余名，占总人口的13%。

清代，由于阿拉善旗蒙藏佛教颇为兴盛，大量集资修筑蒙藏佛教寺院，仅二三万人口的地区，就建造了近 40 座佛教寺院。其中有著名的八大寺——延福寺、广宗寺、福因寺、昭化寺、承庆寺、宗乘寺、妙华寺、方等寺等。

阿拉善旗各大佛教寺院均设有扎仓（藏语：grav dshaṅ）学院，分为四大部。洞克尔多根（藏语：dus ḥkhor ḥdu ḥkhaṅ）为时轮学院，传授数学、天文、地理、占卜和历法；却依林多根（藏语：chos grav ḥdu ḥkhaṅ）为佛教哲学院，传授佛教哲学，经常进行僧众演讲和辩论活动；曼巴多根（藏语：sman pa ḥdu ḥkhaṅ）为医学部，传授医学，培养藏医人员；阿布巴多根（藏语：sṅagspa ḥdu ḥkhaṅ）为密乘学院，专门传授僧众佛教密乘传承和仪轨等。各寺院内均有佛像雕塑和壁画，具有较高的艺术价值，是研究当地蒙藏佛教兴盛和发展的重要资料。最有名的延福寺、广宗寺、福因寺，在"文化大革命"期间，均遭到严重破坏，延福寺虽然幸存，寺内却被洗劫一空。此外，昭化寺、达里克庙经堂（蒙古语：darha）内的陈设也荡然无存。自 1981 年以后，这 3 个寺逐步得到修缮，对国内外游客开放。

第二节　阿拉善延福寺

延福寺

延福寺亦称"衙门庙"，设于旗衙门所在地。蒙古语："布音阿日比特哈其苏木"（boyan abidugqi sUme），藏语名"格吉楞"（dge rgyas lgiri）。坐落在阿拉善蒙巴彦浩特镇王府街北侧，是阿拉善地区最早建成的佛教寺院建筑，也是阿拉善地区佛教的发祥地之一。是由清朝初的和硕特蒙古部阿拉善旗第二代札萨克多罗郡王阿宝（公元1709—1739年在位）主持始建的。清朝政府于雍正九年（公元1731年）在阿拉善建成定远营城，第二年因阿宝征伐准噶尔和青海罗布桑丹津的叛乱有功，将在贺兰山阴修建的定远营赐给阿宝。雍正十一年（公元1739年），阿宝次子罗卜桑多尔济袭位，因有功于清朝政府，被晋升为亲王。为了"恭祝万寿无疆"，他又扩建该寺院。乾隆七年（公元1742年）继续扩建大殿，后陆续完成周围的建筑。乾隆二十五年（公元1760年），清廷赐满、藏、蒙、汉四种文字书写"延福寺"的金字匾额。道光十三年又再次扩建，1931年旗王捐资扩建大经堂①。

延福寺与王府有着密切的联系，创建与历次扩建、修复，均属历代王爷集资兴建。故该庙俗称"王爷庙"，也可以说是王府的家庙。延福寺是阿拉善佛教寺院中年代久、影响甚广、保护和修复较完整的蒙藏寺院，被内蒙古自治区列为重点文物予以保护。为旗重点旅游景区之一②。

---

① 乔吉编著：《内蒙古寺庙》，内蒙古人民出版社2003年版，第101页。

② 蒙藏佛教著名佛学家阿葛旺丹达尔（1759年—1840年12月3日），蒙古族，就是延福寺高僧。阿葛旺丹达尔出生于1759年已卯冬季（乾隆二十四年），是阿拉善和硕特旗巴彦诺日公巴格牧民叶赫辉特氏卫宗宰桑·伊乃之次子。七岁时送来定远营延福寺为僧。1776年，获得升入西藏名刹哲蚌寺继续攻读和深造佛经的资格。有关他的事迹下文详述。

延福寺整个建筑布局整齐、结构玲珑、工艺精巧、形式多样，建有大经堂、菩萨殿、四大天王殿、转经楼、如来殿、阿拉善神殿、药师殿、密宗殿、钟楼、鼓楼等大小殿楼十多座，共 282 间，占地面积 6700 多平方米。其

延福寺寺院

中以藏汉结合式的大经堂为一特色，可谓是多民族建筑艺术文化的杰作。大经堂为三层建筑，外层为藏式，中央为高耸的楼阁式殿堂。殿内供奉有释迦牟尼佛及宗喀巴大师的雕塑像和绣像，造型均称得上极品佛教艺术。大经堂前为如来殿，殿内供奉三世佛（过去：燃灯佛，现在：释迦牟尼佛，未来：弥勒佛）和十八阿罗汉等塑像。如来殿前为六角形基座，重檐穹庐顶的转经楼，最前为天王殿。这些都在一条南北中轴线上，坐北朝南的建筑群。两侧为钟鼓楼及东西配殿。据记载，钟鼓楼是阿拉善旗第二代札萨克多罗郡王阿宝的贵夫人发心集资兴建。楼内的经卷是康熙帝所赐①。

1919 年前后为鼎盛时期，僧侣达 500 人。到 1949 年有僧侣 200 多人。寺内至今保存着乾隆三十三年（1768 年）所铸铜香炉一座，高 2.2 米、直径 0.85 米。有乾隆五十五年（1790 年）所铸大钟一个，其钟声洪亮悦耳，每击一下整个巴彦浩特余音缭绕。

乾隆二至四年（1737—1739 年），根据六世达赖喇嘛仓央嘉措（dshaṅ dbyaṅs rgya dsho, 1683—1706 梵音海）的提请，从该寺院挑选百名学问僧，在现在的广宗寺进行了系统、全面的佛学教育和佛事活动仪轨讲解，为该寺院培养了许多高僧大德。乾隆十年（1745 年），阿拉善亲王罗布生道尔吉，为纪念前任父王的功德，耗资一万两白银，建造了双层阁楼并由 108 个轮经组成共有四十九间的大雄宝殿以及其他附属经殿，是较为成套的经殿②。

①　乔吉编著：《内蒙古寺庙》，内蒙古人民出版社 2003 年版，第 101 页。
②　建造 108 转经轮的功德。参见本书第 187 页。

乾隆二十四年（1759 年），旗王府向清廷呈请寺名，次年（1760 年）赐"延福寺"匾额，由四种文字书写；同时封该寺院"甘珠尔"上师为"朝廷大喇嘛"，要求他整理整顿寺院清规戒律，弘扬佛法，统管佛事活动。

延福寺是阿拉善地区建成年代最早的寺院之一，曾经得到过六世达赖喇嘛仓央嘉措和迭斯尔德诺门汗等活佛高僧的大力支持。它的属寺有宗乘寺、沙彖嘎庙、额尔博格庙、巴丹吉林庙、布日嘎苏台庙、布尔汗乌拉庙、贵西庙、敖包图庙等。上述属庙的住持大喇嘛均由延福寺委派，大喇嘛也由延福寺权威大喇嘛担任。

嘉庆十年（1805 年），阿拉善亲王玛哈巴拉为纪念上尊亲王的功德，大造声势，加强该寺的各项佛事活动制度，还兴建了阿格巴殿（藏语：sṅags pa grav dshaṅ）、观音殿、达里克庙（蒙古语：darkan sum-e）等经殿，维修扩建金刚殿、药王殿。1922 年，应甘珠尔巴格西活佛的建议，建筑了25 间大的东阔尔经殿（藏语：dusḥkhor grav dshaṅ，时轮金刚殿），并邀请广宗寺（南寺）精通时轮论理的丹巴老爷喇嘛为该经殿的住持大喇嘛。1932 年，阿拉善亲王达理札雅下令，由旗札萨克出资 800 块银元，翻修大雄宝殿，亲王元福晋金允诚女士也为表达虔诚之心，个人出资，把大雄宝殿内，装修一新；为了迎接九世班禅却吉尼玛大师（chos kyi ñi ma 1883—1937 年），专程邀请能工巧匠，制作了八狮子宝座。此时旗札萨克众臣也受感动纷纷出资，装修延福寺各经殿。1937 年，阿拉善亲王达理札雅又下令，修建了专奉阿拉善地区的本尊佛和阿拉善地区的护法神的两层大殿。

经过几百年的建设过程，到 1937 年时，已发展成为规模宏大、气势雄伟、众僧云集的寺院。如大雄宝殿已扩建成为 180 间，藏尼德殿（藏语：mshan ñid grav dshaṅ，法相院）25 间，药王殿 25 间，三世佛殿 15 间，观音殿 13 间，藏经殿 12 间，功德殿 12 间，阿拉善殿 12 间，转经殿 2 间，金刚殿 2 间，雅尔尼殿 12 间，鼓、钟楼等大小 13 座经殿共 326 间，和各经殿庙仓等合计共 1061 间之多。

该寺院活佛称为甘珠尔巴格西活佛。

第一世活佛为吉布增罗布生图布登旺舒格（rje bsun blo bzaṅ thub bdsan dbaṅ phyug），第二世甲木英黑都布却吉甲木苏（hjam dbyaṅs thub rgyas chos kyi rgya dsho），第三世活佛为吉布增罗布生嘎拉森达尔吉（rje bsun blo bzaṅ bskal bzaṅ rdo rje），上述三位活佛为藏区散川（音译）地玛札关布寺高僧。

第三世活佛在阿拉善地区贡献显著，从而得到了阿拉善亲王玛哈巴拉的大力支持，道光八年（1828 年）亲王玛哈巴拉迎请至延福寺，嘉庆年间封他为"莫日根堪布"（智慧聪明的住持），著作有《诺日布都莎拉》。

第四世活佛阿旺却吉甲木苏（ṅags dbyaṅs chos kyi rgya dsho），出生地为现青海塔尔寺附近，同治十二年（1873 年）被确认，1944 年 73 岁时圆寂。

第五世活佛阿旺图布登尼玛（ṅags dbyaṅs tkub sdan ñi ma），1946 年出生于阿拉善巴润别立巴格，经塔尔寺安吉斯活佛确认。1949 年后，在国家的宗教政策的照耀下，认真学习贯彻执行国家的民族和宗教政策，现任阿拉善盟政协副主席，内蒙古自治区佛教协会，阿拉善盟佛教协会副会长，红十字会副会长等职①。

延福寺殿堂设计比较精美，亭台楼阁色彩艳丽，十分体现了清代蒙藏汉各族工匠的佛教艺术精华。寺内所藏有乾隆亲书"延福寺"匾额，还有乾隆三十三年所铸造的青铜香炉和乾隆五十五年铸造的大钟以及云罗伞盖等珍贵历史文物现存。

历史上延福寺曾经有七座下属寺院，即沙尔嘎庙、额尔布海庙、吉兰乃庙、宗乃庙、树贵庙、巴尔达胡庙和阿贵庙。据光绪二十一年（1895年）延福寺自己的调查统计，连同七座下属寺院，共有僧众547人，其中清朝政府认可的度牒僧侣仅有55人。延福寺的格根（转世活佛）为"沙布隆"（藏语：Shabs truṅ）的爵位，称"甘珠尔沙布隆"，共转世四世②。

延福寺在历史上曾设有四大学院，即哲学院、医学院、时轮学院和密乘学院中僧众可学修蒙藏佛教十明文化（rig gnas bcu）。在蒙古地区，瑞应寺（蒙古族人称"葛根苏木"，俗称佛喇嘛寺）位于辽宁省阜新蒙古自治县佛寺镇佛寺村，在阜新市西南22公里③，和包头五当召一样都是历史

---

① 《内蒙古阿拉善延福寺简介》，新浪旅游，2007—10—10 14：18：00。
② 同上书，第101—102 页。
③ 陶克通嘎等编《瑞应寺》（Togtonga, *Gaiqamsig joqiragulugci süm-e*），内蒙古文化出版社1984年版，第10—13 页。在阜新蒙古自治县的西南山区，有一条幽静灵秀的山谷，它三面环山，卧谷十里。远看环绕的群山，山峦迭翠，雄姿挺拔；近处有泉水叮咚，清澈透明，甘美芬芳。在这山清水秀，景色宜人之地，一座久负盛名的佛教寺院静静地立在这里，这便是闻名遐迩的、东部蒙古族地区最大的蒙藏佛教大寺院——瑞应寺。清朝后期，佛寺地区被国家登录的佛教寺院和被县登录的佛教寺院以及村登录佛教寺院约有300座，僧众有2亿余人，仅瑞应寺就有僧众3千多人。

上著名的学问寺。

第三节 阿拉善广宗寺

阿拉善广宗寺，俗称"南寺"，位于阿拉善左旗境内，在贺兰山主峰巴音松布尔西北侧有一个八座山怀抱的宽阔地带，地势高低错落，面积约9.4 平方公里，周围树木成荫。南边有一条小溪，涓涓流水终年不断。距离巴彦浩特镇东南 23 公里处，是阿拉善八大寺中名望最高、影响较大的蒙藏佛教寺院。广宗寺蒙语名"沙经巴德如拉格其苏木"，藏语名"噶旦丹吉林"（dgaḥ ldan bstan rgyas liṅ），意为"兜率广宗洲"。始建于乾隆二十一年（1756 年），是由班自尔扎布台吉之子阿旺多尔济遵照师父六世达赖喇嘛遗愿所建。后因供奉六世达赖喇嘛的肉身灵塔而名扬蒙、藏地区。

如来八塔

阿拉善广宗寺

乾隆二十五年（1760 年），阿拉善第三代王罗布桑多尔济上报清理藩院，御赐用蒙、汉、满、藏四种文字书写"广宗寺"的金字匾额。清朝时期，广宗寺的常住僧侣实数不清，据说不超过六七十人。清朝同治年间，广宗寺的常住僧侣曾达 1500 人左右。据 1958 年全国少数民族社会和历史调查资料，当时广宗寺僧侣有 445 人。广宗寺曾有过六座属寺，其中一座在青海，叫石门庙。这些寺院在"文化大革命"期间，大都被拆毁。广宗寺的活佛是清朝理藩院注册的"呼图克图"①。

---

① 乔吉编著：《内蒙古寺庙》，内蒙古人民出版社 2003 年版，第 99—100 页。

阿拉善原有佛教寺院28座，其中8座拥有清朝皇帝或民国大总统授予的寺名匾额，因此有八大寺之说。其中5座有匾额的寺院和其他无匾额的寺院分别属于南寺、北寺（福因寺）、延福寺等三大寺院系统，是三大寺的属寺，藏语称"关拉格"（dgon lhag），意为"剩余寺"。比如八大寺中的昭化寺、承庆寺、妙华寺等都是南寺的属寺，它们的主要僧职人员的任命是需要获得南寺的批准方可。真正的大寺只有3座，其中以南寺为最①。南寺建造年代之早，寺院建筑规模之大，僧侣人数之多，在蒙古地区和藏区佛教界的影响之大，博得蒙藏佛教信徒们的向往和虔诚之深，所供奉的舍利（六世达赖喇嘛肉身舍利）名气之大，学经制度之完善，法事、法会仪轨之如法和盛大而隆重，在阿拉善佛教界首屈一指的。

广宗寺所处之地位，十六阿罗汉被迎请至中国中原地区时修持夏安居之地而记载于有关论述颂文中。五世达赖喇嘛的《十六阿罗汉礼供》（gnas brtan phyag mchod），六世达赖喇嘛的《阿拉善神祭供》（ha la śan gyi gsol mchod）以及章嘉国师若必多吉（lcaṅ skya rol baḥi rdorje）为广宗寺所写的寺规《三学盛日光》

广宗寺法会

（bslab gsum rnam par rgyas paḥi ñi ḥod，现藏广宗寺）中都记载着十六阿罗汉在广宗寺修持过夏安居的情况和达摩达喇（dge bsñen dharma）为十六阿罗汉献供养的情景。广宗寺第二世葛根（活佛）罗桑图布丹嘉木苏（blo bzaṅ thub bstan rgya mdsho，当地人称"即温都尔葛根"）在他著的《瞻卯山熏香祭》（thar ba lcog gi bsaṅs mchod）的前言中更是具体地写到"早在有法术的和尚将十六阿罗汉尊者迎请至汉地时，在贺兰山修持过夏安居和在此地由居士达摩达喇做施主的历史记载于五世大宝所做的阿罗汉礼供圆满中。班禅一切知曾亲口作预言，那时阿罗汉修持夏安居之地是现在的"噶旦丹吉林"（dgaḥ ldan bstan rgyas gliṅ，广宗寺）"的所在地，并明示达

---

①　贾拉森：《缘起南寺》，内蒙古大学出版社2003年版，第1页。

摩达喇居士也是诞生于此寺周边。据老人们说在特布克山（广宗寺附近的一座小山名）顶有阿罗汉的足迹，果然至今清晰可见[①]。据《六世班禅洛桑巴丹益希传》中记载，达波夏仲（即温都尔葛根）于1769年谒见过班禅巴丹益希（paṇchen dpal ldan ye śes），并授过经文传承[②]。上述引用的话，很可能是两人交谈时班禅额尔德尼所讲。这是广宗寺作为佛教圣地而名扬佛教界的一个重要原因之一。再者，广宗寺是六世达赖喇嘛的寺院，寺中供奉着六世达赖喇嘛的舍利塔（俗称：灵塔）是远近佛教信教群众虔诚地向往朝拜的重要的原因。

　　1981年以来，由该寺原来的僧侣和当地牧民集资恢复重建，逐渐开始恢复佛事活动，广宗寺是内蒙古阿拉善著名的旅游景区之一。

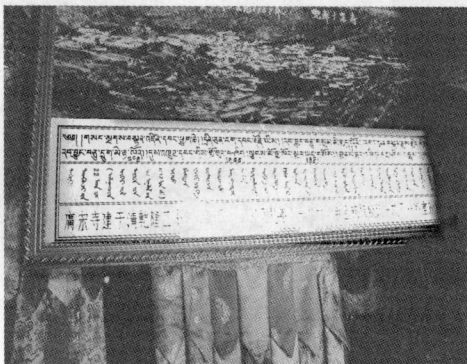

蒙藏汉三种文字撰写的广宗寺恢复文

黄庙——六世达赖灵塔：位于广宗寺，寺院区东缘山脚下，占地面积870平方米，建筑房屋有81间，大殿堂17米，分四层；进入寺院台阶73级，建筑以藏式风格为主。以灵塔位寺院的核心部分，供奉第六世达赖喇嘛的肉身舍利而闻名于世，塔体主要部分由真金铸造。

红庙：又称藏红庙，位于寺院南侧山梁，占地面积260平方米，共有寺院房屋12间，殿堂高6.8米，分两层，藏式风格建筑。在此寺院主要用于佛事活动为主。

　　六世观音庙：六世观音庙位于黄庙的东侧，占地面积820平方米，共有寺院建筑12间，供奉有六世观音（六世达赖喇嘛）的肉身舍利而闻名，现有的建筑物已有250多年的历史。

　　塔林区：位于黄庙北侧，占地面积1800平方米，曾建成各种造型的佛教的塔66座，在"文化大革命"期间被毁坏，现在只保留有2座，为前来朝拜者之供养。现在有常住僧侣20多名，举行普通佛事活动时附近寺院的僧侣前来参加佛事活动时达80余名僧众，举行盛大佛事活动时僧

---

① 手抄本，现藏广宗寺。
② 《六世班禅落桑巴丹益希传》（汉文版），西藏人民出版社1990年版，第238页。

众可达几百名。

广宗寺的两位转世活佛，都是清朝政府注册并册封的呼图克图。两位活佛分别是六世达赖喇嘛仓央嘉措和西藏摄政王第巴·桑结嘉措的转世活佛。俗称"德鼎葛根"和"喇嘛坦"。

广宗寺第一世活佛是六世达赖喇嘛仓央嘉措（1683—1746 年），曾用化名：阿旺曲吉嘉措，第二世转世活佛是罗桑图布丹嘉木苏（1747—1807 年），即温都尔葛根，俗家名叫：元丹忠尼，五岁迎请坐床；第三世活佛是却达尔嘉木苏（1809—1828 年），俗家名叫：仁钦嘉木苏，六岁时迎请坐床；第四世转世活佛是伊希楚勒图木达尔吉嘉木苏（1829—1856 年），五岁时迎请坐床；第五世转世活佛是贡萨勒永恰布（1851—1900 年），十六岁时迎请坐床，他是阿拉善旗第六位扎萨克贡桑珠尔默特亲王之三子，所以称他为"三爷葛根"。他三十九岁时经旗府批准还俗，曾经又从拉卜勒寺迎请吉格米德嘎拉僧嘉木素的小喇嘛替代五世活佛，少年圆寂。第六世转世活佛是阿旺丹增田来嘉木苏（1901—1958 年），十二岁时迎请坐床。

詹卯山：广宗寺向北一公里有一独矗的小山，远看形似毡帽，所以，以其谐音称为詹卯山。当地蒙古人直称藏语和蒙古语合称叫"塔尔巴桌格"意思说，是解脱的方向。据传说一千多年前，十六阿罗汉被迎请到汉地时，在此地修持过夏安居之圣地。从此闻名诸方。也属于广宗寺的分院。

现在当年十六阿罗汉修行的地方，依旧佛号法音朗朗、香烟袅袅。飞来石、木鱼石上可见清晰的阿罗汉足迹。此处蕴藏着神奇而丰富的传说故事，吸引许多高僧大德、善男信女前来朝拜祈福，旅游观光。

从洞口延伸出来的巨型岩石能发出清脆的声音，称它是阿罗汉用过的椎（集合僧众的响器）。洞口外修有台基和僧舍，其东侧稍高处有人工凿出的山洞，因洞内有温都尔葛根亲自画的金刚萨萨为主的诸多上师、本尊、佛、菩萨、护法等像，故金刚萨萨洞。山脚下曾有过经堂、活佛别院、僧舍等，夏季举办夏安居修持法会。在恢复詹卯山的过程中，该寺院的弟子桑吉拉布丹做出过特殊的贡献，他主持修通了从南寺到詹卯山的能行使小型汽车的土路，又从南寺拆迁废墟中捡出砖瓦、石料、木材、背到詹卯山，修复了台阶，盖起了僧房，洞口安装了门窗。僧俗称他为南寺的"愚公"，得到大家的敬佩。

此外，在南寺还珍藏有一大批极其珍贵的佛教文物：甘丹赤巴的斗篷；唐朝一代宗师玄奘法师使用过的造型奇特的金刚铃、金刚杵；玛尔巴大师使用过的金刚铃、金刚杵；六世达赖喇嘛的五佛冠；六世班禅所赐的银壶；光绪皇帝御赐的蟒袍、朝珠、玉如意；章嘉大国师制定的寺规；达赖喇嘛、班禅大师赐予封号的诏书、印章，哲蚌寺格斯归（僧官）在传召大法会期间用的铁棒等等。

附录　阿拉善广宗寺密宗僧院暨贤劫千佛殿落成开光

南寺又添一佛教文化胜景（阿拉善新闻网 2005—10—10　15∶10）

下面附一篇有关阿拉善广宗寺的报导：

　　本报讯（记者宝勒尔）10月8日上午，南寺旅游区香烟缭绕，人山人海，阿拉善广宗寺密宗僧院暨贤劫千佛殿开光仪式在南寺隆重举行。来自宁夏、乌海、临河等地区的车辆排成了长队，几乎将所有的停车点装的满满当当，一个个满怀虔诚祈愿的人们从四方赶来敬献一份心香。

　　自治区民族事务委员会主任阿迪雅，自治区人大常委、民族外事委员会主任巴仁，自治区宗教局局长秦蒙，自治区团委书记罗志虎，自治区政协民族宗教委员会副主任、自治区佛教协会会长、广宗寺活佛贾拉森，自治区政协常委、佛教协会秘书长、延福寺活佛阿旺图布登尼玛，全国青联委员、自治区佛教协会副秘书长兼佛教学校常务副校长巴拉吉，内蒙古佛教协会理事、呼和浩特市观音寺主持澄还法师等宗教人士以及宁夏石嘴山市、巴彦淖尔市有关部门和旗县领导应邀参加了开光仪式；盟领导蔡铁木尔巴图、达来、冯贵林、巴图朝鲁、王玉宝、陶克图及阿左旗有关领导出席了开光仪式并剪彩。

　　南寺旅游区是我盟龙头旅游区，也是阿左旗全力打造出的精品旅游区。广宗寺位于贺兰山巴音笋布尔峰脚下的群山怀抱之中，于1756年（清乾隆年间）建成。当时有15座庙宇，2819间僧舍，占地约40万平方米。密宗僧院即为广宗寺建筑群中的庙宇之一。因其供奉千佛加之殿宇巍峨宏大，深受广大僧人信教者敬仰，其香火之盛，长达百余年，后兵祸战乱，毁于清同治年间。

　　据了解，中国巨人集团董事长史玉柱投资168万元，于2004年7月依乾隆年间密宗僧院旧貌，重修该殿，并于今年10月8日落成开光，历时15个月。新殿宝相庄严，千佛重现，成为广宗寺一大盛事。

千佛殿以藏传佛教、汉传佛教加之蒙式建筑风格糅和而成,既有藏之传统又有汉之变革,更有蒙古族之文化,为二层六楹四斗八拱之建筑体制,金碧辉煌,柔美可观。千佛殿在建设过程中,从外地聘请能工巧匠30余人参加施工建设,彩绘、雕刻做工细致、栩栩如生,其大理石广场仿雍和宫之风格,精心制作,十分考究。整个大殿建筑规模与耗资仅次于黄庙、大经堂。

据了解,在此次开光仪式后,10月9日又举行了火供仪式,10日下午还将举行贤劫千佛殿供养法会。(参见《阿拉善日报》 编辑:段咏梅)

第四节　阿拉善福因寺

福因寺俗称"北寺",蒙语名"布音温都斯勒格其苏木"(Boyan undu-sulegci süm-e),藏语名"格图布楞"。位于阿拉善左旗木仁高勒苏木(乡)地区境内,地处贺兰山西麓一山谷中,距巴彦浩特镇东北25公里处;始建于嘉庆九年(1804年),嘉庆十一年(1806年),经阿拉善旗第五代王玛哈巴拉上报清廷理藩院,嘉庆皇帝赐寺名"福因寺",并赐用蒙、汉、满、藏四种文字书写的福因寺金字匾额。因而,"福因寺"著称于世。福因寺是阿拉善地区八大佛教寺院之一。曾经有大小殿堂15座,房屋893间,僧舍、吉萨(仓房),共1498间,占地面积0.3平方公里。同治年间福因寺僧侣达到993人,到1950年后减少到360人。光绪三年(1877年)理藩院注册的蒙古高僧"道布僧呼图克图"(blo bzaṅ hutugtu)活佛修复了殿堂。1932年,阿拉善第十代王爷达里扎雅捐资修缮正殿(大经堂),使这座拥有99间房屋三层大经堂更加宏伟壮丽。可惜在"文化大革命"期间被毁,成为一片废墟,其金银珠宝等被抢劫一空。1982年在原地重建经堂,逐渐恢复佛事活动。[1]

道布僧呼图克图在福因寺转世三次,在印度、西藏和青海地区曾经转世三次。道布僧呼图克图原是青海地区多奘寺的活佛,为了普度众生弘扬佛法,乘愿再来到阿拉善地区讲经说法,并圆寂于阿拉善。乾隆四十六年(1781年),认定阿拉善旗第三代王爷罗布桑多尔吉亲王之第五子葛力格菩乐(?—1814年)为道布僧呼图克图之转世灵童,在福因寺迎请坐床,

---

① 乔吉编著:《内蒙古寺庙》,内蒙古人民出版社2003年版,第102—103页。

福因寺建筑群（汉式）

法号为罗布桑丹毕官布（blo bzaṅ bstan baḥi mgon po），成为福因寺的第一世道布僧呼图克图。

第二世道布僧呼图克图伊喜丹增敖色日（blo bzaṅ hutugtu ye śes bstan ḥdshin ḥod gser），1819 年迎请到福因寺坐床；第三世道布僧呼图克图是罗布桑伦德布隆日格吉格米德加木苏（blo bzaṅ hutugtu blo bzaṅ lhun grub bge rgyas rgya msho，1882 年 8 月 14 日至 1930 年 12 月 16 日），光绪十四年迎请到福因寺坐床，圆寂于 1930 年 12 月 16 日；第四世道布僧呼图克图是罗布桑格吉格米德（blo bzaṅ hutugtu blo bzaṅ bge rgyas bge gmigs，1932 年 4 月 6 日—），七岁时迎请到福因寺坐床，现任阿拉善左旗政协副主席、阿拉善盟政协常委等职。

第一世卫藏藏传佛教高僧阿旺达喜嘉木苏（ñags dbaṅ bkra śis rgya msho）是日宗多吉达格巴的转世真者，18 世纪末，达赖喇嘛派遣他到阿拉善旗雅布赖山的一个山洞里闭关修持佛法，后来，道布僧呼图克图伊喜丹增敖色日邀请他来福因寺，升任他为该寺院的大喇嘛宝座，后圆寂于福因寺。第二世卫藏藏传佛教高僧是对沁嘉木苏（dus chen rgya msho），由道布僧呼图克图伊喜丹增敖色日迎请，坐福因寺大喇嘛宝座。现在已没有第三和第四卫藏藏传佛教高僧的资料。第五世卫藏藏传佛教高僧仁钦嘉木苏（renchen rgya msho，1932 年 4 月

阿拉善贺山

13 日—），6 岁时认定为卫藏藏传佛教高僧的转世真者，后被迎请为福因寺大喇嘛宝座。

第一世第巴（sde pa 部落主）喇嘛格吉格米德图布丹，他是东昆却济勒琶格巴（dus ḥ khor chos kyi ḥ phags pa）的转世真者，由达赖喇嘛派遣到阿拉善讲经说法、弘扬佛教、利乐有情，他为道布僧呼图克图罗布桑丹毕官布创建福因寺大业作出了不可磨灭的贡献。后来

福因寺大雄宝殿

人们尊他第巴喇嘛。第二世第巴喇嘛巴拉丹鲁布僧丹增道尔吉（dpal ldan blo bzaṅ rdo rje）；第三世第巴喇嘛罗布桑列格喜德嘉木苏；第四世第巴喇嘛嘎拉僧嘉木苏（skal bzaṅ rgya msho），2 岁时被迎请为第巴喇嘛宝座。

福因寺旅游区不仅有悠久的历史和深厚的文化底蕴，还有着得天独厚的秀丽的自然风光。国家一级自然保护区贺兰山森林公园环绕着北寺，宛如一颗璀璨的明珠，镶嵌在茫茫林海之中。游客可以在这里观林海，登险峰，游古寺，玩彩弹，朝观林海日出，暮看大漠孤烟。寺周围丘陵起伏，山泉回绕，松柏常青，草木繁茂，鸟语花香，景色迷人。畅游其中，犹如置身于世外桃源。景区内设有宾馆、餐厅和具有民族特色的蒙古包度假村；环境幽雅的清真餐厅和蒙古族特色餐饮将让远方的游客一饱口福，领略民族风情；一年一度的庙会更能吸引众多的游客观摩和参与佛事活动。

阿葛旺丹达尔拉让巴（1759 年—1840 年 12 月 3 日，lha rams paḥi dge bśes：大召格西，拉让巴格西。过去，拉萨传大召期间，在三大寺僧众会上答复佛学辩难考取的僧侣学位。相当于佛学博士之意），蒙古族，是活跃在清朝的蒙藏佛教著名学者高僧。国内外学者对其均有高度评价：认为他是蒙藏文中的大语法家、宗教哲学家、文学理论家、语言学家、诗人和超越印度班弟达（智者）的译师。福因寺历史上最著名的文化名人就是阿

葛旺丹达尔拉让巴，他不仅是北寺的骄傲，也是阿拉善盟的伟大骄子，是阿拉善历史上的文化巨匠，是对蒙藏民族文化作出了重大建树和卓越贡献的一代大学者。乾隆二十一年（1759 年）1 月，阿葛旺丹达尔拉让巴生于阿拉善和硕特旗巴彦诺尔公巴格普通牧民叶赫辉特氏卫宗桑甲乃家，七岁送定远延福寺为僧。1778 年，阿葛旺丹达尔拉让巴赴西藏拉萨名刹哲蚌寺求学，经过 24 年的精研，洞悉五明学，修习了格鲁派显宗五部大论的精髓，被授予经学院学制中最高的拉让巴学衔。1804 年，阿葛旺丹达尔拉让巴被迎回北寺，封为卓尔济（佛寺中的职位），由此成为北寺历史上的第一位拉让巴。

在阿葛旺丹达尔拉让巴生活的年代，蒙、藏语法尚不规范，也不系统化。针对这一情况，他第一个撰著《详解蒙文文法通讲》和《智者语饰——藏文字词概述》，并因此名扬海内外，引起蒙藏语法研究界的高度评价。阿葛旺丹达尔拉让巴晚年之作有：清道光八年（1828 年），北京崇嵩寺木刻出版的《皓月辉映词典》（蒙藏词典）；清道光十年（1830 年），72 岁的阿葛旺丹达尔拉让巴用蒙藏两文著述训诫长诗《人伦教戒喜宴》；还有一部力作是道光十八年（1838 年）木刻出版的《千日光明词典》（蒙藏词典），是时，阿葛旺丹达尔已是八十高龄的人了。1840 年 12 月 3 日（道光二十年十一月初十丙寅），于北寺（福因寺）圆寂，享年 82 岁。

1990 年在北寺造立了阿葛旺丹达尔纪念灵塔，并修庙供奉。1996 年阿左旗第二中学（今盟民族中学）建校 40 周年庆典之际，在校园里建立了阿葛旺丹达尔的大型雕塑像。

阿葛旺丹达尔拉让巴又被称为"阿旺丹达尔"、"阿旺丹德尔"、"阿葛旺丹达尔拉隆巴"等。2005 年初，阿左旗文体局与内蒙古电视台联合拍摄了阿拉善民俗传统仪式和专题片《阿旺丹达尔》，并在内蒙古蒙语卫视频道播出。6 月份，修建了阿旺丹达尔故居。8 月 29 日，阿左旗文体局召开首届阿旺丹大小写尔学术研讨会，进行相关研究的主要省份的主要学术机构的代表性的学者基本到会。阿旺丹德尔学术研讨会完成了 18 篇专题论文交流研讨和其他议程。出版了《阿旺丹德尔传说集》、《阿旺丹德尔论文集》以及阿旺丹德尔画册。

阿葛旺丹达尔拉让巴的一生，用蒙藏两种文字著述了 40 余部著作，并被收入《阿葛旺丹达尔拉隆巴全集》，在清代，由塔尔寺印经院木刻出版。他的著作蜚声中外，被公认为是一位杰出的蒙藏语法家、宗教哲学家、诗人和超越印度班第达的译师。他的不朽作品，无疑成为中华民族古代文化苑圃里的一方瑰宝。

第五节　贾拉森活佛论《仓央嘉措秘传》

由于六世达赖喇嘛罗桑仁钦仓央嘉措奇特的经历和神秘的传说，学界内外都想找到一部他的完整而可靠的传记，尤其是对他的后半生的经历，存在着截然不同的说法，至今没有一个公认的定论。完整的传记是阿拉善蒙古族僧人阿旺伦珠达尔吉，即拉尊达尔吉诺门罕所著的《一切知语自在法称海妙吉祥传记——殊异圣行妙音天界琵琶音》，可简称《仓央嘉措传》或《六世达赖喇嘛传》。本文主要目的在于纠正强加给它的《秘传》的错误叫法，并论述相关问题。

关于六世达赖喇嘛的后半生的研究必须以它为主要研究资料，因此国内外藏学界都研究这部传记，发表过一些论著。这部著作作为宗教界上层大活佛的传记，宗教色彩很浓，用浓重的笔墨来描述事件的缘分业果联系，内心观想修行成就的显现，未来发生事件的凶吉预兆等。但是作为一个人的传记，记述事件比较概括而完整，年代、地点清楚，事件和人物大都有据可查，可以作为可信的资料来利用。作者用高僧大德传记的体例安排文章结构，引经据典，穿插诗文，写出了这部传记。但藏学界很多人把它称为《仓央嘉措秘传》。这完全是以讹传讹的错误叫法，应该更正。

《仓央嘉措传》1757 年成书以后，首先在阿拉善南寺（即广宗寺）刊刻印行，后来在各寺庙间流传开来。该书南寺版共 128 页（前后两面合为 1 页），第 1、2 面是 4 行外，其余每面 6 行。版面 9cm×36.5cm。边框以内为 6.5cm×32cm。据说第五世迭斯尔德呼图克图桑吉嘉木苏喇嘛坦（1871—1944）于二十世纪前半叶的某一时候将此刊本的一部《六世达赖喇嘛传》赠送给十三世达赖喇嘛，达赖喇嘛看了以后赞不绝口，下令在拉萨刻版刊印。这个拉萨木刻版对原南寺版的某些错别字进行了修正，它是该传记广为流传和译成其他文种及后来出铅印本的基础，而阿拉善南寺木刻版是它的最早的底本无疑。因此这个著作被西藏人所知，本人认为不会早于 20 世纪前半叶，在这之前它是否以手抄本的形式流入西藏，本人不得而知。十三世达赖喇嘛后来把拉萨新版的《六世达赖喇嘛传》通过回阿拉善的普勒忠道仁巴（phul vbyung rdo rams pa）回赠给南寺一部，把它一直保存到"文化大革命"前。从上世纪八十年代以来在北京和拉萨分别出版的《仓央嘉措秘传》中可知这个拉萨新版本的面貌。

　　据我所知，对六世达赖喇嘛一生所做的传记，它是唯一的一部。因为书名中说是"阿旺曲扎嘉措（ngag dbang cos drags qdya mtsho）（汉义：语自在法称海）传记"，也许有人不知为何与六世达赖喇嘛的名字不同。"阿旺曲扎嘉措"是六世达赖喇嘛隐姓埋名流浪时所用的假名。在这本传记中交代的已经很清楚。甚至在本传记中出现了把六世达赖喇嘛名字的上半部分"罗桑仁钦（blo bzang rin chen）"和该别名的后半部分"曲扎嘉措（cos drags qdya mtsho）"连用的情况（请参见该传记卷首礼赞诗第一段）。这部传记在贡却乎丹巴饶吉（dkon mcog bstan pa rab rgyas）所作的《安多政教史（mdo smad cos vbyung）》中被称作"达尔吉诺们汗（dar rgyas no mon han）著《仓央氏传（tshang dbyangs pavi rnam thar）》"①。达木却嘉木苏（dam chos rgya mtso），即达尔玛达喇（dhar ma ta la）的《蒙古政教史（hor chos ḥbyung）》关于六世达赖喇嘛的记载和本传记的记载是一致的。②

　　六世达赖喇嘛1707年在青海出走到1746年在阿拉善圆寂这段时间内，以"大布喇嘛（dwags po bla ma）"或"大布夏仲（dwags po zhabs drung）"的名义在阿拉善和安多活动，而不是其他的人冒充六世达赖喇嘛的名义活动。这是国内很多著名学者和佛教界内公认的看法。关于"大布喇嘛（dwags po bla ma）"、"大布夏仲（dwags po zhabs drung）"等名称的来历，在本传记中已经有明确的交代，这里不需要作说明。需要说明的是六世达赖喇嘛在《安多政教史》等著作中为什么被称作"衮卓贡玛（kun grol gong ma，汉义：上世衮卓活佛）"。六世达赖喇嘛圆寂后达尔吉诺们汗在阿拉善确认了他的转世活佛罗桑图丹嘉措，此人曾受封"达格布呼图克图（dwags po ho thog thu）"③、"衮卓诺们汗（kun grol no mon han）"④等称号。因此有人称他的上一世为"衮卓贡玛（kun grol gong ma）"。

　　到现在为止，还没有人对阿拉善南寺木刻版本和拉萨木刻版本进行比

---

　　① 请参见吴均等人汉译的《安多政教史（mdo smad cos vbyung）》，甘肃民族出版社1989年版，第13页。

　　② 请参见何·全布勒（he·chos vphel）蒙译本，民族出版社1996年版，第222—237页。

　　③ 以印章为证，实物存南寺，达格布呼图克图印章图载于朝洛蒙编著《蒙文篆刻》，内蒙古教育出版社1996年版，第78页。

　　④ 以衮卓诺们汗印章图为证，载于本人著《缘起南寺》，内蒙古大学出版社2003年版，第114页。实物已失，这是盖于南寺第五世达格布呼图克图制定的石门寺寺规上的一枚印。

较研究。我在对嘉木央丹陪尼玛的（vjamdbyangs bstanlphel nyima）蒙译本进行校阅时随手翻看民族出版社北京铅印本，发现很多和南寺版本有出入的地方。这里仅举几个例子：

（1）民族出版社的版本中该书书名全称中遗漏了"嘉措（rgya mtso）"两个字，即仓央嘉措别号"曲札嘉措"的"嘉措"，南寺版本中是有"嘉措"二字的。

（2）民族出版社的版本中把该书开头诗文的第二行和第三行的位置颠倒了，我觉得南寺版本的顺序更通顺一些。

（3）和南寺版本比较看，民族出版社版本中开头诗文的每一行中分别丢了两个字，即第一行中"tsogs gnyis"后面的"rdsogs pa"二字；第二行中"hod zer"后面的"gyi ni"二字；第三行中"gsum ldan"前面的"bkav drin"二字；第四行中"dge legs"前面的"phun tsogs"二字。

（4）民族出版社汉译本第二章中把一个蒙古人名写作"阿尔巴朗"，藏文版中却成了"ar pa si lang"这样带衍文的名字。我想这是民族出版社北京汉文铅印本对拉萨版藏文本的错误进行更正时删除了不该删除的文字所致。而南寺版藏文本中却正确地写着"ar sa lang（狮子）"。

（5）南寺版本第一章一段诗文中一个词写作"ma tavi"（后面的 vi 是第六格），而民族出版社藏文版中改为"ma devi"。实际上"ma ta"是梵语"母亲"之意，显然没有必要做此更正。

（6）据说拉萨版本每页背面的横眉处俱有"仓央嘉措秘传"几个字，而南寺版本中却没有那些字，只用星占数字标着页码。这个出入很值得重视，因为它是该书被称为"秘传"的来历。

大家可能注意到了，这里举的几个南寺藏文木刻板和民族出版社铅印版有出入的例子都是该书开头部分的或者第一章里面的，这是由于本人也没有进行更多的比较研究工作所致。另一方面从这里可以推测往下肯定有更多的有出入的地方。

这部传记为什么以"秘传"的名字流传于世呢？这里只能有一个解释，这是由于将六世达赖喇嘛传《妙音天界琵琶音》在拉萨刻版的过程中每一页的书眉上错误地写上了"秘传（gsang rnam）"二字而引起的。原南寺版本的书名到后记中找不出一处"秘传"字样。誊写版样的人为什么写了那两个字，有什么用意，暂不得而知，但很明显是写错了。因为经卷横眉处习惯上写该书的简称，而这个简称一般是其全称所包含的词语。但从

《仓央嘉措传》的全称中找不到"秘传"字样，而且整个书中都找不到称该书为"秘传"的地方，再说南寺版本横眉处也不具"秘传"二字。就算书中出现过"三秘事业"的字样，但稍有佛教常识的人都知道它是非常普通的一般概念，和书名无关。

这里引述佛教寺院内流传的一个有意思的传说，供参考。宗喀巴的著名弟子之一扎西巴丹（bkra shis dpal ldan）作了一部礼赞诗——《秘传颂（gsang bavi rnam thar)》，据说后来五世达赖喇嘛说它成了"公开传"，不算"秘传"，于是又写了一部礼赞诗《敏居乔珠玛（mi vgyur mchog grub ma)》。把这两个礼赞诗的相关段落对照阅读的话可以理解佛教所称的"秘业"是指什么。这里只引述两段。

扎西巴丹写道："您七岁时秘主金刚手和大车轨师吉祥阿底峡等显身引导，使您精通密法和般若义理。我顶礼于吉祥上师您的足下！"五世达赖喇嘛则写道："您永远与无数佛王佛子一同在三秘宏化功业之中度时，说某某圣者、成就者显身加持了您等话，怎能成为您伟大之处的赞美之词呢？"扎西巴丹写道："您亲眼见到天人导师释迦佛王、药师如来、无量光佛等被众弟子围绕的情形。我顶礼于吉祥上师您的足下！"五世达赖喇嘛则写道："您已经驾驭成就遍主大金刚持果位的坛城之海的放射和摄收，而把您得到某某本尊的加持之类的话，作为颂词来说出，极不相称。"可见扎西巴丹所说的宗喀巴大师的"秘"是受到某某大师、成就者的传承和得到本尊、佛、菩萨的显身加持。而五世达赖喇嘛则提升为宗喀巴大师在诸本尊坛城之海中是与遍主金刚持无别的诸佛之尊，是以人身游戏的佛的幻化之身。

因此佛家对"秘"的认识是分深浅层次的。从这个意义上说，称《仓央嘉措传》为"秘传"，是没有问题的，因为它描述的内容中包含了上述两个层次的"秘"。但是作为书名，对本书而言是没有根据的。因此笔者认为把该书将错就错地称作《秘传》是没有道理的。根据它的原版，今后对该书不以"秘传"来称呼是顺理成章的事。这不仅仅是为达尔吉诺门罕写的六世达赖喇嘛传正名的问题，而且可以避免好多无谓的探索，也可以消除人们的六世达赖喇嘛似乎有什么秘密事情的模糊想法。

《仓央嘉措传》的作者达尔吉诺门罕本名阿旺多尔济，或叫伦珠达尔吉。在阿拉善佛教界一直被视为第思桑结嘉措的转世，受过七世达赖喇嘛授予的"清净宝贝法王"封号。关于他的事迹笔者写过专论文章，这里不再赘述。

有关这部传记的主要内容，早在 18 世纪末由阿拉善蒙古族高僧洛桑图丹嘉措写成了诗文体的传记《传记礼赞颂——加持之源》。他被收入《六世达赖喇嘛传两种》一书，由内蒙古人民出版社出版。达尔吉诺门罕写的六世达赖喇嘛传 1919 年已经被译成了蒙古文。译者是布利亚特蒙古人格力格嘉木苏道仁巴。我们从 1998 年在乌兰巴托出版的《蒙古文学荟萃》第 33 卷上可以看到由 G·扎木苏荣扎布转写成基里尔蒙古文的部分内容，可以说其翻译质量并不高。据说内蒙古图书馆也藏有一部蒙古文译本，暂没有看到它，不知为何人所译。阿拉善广宗寺和内蒙古社会科学院图书馆都藏有根据达尔吉诺门罕写的六世达赖喇嘛传改写的仓央嘉措来到阿拉善的历史和当地有关佛教传播情况历史的蒙古文作品，两者内容相差不大，广宗寺收藏本内容稍多。据广宗寺收藏本的记载，作者是巴雅斯呼楞，应南寺大喇嘛等人的要求而作。内蒙古社会科学院图书馆藏本已由 G·朝格图整理发表，请参阅《阿拉善语》杂志总 17 期。由嘉木央丹培尼玛翻译、由本人校注的新的蒙译本已由内蒙古人民出版社于 1999 年 12 月在呼和浩特出版。

本节参考书目

1. 达尔吉诺门汗：《一切知语自在法称海妙吉祥传记——殊异圣行妙音天界琵琶音（thams cad mkhyen pa ngag dbang chos drags rgya mtsho dpal bzang bovi rnam par thar ba phul du byung bavi mdsad pa bzang povi gtam snyan lhavi tam bu ravi rgyud kyi sgra dbyangs zhes bya ba bzhugs so）》，阿拉善南寺 18 世纪木刻版。

2. 贡却乎丹巴饶吉（dkon mcog bstan pa rab rgyas）：《安多政教史（mdo smad cos vbyung）》，吴均等人汉译本，甘肃民族出版社 1989 年版。。

3. 达木却嘉木苏（dam chos rgya mtso）：《蒙古政教史（hor chos vbyung）》，何·全布勒（he·chos vphel）蒙译本，民族出版社 1996 年版。

4. 朝洛蒙：《蒙文篆刻》，内蒙古教育出版社 1996 年版。

5. 贾拉森：《缘起南寺》，内蒙古大学出版社 2003 年版。

6. 《仓央嘉措情歌及秘传》，民族出版社 1981 年版。

7. 洛桑图布丹嘉木苏（blo bzang thub bstan rgya mtsho）：《传记礼赞颂——加持之源（rnam thar gsol vdebs）》，阿拉善南寺木刻版。

8. 扎西巴丹（bkra shis dpal ldan）：《秘传颂（gsang bavi rnam thar）》，塔尔寺木刻版。

9. 五世达赖喇嘛：《敏居乔珠玛（mi vgyur mchog grub ma)》，塔尔寺木刻版。

10. 《六世达赖喇嘛传两种》，内蒙古人民出版社 1999 年版。

11. 《蒙古文学荟萃》第 33 卷，1998 年，乌兰巴托。

第六节　第思·桑结嘉措在阿拉善的转世系统

阿拉善蒙古人是清初由雄居青海的固始汗图鲁拜呼（Gushi han Turubaihu）之孙和罗理（Horlui）率领下来到沿贺兰山西麓的广大地区生活的和硕特蒙古人部落，三百多年来游牧为生，信奉佛教。他们生活的地域相当广阔，达尔吉诺门罕在《六世达赖喇嘛传》中曾吟诗赞美阿拉善：

> 北有蒙古广袤戈壁，南有华夏富饶农乡。
> 蒙藏汉地在此接壤，世代和睦友好相处。
> 条条大路四通八达，无量福德这里汇聚。①

佛教最早在此地的传播始于何时，不得而知，但是佛教界从来把它当做佛教传播的重要地区之一。13 世纪的萨迦班第达·贡嘎坚赞说："还有蒙古和大蒙古以及哈拉善（阿拉善）及其附近的地方都是您（佛陀）生胶弘传之地也。"② 五世达赖喇嘛在其《罗汉供养仪轨》前言中也说哈拉善是十六阿罗汉被迎请到汉地时修持安居之地。当地人一直把阿拉善广宗寺，即南寺及其附近的瞻卯山当做十六阿罗汉修持安居的地方。著名藏学家才旦夏茸教授根据萨迦派旧书，推算出十六阿罗汉来汉地是公元 774 年的甲寅年。③ 根据上述记载可以认为阿拉善最晚从八世纪开始与佛教发生了接触。佛教传播的具体情况，因无记载，不知详情。

佛教真正大规模传播和发展是在六世达赖喇嘛来到阿拉善弘扬佛法，收徒建寺以后。当时达赖喇嘛是西藏政教最高领袖。六世达赖喇嘛·罗桑仁钦仓央嘉措（blo bzaň dsaň s rgya mdso）在位时期是西藏的多事之秋。五世达赖喇嘛·阿旺洛桑嘉措（ñag dbaň blo bzaň rgya mdso）在他亲自建立的政教合一的格鲁派的甘丹颇章（galdan porang）政权建立不久且尚未

---

① 《六世达赖喇嘛转两种》蒙古版，内蒙古人民出版社 1999 年版，第 136—138 页。

② 转引自章嘉若必多吉所撰南寺寺规《三学昌盛日光》，现存南寺。

③ 《藏族历史年鉴》藏文版，青海民族出版社 1982 年版，第 128 页。

巩固、各种矛盾潜伏酝酿的关键时刻圆寂，第思·桑结嘉措（也称第巴，蒙古人习惯上发音为迭斯尔德，sde pa saṅs rgyas rgya mdso）迫于形势，隐瞒达赖喇嘛圆寂的事实，秘不发丧十五年。真相大白后他把早就选认的六世达赖喇嘛·罗桑仁钦仓央嘉措迎请到了布达拉宫坐床。

过了近十年后第思·桑结嘉措与蒙古和硕特部的固始汗之曾孙——驻藏蒙古军首领拉藏汗（Lhazang han）的争斗日趋激烈，结果第思被杀，拉藏废黜已有的六世达赖喇嘛仓央嘉措。1706 年六世达赖喇嘛仓央嘉措被送往北京，次年走到青海湖畔的贡嘎淖尔（Kunga nagur）时他一人逃走，护送人员怕朝廷重责，谎报仓央嘉措在途中病逝。朝廷顺势批准拉藏汗所立之又一个六世达赖喇嘛伊希嘉措（Ye Ces rgya mdso）坐床，但藏人不承认他是真正的六世达赖喇嘛，局势更加混乱。

只身出走的六世达赖喇嘛·仓央嘉措，却化名阿旺曲扎嘉措（ñags dbaṅ chos ldan rgya mdso），游历印度、西藏、四川、安多诸地十年后于 1716 年初次来到阿拉善，成为被当地人信奉的上师，并同阿拉善第二代札萨克阿宝王及其妃子道格欣公主（Dogsin Gunju）、管旗章京拉尔吉（Lha rje）、班子尔加布台吉（Bansarjiab taiji）等建立了供施关系。六世达赖喇嘛在阿拉善曾在王府庙（现在的延福寺的前身）、曹格图库热庙（昭化寺）住锡，但均不如意。他为寻觅建立佛教寺院，弘扬传播佛法，利乐人天的宝地而各处游走，最后于 1719 年来到了现在的广宗寺（南寺）所在地——赛音希日格（sain sirig），决定在此地建立佛教大伽蓝。

六世达赖喇嘛·仓央嘉措从来到阿拉善一直到他圆寂，居住并不固定，往来于阿拉善和安多藏区之间，夏秋赴安多致力弘扬佛法事业，冬春多以阿拉善班子尔加布台吉家为道场讲经说法。六世达赖喇嘛在阿拉善的主要的佛教业绩是：一、引导僧俗建立佛教寺院；二、亲自创建拉萨的传召大法会（祈愿大法会）等重要的佛事活动；三、广收弟子，培养佛教人才，认定活佛转世来弘扬传播佛法，为佛教在阿拉善地区的大规模传播和发展奠定了基础。他最忠诚的大弟子和助手达尔吉诺门罕起了非常重要的作用。他就是六世达赖喇嘛来到阿拉善之后指认的第思·桑结嘉措的转世灵童，是六世达赖喇嘛的主要大施主之一班子尔扎布台吉的独生子。

第思·桑结加措是五世达赖喇嘛的爱臣，是选立六世达赖喇嘛的主持人，也是扩建布达拉宫的组织者。他精通各科学问，著述宏富。他于第十一绕炯炯（胜生）水蛇（癸巳，1653 年）年生于拉萨北方的娘占冬麦地区，父名阿苏（Asog），母名布赤甲姆（Budidjalmu）。八岁时初见五世达赖喇嘛·阿旺洛桑嘉措，受了居士戒，遂被选入内侍，学通所有明处，深得达赖喇嘛喜爱。1676 年五世达赖喇嘛意欲让他接任第巴之职，他以年纪尚轻，阅历还浅，学业未成为由坚辞未从。1679 年，桑结嘉措被五世达赖喇嘛正式任命为第巴（sde pa）。1682 年五世达赖喇嘛阿旺洛桑嘉措圆寂。由于当时甘丹颇章政权建立不久，政局未稳，各地方势力窥视西藏，蠢蠢欲动，需要用达赖喇嘛的名望来镇服各方，稳定局势，因此第思·桑结嘉措隐瞒达赖喇嘛圆寂的事实，秘不发丧。在此期间让一个与五世达赖相貌相似而且年龄相仿的朗杰札仓的老僧哲热（dairab）来扮演达赖喇嘛，为前来朝拜者摩顶祝福。① 另一方面第思·桑结嘉措还积极地安排高僧大德寻访五世达赖喇嘛的转世灵童，1685 年他认定，后来的仓央嘉措达赖喇嘛为五世达赖喇嘛的转世灵童，秘密地迎请到纳嘎则，请五世班禅·洛桑业希（blo bzaṅ yeśes）传授佛法。这期间他还组织扩建布达拉宫，秘密地建造五世达赖喇嘛的灵塔——瞻洲独严。他把五世达赖喇嘛的三重法衣、塑像等物送给清朝康熙皇帝，暗示五世达赖喇嘛已经圆寂，但康熙皇帝未解其意。后来五世达赖喇嘛圆寂的事实被公开，康熙皇帝严责第思，于是他把仓央嘉措喇嘛迎请到布达拉宫四喜平措大殿堂坐床。此事的经过和细节他在名著《格鲁派教法史——黄琉璃宝鉴》中做了详细记载。② 他对六世达赖喇嘛的培养极为关心，调选了最优秀的高僧大德为六世达赖喇嘛传授显密佛法之传承，甚至亲自为六世达赖喇嘛诵授《甘珠尔经》的传承。就此可以看出六世达赖喇嘛仓央嘉措和第思·桑结嘉措的关系非同一般。

后来第思·桑结嘉措在同拉藏汗的争斗中败给了对方而被执杀，他所立之仓央嘉措达赖喇嘛遂被拉藏汗废黜。被送往北京途中隐姓埋名出走的六世达赖喇嘛仓央嘉措游走辗转各地数十年光景以后，来到阿拉善时第一个落脚作客的人家即石班子尔加布台吉家。他听见家主人的婴儿的啼哭声就认出了是第思的声音，确认他是第思·桑结嘉措所转世的孩子，遂决定自己在阿拉善留下来，完成利益佛教和众生的宏愿。这个孩童就是后来的达尔吉诺门罕，名阿旺多尔济或阿旺伦珠达尔吉。因他受七世达赖喇嘛册

---

① 建白平措：《西藏学界巨人第思·桑界嘉措的事迹概述》，《西北民族学院学报》藏文版，1985 年第 1 期，第 67—70 页。

② 见《格鲁派教法史——黄琉璃宝鉴》，中国藏学出版社 1989 年版，第 487—503 页。

封的"阿日鲁克散额尔德尼诺门罕"称号，后人一般称他为达尔吉诺门罕。

这样在西藏政教历史上的著名人物第思·桑结嘉措在蒙古地区有了继承者，并以活佛转世的形式延续至今，对当地佛教文化的传播和发展起了极其深刻的影响。

第思·桑结嘉措的转世作为阿拉善的重要的活佛系统和三大呼图克图之一，得到当地佛教僧俗的尊敬和爱戴，佛教在阿拉善的传播和发展作出了巨大的贡献，在当地佛教界占有非常重要的地位。自从六世达赖喇嘛来到阿拉善后，指定班子尔加布台吉的幼儿为第思·桑结嘉措的转世真者[①]开始已经转世了六代。活佛，在蒙藏地区的佛教信众的信仰意识中，是诸佛、诸菩萨的乘愿再来。[②] 通俗一些讲，蒙藏地区佛教寺院因有无活佛住持决定着寺院的宗教地位。

在蒙藏佛教信众的心目中，能令僧俗信众幸福和解脱的高僧，俗称"呼毕勒罕（Qubilgan）"，汉地佛教信众称"活佛"。"呼毕勒罕"是蒙古语"化身"的音译；蒙藏佛教徒对学修有成，能够以自己的意愿转世的人，称之为"呼毕勒罕"（下文顺其习惯叫法，称以活佛。）

活佛转世是蒙藏佛教特有的传承方式。它把佛教的"乘愿再来、行愿无尽"自如的教义和佛、菩萨圆觉解脱、化身降世、普度众生的思想融为一体，得到佛教界和广大信众的认同。追根溯源，活佛转世制度开始于初期藏传佛教噶举派噶玛噶举的首领都松钦巴·曲吉扎巴圆寂时，那是1193年，他遗嘱其弟子"将转生再来"。11年后噶玛拔希（Karma bagši 1204—1283）降生，10岁时被都松钦巴的大弟子崩扎巴认定为其师的转世灵童，经过寺院10年的培养，正式以该派首领的身份弘法利生，成为蒙藏佛教第一位转世活佛。当时，蒙古帝国的蒙哥汗（Mongke Han，1252—1259 在位）曾封噶玛噶举派的噶玛拔希为"国师"，并授玉印，总领天下释教的重任，赐金边黑僧帽，尊崇为"噶玛拔希"。"拔希"一词是蒙古语，"老师"、"上师"之意。从而以此为契机，蒙古佛教和西藏佛教诸派先后产生了活佛转世制度。16世纪中叶，格鲁派，即达赖、班禅、章嘉、哲布尊丹巴的传承系统开始采用活佛转世的传承方式。到17世纪中叶，活佛转世

---

① 摘自中国佛教协会前会长赵朴初先生曾经在中国藏语系高级佛学院开学典礼上的讲话。
② 众生是以善恶业力、烦恼轮回于六道中。

的传承办法已经发展成为蒙藏佛教首领人物的主要传承方式。

当时，由于政教合一，藏区由达赖喇嘛和班禅额尔德尼来管理，内蒙古地区、北京以及包括东北三省蒙藏佛教的事务由章嘉呼图克图（Zangskya Qutugtu）来管理，外蒙古由哲布尊丹巴呼图克图（rJe btsun dam pa Gutugtu）来管理，这些大活佛对于蒙藏地区政治、宗教、文化起到了很大的影响，并影响着蒙藏僧俗的信仰和日常生活。

在佛教六大语系四大传承中，唯独蒙藏民族地区的佛教有活佛转世制度。据《藏传佛教》一书载，清朝乾隆年间，在理藩院正式注册承认的呼图克图（Qutugtu）160 人，呼图克图是蒙古语音译，是对上层大活佛之封号。其中，西藏 30 人，内蒙古 57 人，蒙古国 19 人，青海和甘肃 35 人，北京 14 人。解放初期的 1949 年至民主改革的 1959 年之间，仅西藏自治区就有活佛约 300 至 400 人。① 又据《西藏和蒙古的宗教》所载，1900 年之前，仅在蒙古族地区就有转世活佛 243 人，其中内蒙古地区（包括北京、东北三省）占 157 人。②

自蒙古民族执政的元朝、汉民族执政的明朝、满族执政的清朝三个朝代开始，汉民族受蒙藏佛教的影响甚大。随之，汉民族的僧俗即把蒙藏佛教的高僧称为"老佛爷"、"喇嘛爷"、"活佛"等。特别是称呼"活佛"的叫法成为名词的化别，自此，凡是蒙藏佛教的高僧几乎都俗称活佛了。

有关第思·桑结嘉措在内蒙古阿拉善转世的情况，著名蒙古族藏学家，西北民族学院教授阿旺却太尔先生曾经来阿拉善南寺考察过，撰写过一篇诗文体的论文《桑结嘉措各代转世》③，著名藏学家，西北民族学院教授多识活佛的论文《与仓央嘉措后半生有关的若干问题之明辨》④ 也论述了第思·桑结嘉措在阿拉善的转世情况。他们从不同的角度阐述了第思·桑结嘉措在阿拉善转世的事实情况并承认这一历史过程。

达尔吉诺门罕（Dorji nomon han）1715 年出生于阿拉善旗厢根达来巴嘎的匝布苏尔乌素，父亲班子尔加布（Basarjib），母亲那木宗（Nam-

---

① 弘学：《藏传佛教》，四川人民出版社 1996 年版，第 173 页。

② ［意］图齐、［西德］海西希：《西藏和蒙古的宗教》，天津古籍出版社 1989 年版，第 353 页。

③ 阿旺却太尔：《桑结嘉措各代转世》，《西北民族学院学报》藏文版，1990 年 1 月，第 37—40 页。

④ 多识：《与仓央嘉措后半生有关的若干问题之明辨》，《西藏研究》藏文版，1989 年 3 月，第 17—19 页。

sum)。从小跟随六世达赖喇嘛仓央嘉措出家为僧。仓央嘉措的转世真者温都尔葛根在《传记礼赞颂》中写道：

> 古有缘分大弟子，至尊阿旺您见之，
> 明示第思所化身，预言无无我顶礼！①

上述诗文是六世达赖喇嘛·仓央嘉措指认班子尔加布台吉的幼儿为第思·桑结嘉措的转世真者的重要记载。在阿拉善地区民间也有很多关于他的生平的传说，可惜没有详细的文字记载。从《七世达赖传》、《六世班禅传》、《章嘉若必多吉传》、《安多政教史》等史料中都可以发现他的活动的一些记载。

1735 年至 1738 年仓央嘉措派他去西藏学习佛法，并安排他向五世班禅受比丘戒。回来后协助六世达赖喇嘛在阿拉善建立传召大法会的制度。1746 年六世达赖喇嘛·仓央嘉措圆寂后他主持选认了转世真者灵童罗桑图布丹嘉措（blo bzaṅ thub stan gyanmdso），亲任经师，培养他成为德高望众的活佛，弘扬佛法，利乐人天。这期间受七世达赖喇嘛册封的"阿日鲁克散额尔德尼诺门罕"（Arilogsan Erteni Nomon Han）称号，确立了自己的活佛地位。1756 年他根据自己的上师仓央嘉措的遗愿开始建立南寺（原名潘代嘉措林，Pandaijiamsoling）的土木工程，次年竣工，举行了开光法会，并祈请章嘉国师若必多尔吉为南寺制定了寺规。他在南寺造建了镏金舍利灵塔，安置保存了六世达赖喇嘛仓央嘉措的肉身舍利，让后代的僧俗供奉纪念他的功德。晚年他因南寺的利益与阿拉善第三代扎萨克罗卜藏道尔吉（Jasag bLo bzaṅ rdorji）发生矛盾，王爷听信谣言，达尔吉诺门罕念咒诅咒王爷黑经，将他囚禁。他虽有人照料饮食，但终因年事已高，不堪忍饥受寒而在牢狱中坐禅入定示寂，是年大约为 1780 年。

他是精通显密佛教的高僧大德，在藏区以拉尊（对出身贵族家庭的僧人的称呼）班第达著称。他是阿拉善出生的第一个第思·桑结嘉措的转世真者活佛，也是应用藏文发表著述的第一个阿拉善蒙古族高僧。阿拉善僧俗称他为第一世喇嘛坦（bla ma ldan）。除了六世达赖喇嘛·仓央嘉措的转世真者灵童洛桑图布丹嘉措，即阿拉善僧俗所爱称的温都尔葛根外，第一

---

① 《六世达赖喇嘛转两种》蒙古文版，内蒙古人民出版社 1999 年版，第 274—275 页。

代多布藏呼图克图（Tonzang Qutugtu，北寺活佛）的前世也向他授过佛法的传承。他的著作传下来的有六世达赖传《一切知语自在法称海妙吉祥传——殊异圣行妙音天界琵琶音》和其他少量刻板本和手抄本。土观·却吉尼玛曾说他有多种作品，但因王爷禁止他的著述因而大都失散。南寺曾供奉过他的银制舍利灵塔。

他圆寂后，罗卜藏道尔吉王爷曾下令不许寻找其转世灵童，但王爷死后洛桑图布丹嘉措寻访到了他的转世真者。就这样第二世喇嘛坦生于1784年，是安多地区的藏族人，据说是土观·却吉尼玛活佛的外甥，名伦都布达尔吉（Lhun grub rdorji），未能迎请至南寺坐床，9岁圆寂。

第七节　阿拉善达日克寺

夏仲活佛于中国藏语系高级佛学院
（北京西黄寺）

达日克寺（蒙古语：度母寺tārā），位于内蒙古阿拉善盟阿拉善左旗豪斯布尔都苏木陶力嘎查驻地，距阿拉善盟所在地巴彦浩特西北150公里。据《阿拉善盟地名志》记载，此寺院始建于嘉庆二十四年（1819年），取名"达里克庙"，道光、咸丰年间扩建两次。同治八年（1869年）因受回民义军马化龙之部破坏，寺院受损严重，同治十三年（1874年）修复。当时共有殿堂5座，占地16万平方米，为福因寺属寺。盛行时僧侣达到250多人。"文化大革命"期间又受严重破坏，仅存大经堂和葛根府（活佛宫）两座建筑。20世纪80年代后期，由达日克寺夏仲活佛集资恢复了八座吉祥塔，为达日克寺增添了佛教圣地的新气象。夏仲活佛是十世班禅大师特邀的中国藏语系高级佛学院教授。十世班禅大师举行各大罐顶法会时的主持者和协助罐顶传法仪轨安排人。

达日克寺夏仲活佛，1925年出生于内蒙古阿拉善盟，从小被选为达日克寺活佛。法名为嘉木扬丹培尼玛（ḥjam dbyaṅs bstan paḥi ñi ma），年轻时在青海塔尔寺和西藏各大佛教寺院深入、系统地学修了以显密经典为主的佛法义理和语文、量论为主的各科明处的学问。因此 20 世纪 80 年代（1987 年 9 月）在北京西黄寺成立中国藏语系高级佛学院时十世班禅大师亲自聘请夏仲活佛去当教授。因此现在蒙藏地区的很多活佛都成了他的学生。夏仲活佛翻译和编写有贡却坚参的《菩提顺道论》的蒙古文译本、巴丹吉兰庙的历史、十六阿罗汉在阿拉善做夏安居史、藏蒙对照《妙音天界琵琶音》，以及其他一些和阿拉善佛教、历史、文化、民俗有关的零散作品。① 其中夏仲嘉木央丹培尼玛翻译、贾拉森校注的《六世达赖喇嘛传两种》一书由内蒙古人民出版社 1999 年版。

　　1990 年 7 月，阿拉善广宗寺举行新殿落成典礼。在三大寺活佛都莅临的情况下，特邀夏仲活佛主法开光，拉让巴格西强巴敖斯尔（lha rams pa byams pa ḥod zer）等 300 名僧众诵经三天，举行了盛大的开光仪式，为建成歇山式屋顶的大经堂和 9 间平顶的赞康殿开光仪式，阿拉善盟旗党政领导前来祝贺，近 300 多名善男信女参加法喜。

---

① 贾拉森：《缘起南寺》，内蒙古大学出版社 2003 年版，第 97—98 页。

第 十 三 章

内蒙古梵宗寺丹迥活佛的教育理念

第一节　缘起论

丹迥活佛于 2007 年 7 月 17—19 日在梵宗寺法会上的开示

释迦牟尼在菩提树下亲证四圣谛、十二因缘和三十七道品等义而成佛陀，在证道以后的弘法生涯中，缘起论自始至终都是核心，都是立教之本。八万四千法门均是缘起论的开展和解释，离此缘起法，佛法就不成为佛法。缘起论，就是释尊正等正觉的内容在理论上的说明，它是佛法的原理和基本理念，是佛法分析一切问题的基本观点，是佛教最根本的教理和佛教思想的基石，佛教的所有教义都是从缘起论生发出来的。

所以，"缘起甚深难可见"（《大日经》）。若通达缘起法义，即见佛教真实本义；也正是"见缘起即见法，见法即见佛"（《中阿含经》）。能如实亲证缘起法性，当下就是正觉佛陀。

然而，释尊住世时没有留下任何典籍，现在用各种语言文字刊行于世的佛教经、律、论三藏十二分教，是在佛陀灭度后经弟子们数次结集和逐渐演绎长期积累而形成的。"唯佛乃能究竟诸法实相。"（《法华经》）这个实相是非言语非思量所能如实诠表的；是超有无、非一异、绝寻思、非卜度、是不可思议的如实悟证境界。佛教为化导众生故，将悟境转而诉诸语言文字。今天我们学习和修持缘起法义皆依经论所说为准，但其中亦有明显的依各自宗派的阐释，及一些执取世间见的人，把佛法中的一些思想命题，理解成为思辨逻辑概念。

佛陀初转法轮，是演说四谛。四谛者，即苦、集、灭、道。苦谛，是说世间的苦；集谛，说苦的原因（烦恼及业），也称因谛；灭谛，说苦的消灭；道谛，说灭苦的途径和方法。四谛所依据的根本原理则是缘起论。将四圣谛进一步拓展开来表述，便是十二因缘。

迎请丹迥活佛

十二因缘，又叫十二缘起支、十二缘生支、十二有支，就是十二个科目、部分、环节、阶段、关系和过程。这十二支是：无明、行、识、名色、六入、触、受、爱、取、有、生、老死。释尊是根据观照十二有支的业感缘起而证得四圣谛真理，释尊说再生只是一个没有第一因而无始无终的前后相应系列。此十二法为一总的因果循环、首尾相接链条，每一法之间顺次成为一对因果关系，又是相互依待而有，一环扣一环，而又贯通过去、现在、未来三世。由过去世之无明、行为因，感现在世之识、名色、六入、触、受五果，这是过去与现在一重因果。由爱、取、有为现在因，感未来世之生、老死二果，这是现在与未来的又一重因果，此谓"三世二重因果"。如此生生死死，死死生生，循环不已，即称之为轮回，这就是"十二因缘顺观流转门"。因此，惑和业为因，造成了生死的苦果。流转之众生，修戒、定、慧三学，能悟此诸法因缘，断无明，除爱取，就可解脱生死。由老死起逆观十二有支，便是老死痛苦之因是生，生的因是有……无明灭则行灭，行灭则识灭，次第止息，以此类推，最终生死亦灭。这叫做"十二因缘逆观还灭门"。

四念住、四正断、四神足、五根、五力、八正道、三十七道品和三十七菩提分法，是达到涅槃的道路。其中的八正道，也称八圣道、贤圣八道，分别是：正见、正思惟、正语、正业、正命、正勤、正念、正定。

缘起论，就是说宇宙万有，即一切事物和一切现象，即自然现象、社会现象、个人生理和心理现象的一切存在，包括物质与精神两个方面，都是依因托缘，由因缘的集合而生起，因缘集合则成，因缘散失则灭；都是待缘而生，待缘而灭，无一法不是缘起有。因而，"种种因缘和合而起，故名缘起。"（《般若灯论》）盖印度自古虽盛行各种哲学思想，然缘起说则为印度其他各种宗教或哲学所无，而为佛教之独特思想；佛教异于其他宗教、哲学之根本特征，亦在于此一缘起论。缘起论圆满地解释了人类自身的问题、宇宙万法的问题。相比之下，当时古印度的吠陀天启、祭祀万能、婆罗门至上、大梵创世论、无因论、偶然论等，都完全显出了各自理论的缺点，这也是佛教在印度兴起的一个根本原因。

缘起论是说诸法乃因缘生起，因与缘相结合，方能生果。因缘，是导致结果产生的一切原因的总称。其中的因：是事物内在的直接根据、主要的原因、前后相生、与果较近而密切，其力较强。缘：是次要原因、外在和辅助条件、助成结果赖以生起的间接条件、现相助称、与果较远一点，其力较弱。这些原因及条件，根据其对事物发展变化的不同作用，又可以分为六种因和四种缘等更为详细的类型。

六因：

能作因：对于自果生起，不作障碍，与以助力的事物，即果以外的一切事物。又分有力能作因（有为法）、无力能作因（无为法）。

俱生因：同时俱有、集合一体，彼此依附并存在的事物，如短待长而后成立，缺一则不生，互为助益者。

同类因：也称同分因，能生同类自果之因，如同由麦生麦，由善法生起善法等。

相应因：彼此对应成为助益之心、心所法，互为伴随同时生起者。

遍行因：普遍流行于三界，是一切生起能障解脱诸烦恼法之随眠（烦恼别名）。

异熟因：能使自果异类而熟，如恶业及有漏善摄诸法（异熟即果报）。

四缘：

因缘：也称缘故，即内因和外缘。在事物发生发展过程中，生起本质者为因，生起特性者为缘。

等无间缘：相应心，心所法，次第无间，前一甫灭，后一即生，故称前者为等无间缘，即相续心念。

所缘缘：以使心识生成境相，谓缘声、色等外境，而后生起心识，名所缘缘。

增上缘：对于生果能增强势力，如眼等五根对于生起自果眼识等五识能增加效力，故名增上缘。

缘起虽有种种之相，而无明缘起，实为通相，是缘起学说的基础。无明之成为十二因缘之首并非因为它就是再生的最直接因缘。而是因为它在导致再生的整个过程中是一切阶段一切环节的最强大的力量。妄想重重相因，以七转识为因缘；相续心念为等无间缘；六根为增上缘；外缘为所缘缘，从而缘起形形色色的众生和国土。所以，自己的起心动念所作所为是亲因缘，由种子（因）生现行，现行又变成未来种子，循环不已。增上缘与所缘缘以及等无间缘是属于疏因缘。

缘起分内缘起和外缘起。内缘起亦称内因缘：内情世界，依十二因缘支次第生起，无明为缘生行，从此生识等，诸前因生起后果，前因坏灭，后果亦灭。外缘起，也称外因缘：外器世界，和合聚集众多因缘，故须观待因缘而生。如种子生出芽苗，一切干、茎、穗、果，前前依次生起后后。

缘起还有另一个侧面，便是自性空。"自性"的含义是：（1）无造作性，（2）不相待性，（3）自成性。依种种因缘而生起的宇宙万有不存在固定之相，随缘而生起种种幻相，也就是说，不变而随缘，生起诸法，随缘而不变，诸法本空。事物现象是处在迁流不居的运动变易过程之中，故不恒常。"此生故彼生，此灭故彼灭。"事物现象也处在相互关联的互相依赖互相作用的关系之内，故无主宰。"此有故彼有，此灭故彼灭"（《杂阿含经》）。因而，这种过程和关系将是处在无始无终、无边无际的因果网络之中。佛经中说缘起有 11 个意义：（1）无作者义，（2）有因生义，（3）离有情义，（4）依他起义，（5）无动作义，（6）性无常义，（7）刹那灭义，（8）因果相续无间断义，（9）种种因果品类别义，（10）因果更互相符顺义，（11）因果决定无杂乱义。这些都是不同于其他宗教教义的。十一义归纳起来，有四个重要的论点：（1）无造物主，（2）无我，（3）无常，（4）因果相续。再归纳起来，有缘起三性之说：（1）值遇性：值遇，意谓接触，表示诸法无自性的第一个理由。值遇就是指因与果，在生灭活动与变化过程中的接触，而非指因与果的单纯接触。（2）观待性：表示一切现象无自性的第二个理由。指一切法，包括有为法和无为法，在观待于自身之组成部分的情况下，才形成其特性的。即相互观待而生，观待无明，生起行等缘起，为观待而成之理。（3）依存性：表示诸法无自性的第三个理由。说明一切法，都是相互依赖的假有，是在各自存在之"假设处"之上虚设的一种假有现象。缘起是说明一切事物和现象具有相依相缘，而又本性空寂的二重性，缘起与性空不一不异。空只是否定那非常神秘而在事物和现象中根本不能存在的自性，非否定世间一般常识认为事物应有的特性、机能和作用，如火的热性、水的湿性等。对缘起不了解的人，一听到空字，即联想到虚无或断灭，如果我们了解了缘起，就可能认识空性。按照佛教大乘般若一系的解说，"空"既不是有也不是无，作为宇宙存在之终极状态，它涵盖一切，又在一切之外；作为心灵体验的最高境界，它超越于知识与语言之外，也不在感觉与意识之内。《四十华严经》卷三十八说这种境界"不生不灭，不失不坏，不来不去……本无言说，体性寂静，惟诸圣者自内所证"。因而，佛教所谓"不可思议"、"不可说"，一方面表明终极境界的体验与感悟，一方面也彰显了语言文字表达意义的限度。空是一切法的本性和究竟实相；由无自性的空，一切法才能依因缘而宛然现起，故云"因为缘起有，是故自性空；由于自性空，才能缘起有"。能理解空性的智慧为闻、思、修三慧之果，它能断除我执及我爱。依大乘性空义解释十二因缘乃是：凡夫见无明、行，乃至老死认为是实有，所以流转生死。其实此十二法，都不过如梦、如幻，似有实无，所以说"无无明"，乃至"无老死"。这是破十二因缘流转门。缘觉乘人，观察十二因缘流转还灭，得以离生死，证得涅槃。今观此十二法似有实无，流转尚无，何用还灭。所以说"无无明尽"，乃至"亦无老死尽"（《心经》）。这是破十二因缘还灭门。这样，既无凡夫之流转，亦无缘觉之还灭，既空生死，亦空涅槃，轮回涅槃不二。由是度诸苦厄，得大自在。

如果错误地理解性空义，认为一切皆空，可以任意而行，这是属断见的危险思想，因为性空不碍缘起，因果是井然而有序。同时佛陀也不承认，人除了仰赖五蕴之外，还有神我和灵魂的常见义。

由此可见，缘起的本质便是非有非无，真空妙有的中道实相。因此，只有通达缘起，才能通达性空，缘起与性空是一个事物的两个侧面。

佛陀为受教弟子们总结出的缘起法颂："诸法从缘起，如来说是因，彼法因缘尽，是大沙门说。"就是讲缘起性空，称为佛教的法身舍利偈。佛像佛塔装藏置法身舍利偈，佛殿内梁柱上书写和僧俗信众的日诵皆有法身舍利偈。

佛教在古印度弘传六百余年，此间可分三个阶段，释尊住世期间和他灭度后的百年间，称为原始佛教时期，原始佛教也称根本佛法；其后至一世纪的二百年间，佛教内部形成二十部派，称为部派佛教时代，相对于后来的大乘佛教亦称其为小乘佛教时期；公元 1 世纪以后，是以大乘佛教成为主流的时代，其中包括后期的密乘佛教。也有人将其分为：佛法、大乘佛法、大乘密宗佛法三个时期和原始佛教、一味和合的佛教、部派佛教、大乘佛教和大乘密宗佛教五个阶段。13 世纪初，佛教在印度销声匿迹，而在周边国家继续弘传。可以说，大小乘显密各派的任何理论都是对佛陀缘起论的展开论述，各有千秋，这包括本体论、认识论和实践论等。藏传佛教大德将大小乘诸多宗派归纳、总结为小乘有部、经部和大乘中观、唯识四宗。小乘佛教讲诸法缘起论，这是将原始佛教业感缘起推演开来，去解释宇宙万法的存在现象，又提出了"假必依实"的实有论观点。大乘中观宗讲中道缘起论（或八不缘起论），唯识宗为阿赖耶缘起论（又叫分别自性缘起论）。还有大乘如来藏系的真如缘起论（又叫净心缘起、如来藏缘起论等）和密乘的六大缘起论。大乘中观宗将缘起的道理进而扩充解释整个宇宙的现象，相对于小乘的实有论，龙树的《中论》以此成立一切法空，发挥得极为出色。藏传佛教格鲁派祖师宗喀巴大师（1357—1419）称赞中观派代表人物月称论师（600—650），认为他继承的缘起性空中观见地才是龙树的正见，并极力弘扬月称学说。

中共中央十六届四中全会，提出构建社会主义和谐社会的目标和任务。全国各行各业都积极投身其中，为之努力奋斗，我们佛教界也不例外。我们佛门弟子依佛教理论基石——缘起论，以及在缘起论基础上形成的核心性的哲学范畴，诸如多边合作、和谐共赢的缘起观、善恶有报的因果观、远离爱恶亲疏的平等观、和善待人的慈悲观、没有偏执的中道观、世出世间法的圆融观、上下和同的互敬观等，作为推动我们在心灵深处树立"正见"，发挥历史上佛教寺院曾在国民心目中的信仰活动中心、道德教化中心、慈善事业中心、民族文化中心、国际交流中心的作用，为构建和谐社会，促进民族团结，维护祖国统一，推动经济繁荣，发展国际友好、构建和谐世界等方面，发挥积极而有益的作用。

最后，让我们以"心净则国土净，心安则众生安，心平则天下平"共勉，虔诚祈祷祖国繁荣富强，世界持久和平。

第二节　菩提道次第广论——止观章讲义①

引言

"止"（śamatha, samādhi 定、正受、等持、寂止），梵音译作奢摩他或三摩地、三昧，是指心不散往外境，专一安住所修静虑之中，是指心寂静之意。"观"（vipaśyanā 正直观、彻底观察、胜观），梵音译作毗婆舍那，是以正智慧眼，观察事物本性真实差别。"止观"是一切禅定的总括或因。《庄严经论》云："正住为所依，心安住于心；及善思择法，应知是止观。"《宝积经》又云："住戒能得定，得定能修慧；由慧得净智，智净戒圆满。"宗喀巴大师在《开胜道门诵》中云："悉灭邪境一切乱，如理观

丹迥活佛与楚伦先生亲切握手

———————————
① 丹迥·冉纳班杂活佛开示。

察真实意；止观双运殊胜道，加持令速我得法。"佛教从释尊的时代开始，经历了原始佛教、部派佛教、大乘佛教和密乘；各时代的佛弟子们通过修持"止观双修"，而断除一切烦恼，证得大成就者无数。尊者们也道出了修持"止观双修"的一切功德。如：《巴利文长老偈》（Theragāthā）中古拉长老亦云"专心持止观，自可得法乐；纵有五乐音，如何比此乐"的法喜境界。所以，我们希求"止观双修"者，如理如法、学佛行佛一心精进于此法之修持，佛菩萨会给予大家无限力量，成就修持者离苦得乐，究竟证得正果。

修止的现见功德有四：

1. 能使身安舒；
2. 能使心调顺；
3. 能使身心起柔和调融之安乐；
4. 能使身心随学何种善法皆有堪能性。

修止的不现见功德是：

一切佛法僧功德皆依定生。

修止应具备的六种事，亦称止资粮：

环境合适、寡欲、知足、戒除事多、戒律清净和戒除贪等寻思。

坐禅修止前须知：

1. 饮食不可过饱过饥；
2. 顶礼供养三宝，以此现前所修福业，能迅速引生禅定福德之果；且由运动身体之故，易生暖触；
3. 应将头面手足洗涮清洁，涕唾排净，宽衣缓带，使全身先有放松、舒快之感。

坐时威仪：

跏趺或半跏趺坐，竖脊，平肩，手置脐下四指处，手背置两足上，结定印（右掌放在左掌上，竖两大指相触），项微俯，唇合任其自然，舌抵上腭，眼微睁开，自鼻端下视，离身尺许，呼吸任其自然。

修止要义：

初，发心须极纯善，为尽虚空界一切众生皆成佛故，自愿成佛而修此止。

次，何谓修止？最初，令其心仅系于一缘，如想佛像，则心仅仅系于佛像。其后，系于缘上之心，须清明寂静。如是用最强念力清明寂静住于一缘，是为修止。

三，防止厌怠，厌怠是五过之一。

修止次第中的"五过"和"八对治"，见下表所示：

次第	五过	八对治
未住 所缘时	①厌怠	①思止功德而生信心
		②修止欲乐心
		③精进心
		④轻安
初住所缘时	②忘念	⑤正念力
正住所缘时	③沉掉	⑥正知力
有沉掉时	④无加行力	⑦有加行力
无沉掉时	⑤不舍加行力	⑧舍（平等）

怎样修止：

（1）系念一缘，或 A（音：阿）字，或佛像均可。如系念佛像，初修时，经常依其高度、色相之忆念系心不变。初修阶段对于所缘，皆仅观粗略之相，每日分十余次修习，修习少顷可放下，放已又提起，以此少分逐渐修习，迨其心自然与所缘相合，则将修习时间酌量增加。观所缘时，有正念而后则有所缘，若所缘消失，则正念亦随之消失，故应紧系所缘也。

（2）如不守所缘，是为忘念（五过之一）。则重复寻回，用正念力系缘如前。

（3）好好守护此系于缘上之正念，并努力坚持久住，不令外驰。

（4）先用正念以守所缘，次用正知以觉察沉掉之有无来否（正知，即正念中之一分作用）。

（5）沉相：

①对所缘之正念不清明，如日阴翳、云遮，是沉之粗相。如遇此种粗相现前，暂舍此缘，思维三宝功德，或思维人身难得，或思维菩提功德，随思一种，粗相即灭。因沉相是使心下降，因用力松则易沉，故思令心高举；用力摄持所缘，则成对治。沉相既灭，则仍系心于所缘如前。如用上述三种思维沉相不灭，则用特别教授以割断之，否则暂时出定。如遇沉相渐甚，眼倦身重，正念不能安住于所缘时，是为昏相，即宜出定。如沉过甚，余法不能遣除时，则想对脐腹中（先作腹空想）有如芝麻粒大的光点，白或红色均可。继想我心即在此光点之中（或想光点即是我心亦可）。住念少顷，口呼"呸"声，观想此光点，由腹中向上直冲，越顶而出，飞向空中甚高，与虚空相合，即想我心亦与虚空相合，同其宽广无际，即摄持此想而住。如或散乱，即从始依次再想而住，二次或三次，一任其便，如沉已去，则复摄心仍住所缘，是为息心合空之秘法，亦称断沉秘语。

②正念不但能住所缘不失而清明，且颇显寂静，但尚缺坚固与精明之力，是为沉之细相。此为修定吃紧处，许多行人均误认沉之细相为定。藏区大德有云："此类行人，命终多堕畜生道，还不如持诵观音六字大明咒者，尚可种净土正因也。"

如遇沉之细相现前时，其对治法无他，于正念清明之中，再着意加强坚固与精明之力。如遇沉之细相而不觉知修之，能使慧根退失，妄念增加。因为，心理宁静状态的自然副产品便是昏沉。

（6）掉相：

①心不能安住所缘，为所贪所爱之外境所夺，是为掉之粗相。遇此相现，当觉知收回，仍住所缘。此即是正知作用。如遇掉举太甚，则数息，以一呼一吸为一息，数至五息，徐徐观想此息作白色，下运至脐。复想下半身，前后阴各有气为黄色、自下而上，与白气相接，将身向下稍一放松，即想我心在是。住念少顷，如感不快，则徐徐将气自鼻向外呼出，如是一二次，是为息瓶秘法，亦称断掉秘语。

②心虽能住所缘，同时兼想异境，是为掉之细相。此种现象是运用念力稍稍过度，令心高举之故。其对治方法，将心念稍放平缓。总论对治粗细二掉之法：念死无常、思三恶道苦和思轮回苦三项。如若仍旧掉举，则暂时出定。

修定的要诀应该是：（1）用正念紧紧系于所缘。（2）除所缘之外，不缘一切。（3）如系久稍懈，则思我在正念所缘。因定有明住，沉来则明去，掉来则住去。初，能治沉为明。中，能治掉为住。后，加进正念一步，亦即紧系所缘一步；则能使住而益坚，明而益澈；无粗细沉、掉之相（五过之一），乃为无过之定。

（7）散乱：

所谓散乱者，即时有因善恶等境扰乱正念，其对治法，暂释所缘，或修慈悲观或暂出定均可。

（8）无加行力和不舍加行力：

对治沉掉过患，系运用正知，正知一觉沉掉发生，立即作主将心摄住，此力即作主摄心之力，是为加行力。但行人往往于沉掉发生时，苦于不能立即作主将心摄住，竟随沉掉而去。此不能作主之故，是处在无加行力（五过之一）。若修定已离沉掉等过，心住所缘清明且坚固时，尚存对治之心，是为不舍加行力（五过之一）。知病识药，切不可乱投药石，无病添病。

（9）九住心与四作意、修止六力：

九住心，是对应于修止次第，所生九种住心，又称九种住相。

①内住（念住、令住和最初住）。从外境中内敛其心，使住内所缘，并令心坚执于境。

以耳闻教授之力（听闻力），能住所缘刹那之顷，尚分别力强，住缘力弱。

②续住（等住、正念住）。内住之心，不他散逸，摄心之粗动而令心遍住微细，于彼所缘相续而住。因耳闻所缘，加以思维，故能住缘约一串念珠之久，但沉掉之力仍强。

在上述两住中，各种过患势力尚大，故须行第一励力运转作意，运转其心，住于所缘。

③安住（覆审住）。若时失念散逸，立即了知，引还原境。沉掉生时，立刻能觉察，此皆由正念力（忆念力）之功德所致。

④近住（后别住）。数敛此心，使渐细微，但注意有生沉之虞。入定方面之支分渐增，沉掉生时，预先能觉察，此亦正念力之功德也。

⑤调伏（调顺、调柔住）。思维三摩地功德，积而生喜，将心调伏而不使流散。以正知力观沉之有无，因细沉尚有力，须断之，以防误认细沉为得定故。此住以上，粗沉粗掉悉无。

⑥寂静（寂静住）。观散逸为过患，摄伏息灭不喜三摩地之心。以正

知力观掉之有无，因细掉尚有力，须觉而断之。

⑦最极寂静（降伏住）。能立即觉知微细贪、忧、昏沉及不悦等心而使之寂灭，令不更起。这时，可谓不受沉掉之害。

在上述五种住相中，对于沉掉随来随断之作意，是为第二有间缺运转作意。

⑧专住一境。励力以求无功用住，精勤加行，无间无缺，相续安住胜三摩地，谓由功力而定力得以相续。七住沉掉细相虽尽，但习气尚存。此住习气已无，但用精进力，不使习气复生。在第八住相，因精进力，已无沉掉间断，已具定力，此间作意是为第三无间缺运转作意。

⑨等持（任运住、平等摄持）。由于串习已熟，舍加行力，远离功用，定心相续，任运而转，获得自由。此住能任运而转其心，加行之心，完全不用，任其自然。正知正念二力，已习熟而串通（串习力）之谓也。

九住中，完全显现轻安，其间作意，谓第四无功用运转作意。

上述提及之听闻力、思维力、正念力、正知力、精进力和串习力，谓修止六力。

⑩轻安。心之粗重既去，对于善事有堪能性，是为心之轻安。此种心之堪能性发生时，即有一种堪能之风自顶而生（自顶向中，当获如初剃头有人以暖手温顶之相）。盖人在胎中，心与顶近，渐长成人，心与顶远。故堪能之风自顶发生。此风动时能引生心之轻安，心之轻安生已，此风随即遍于全身，于是引生身之轻安。如在软絮之中，轻妙无比，异于寻常。而身之善法堪能性亦随之以生，身既得安，心随以喜，是为身心双方之轻安。此轻安既得，此时乐趣，觉有不能自持而喜极之象。稍久则轻安之感觉渐微，实则轻安渐稳，已成一种不变之轻安，是为殊胜之轻安。

⑪得定。得上轻安，即为得定，是为色界定，初禅之前分。既得此定，则色声香味触男女之分别一切皆断。出定之后，除所缘之外，一切皆空，身心双方轻安，渐渐细微，心境明澈，能察微尘而知其数，觉另生一种新身一般。

此定是观之所依，内外道所共。若是外道，就此定中，加以观察上界功德及下界过失，由此别别观察之慧，引生一种轻安，始名曰观。一切神通变化皆由此生。然不能断烦恼性，纵至无所有处，亦不能出生死。内学就此定中，加以修空性等观、断除烦恼根本，遂获证阿罗汉，直至佛果矣。

修观资粮与修观教理：

观者，约言之，观甚深空性是也。亦可谓观者，所以使人证知甚深空性者也。亦可谓观者，以甚深真空性为所缘也。

修观法甚多，今依宗喀巴大师亲承文殊之传也。宗喀巴大师则依龙树、月称和阿底峡诸师之中观正见："依何知空性，依佛所授记，龙树解空性；月称继龙树，亲承其教授。故依师教，成佛甚容易，不依则不成。"

"生起空见"主因有三：

（1）忏罪集福；

（2）对于上师本尊无二无别之启请；

（3）依闻知空性为因，辗转增上以思维之。

宗喀巴大师云："以三因合修，生起空见不难也。以上师三宝加持之力，对于一切经论，自然能忆能知能证。"

修观之路有二：

（1）依空性为所缘而修止；

（2）由得止后而修观。

今依第二路，及前述三因是为修观四种主因。以未得止而修观，难生起故。所以必须闻思辗转增上者，因不努力闻思，则关于空性之闻慧、思慧，无由生起；亦即关于空性之修慧，无由生起。必先闻知空性，而后如理思维；而后生起决定；依此决定而修，然后生起修慧。三者有必然之次第也。

生空见之导论：

最初须认识烦恼之无明。能认识烦恼之无明，则对于空见之障，能显然指出，且对于烦恼诸境之根本，亦能决定了知。由是生脱离烦恼根本之见，欲脱离烦恼根本，舍空见莫属，由是而生决定依止空见之心。

何谓明，通达无我之慧即名曰明。无我之慧，即是空见，即破无明。

何谓无明，凡于明相反者，皆名无明。执我之无明，与通达无我之慧，恰成相反。因无明是在人法二者之中均执有我，故人我执与法我执即是无明。对于一切法执实之心，即认为实烦恼无明。龙树和提婆同作是说："凡属缘生诸有相，佛说一切皆无明。"月称亦云："所谓愚痴无明者，即于无自性诸相，而横执为有自性；此执能翳诸法空性。"月称又云："盖由自性实有执，分为人法二我执。"二我执中均有烦恼无明，此乃经义也。

愚痴（执实无明），是一切烦恼之根本。《八千颂》云："由执我我所功能，一切众生堕轮转。"愚痴无明所持之境，是为实有。或于实有喜悦，是为贪执，或于实有不悦，是瞋执。其他执常执断，各因实有境之差别而生。如是贪等与一切烦恼，而依于愚痴之上。

人我执。凡于补特伽罗不知其为依分别心之所安立，而认为自性有者，即是人我执。人我执有三：

（1）我执。月称有云："云何为能，不依他而有之自性是也。"补特伽罗本来无我，由执我之分别心（执实）力，安立而有；以唯我为所缘，执有自性，是为我执。由我见力生起我执，我见亦是烦恼无明。如无萨迦耶见（即我见）烦恼本随天。如有，一切烦恼境皆起。

（2）我所执。龙树在《中论》中说："若无有我者，何谓有我所？"由我执力生起贪著，"初由执于我，次生我所贪，由于贪功能，轮回以永立"。我执对于外境所缘安乐，生取夺之心和占有欲，而安乐必待对象，对象即我所（我之所有）。以我所为所缘，凡于种种受用，起自性所成之实有想而执著之，即我所执也。由我执力生起贪者，于我所和所生安乐，但见其功德，不见其过患，见诸好乐相，爱取执己有。

（3）余我执。以我所以外之法为所缘，执有自性，是余我执。此三种执，所缘不同，而皆是烦恼无明。

法我执。除上述我、我所、余我执三种之外，于一切法（有为无为诸法）不知其为依分别心之所安，而认为自性有者（生起自性之执），即是法我执。人法二我执皆同执自性，不过所缘不同。法执（执蕴）即是萨迦耶见之因。一说萨迦耶见为法执之因（不过言无明先后之意，萨迦耶见与无明是一体）。

不待他教而任运自起之我执，是为俱生我执。此执是人法二我执之根。俱生我执所执之境，即是自性。无自性之空见，乃成对治。对上述所执自性之诸法，能见其虚妄不实时，即是见空性。

善男信女，对于诸有，但无执实无明之心，则与佛法相近，一切不如理作意之分别心，即无由生，此不生，则贪著与烦恼之心亦即不生，是不生，则业力亦不生，业力不生，则轮回之果何从而起。《四百颂》云："于心境（人法）上见无我，轮回种子（愚痴无明）因此灭。"总之，若不知空性理，任修何法均不能离实执。"若无通达空性慧，纵具出离，菩提心，依然不能脱轮回。"（宗喀巴大师语）

欲能断除轮回根本，要先达空性。究竟空性如何通达？首先须明了空性之理，先以闻思了知经论中所说空性之理（通达空性之因），然后起修。所宜最先明白了知者：（1）人无我；（2）法无我。

凡一切经论与古印度先圣，就言说上，多分先说"法无我"，后说"人无我"。就修行上，多分先修人无我，后修法无我。何以故，人无我和法无我微细之理本属相同，只是人我空性，比较易见，故先修。经云："如汝能知人无我，一切法相亦如是。"

怎样才能通达人无我之理。龙树说生起我所依之身心："特因六大和合故，如何可说有真实，例此每大亦同然，各由和合无实性。"我们可以依此经论之意，安立人无我。关于破除人我执之理，即以缘起理论，本非一端。今依经论，专就离一离异之理，安立人无我。何故不依缘起理论，而专依非一非异之理。因为对于人我执，凡未通达空性之初业行人，依非一非异之理，比较容易生起空见之故。此处所谓空见，即人我无自性之心是也。此又分三：

第一，于自我生起无自性之心。对于自我如何无自性之理，若仔细推之，此中复具四种推论方式。

（1）应知障碍空见者为何。空见之障，前已言之详矣，如自性，如实有，如实执境，皆是也。此时应将前述诸障碍，融念于心了了知之。依据师授，首先，必须将平常所称我啊我啊执著甚牢之心，仔细看其起执情形究竟如何。平常所称我啊我啊云者，即是俱生我执。若不先将此俱生我执起执情形了了知之，而欲断执，则犹如无的放矢，不见敌而攻也。平常我啊我啊之想心，不定概系俱生我执，不过有俱生我执在内。盖此种想心可分为三：①不依分别心与名，执我由自成之想心。②由分别安立我名之想心。③无上述二者分别，唯有执我之想心（此由执蕴为所缘而生，如：行曰我行；坐曰我坐等）。此三者中，唯初为俱生我执，是障宜舍。若对于二三两者之境，均欲舍弃则入断见矣。故三者孰障孰非障，此处宜仔细分别。因初业行人对于我执其力甚大，又因俱生我执对于苦乐之因不具，其相不显，不易见其所执之理。是以宜就吾人回想所作善不善业之际，同时我啊我啊之想异常显现时，用内心理智细微观察，我想生起之景象，究竟如何，执我情形，又是如何。但观察之心务宜细微，我想方显；如深注意，则观察力强，我想转隐，不得见矣。

修止行人，此时即利用我啊我啊之想心，作为所缘以修止，修时用正知细细观察我想之景象，与执我之情形，如是修止，执我之情形即能显现。大凡观察执我情况之时，则我执之景象，有种种不同而起；有时对于我想之我觉其在心，有时觉其在身，有时觉其在蕴，如是诸想皆未见障。然则真障为何，最后见身心不分，如水与乳，于此水乳不分之身心上，见其起有我想，并见其对于此我，起有由于自成之想，观力到此，则已见到俱生我执所执之境矣，即空见障碍之主体是也。约而言之，待俱生我执显现时，而看其执著之情状若何，则见我之想心，与所想之我，似有彼此之分，于是觉有独一之我，在心想之中，复觉此心想中之我，在水乳不分之身心上，与一切蕴皆不和合，而由于自成。此时当生如是感想，由无始至今我啊我啊之名所在，我啊我啊之想所在，于此捕获矣。此时亦能了知何者是空见之障。大德有云：应于此时再观他法所生之障，必易明了。若身，若山河大地，一如我想，显然各观其自成之象。

执障情状喻如午夜室内觅柱，四处摸索，忽然触得，此时心中必然认为此柱非由分别心与他缘所起，乃由此柱自成其柱，又必然认为此即是柱。此即是柱之此，即为柱名所在。初认柱由自成，譬如实有。次认此即是柱，譬如执实。此皆凡夫心，圣者则不如是也。因为行人不能认识障体，故须详细说明。障者，障空见者也。空见者，破障者也。能认识各种障体，则于空见不生颠倒。如不识障，则以后对于空见难免颠倒。障体即明之后，则察看俱生我执，如其所执之状之我，究竟为有为无，仔细察寻。

（2）应知所属：俱生我执所执自性成立之我，究竟属于一蕴，属于多蕴，抑或一多均不属，于此应仔细推理观察。试泛观一切有法，不属一即属异，断无一异均不属之理。例如柱，无他物相形即属一，如有他物相形即属异，断无不属一异之柱可得。对于此理，须先生决定信心，然后回观俱生我执所执之我，原已认为实有矣。既系实有，则就身心而论，此我不在一内，必在异内，如一异内均不在，必无此种有法。于此生起决定心，则是所谓应知所属矣。

（3）应知自性非一："自性成立之我"，如果与蕴属一，则必与心为一，或与身为一，因为即认我与蕴为一，则我不能与身或心分离故也。我如与身为一，而身原非一，身为地、水、火、风、空五大合成，则我应与五大皆一。仔细逐一观察五大，发现俱不是我，则我与身非一，可决定矣。如必谓身与我一，此身死而被火化，成灰，则我亦应同受和成灰耶。如此反复推断，则我与身非一，益得决定，无可疑矣。此处所谓我，指自性成立者言，非指普通假名安立之我。如误认普通之我亦属于无，则入断见矣。所以，在常规概念的阶段中，有"人我"得存在。

我既不与身为一，然则与心为一吗？如与心一，心分六识，则我亦应如心而有六我；如谓我为一，则六识亦应如我为一，如是思维，我与心非一，亦得决定矣。

推而详之，六识总摄于身心，身心总摄于蕴。如我啊之想，所执自性之我如有，则亦应与蕴或一或异。若与蕴非一非异，则无有此我明矣。何以故，凡是有法，不在一必在异也。不然，则我为非蕴，非蕴则又成无为法矣。

如我与蕴为一，则生三种障难：其一，如我与蕴为一，则蕴与我应成为一体。其二，蕴与我即成一体，则蕴与我应察不出丝毫之分别性。其三，亦即应该无丝毫之分别而成为一。其理为何，因我即与蕴成而为一，则吾人分别心显现之境，应将我与蕴显现为一。何以故，我与蕴既同是一事，分别心应当显其为一也。既是为一，则我与蕴应无分别也。如无分别，则所谓取蕴舍蕴之我为无矣。如认为取舍蕴之我成无，则非内学矣。因为，内学皆承认有取舍蕴之我也。且如此，则蕴亦成为非所取者，我亦成为非能成者，如是诸过随之以生。所以，龙树于《中观本颂》云："离身无有我，是事为已成，若谓身即我，则都无有我。"此乃其一障也。

俱生我执所执（或显现）之我与蕴是一，则自性应当为一，因吾人分别心如镜照物。分别心（即俱生我执）对于自性之我及蕴同时显现。如自性我与蕴是一，则分别心中应将我与蕴显现为一，自性既是一，则我之支分与蕴之支分，亦应无丝毫分别而为一。如是一，则一我与多我有相违过。何以故，一我有五蕴，则应有五我，因汝认我与蕴是一故。又汝如谓只有一我，则五蕴应无彼此分别，合而为一，如是相违过。《入中论》亦云："若说蕴是我，则因此理故，蕴即非是一，我为蕴应多。"此乃其二障也。

我与蕴即自性（此处系作体性解）是一，则蕴刹那生灭，我应亦如蕴刹那生灭，则昨日之我灭，今日之我生，明日之我生，今日之我灭。此理在一般所说之普通我，其生灭，本亦无过。而俱生我执所执，乃自性之我，于此则生过矣。《中观本颂》云："若我如五阴，我即为生灭。"

自性之我即与蕴同为刹那生灭，则先一刹那之我与后一刹那之我，究竟为一为异？如先后刹那之我是一，则前一生之我，亦应与今一生之我为一。如前一生之我为未死而取今蕴，因前一生之我与今一生之我，同一自性故。一生之我为未死，则堕于常边矣。因此理故，《中观本颂》云："若天既是人，则堕于常边。"因而先后刹那之我非一矣。既非一则应异耶？而异之过患，亦有两三种。盖异，则前生之我与今生之我，其根本性亦应各别。何以耶？因前生之我与今生之我相异，则应不相依靠而各由自我，故根性应当各别。根性既别，则忆念宿名之说，皆成虚语，何有自忆某世为某之说。又由不相依靠之义，则自作善业，不能自期福果，则成业果相失之过。且所作一切业，皆等于无矣。又未作之业力，亦可引果。又此生所得之果，非由前生之业所集。又甲人作业，乙人可受其果。此何以故，俱不相依故。《入中论》云："任何实有相，其根本各异。不当说为一。"此颂意谓于一刹那先后生灭之我，如各为自性成立者，则其根本不能谓之为一。综上理由，不外说明蕴与自性我为一之种种过患，由是生起我与蕴非一之决定也。

（4）应知自性非异：我与蕴定为异耶？如异，则我与蕴当为各别，既为各别，则自性亦应各别，自性各别，则我与蕴应不相联属。如马与人，则蕴之生住异灭四相，于我之上，应当无有。我上若无蕴之四相，既是我无四相，我既无四相，则我成为常。如成为常，则俱生我执所执之处应不可见。《中观本颂》云："若我异五阴，则非五阳相。"不特此也，如我与五蕴不相依而各别，则以蕴作为我想之心不能生起。如不相依而亦能生我想，则于瓶于柱亦应生起我想；因是诸种理由，则决定我与蕴非异矣。《入中论》云："由此离蕴无有我，蕴外我想不起故。"

综上所说：我想于蕴既是非一亦非是异。根据前文应知所属理由，一异之外无有法可言，今认为我是有法，而又不在一异之内，则自性之我决定非有法矣。这是空见生起之初门。《中观本颂》云："如离身有我，是事则不然；无受而有我，而实不可得。"

空见初起之心，喻如空室觅物，但闻人云，此中无物，尚不自信；必亲自检寻内外上下，及墙壁空隙，皆已寻遍，而实不得，此时自心生起无物之定论，空见初起，亦复如是。总而言之，吾人先已认定空见之障体，既是俱生我执所执之我，想此我由于自成而为实有矣。此时就六根五蕴身心一一检寻，此自成而实有之我，是在六根、五蕴和身心耶？如在是与六根五蕴身心为一耶，为异耶？经周遍检寻，在六根五蕴身心一异之内均无此自成而实有之我。依前文所属之理，判断为此我非有，正如觅物遍于室内皆不可得，最后自心生起肯定为无之慧。这种决定无我之心，其生起情状如何，初将俱生我执所执自性之情状，及其所显现之情状，暂置于心，铭记不忘。而后依此情状以取检寻，但遍寻不得，此时内心顿起自性我为无之决定慧，不由外铄，亦正如俱生我执之执我，是由于内心，不待外铄。

内心顿起空见（自性为无）之觉受：过去世空见习气薄者，但如原有宝物，忽然失去，生出恐慌之心。不特此也，经云，譬如失念人疯狂而跳叫，已历千万年，一旦获正念，回忆狂叫状，心生无限羞愧。如往世空见习气厚者，则如原失宝物，忽然寻获，生出欢喜之心。

综上所说：皆为安立我无自性之教理。

第二，于我所生起无自性之心。安立我所无自性之理如何。首先，须认明我所所执之情形。我执所执，仍不外实有而已。即我所身见所以认为自性成立之我，将眼等执而为我取受用之工具，此即我所执之情状。于此情状，当先认明，则于此情状之上，就眼等察看，究竟眼能见之我，以及耳能听之我，有无自性。依照前文四种推理，仍暂将自性之我，存诸心中不忘。从第一种关系，次第去寻，就身寻，就心寻，就一异寻，皆无所得，则知自性之我为无，即俱生我执所执之我为无。思至于此，则顿知眼等能看能听知之我亦无。盖申上述诸种思维，于俱生我执所执之我，知其为无自性，亦即能于我所执之我，知其为无。譬如知其石女子为无，则子之眼等亦为无，不待闻矣。《中观本颂》云："若无有我者，则无有我所。"我执身见，单纯起于我想。我所执起身见，就眼等能见等景象生起我想。以上为我与我所无自性之决定。

第三，于余我生起无自性之心。安立余我无自性之理如何，依前文我无自性理由，分别检寻，不难知其为无自性。如马，离分别心与名相安立之外，若认为有自性成立之马，则寻此自性之马，与马蕴为一为异，如皆不可得，则自性之马为无，可以知矣。

怎样修观：

1. 皈依和发菩提心；

2. 修持上师相应法；

3. 回向。

修持上师相应法，所有启请不外祈其加被，以最强心力，使我空见坚固之障速即除天，空，见速即生起。启请时，观想上师在前上方，次观临顶上，这时启请赐我速达空性，想顶上上师对我注满甘露，我之罪障皆无。再观想上师坐我心间莲台，身外是文殊菩萨。

1. "人无我"修习法

观想上师于我顶上注甘露祛除罪障时，对于我想之心，力使其显现。于其显现时，按前文所讲之理，观察其执著情形，暂置不忘。然复寻检其与蕴为一为异，迨至遍寻皆不可得，则内心油然而生起决定智慧，决定自性之我为无。此最后之决定自性为无，即中观修止法所缘。将此最后决定为无之智慧，安置于心，加以得保持，勿使退失，如系曾修止之人，即能以离沉掉过失之定力，于我无自性之心，长久安住。但专能性恃此定，亦不能入空见。然则如何而可，第一对于我无自性油然而生之强猛决定心力，勿使细微，尽力所能，以防退失。如是修习以去，因油然而增之决定心力，有六则自微之倾向。如是宜注意防其细微。用心中正知一分以观察之，见其将微，则提起此我是无。如有则不在一必在异矣。经如是作意，则决定心力又复振起。如是屡屡振起，务使与初时油然而生之力相等。因此时已经得定，沉掉等过，早已皆无，唯余此细微一过须防之耳。无我决定心生起时，每如九种心之初二住，执实方面心力尚多，决定无我方面心力较少，一时一时萌起而已。及经正知作意振起后，此时有如四五住，执实力微，无我力强，能长时继续，此时将住于无我之决定心（以无我为所缘），谨守勿忘。并以正知观照，好现细微退失趋向，则又思维我决定是无，如有，岂不在一异之内，如是振起之。假使心不能住于无我之所缘为主。如此之后，若于观察一异等心，不生喜悦，则又为缘力量过大，而决定无我之力较小之过。宜复从一异观察，初已言明，决定心住于无我所缘，以正知观察细微倾向之有无，并未放释所缘也。故中观之用心法，不但不释所缘，而一百又须观察一异等。一百又须观察一异等，而又不失住缘之心。譬如折薪，一手执持，一手折芝，若唯折而不执，斯不善折薪矣。如是修习以去，细微倾向趋向无有。或如偶现微相，或萌实有执，当下正知即能觉察而除之，正如第八住心，正如得力，沉掉难生，生即除矣。自此以后，因决定无我之心，已经纯熟，细相不生，不复再用正知，每正如第九住相，沉掉已离，不用正知观察，而纯用串习力，住于无过定中。盖此时住缘心不碍察过心，察过心不碍住缘心，串习已熟矣。至此，则决定无我智慧右以明显，而且久住，是为相近之观，尚未得正观也，如此之观，是名虚空观，而我中观。中观者，执实之障已尽者也。虚空观，不过如虚空性，无触法之障而已。但虚空观每我易事，盖必除去触碍之法，而后可见虚空性。除去触碍法之障而得虚空，除去执实之障而得空性。修观行人，以决定心往于空性，长时继续，好此长时观想之情形，谓安想好虚空现起之情形。好前文所述，决定住缘心，与正知观察心，当同时并行矣。此时好虚空之安想，亦作住缘不可，故可名为好虎空之定（住）相。总之，住无我所比心（止）如马，决定无我心（观）好骑马者，不呆相字。既得好虚空之定相，则必有吞得生起，心安住于无我所缘不乱，名曰两泻。出定吞心不住无我所缘，而仍不离无我之想，名曰后得。获后得时生起之见，名曰如幻见。故出定后，宜观一切如幻。如幻复有两种：

第一，空如幻。空如幻者，扫除实有之后，相分尚在，是为唯有。唯有，即空如幻。

第二，境相如幻。譬如狮，以木等狮象，幻师眼识所见之境，虽属宛然狮象，而心中决定知此狮象皆然是实，境相好幻正是如此。吾人平常对于我、我所，所以显现其为实有者，皆因执实无明之力乱心所致，今因修观之力，于此显现之境相，决定知非实有，好是即可谓通达境相如幻之理矣。

"止观"当并行，必须心能住无我所缘而不失，已得"止"后，又能一百观察，决定知其无我，然后能见境相如幻。换言之，若决定了知无我之心不能见境相如纪。前文所说后得行人，固已略通空性，而其心未必触文往所缘；但以修空力故，有时见一切境如烟如雾如虹，或见自身空洞无物。然而此种现象，就是不了解空性之人，有时亦能得之。好有一类人，任于何境皆制其心，不生作意，久之亦能获得如是现象，此所谓境相如幻也。故于此当知者，即决定了知无我勇猛之心力，能久往于止时，始能见相近观空之境相如幻。凡得相近空观之人，亦如幻师观感切境界皆如幻化。上乘安立之如幻观，即指此种而言。若处在后得地行人，所有好幻境，有具勇猛力能久住者，有不具勇猛力而不能久住者。其不能久往者，则宜依《三昧王经》所有义理修之。此种行人，虽未得相近空观，而已通达我无自性。既通达我无自性，心中只有唯我之名存在。既知唯有我名存在，则知我名者，即业力与果之所依，亦即我所有种种作为之所能依，而我名非可寻得之物，故曰唯有我名，凡依我名所有作业得果，及一切作用，均宜照梦幻泡影等喻着想。好何着想，例好幻师因有咒语药物种种因缘，故有幻相。幻相复有种种幻动作。又你如做梦，因有睡卧等因缘，故梦，梦中复有种种动作。是故当知，无有自性的唯有我名，也是由种种因缘而来。而此唯有我名之上，所有种种无自性之作业，无自性之得果，亦如幻相所有种种动作，与梦中所有种种动作，决定是有。但虽决定是有，而一切因果作用，仍复如我仅有其名。

总摄前文，已经得"止"之初步修观人（初入观路）约分二种：一种对于"空性止"已得，而未入中观路；一种对于空性止已得而又已入中观路。第一种为安业有，于出定之后后得时，对种种蕴上，不免时有自性显现，则宜将修观时决定无我之见提起，思此储蕴，虽若自性显现，而自性本无，仍与正修观时无异。故后得者宜随时随地将我无自性之力依持坚固。若稍懈驰，则自性执著又复入心矣。但虽将我无自性之力依持坚固，而不免时生如是疑虑：今之显现诸蕴，若皆无性则我亦为无，而因果案又何如耶？生如是疑时，宜按前文所说《三昧王经》义理修之。义理为何，即依幻师幻象之喻而修是。因幻师眼识中所显现之象马，蝇属是有，而实无性。倘若有性，岂不成真象马，盖咒等因缘所显故。吾人眼识中诸蕴亦复如是。相虽是有，性则为无，性既无已，唯有我名，因我名也是由因缘所成。由名因缘复生种种作用，亦由因缘所生之幻化象马，复生种种作用，当如是思之。空如幻者，但知空性，不知缘起。后得者所以必须如是作观，即在就缘起以明空性，缘起性空，务须圆融。截至于此，当分界限：（1）于我及缊界上将自性空去；（2）空去自性之后，此我及蕴界上将自性空去；将此无性及假名二者之理，于我及蕴上融会于心，善巧修习，则可谓于中观之事理已生起矣。所谓中观难得者皆因不善巧之故，前文所说，于中观道多未善入，此处所说始为善入。

善入中观之人，于后得时，修如幻观之法如何。后得之人于我与蕴，能空去自性，唯有假名之上所起种种作用，同时以自力决定，忆念真俗二谛。此种人于念空见时，当时即思念得起如幻；于思念如幻矣。此善住如幻之来源，由于善作空如幻（如虚空之定相），故于后得时，善境相如幻。如不能善修空如幻，能善修境相如幻，则对于空如幻之空性，亦易得增长之利益。故知后得之如幻观（俗谛），能助长空见（真谛），空见又能助长无得之如幻观，行人须从二者互助上以修习空见也。

2. "法无我"修习法

安立我者，如六根五蕴，六根五蕴皆法，此六根五蕴之非自性成立，即法无我。总摄为"有为法"和"无为法"之非自性成立二者。我为法之非自性成立分三方面。

（1）"色法"非自性成立。身为色之一，先须认识平常所执不依分别心安立而由自成之身，如何使其显现。既显现已，则思如果所执自性成立之身为有，则应头目手足等不为一，则为异。有断然者，于此即须决定其究竟为一为异。如身与头目手足等为一，则断手肘，即应身亦同断。而事实不然，可见身与手等非一矣。再身与头等支分为一，而支分非一，则身亦应有多身，而事实不然，可见身与头等支分为一，则应无分别性，如无分别性，则左手动时，右手也应同时而动。由此多种理由，判断身与支分非一。然则身与支分为异吗？如异则应彼此不相依，试就支分一一指出而外，怎能指得出一身也。如指不出，则是身与支分非异之明证矣。今即于一于异遍修寻平日所执之身，卒不可得，于此生出决定无有自性成立之身的心，是为"法无我"之初步。于此当思身既不是自性成立，然则身究竟由何缘而有耶？于五蕴一切支分之上，由分别心安立身之假名，如是而已。除此假名，都无所有。欲问安立假名的原因。则为求之不可得，不可得，即是真谛。以身推之，一切法皆然。

（2）"心法"非自性成立。首先，观自心如何显现，则觉此心系由自性成立，此亦犹如身执。平常所谓身啊身啊，是于其身名之上而起执著。今之心执，平常所说心啊心啊，是于其心名之上而起执著。于此再观所执之心，如果是表，则与其支分，不为一必为异。心之支分为何？昨日之心，今日之心，前心后心，皆为心之支分也。

所执自性成立之心，与昨日今日之心等为一吗？好为一则与昨日今日之心，应无分别，既无分别，则昨日之心过去成无，今日所执之心也应当过去成无。好异，则彼此不相依。试将前日昨日今日之心，一一指出而除去之，又怎可以得到所执之心？例如一日分早午晚三心，所执自性之心，如为有法，应当三时心为一，若早午之心成无，晚心也无。如异则除早午晚三心以外，又从何处得自性之心？于一于异觅自性之心皆不可得，然则心从何缘而有？盖刹那刹那生灭之上，由分别心安立心之假名，欲求此假名之故，一可得也，故云唯名。盖因心之差别，现出种种不同之境。能现此种种不同之境的心，求不可得。必欲求之，也就是唯有此心这假名而已。一切心法，不外如是。离此刹那生灭之支分上安立假名之心，而求自性成立之心，竟不可得。例如微尘，亦由东南西北方分之上，安立微尘假名；离此方分之缘起安立假名，而求微尘实不可得。

（3）不相应行法非自性成立。年月日时等皆不相应行也，其非自性成立，显而易见。试就年而论，1 年由 12 个月而成，依吾人平日心想中所执自性之年，如果是有，则必与 12 个月为一，否则为异。如一，则彼此皆无分别，无他别，则 1 月也可为 3 月 4 月。如异，则除了 12 个月外，应有自性之年存在。既非一非异，则心想中自性成立之年，是为无有。以此类推，月日时等，亦复如是。然则分别心于 12 个月上安立之年，竟为无吗？如有，何以如前所说于一于异求皆不得。于此当知，分别心所安立假名之年，与常人心中所执自性成立之年，各不相同。分别心安立假名之年，与 12 个月为异，有法可得。盖年名与 12 个月相为缘起，12 个月依于年名，年名依于 12 个月，其为有也，如是而有；其为异也，如是而异。如果心中所执自性之年，如认为与 12 个月为异，则如骡马之别，有相离情事，故应于 12 个月之外，有年可得，抑或不待 12 个月，而年独立存在，故自性之年决定为无。而安立年名之年，属诸缘起，是无进失可得者，一切法亦复如是。"无为法"非自性成立者，凡在修习有为法无自性者，对于无为法无自性之修习，即知无为法无自性，何难之有。不过有为法之是否为自性所成，学人易生起推度之心，无为法是否为自性所成，推度之心生起比较为难。故须先行精通有为法非自性成立之理，而后及于无为法。《中观本颂》云："有为无自性，无为故有性。"有为法无自性，前已述之矣，无为法何故无自性，今试论之。例如虚空，无为法也。此虚空之名，本系依虚空种种支分而安立的。但世人心中所显之虚空，不觉其为依支分所安立之假名，而恒觉其由自性所成。此种心想，势必有之。如是想象为自性所成之虚空，果然是实有，则究其与支分为一为异，于此当加判断。东南西北等，皆为虚空支分，如一，则应无分别，如无分别，则说北方时，则不应有其余各方，何以故，如一故。如异，除此种种支分，则不应有一不依支分而自性成立之虚空存在，竟能指出吗？虚空虽无，但也有东南西北中可言，于此五方等支分之上，而安以名。即如瓶空，也于瓶空东南西北中等腰三角形支分之上，而安以瓶空之名。又如空性，所谓空性，也不过是一切俗谛上将一切实有之执障破除之后，而安立以空性之名。故虽空性，也是由是种种支分缘起合之上，而施以假名。如此之空性，若其为自性所成，则仍按前文，于一异中寻之，最终寻之不得，则能知其不是自性成立的。

总之，不论人也，法也，对任何一法，能通达其空性，则推之一切法，其为空性，也同样通达，所以对诸法不必逐一照此支修也。必须逐一照去修，恐怕人寿亦不待矣。提婆云："谁于一切有相中，能达一相之空性，亦达一切相空性。"故吾人有最初，即宜对于一法上所有对空性相违之法，也就是障碍之法，应善通达，不可有错。不可有错，此后就根据一异之理，以除其相违法与障，而对于空性生起决定智。而生，于去障以后的空见（如虚空），尽力以修，以了知"无自性"之智和不着于一切相如虚空之心境。二者和合，安于止上，而去修之。然后于后得时，对于心中诸如遇境起执，不论起执于何物，则细看皮执情形究竟如何，而依一异之理，以推度之。用从前修法，同时决定其无自性，以此观其余一切，亦皆如幻。假如吾人出定时，有人击我颊一掌，或不免动怒，立观此掌所击，原非自性之我颊，不过假名之我之颊耳。如尚不能立时生此决定，则照一异之理推之。此言虽后得时，亦勿忘性空而修如幻也。然后将修时如空之修，与后得时如幻之修，二者和合，久修以去，则已是相似中观矣。于已得相似中观时，如是发菩提心人，则入大乘道；如无菩提心，则入小乘道，入小乘已断生死矣。大乘道有五位，此为第一资粮为矣。

真正中观，则于决定无自性之"止"，无有退失。不但无退，而且同时能以正知观察一异之理，不但同时能观，而且同时能使"止"益增长。不但同时能使止益增长，而且同时能生殊胜之轻安，而为从前"止"中所未得者。得此轻安时，则一切分别智慧，均成中道之"观"。生起如此中观时，则对于空性已甚显然见之矣。如此之人于"止"中有悦意轻安之"观"，于悦意轻安之"观"中，乃不离"止"，是谓得"止观"双运者，如具菩提心人，得此中观时，同时即如大乘加行位。

如此之人，以正修与后得，互相资助而修，次第历加行四位，而真正见得空性，同时即入见道位，是为初地。得初地时，尚须视其得真正能离遍计执之空性与否。如得，则证入相似法身。此后即依其能离遍计执之空性之程度，而分十地阶位，及至入于佛位，则悉离一切相矣。

不具通达实际慧

虽修出离菩提心

不能断除有根故

应勤通达缘起法

于内蒙古梵宗寺（2006 年 6 月 29 日至 7 月 1 日）

诸佛出现乐

演说正法乐

僧伽和合乐

共修持戒乐

第三节　凤凰台采访内蒙古梵宗寺

中国旅游与经济台《聚焦中国》栏目解说稿

单位名称：内蒙古梵宗寺

节目长度：3 分钟

播出栏目：《聚焦中国》

送播单位：中视大国

（主持人导语）

梵宗寺，始建于 1318 年，始称护国寺，后毁于明末清初战火。清乾隆八年（1743 年），翁牛特旗第五代扎萨克篷斯克，按照喇嘛的意愿，迁至乌丹城西北的山坡上，重建后，乾隆赐名梵宗寺，意为"佛教发祥之地"。即今内蒙古赤峰市翁牛特旗人民政府所在地乌丹镇北 4 公里处，占地 4 公顷，是翁牛特旗目前仅存的一座较完整的汉藏合璧的古建筑群，也是内蒙古大草原上一座较大的蒙藏佛教圣地。

凤凰台记者与丹迥活佛在一起

（解说词）

2009 年 7 月 25—27 日（农历六月初四至六月初六），内蒙古赤峰市梵宗寺隆重举行了"祈祷众生健康长寿千供大法会"。

7 月 24 日晚，中国藏语系高级佛学院教务处处长，梵宗寺主系第五世活佛，丹迥·冉纳班杂仁波切在来自北京、天津、大连等地的信众的护送下抵达位于内蒙古赤峰市翁牛特旗的梵宗寺，受到了梵宗寺蕴色楞住持的热情接待，并于当晚和信众们一起共进晚餐。

（同期声再现：晚餐时的情景片段，活佛同信众一起唱歌）

7 月 25 日，"祈祷众生健康长寿千供大法会"盛大举行。在此之前第五世活佛接受了我们的采访。

（丹迥·冉纳班杂仁波切 采访片段）

当日，大雄宝殿内外人头攒动，在活佛丹迥·冉纳班杂仁波切的带领下，在长号、法鼓的伴奏下，众僧齐声诵赞佛、法、僧三宝的功德。诵经毕，丹迥·冉纳班杂仁波切为大众宣说佛法基本要义，梵宗寺僧众及数百名信众欢喜听闻。开示结束后，丹迥·冉纳班杂仁波切为现场的信众们摸顶祝福。在僧人们浑厚悠扬的诵经声中，信众排起长队，献上供品，接受加持，整个法会沉浸在一片庄严祥和、吉祥喜庆的气氛之中。

（嘉木扬·凯朝 采访片段）

佛教对中国人并不陌生，但是很多信佛人对佛教的教理教义并不是很明确。丹迥·冉纳班杂仁波切希望大家能够真正地了解、认识佛教，不要认为佛教就是烧香，磕头，让佛保佑自己，所以信佛的人一定要一点一点去了解佛教，这样才能在学习和修行上有所长进。

丹迥活佛在"美岱召恢复宗教活动仪式
暨活佛升座庆典"上

附录

丹迥活佛在"美岱召恢复宗教活动仪式
暨活佛升座庆典"上的讲话

尊敬的各位领导、各位来宾、各位教界同仁：

首先，我代表美岱召寺务管理委员会，对各位的到来表示热烈的欢迎并致以崇高的敬意。同时，对各位领导对我的信任和支持，对各位大德和广大信众对我的关爱和护持表示衷心的感谢！

"发挥宗教界人士和信教群众在促进经济社会发展中的积极作用"是十七大以来使宗教界深受鼓舞的话语之一。

全国政协主席贾庆林同志在今年迎春座谈讲话中，对宗教界和各宗教团体提出了三点希望：（1）要更加自觉地继承和弘扬优良传统，坚定不移地走中国特色社会主义道路；（2）要更加积极地服从服务于党和国家工作大局，为保持经济平稳较快发展和维护社会和谐稳定贡献力量；（3）要更加扎实地推进爱国宗教团体和宗教教职人员队伍建设，切实保证宗教组织领导权牢牢掌握在爱国爱教人士手中。

美岱召迎请丹迥活佛

我们佛教四众弟子，决不能辜负党和政府以及全国各族、各界人民对我们的期望和要求。

我坚信，在土右旗党政有关部门的领导和指引下、在广大僧俗信众的共同努力下，我们定会将美岱召建设成为一座弘扬正法、利乐有情、和谐共融的庄严道场；同时也为来自四面八方的游客打造一个文化深远、清净高雅的旅游胜地。

今年是伟大祖国建国六十周年。半个多世纪以来，我国各族人民在中国共产党的领导下，在建设有中国特色的社会主义伟大事业中，取得了举世瞩目的光辉成就；中国人民的精神面貌和生活水平、社会主义新中国的国际形象和地位，都发生了历史性的飞跃，伟大祖国已然以矫健的身姿和宽广的胸怀屹立于世界民族之林。

让我们殷切地祝福伟大祖国国运兴隆、人民幸福；让我们虔诚地祈祷世界和谐、正法久住！

同时祝愿与会的各界来宾吉祥如意、万事亨通！

2009 年 8 月 29 日

附 录 一

南条文雄佛学思想对中国近代
佛教的影响

引 言

我翻译南条文雄《怀旧录——关于梵文的事情开端》一文，缘起于中国社会科学院文学研究所靳大成教授安排给我的作业。靳大成教授是我留学日本前的汉语老师（在北京雍和宫）。2001 年，我想回国报效祖国，准备在中国社会科学院世界宗教研究所工作。在社科院偶然遇见靳老师，师徒都非常高兴。各自介绍了近几年的情况，靳老师了解到我在日本留学，并在著名佛学学者前田惠学博士座下研究佛学获得博士学位。当靳老师知道我学过巴利文、梵文等语言，就让我把日本著名佛学家南条文雄博士的《怀旧录》汉译出版，为国内介绍南条文雄的佛学修学研究及学术成果。我在日本留学期间，我的导师前田惠学博士和南条文雄博士一样，都是日本净土真宗大谷派的高僧、住持，我所认识和接触的日本大学教授也有很多都是净土真宗大谷派的高僧、住持；我与他们也一起研究过日本佛教的净土思想和蒙古地区佛教净土思想比较的课题。在日本我所拜访过的净土真宗大谷派的寺院里，以及个人家中几乎都有南条文雄书写的墨宝。南条文雄确实是日本佛教徒家喻户晓的佛教高僧之一。他的佛学思想和为人处世的人格品德得到人们的爱戴和赞颂。① 此外，他对中国佛教文化文献方

---

① 前田惠学：《前田惠学集——命终时》（第七卷），日本山喜房佛书林平成 19 年（公元 2007 年），第 575—576 页，记述了南条文雄与日本民众和睦相处的事迹。

面的继承与保存作出了巨大的贡献，这与南京金陵刻经处的创办者杨仁山居士的努力是分不开的。南条文雄又与我有缘于北京雍和宫、西黄寺（中国藏语系高级佛学院），我们曾经都有过佛教文化方面的交流。种种因缘都使我与翻译南条文雄的《怀旧录》结合在一起，有责任完成靳老师布置给我的作业。这也是我回报老师的育学恩惠，也是靳老师提供给我为中日文化交流穿针引线的机会。

回想起来，中日交流的开端应该是从佛教文化开始。中国和日本的佛教文化各有自己的特色，但是，通过佛教所追求的目的理应是一样的，那就是以佛教的"慈、悲、喜、舍"之心，为世界和平以及为众生拔苦与乐的大愿大行的慈心无碍、同体大悲为宗旨。中日交流源远流长，共同通过佛教文化这一领域为世界和平作出了卓越的贡献，这是有目共睹的。赵朴初居士认为，在中日韩三国友好交流中，有一条源远流长、至今还闪闪发光的纽带，那就是我们共同信仰的佛教，被誉为"黄金纽带"。赵朴初居士说："黄金，至为坚固，至为宝贵。"

"中日邦交正常化"以来，中日之间进行了各方面的交流活动，尤其是在贸易、经济方面的频繁交流。

过去的 20 世纪是以科学文明为中心的"物质"的时代，今天的 21 世纪应该是以"心"为中心的精神的时代。2006 年我国在杭州和普陀山举行了首届世界佛教论坛，主题是"和谐世界、从心开始"。大会的核心思想以"和谐世界、从心开始"为契机，争取持久的世界和平。大家都希望和平，我国提出了构建和谐社会的理念，社会怎么能和谐，世界怎么能够持久和平？关键在于人心，这就是大会的主题思想和宗旨。

中国与日本是邻邦。从隋唐时期开始两国就进行了交流活动，而且应该来讲是从佛教文化交流为开端的。今后，希望中日交流不仅在经济贸易方面进行友好往来，更要重视在文化方面的交流，因为文化方面的交流是人与人之间心灵的沟通交往，即精神方面的疏通与共融。所以说，物质方面和精神方面的交流要同步进行，才是中日最完美的友好交流，也将为世界和平、人类文明发展，起到积极的促进作用。

一　南条文雄的生平

南条文雄（1849—1927）是日本净土真宗大谷派的高僧、日本梵文学权威。出生于日本岐阜县（相当于省）佛教世家，号硕果。早年修学于日本京都府高仓学寮，后为日本佛教净土真宗大谷派特派赴英国牛津大学留学，师从麦克斯·穆勒（F. Max Müller）博士，专修梵文学，学成回日本就任东京大学梵文讲师。日本佛教界尊称南条文雄博士为日本近代佛教学鼻祖，开启近代佛教大门的功勋卓著的人物，是日本最初获得文学博士学位的大学者（明治二十一年，39岁），成为帝国学士院会员（明治三十九年，57岁。第284页），他多年为大谷大学献计献策（明治三十六年二月至四十四年九月，就任真宗大学学监，大正三年七月至十一年六月，就任真宗大谷大学学长，大正十一年六月——十二年十月，就任大谷大学学长），作为学界的长老，宗门的耆宿，其荣誉也得到了日本佛教界普遍的认可和爱戴。

南条文雄前后18年担任过大谷大学的领导人，樱部建博士说："不知如何列举才能更加突出南条在大学行政工作上的业绩成果。谦虚的南条自己也没有提出这方面的情况，别人也没有指出这方面的情况。仅就学院长的南条，大小的事务都有他来主持（相当于现在的兼任学部长和事务长职务，第296页）委托他的事情均没有拒绝过，在他任职时也没有失职的情况。"清泽满之在（第85、276—283页）评价南条文雄说："先生如洪钟一样，说起话来越说越洪亮。"他忍让谦虚的风格也为大家所推崇敬佩，"师的性格谨严而温厚，没有与人争吵过"。《佛教大辞典》（望月信亨编著）在"文雄"的项目中，是这样记述的：宽厚的长老。南条学长在任期间，大谷大学的校园笼罩在融融的和谐气氛之中，现在有不少毕业生怀念他的恩德。

南条文雄所编的《大明三藏圣教目录》（英译），以南条目录名称闻名于世。又得麦克斯·穆勒之协助，先后刊行《法华经》、《无量寿经》、《阿弥陀经》、《金刚般若经》、《般若心经》等梵文之英译本。另有《日本佛教诸宗纲要》、梵学讲义之英译著作。《怀旧录》则为他从童年到1927年79岁圆寂为止所经历的重要的生涯自叙传记。

二 南条文雄博士对日本近代佛学研究的影响

樱部建说，称"近代佛教学"是在日本近几年才开始使用的提法。但是，这种说法不一定是正确的。在此，称"近代"首先应该是指明治以后的事情。但是，明治以后的佛教研究不能一概均称之为近代佛教学，这是由于其与德川时期的佛教研究相比较，在资料方面及方法论方面等都有其独到之处。此乃特指其以新的形式来研究佛教的势态而言的。①

近代佛教学在资料方面有它的特别之处，以往佛教学引用几乎只是印度古语翻译成汉文的种种佛典，以及以其为基础的中国和日本所著述的佛学论著，作为"圣典"来研究的对象。近代佛教学在它的基础上又增加了幕末开国以来在日本所用的巴利文、梵文的原典以及藏译文等新的形式的佛教文献，即进一步把梵文、藏文、汉文等一般文献，也广泛作为"资料"来使用。

近代佛教学在方法论方面与以前中的佛教也有其区别，以前佛教的学问主要是以诸宗的祖师的传统学说，以求来解释其各派的"宗义"为中心而研究的课题，近代以来，很多研究项目与课题都以宗乘、余乘（自宗的教义学说，他宗的教义学说）的形态来进行研究。对比之下，自近代佛教学的广泛传播以来，是借用西欧的学术方法为手段，实质上是脱离了宗门（派）的制约，以自由的状态进行了历史和文献的研究，以及佛教理论的研究方法，从而开拓了全新的研究领域。

近代佛教学在意趣方面的独特处，是指内部的宗教需求从普遍现象的佛道的知识性需求，转型发展到学术性需求。

上述所言，即是日本的近代佛教学，在过去百年的历程中，经历了重要变革。为此，不能不说与日本现代佛教的新运动有关。从而不得不称南条文雄是开启近代佛教大门的功勋卓著的人物。

南条文雄从明治九年六月和笠原研寿一起赴英国起，到明治十七年五月回国为止，将近八年刻苦钻研；期间，师从麦克斯·穆勒博士，并在他的帮助下翻译了梵文《金刚般若经》、《无量寿经》、《阿弥陀经》、《般若心经》、《尊胜陀罗尼》（日文）并刊行。又将汉文《大藏经》的目录译成英文目录发行，得到以"南条目录"（Nanjio Gatalogue）著称的不朽的名声和光耀，其后他又以英文著的《日本佛教诸宗纲要》，驰誉欧洲。

就这样，停留在欧洲的南条文雄，躲过了废佛毁释的灾难，对迎来新

---

① 南条文雄：《怀旧录——关于梵文的事情开端》，东洋文库 359，日本平凡社 1979 年版，第 327 页。

气运的文明开化的日本佛教界佛典原语的研究，带来了光辉的新领域的学问。很多人都期待优秀精英的出现，南条文雄不负众望，比大家想象还要好，可谓业绩斐然。从黎明期渐渐向兴隆期迈进的欧洲，对东洋学界几乎是一个未知的领域，南条文雄在介绍东亚佛教方面，起到了模范使者的职责。他发挥了无与伦比的能力。

作为梵文学者，南条文雄的主要代表成绩是：与荷兰的 H. Kern 氏共同完成了《梵文法华经》的校刊，以及晚年苦心完成的《梵文楞伽经》的校刊，列举这些都是理所当然的事。日本近代佛教学的发展史中，再也找不出南条文雄这样的人物，他所发挥的启蒙作用，或开明家的职责和贡献是不可磨灭的。在这一方面，他的《梵文金刚经讲义》、《佛说无量寿经讲录》、《佛说阿弥陀经讲录》、《真宗圣教里所显的梵语讲义》等著作，以及《阇多迦》、《在言语学中的梵语的位置》、《欧洲梵学略史》、《佛陀伽耶菩提树片略史》、《佛涅槃年代考》、《问对杂记》等初期的论著（都收集在南条晚年的著作《向上论》中，其完成大约在明治十七—二十年间），都足以在他的成绩簿上增添光彩。《阇多迦》以下诸篇论著，正是其后渡边海旭的名著《欧美的佛教》［大正七年（公元 1918 年），东京，丙午出版社］的先导。在此说明，南条文雄不是引导未知领域的学生给他们解说，而是热心、细致、认真的先导者的领军人物。

佛教界以外的人士（南条停留欧洲时期的友人几乎都是明治社会有权势的人），他们说："像南条文雄这样的人为何在本愿寺等处做事，是不应该的吧？"苦言劝过南条文雄。可是，南条文雄笑而不答。南条的座右铭是"为法不为身"①，他的这一精神也是对佛门的忠诚，足见其对祖师和师父言教信奉的程度，绝无虚假之地。

赤沼智善（1884—1937）是日本原始佛教研究的开拓者之一。他回想，"在我童年的时候，在越后（赤沼出生于长冈市）还没有火车，当时，听说南条先生要来，大家都很兴奋。因为，他不管在什么地方讲学，讲堂内都座无虚席"②。讲堂前有很多摆摊卖商品的，先生的讲演通俗易懂，只听过昔风说教的乡村老人们也很喜欢听，由此在当时知识界引起轰动。

---

① 南条文雄：《怀旧录——关于梵文的事情开端》，东洋文库 359，日本平凡社 1979 年版，第 27 页。

② 同上书，第 316 页。

三　南条文雄对杨仁山居士的影响

清同治五年（1866），中国佛教学者杨仁山（俗名：杨文会）创办南京金陵刻经处。杨仁山认为弘扬佛法，必须流通经典。于是通过日本佛教学者南条文雄，从日本寻回中国自唐末五代以来久已散佚的各宗重要典籍 300 余种，如《中论疏》、《百论疏》、《成唯识论述记》、《因明入正理论疏》等，均经刻印流通。失传已久的北魏昙鸾著《无量寿经优婆提舍愿生偈注》，也从南条文雄处取得，改名《往生论注》加以刻印，后收入《汇刻古逸净土十书》中。杨仁山认为日本出版的《卐续藏经》，以博采为旨，忽视甄别工作，乃立志组织编刻《大藏辑要》，选佛典 460 部，3300 余卷，进行严格的校订。同时编定经目，将藏经内容分为华严、方等、净土、法相、般若、法华、涅槃以及传记、纂集、弘护、旁通、导俗等 21 部，各部列举代表著作数部。1911 年杨仁山逝世前，嘱咐刻经处事业由其弟子欧阳竟无、陈樨庵、陈宜甫 3 人分别负责编校、流通、交际等工作。1914 年，欧阳竟无在刻经处成立研究部，聚众讲习，兼事刻经。从学者有姚柏年、吕澂等人。①

南条文雄是在英国伦敦认识杨仁山的。他记述说：

> 当时驻英国大使馆的中国公使侯爵曾纪泽的人，此人是以忠诚听取曾国藩的长子，公使馆的参赞官，陈远济是他的妹婿。又同公使馆的书记生中有仁山杨文会君，他是一个非常虔诚的佛教徒。我在末松谦澄君的介绍下，去他们的住处拜访过陈远济和杨仁山二君。压根就不会说汉语，所以一开始就以笔谈的形式交流的。于是仁山君把自己出版发行的《大乘起信论序》一册赠送给我，告诉我他通过读这本书皈依佛门的，问我此书是否有梵文本，因为我还没有听说过，我就如实地回答了他，仁山君好像感到非常失望的样子。后来陈、杨二君来

---

① 姚长寿：《杨仁山与小栗栖香顶——关于中日净土的一场论争》，中国佛学院。杨仁山（1837—1911）居士（以下敬称略）创办金陵刻经处后，四处搜求已在我国散佚的佛教经典，1885 年在伦敦结识日本净土真宗大谷派佛教学者南条文雄，从日本搜得三百多种我国久已失传的隋唐古德注疏，后从中选取昙鸾《往生论注》、道绰《安乐集》、善导《观无量寿经疏》（《四帖疏》）等十二部净土类典籍，汇编成《净土古逸十书》出版，是为我国隋唐净土类典籍的复归流传，也是中日近代佛教交流史上尽人皆知的一段佳话。其实，杨仁山与南条文雄相识二十年，虽然情笃谊深，彼此之间却没有深入谈论过佛法。

牛津大学回访我们，因以前有言在先，领他们去了牛津大学出版社，又介绍给他们阅览麦克斯·穆勒博士校对出版的リグベダ（rigubeda）梵字的活字。其后与仁山君很长一段时间通过书信交流，有一次因他的依赖《阿弥陀经》的梵文直译邮寄过他。不久仁山君回国在南京开设金陵刻经处，致力于佛教书籍的刊行，常常给我寄来书信，希望中国所传失去的，在日本现存的佛书的翻刻的请求，我既然接受了他们的依赖，我就决心已定，与赤松连城君商量决定只要有能力的情况下，竭尽全力援助他们的工作。对现代中国佛教遗留下来的最大功绩，完全可以说在于保存佛教文献方面。

我（南条文雄）给同君邮寄的日本刊本中，刻经处翻刻的书目如下：

一、《赞阿弥陀佛偈》　　　北魏昙鸾作

二、《往生论註》上下二册　同上

三、《略论安乐净土义》　　同上

四、《安乐集》　　　　　　唐道绰作

五、《观无量寿经疏》四册　唐善导作

六、《成唯识论述记》二十册　唐窥基作

七、《阅藏知津》二十余册　明蕅益大师智旭作

往年说是仁山君的孙女、一个年少的中国妇女来我旧居访问过，说是在东京的哪一个女子学校留学。明治三十五年，法国总统赴Tonkin（Tongking，东京）① 之际，准备去南京访问仁山君，从上海给他寄过信。可是，回来途经上海时，已经年末，而且听说南京非常寒冷，所以就没有赴南京，其感遗憾。回东京之后，立即给同君寄过信，已经是年老病重的缘故，其后一直没有收到同君他的书信。

四　南条文雄与汉传佛教的交流

古书千岁藏名山，万里梦魂几度攀。

护照放行今在手，不妨吟脚入云关。（第 238 页）②

----

① 这里好像是指越南北部的古称叫东京。现在的河内市。

② 参见南条文雄《怀旧录——关于梵文的事情开端》，东洋文库 359，日本平凡社 1979 年版，第 238 页。下文中的括号页数均是引自此书中的页码。

南条文雄说，日本净土真宗的高僧小栗栖顶香，在上海等地创立了东本愿寺别院。这时候在那里驻扎的松林孝纯君、松江贤哲君等都是精通汉语的。第二天，由松林孝纯君作为翻译，我们一起乘小舟从上海出发，沿岸到处是盛开的桃花还有绿柳，宛如行驶在文人的画卷中。

> 忽忽五天回，此间将古峰巅上。
> 半轮春月江城静，圣母庙前夜泊舟。

到了嘉兴，有一小湖称南湖。那里有清朝乾隆皇帝下江南的遗迹。行宫遗迹里的石碑上刻着乾隆皇帝亲笔题的长诗，其行笔之势很值得欣赏。周围非常静寂，唯有烟花烂漫，春风里让人感叹盛衰枯荣。我们休息的小楼名为烟雨楼。

> 烟雨楼中晴亦奇，南湖春色宜诗吟。
> 桃花烂漫行宫静，看尽乾隆御笔碑。（第 239 页）

在石门发现了祭祀孔子的小庙。

> 迟日落城橹，无心芳草萌。
> 孔庙萧寺独清闲。街头徐步犬不惊。
> 归处人空草木深。斜阳影冷石门城。
> 七日，到达新码头，泊在船中。
> 春申江上雇扁舟，五日始达新码头。
> 薄雾杭城犹尚远，蓬窗一夜复淹留。

第二天到达了杭州。我去拜访了同乡村濑蓝水。蓝水是著名的文人画家村濑秋水的孙子，他继承祖业擅长南画，云游到此研究画法。从各地来求他的画的人也很多。蓝水很高兴我的来访，谈话间便决定与我同游。午后，我们就一起离开他的家渡过钱塘江，到西兴上了船。

> 他乡又遇同乡人，萍水随风亦宿因。
> 携手同寻台岭景，右军太白或前身。（第 240 页）

所谓右军太白是位于天台华顶峰的右军墨地和太白草堂。过了绍兴，终于到达嵩壩，换了船向南行。

　　舟过绍兴感未穷，古城春暖融石将。
　　不解舟人存亡事，唯说城中酒米丰。

十日到达三界，所谓三界就是山阴、会稽、嵊三县的交界。

　　水浅沙多舟不前，乱山间亦接桑田。
　　黄昏系缆泊三界，一夜蓬窗听雨眠。

从杉树潭雇轿前行。晚上住宿在嵊县城南门外的潘聚兴行。这天晚上看了很久没看的戏剧，可是直到最后也没看懂故事的意思。在戏剧中不断地敲打铜锣的确是中国人特有的浓厚兴趣啊。太平庵是天台山前面的一个小佛寺。虽说是佛寺但好像并没有住着修行的僧侣。无非是为来参观的游人做介绍的人而已。称这样的和尚叫知客，也就是向导（导游员）的意思。根据旅程的需要在这个佛寺里往返住了两次。

　　铜锣响鼓振耳聋，几个伶人演古风。
　　忠孝由来人至性，精神所到感村童。
　　堪探天台春色好，昨日辞舟杉树潭。
　　今晓乘晴发嵊县，黄昏来宿太平庵。

十三日到达天台的国清寺。据说日本大台宗鼻祖传教大师最澄在此地拜见了当时的高僧大德道邃和尚，并继承其法。不愧是有名的道场，寺院非常完备，寺僧也是先前在太平庵遇到的和尚所不能比的。我们去的时候有人正请做法事，僧众们在诵经。寺僧们好像至今也在勤修天台之学。半夜春雷惊客梦。春色也渐渐深了呀。

　　殿堂壮美古今同，求法之人自东来。
　　半夜雷鸣动山岳，国清寺里梦澄公。（第241页）

从山麓的国清寺出发向山顶行进。路面被夜里的春雨润湿，芳丛更加透着新绿，出没于层峦叠嶂之间，让人游兴大增。

到了高明寺马上求了此前听说的贝叶来看，但最后还是不懂特别在哪里。依我看恐怕是将断片无秩序的收集在一起吧。关于高明寺《贝叶经》记忆，是我以前编辑书籍时，在西洋人游历中国的游记中记录的高明寺所藏《贝叶经》。

南条文雄说，关于天台山有《天台山志》五卷。特别是据说有高明寺藏版，我无论如何也想求来一看，但寺僧找了半天也没找到。无奈在寺僧的指引下寺院内游览，终于上了钟楼，头顶上好像堆着版木类的东西。我伸手拿下来一看，不正是那《天台山志》的版木吗，就这样任凭风吹日晒雨淋不讲丝毫保存之法真是太可惜了。

　　　　宿高明寺抄贝叶经
　　　　乱山层叠如曲屏，芊芊芳草雨后青。
　　　　金鸡岭外高明寺，看得千年贝叶经。（第 242 页）

　　　　呈寺主显良师
　　　　奋然求法吾心赤，蔼然待人慈颜青。
　　　　投辖真情最多谢，间窗我来写梵经。

十六日到达真觉寺，参拜了智者大师的真身塔。塔中或安放着大师的真身吧。该寺院僧赠给我题着《智者大师列传》的小册子。这一带有很多黄莺，迎着黄莺的啼叫声渐渐深入了幽境。

　　　　天台山色自神灵，说法台边春草青。
　　　　智者大师如犹在，黄莺亦唱法华经。

第二天登上了华顶峰。华顶峰是天台山的顶峰。这里的天台遗迹有智者大师的降魔塔和拜经台。

相传右军王羲之洗笔的右军墨池、李太白庵居的太白草堂也在此峰中。此日从峰上下来还游览了水珠簾龙游溪、铜釜底漏及石梁瀑布等奇景。李白也经常来欣赏这些奇观吧。回来后住在了上方广寺。

> 降魔塔又拜经台，怀古远来攀华顶。
> 四面云山皆脚下，斯峰毕竟天台冠。（第 243 页）

其后又游历了万年寺、地藏寺、清凉寺，回程又住到了太平庵。这五寺相距各十五里。

> 风光不能探仔细，有友同游足笑谈。
> 数日天台山脉路，归来再宿太平庵。

十九日住宿在新昌城外南明山宝相寺。这里有大石佛、智者大师临终之地及朱熹晦庵的遗址。刻在巨大岩石上的大石佛姿态浑厚雄伟，令观者顿生敬畏之心。昔日，智者大师应晋王杨广（后来的隋炀帝）的恳请带病下山，终究没能再好起来，他唱着《法华》、《无量寿》两经的题目而瞑目，大师的精神真是让人感佩啊。我们几个都是轻装前行，各自将行李系在竹子上担着走。

第二天前往白云普安寺。前几天在石佛寺询问寺僧有没有《贝叶经》，他们告诉我到这个寺里来。我饶有兴致地抄写都天明。但却很难判明里面有多少内容与高明寺的那本《贝叶经》相同。

> 昨南明上得异闻，普安寺里有梵文。
> 今夜禅堂借灯抄，东窗坐到曙色梢。

经过嵊城再到杉树潭上船。
再次回到嵩壖，换了船过了绍兴及东关镇到了禹王庙下住在舟中。

> 东关镇外水迢迢，清景吟笔不知摇。
> 忽现斜阳映朱壁，会稽山下禹王庙。

此地就是因春秋时代吴越争霸而出名的会稽郡。下船参拜了禹王庙。庙里安放着禹王的大木像。禹王像头戴冠冕直身站立，一幅面像威严的古代圣人天子模样。这天还去看了古文中提到的非常有名的兰亭。

> 禹王庙下系扁舟，薄暮细观难自由。
> 今晚相携更登览，巍然圣像美冕疏。（第 246 页）

到西兴后雇了轿子渡过钱塘江投宿在杭州城望山桥的德庆堂客栈，下午登了八卦山眺望西湖。古人常把西湖比作西施，确实如其所言。水容天色自成天然美景，再加上文人诗赋的美誉真是奇妙啊。附近也的确是名山、古刹、史迹、胜景相连，美不胜收。林和靖的遗迹放鹤亭也在附近。二十七日，我们一行人泛舟西湖，在小瀛洲休息，非常尽兴，又相继游览了三天竺寺、飞来峰、云林寺、岳王庙、左公祠、湖山春社、苏小小墓等。晚上在楼外楼举杯与蓝水先生话别。夜里回到城里收拾好行李又上了船。

> 二旬客程迂忘得，台岳山阴俱两友。
> 八卦峰头再携手，此生初度望西湖。
> 胜探犹半日游为，西湖风景兴偏幽。
> 左公祠外离别酒，薄暮成醉初下楼。

从杭州城出发驶向上海。在船上没有其他的事便只有读书。

> 薰风阵阵布帆舒，水长江满有跃鱼。
> 尽日舟房无一事，玻窗静处阅新书。

偶尔会看到载满老妪的船沿长江南下，船上皆挂着黄旗，写着天竺进香的文字，船上的人敲着木鱼，并伴着木鱼声唱着南无阿弥陀佛。向松林先生询问此事，他说这些老妪是去天竺寺拜佛。望着挂着黄色的旗、在木鱼声和念佛声中悠悠顺江而下的小船，真是充满异国情趣的珍贵景致啊。

> 又见行舟载老妪，手持念珠并肩坐。
> 船挂黄旗题进香，齐唱南无阿弥陀。（第 247 页）

五月一日到达苏州，去拜访许息庵居士（名灵虚），他不在。因他之故，我与其友沈觉尘（名善登）及张莲海（名常惺）两位居士也曾经笔谈过，大家都是虔诚的信佛之人。

结束了天竺之行，又游历了天台山，到了该东归的时候了。与此次与我同行的笙洲松江贤哲君、行本松林孝纯君话别，感谢他们的好意直到四更。

> 三旬禹域寄萍踪，两友交情兰嗅浓。
> 明朝分手浮海去，从今夜夜梦双松。

南条文雄的汉诗和汉文的水准不只停留在兴趣方面，只要看一看本书，任何人都会一目了然的。诗集有《航西诗稿》，另外还有《硕果诗草》（昭和十二年，南条先生颂德纪念会刊）。在真宗大谷派的学匠诗文集录中收集了南条的"先德余香"，"佛教研究"第一卷第三号至第六卷第三号中被连载；还有"五岳诗抄"（"无尽灯"第二十二卷第十一号）等。安藤州一（真宗大谷大学，大谷大学教授，汉学家，昭和二十五年逝世）说："先生是博览群书、旁类广通的人，关于他的学问方面我没有评价的资格。佛学、梵语、英语、诗文等诸方面。但是，汉学是他的基础。事先不调查准备，教授能做到的主要还是汉学方面，先生是这样说的。"说到这里，可以看到，他从年轻时代就对汉学和汉诗的练习及其造诣非同一般，也是为其在学术方面的活动打下了基础。

五 南条文雄与蒙藏佛教的交流

南条文雄说，当时的清国有团匪之乱，迄今还不稳定，列国的公使都与清国代表会见交涉清算事宜。

有一天外务省委托大本山，派一名中国语的翻译人员。大本山为此事发愁，正好寺本婉雅君希望能担任此事，大本山也随即立刻推举决定了此事。就这样寺本君作为陆军翻译官赴北京活动。其间，发现北京北门外黄寺所藏的《西藏译大藏经》。其后，他又给本愿寺写信，说明在团匪之乱中，日军和在留同胞残害非常严重，为此，希望能否派遣慰问使前来看望。大本山派超真院连枝为慰问正使，白尾义夫、大河内秀雄、铃木信雄等诸君随同人员，作为副慰问使一同前去。

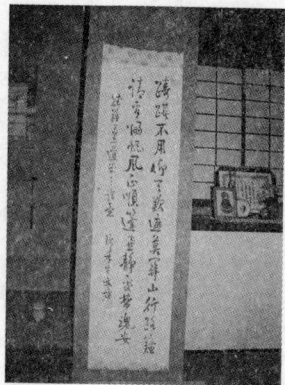

南条文雄书画（日本大谷派养莲寺藏）

　　石川舜台师的大政策即他的抱负，用一句话说，就是把全世界佛教化的理念，称之为泛佛教主义。明治七年，成为大本山教育课长，高仓大学寮改称贯练场，其后成为育英、教师之二校的设置完全都是他立案的。又我们留学的事情也是总务和石川师的决心来决定的。其他文局和编集局的开设，舟桥振氏译出的《梵语小文典》，小栗栖香顶学师著的《喇嘛教沿革》、《真言宗大意》的刊本之完成与同师的尽力是分不开的。石川师所关系的抱负是当时，中国问题，东亚局面的问题，对中国、朝鲜的政策的大轮画之描塑。石川师提出与北京的喇嘛教（蒙藏佛教）的寺院，如雍和宫，这样的机会对宗教进行十分的亲善友谊活动的意见。

　　在北京停留的数日，其间，寺本婉雅君领我们到黄寺（现在的中国藏语系高级佛学院），依赖驻屯师团长山口阁下，得到该寺所藏的《西藏大藏经》。阁下非常谅解其意，说在这放着也是碍事的话，用便船全部邮送日本。此《西藏大藏经》现在所藏在大谷大学图书馆。（第 275 页）

　　对雍和宫来讲，与阿嘉胡图克图（活佛之意）取得了密切的联系，已经决定招待阿嘉胡图克图等八人喇嘛僧访问日本。但是，石川师的计划没有实现就告终。是因为石川内局财政的原因而瓦解的。

　　当时，对蒙藏佛教研究相当于雄图的时代，可是，那时藏地是被封锁的地区，在这种情况下，计划潜入藏地的能海宽（明治三十二年），在途中去世。后为他撰写了多篇追悼的文章。也为他长兄写了《云嶂遗稿》，还为他的父亲编写了《毛芥遗稿》，为他养父的讲义笔录（《大无量寿经讲判》、《二种深心弊帚》等）均做了校订。

附 录 二

前田惠学与东南亚佛教研究

一 前田惠学先生的生平、著述与德业

前田惠学先生是日本著名佛教学者。1926 年，先生作为日本爱知县名古屋市前田家族的长子降生于净土真宗大谷派速念寺，后为该寺第 15 代住持。卒于 2010 年 10 月。1951 年毕业于东京大学文学部哲学系。1962年以"原始佛教圣典成立史之研究"获得文学博士学位。先后任教于明治大学、名古屋大学、加拿大多伦多大学、爱知学院大学。主要从事原始佛教、佛教史、佛教学等研究。曾获金泽大晓乌纪念奖、日本印度学佛教学会奖、日本学士院恩赐奖、佛教传道文化奖等诸多殊荣。特别值得一提的是，先生以其博士论文获得日本学士院恩赐奖时年仅 39 岁，是日本人文类研究者中最年轻的获奖者，至今这一纪录仍未被打破。先生于教学研究期间，曾十三次赴海外进行实地调查，其中六次是在锡兰（现斯里兰卡），故而其对南亚及东南亚佛教亦有甚深造诣。

自 2002 年起，前田惠学先生多次邀请中国社会科学院世界宗教研究所的科研人员访问日本。2002 年 10 月，前田先生作为发起人，促成日本同朋大学佛教文化研究所和爱知县佛教会共同邀请"中国社会科学院访日文化交流团"成功访日。该交流团由中国社会科学院世界宗教研究所所长卓新平担任团长，成员包括社科院宗教所四人、雍和宫四人、中国藏语系高级佛学院一人。访日期间，王志远博士在同朋大学作了"中国佛教的回顾与展望"的演讲，此文刊于日本《同朋大学佛教文化研究所纪要》（第

23 号，2003 年 3 月）；何劲松博士在爱知学院大学作了"禅意与书画艺术"的演讲；中国藏语系高级佛学院曹志强副院长在日本真言宗别格本山大须观音宝生院作了"藏传佛教"的演讲。同时，"访日文化交流团"在日本的日泰寺与日本民间团体举办了颇具规模的交流活动，还参访了日本净土宗大本山光明寺、净土真宗大谷派东本愿寺和前田速念寺等与佛教相关的大学以及寺院。所到之处，中国学者和官员平易近人的风格赢得了日本民众的好评。交流参观团此次文化交流活动内容被日本新闻媒体分别刊登在《中外日报社》、《中日新闻社》、《同朋大学学报》、《爱知学院大学学报》等日本刊物上，受到日本学术界和学生们的广泛关注。在日期间，前田先生热情接待了访日团一行，所有成员都为前田先生的慈悲喜舍、宽容大量以及平等待人的利他精神所折服。

笔者作为前田惠学先生的硕博连读的中国留日学生，跟随先生去过很多地方，亲耳聆听过他的许多佛学课程和其他学科的公开讲座，先生嘱咐我把每次上课内容以及讲座内容录音、整理并保存下来。我们知道：乔达摩·悉达多太子成为释迦牟尼佛之后，讲经说法四十九载，其内容都是由佛的大弟子阿难等人以心记法结集整理，并得以流传至今乃至后世。所以，佛经都是以"如是我闻"开始，意谓"我是这样听释尊教导的"。现代社会科技手段不断发展，可是人的记忆力却在减退。我们要与时俱进，于是我用现代的电子录音设备，为先生录制了讲经说法等开示内容。

笔者在前田先生门下留学研习佛学十余年，耳濡目染先生研究现代佛教的枢要——这也是先生时时教诫后生的佛学研究方法，即注重文献与实地调查。展开来说，就是研究佛学必须注重两种方法：一是建立在文献研究的基础上；二是必须要进行田野调查，唯此才能了解佛教的真实样态。他认为，把高僧大德的讲经说法记录下来，把民众的信仰状况记录下来，才能切身体会佛教的博大精深，才能深入体现涅槃为目标的"教义佛教"（Doctrinal Buddhism）和信奉业与轮回的"民众佛教"（Popular Buddhism），才能体察洞窟修行僧和在家信徒的上座佛教的基本情况。这也是促成先生在有生之年先后六次赴南亚及东南亚进行佛学实地调查的原动力。应该说，像前田惠学先生这样精通佛法和世间法的高僧学者在现今堪为稀有。

前田惠学先生还致力于佛教的学科建设和学际交流。1977 年，在先生的努力奔波下，日本学界成立了巴利学佛教文化学会，并由先生亲自担任会长。成立巴利学佛教文化学会的宗旨是为研究巴利学佛教文化学的研究人员提供相互理解、相互协助的平台。此外，先生还设立了以他的名字命名的"前田基金"，用于田野调查和邀请海外学者赴日本进行学术演讲，并把学术成果刊登在《巴利学佛教文化学研究》年刊上。世界宗教所郑筱筠研究员曾两次应邀参加"巴利学佛教文化学学术大会"，并做了题为"中国云南省上座佛教的民族特征"和"中国南传佛教信仰地区泼水节的区域性特征"的学术报告，分别刊登在《巴利学佛教文化学研究》第 21号（2007 年）和第 22 号（2008 年）上。笔者也曾先后四次在该学术大会上做学术报告，题目分别是"文化大革命后蒙古族地区佛教的状况——以北京市雍和宫和承德市普宁寺为中心"（《巴利学佛教文化学研究》第 16号，2003 年）；"蒙古地区的净土思想"（同刊，第 17 号，2004 年）；"蒙古族地区佛教寺院的早课研究"（同刊，第 20 号，2006 年）。2009 年 5月，笔者在日本高野大学举办的第 23 次巴利学佛教文化学学术研讨会上，发表了题为"云南省的佛教现状"的研究报告。

2003 年 11 月，日本巴利学佛教文化学会和日本东海印度学佛教学会（两会均为前田先生兼任学会会长）共同邀请了北京佛教居士林夏法圣理事长参观访问日本，同行的还有北京市宗教局季文渊副局长。访问期间，他们在日本同朋大学分别做了"中国的居士与居士林"、"禅净双修与人间佛教——打禅七与念佛打七"、"净土念佛与临终的关系"的演讲。日本《中外日报》（2003 年 11 月 27 日）和日本《中日新闻社》（2003 年 12 月7 日）分别刊登、介绍了夏法圣理事长和季文渊副局长访日演讲的内容。受到日本学术界的关注。夏法圣理事长的演讲内容"现代中国的居士佛教"以研究报告的形式刊登于日本《同朋大学佛教文化研究所纪要》（第24 号，2004 年 3 月）。

此外，前田先生与韩国佛教界还有着非常密切的关系，他的夫人前田龙女士，49 岁开始学习韩语，翻译出版了《中日韩文净土读诵经典》（日本法藏馆，1984 年），用韩语翻译了日本净土真宗的《叹异抄》等，收录在《前田惠学集》第七卷《命终时》，该卷还记载了夫人手记"追记二、母亲的事件——看护十八年"记述了前田龙女士精心照顾婆母十八载的感人事迹。前田先生赴韩国进行田野调查的研究报告"通过韩国佛教思考日本佛教与韩国佛教的关系"，收录在《前田惠学集》第二卷《什么是佛教以及佛教学应如何进展》，该卷还收录了"首次学术大会在首尔举办——佛教学应该如何与时俱进"。2002 年 7 月，日本印度学佛教学会学术大会在韩国东国大学召开，前田先生应邀发表特别演讲，对于日本占领朝鲜半岛时期给朝鲜人们带来的痛苦、悲剧表示真诚的谢罪。

二 前田惠学先生的主要佛学思想

前田惠学先生经常思考"什么是佛教"，他所得出的结论在《前田惠学集》第二卷《什么是佛教以及佛教学应如何进展》的首页上鲜明地表述出来，即"所谓佛教，就是以佛陀为初祖，把涅槃乃至开悟和救度视为最究竟的价值乃至最终目标（旨在实现此目标）的综合性的文化体系"。前田先生对有关各种现代社会问题的思考和解答，收录在《前田惠学集》第六卷《在核时代的和平与共存等》，其中，"主张佛教的共存思想为世界和平起现实作用"一文中，提出了佛教与其他宗教和谐共生的可能性。在第七卷《命终时》收录了"脏器移植问题"，作为日本印度学佛教学检查委员会的委员长，前田先生从佛教的理念上阐述了对于脏器移植问题的独特看法。

前田先生在《如何思考释尊》一书中指出：释尊发现觉悟缘起真理，应称佛陀，初转法轮给五比丘讲法开始利他行，应称如来。在原始佛教时期，虽然有很多佛弟子都能开悟，但他们没有利他之行，所以只能证到阿罗汉果位，而不能成佛，由此，释尊也就没有确立继承人。在第七卷《命终时》，先生针对日本净土真宗的教理状况进行了深入分析和研究，指出：亲鸾圣人的教诲立场主要在于"还相回向"，要达到"还相回向"，就必须修持普贤之菩萨行，如此才能入道。他说："在生命持续之下，坚定不移地修持利益众生的菩萨行，即净土最高的修持法门。"他还一针见血地提出，亲鸾圣人所说的"恶人正机"的恶人不是别人，而是修行者自己。《释迦牟尼佛赞》中说："一切诸佛兴于世，圣教显明如日光；持教相和如兄弟，愿施正教恒吉祥。"我们仔细想一想，如果没有我们的父母，哪会有我们的今天？父母给了我们无私的养育，父母之爱是世间最纯洁的爱，真诚的爱。所以，佛经上说：把一切过去、现在、未来的众生，都看做我们今生的父母，知恩、念恩、报恩、慈爱、大悲、增上意乐（广大的责任心），发菩提心，这也是佛教所说的"一切众生是我福田"。前田先生还结合当今社会的现状，指出，社会上各行各业的人们都在为"我"服务，假如没有人民大众，"我"在这个世界上一天也生存不了。佛教倡导众缘合和、善待众生、感恩社会，传播佛教文化和提倡"诸恶莫作，众善奉行；自净其意，是诸佛教"是诸佛所强调的理论和实践的基石。人们能否遵循"认识自我，感恩他人；奉献社会，从我做起"，放下世俗的聒噪，感受菩提智慧的清凉呢？

前田先生热爱和平，反对暴力，是当今公认的世界佛教领袖之一，为中日佛教、日本与东南亚佛教乃至世界佛教的交流作出了巨大贡献。世人如若都像前田博士那样，以"先天下之忧而忧，后天下之乐而乐"的精神身体力行、奉献社会，人间将会呈现出一幅和谐、吉祥、美丽的乐园图景。先生经常教导后学："修持佛学不是取，而是舍，若不做利他之行，则无以成就佛道。"

前田惠学先生作为佛教内的著名学者，对原始佛教造诣深厚。他认为：研究佛教必须首先要了解原始佛教，而要了解原始佛教，必须要把握与研究释迦牟尼佛初转法轮时所宣说的佛法，这样才能够称得上是佛学研究者。先生作为日本财团法人佛教传道协会颁发的 2005 年度"佛教传道文化奖"功劳奖的获得者，极力主张佛教不是某一个宗派的佛教，或者仅仅崇拜各自宗派的初祖，而无视或者忘却了释迦牟尼佛的教理。倘若如此，就不堪称其为佛教。他特别强调：佛教是宽容、理性、一切众生平等的宗教，倘若有宗派之见、有民族之见、有国度之见的话，就从根本上背离了佛教的原始思想和永恒真理。

作为日本佛教界学术泰斗、日本国文化功劳者、世界稀有的佛学家和佛教文化人类学家，前田先生在他的著作中总结了以释尊为初祖的原始佛教样貌，分析研究了现今佛教的实际状况，展望并提出了今后佛教发展的方法论。他认为，释尊能给 7 岁的儿童说法、开悟，我们努力做学问不只是为学者能理解认识就罢了，也应该努力使那些普通民众能理解接受佛法的真谛，这才称得上是真正研究佛学的大家。日本山喜房书林再版书的横标中称，"《前田惠学集》的出版发行开创了研究佛教学的新天地，若想成为真正全面了解研究佛教全貌的后学者，那就有必要精读《前田惠学集》全集。"

三　前田惠学先生与东南亚佛教

东南亚佛教是以南传上座部为主的佛教，主要传播于老挝、柬埔寨、泰国、缅甸、印度尼西亚以及越南中、南部的部分地区。前田先生在其佛学研究中，非常注重田野调查的研究方法。在他的研究生涯中，身体力行，不仅走遍了斯里兰卡、缅甸、孟加拉国、印度、泰国、老挝、新加坡、印度尼西亚等南传佛教国家，而且走遍北美和欧洲开展细致的调查研究活动，所到之处，都受到当地学术界和佛教界信众的深切赞扬和爱戴。特别是他把精心调查来的有关数据和当地佛教现状形成文字，整理保存下来。这些田野调查的研究成果和相关的方法论已经分别收录在《前田惠学集》第三卷和第四卷，即《现代上座佛教的世界（一）》和《现代上座佛教的世界（二）》以及别卷二《现代斯里兰卡的上座佛教》。通过这些实地调查与研究，前田先生成为日本首屈一指的东南亚上座佛教研究学者。前田惠学先生提出，"当今世界之诸地域佛教，大体分为两大领域：一为南方的上座佛教；二为北方的大乘佛教；不了解、不研究这两大地区的佛教，就无法了解佛教的全貌。"

　　他在"今日之迷惑与明日之希望——轮回思想对人生的意义与界限"中说：人轮回流转而去的世界，是由人在这一世所作的行为即业力来决定的。抛开业力问题，无法谈轮回。自己所造作的行为的结果，肯定是在自己那儿有酬应的，无论什么人，都不可能让别人代替自己所造作的业。在六道轮回的世界里，有生死之苦、有迷惑，这点是不变的。而且六道还是受善因善果、恶因恶果这种果报之理支配的世界。他在文章中，从不同视角给大家介绍佛教对业力轮回"怎么看"的问题，只有弄清"怎么看"，才能客观、正确地对因果关系提出"怎么办"的举措。因为，因果定律是佛教对东南亚地区影响最大的理念。佛教虽然也讲个体，但佛教讲的个体是可以轮回，和西方不一样。而且，就佛教来讲，人们也有个误会，其实佛教最根本的是要超越这个轮回，要了脱生死、摆脱轮回之苦。佛教讲"阿罗汉"，什么叫"阿罗汉"？阿罗汉有四个标志：一是所作已办，就是尘缘已了；二是梵行已立，清净修的行为已经确立了；三是生死已了；四是不受后有，没有来生。这才是阿罗汉。释尊在灭度时告诫其诸弟子要以戒为师，以法为师。佛教最根本的教诫是"诸恶莫作，众善奉行；自净其意，是诸佛教"。七佛通戒，能净为释迦，以法为荣。因果业报，自作明灯。自皈依，自明灯；法皈依，法明灯。古德也开示说："生命无常如水泡，常念生死如闪电；善恶业果如身影，形影不离各自受。"

　　在透彻研究了"南方上座佛教"的基础上，前田先生又以"北方的大乘佛教"为对象，亲临韩国、中国（包括台湾地区）、蒙古族地区进行了实地调查研究。对中国佛教的田野调查研究成果，即"访问北京、河北地区念佛打七"和"现代中国的居士佛教与念佛信仰"被分别收录在第二卷《什么是佛教、佛教学应该如何进展》和第七卷《命终时》。1999 年 7 月，笔者陪同前田先生来中国访问，拜会了中国佛教协会副会长净慧法师、北京佛教居士林夏法圣理事长以及北京雍和宫胡雪峰住持、北京广化寺怡学方丈等，通过对谈方式了解中国北方佛教寺院和居士修学念佛等情况。前田先生把实地调查结果以《关于访问北京、河北念佛打七情况》为题，发表在日本《中外日报》上，受到日本佛教团体和信众的广泛关注。

前田先生的一生是知行合一、切实践履释迦牟尼佛教导的一生。他的往生不仅是日本佛教和学术界的重大损失，也是中国乃至世界佛教界和学术界的一大损失。先生高尚的品德修养以及深厚的学术造诣，将会成为后学做人和为学的准则，先生的德业和风范将永存世间！

衷心祝愿前田惠学先生乘愿再来，利乐人天！

附 录 三

佛教文化对当代中日交流的贡献

　　本人于 1993 年为适应国际社会的发展，赴日本爱知学院大学留学，在著名佛教学者前田惠学教授座下攻读了硕士、博士课程，2001 年 7 月获博士（文学）学位。在日留学期间主要研究了中国、日本以及蒙藏地区佛教的阿弥陀佛信仰（硕士论文）和蒙古佛教的形成过程与蒙古文化（博士论文），2004 年于日本法藏馆出版，书名定为《蒙古佛教的研究》。2002 年 4 月—2004 年 3 月，又与日本同朋大学中村薫教授以日本学术振兴会外国人特别研究员身份共同研究了"日本净土思想与蒙古佛教的净土思想比较研究"的课题。

　　在本人的硕士论文中，介绍和论述了中国净土思想，"念佛七"（亦称"打佛七"）。这篇文章引起我的导师前田惠学教授（日本佛教净土真宗大谷派前田速念寺住持）和其他教授的关注，推荐本人的论文在日本学术大会和学术刊物上发表。1998 年在日本东海印度学佛教学会上，我发表了题为《中国"念佛打七"起源与发展》论文（刊登于日本《东海佛教》第四十四辑），受到日本学术界的重视和民众的关注。通过本论文的发表，日本关心中国净土思想的学者和人士们，纷纷通过不同方式与笔者联系，了解中国净土思想和中国的发展情况。笔者在日本留学研习佛学十余年，我的导师世界著名佛学家前田惠学教授一贯教导我们研究现代佛教必须要注重两种方法：（1）以文献研究为基础；（2）必须要进行田野调查才能了解佛教的真实样态。这样才能体现佛教的博大精深，体现佛教的"教义佛教"和"民众佛教"的全部内容和具体内涵。

　　2008 年 5 月 21 日我应邀赴日，参加在日本横滨市鹤见大学举办的

"巴利学佛教文化学会"第 22 届学术研讨会。该学会成立于 1977 年，是由日本著名佛教学者前田惠学博士创办的，成立巴利学佛教文化学会的宗旨是为研究巴利学佛教文化学的研究人员提供相互理解、相互协助的平台。前田惠学博士认为：研究佛教必须首先了解原始佛教，了解原始佛教，必须要了解与研究当初释迦牟尼佛最初所讲的法，这样才能够称得上佛学的研究人员。

鹤见大学是日本佛教曹洞宗所属的大学之一，它与驹泽大学、驹泽女子大学、爱知学院大学都是曹洞宗所属的大学。驹泽女子大学原校长东隆真博士写过《从道元到佛陀之路》，在书中极力强调佛教不是某一个宗派的佛教，或只崇拜各自宗派的始祖，而无视释迦牟尼佛的理论，这样，就不成为佛教。他认为，佛教是宽容、理性、一切众生平等的宗教，若有宗派之见，有民族之见，有国度之见的话，就背离了佛教的思想和理念。

此次赴日期间正值中国汶川大地震，据"全日本佛教会"的报道，全日本佛教会出于对自然灾害以及人道主义援助思想，紧急通知设立常时"救援基金"。

5 月 12 日，他们通过国联难民高等办务官事务所（UNHCR）、世界佛教徒联盟（WFB）分别提交了 100 万日元，5 月 14 日又通过 BNN 佛教NGO 网络提交 100 万日元，向缅甸人民提供援助金。

5 月 12 日，全日本佛教会秘书长（事务总长）深泽信善师亲临中国大使馆提交了援助金 200 万日元。今后，一有灾情，全日本佛教会将继续援助灾区。

值得一提的是，笔者在日本留学期间，多次与来我国观光和参拜的日本民间团体和个人进行接触。这次，他们听说我来日本参加会议，纷纷将为中国四川地震灾区的捐款交予我，托中国社会科学院世界宗教研究所转交灾区，表达他们对受灾人民的关心和同情。（近几年通过我，日本友人先后给宗教所赠送学术书籍约 350 多册，中央民族大学外国语学院日语系约 300 多册。）其实，这些日本普通老百姓多年来一直通过各种方式支持援助我国少数民族地区，为日中友好和世界和平奉献着他们的力量，关心中国的发展。他们说："日中友好交流不只是政府官员的事情，民众与民众，民众与官员学者进行友好交流，才是真正的两国友好交流。你们中国领导人曾经这样说过：'不能脱离群众，要为人民服务'的教导。这充分体现了你们中国政府官员的平易近人的高尚风格。2008 年春，中国国家主席胡锦涛以'暖春之旅'的形式访问了日本，访问期间，他不只限于日本政府官员之间的友好交流，胡锦涛总书记能与日本普通老百姓进行热情洋溢地交流，深得我们日本普通百姓在内的全日本人民的深切爱戴。所以说：为中国汶川大地震灾区提供援助，不只是中国人民的事情，也不只是日本政府援助的事情，而是我们日本普通老百姓以及世界爱好和平人民大众共同承担复兴重建家园的伟大事业。我们将一如既往地为四川灾区捐款，为日中友好交流添砖加瓦。为此，我们感到光荣。"

1999 年 7 月，笔者陪同前田惠学教授来我国访问，拜会了中国佛教协会副会长净慧法师，在教务部主任妙华法师的推荐下，特访了北京佛教居士林夏法圣理事长，以及北京雍和宫胡雪峰副住持、北京广化寺怡学方丈，了解通教寺等寺院的念佛情况。两国佛教之间对净土念佛进行了热情洋溢的交流会谈。此次访问成果由前田惠学教授在日本《中外日报社》以"关于访问北京、河北念佛打七情况"为题（1999 年 9 月 16、17、18 日）进行连载。笔者也在日本《同朋大学佛教文化研究所纪要》（第 20 号，2000 年 3 月）上刊登了《中国念佛打七信仰的发展与现状》的论文。比较详细介绍和论述了我国净土思想的现状，并对我国构建社会主义和谐社会发挥的积极作用进行了论述。

1998 年 3 月 27 日至 4 月 15 日，应全日本佛教会副会长、爱知县佛教会岩田文有会长（日本净土宗大本山光明寺住持）和名古屋净土宗想念寺邀请，丹迥·冉纳班杂活佛作为中国藏语系高级佛学院佛教文化交流团团长，同河北省承德市普宁寺塔日吉德活佛、中国藏语系高级佛学院办公室主任李德成等一行 3 人赴日本访问。在日本期间，先后走访了爱知县、名古屋市、京都府、鸟取县、东京都等 5 个佛教宗派的 22 所寺院和佛教大学（爱知学院大学、同朋大学、龙谷大学），以及有关的佛教团体和新闻出版机构（中日新闻、京都新闻、中外日报、佛教周刊、爱知学院大学学报）。弘法传情，广结善缘，为中日两国源远流长的佛教文化交流史增添了光辉，增进了我国汉、藏、蒙语系佛教与日本佛教界的友谊。爱知县是日本佛教寺院最多的县，现有佛教寺院 4500 多座。全日本佛教约有 16 个宗派，77000 多座寺院，共有僧侣 80000 多名（日本总人口 1.3 亿）。

东别院是日本佛教净土真宗大谷派东本愿寺（位于日本京都）在中部地区的分院，东别院所属的净土真宗寺院就有 700 多座。

1999 年 6 月，日本爱知县佛教会会长岩田文有法师，率爱知县佛教会

43 人来我国访问了北京雍和宫、中国藏语系高级佛学院、内蒙古自治区呼和浩特市大召寺、席力格图召和河北省承德市普宁寺，并在普宁寺举行了蒙藏佛教和日本佛教共同祈祷大法会，法喜充满。

前田老师与王志远等老师

2002 年 10 月，受日本同朋大学和爱知县佛教会共同邀请，以中国社会科学院世界宗教研究所卓新平所长为团长的"中国社会科学院访日文化交流团"（社科院宗教所 4 人、雍和宫 4 人、中国藏语系高级佛学院 1 人共 9 人组团）赴日参观访问。王志远教授在同朋大学作了"中国佛教的回顾与展望"的演讲，登于日本《同朋大学佛教文化研究所纪要》（第 23 号，2003 年 3 月）；何劲松教授在爱知学院大学作了"禅与书画艺术"的演讲；中国藏语系高级佛学院曹志强副院长在日本真言宗别格本山大须观音宝生院作了"藏传佛教文化的特色"的演讲；又在日本日泰寺由"中国社会科学院访日文化交流团"与日本民间团体举办了颇有规模的交流活动，中国学者和官员平易近人的风格赢得日本普通民众的好评。交流参观团还参访了日本净土宗大本山光明寺、净土真宗大谷派东本愿寺和前田速念寺等佛教相关大学以及寺院。日本新闻媒体分别刊登在日本《中外日报社》、《中日新闻社》、《同朋大学学报》、《爱知学院大学学报》等刊物上。

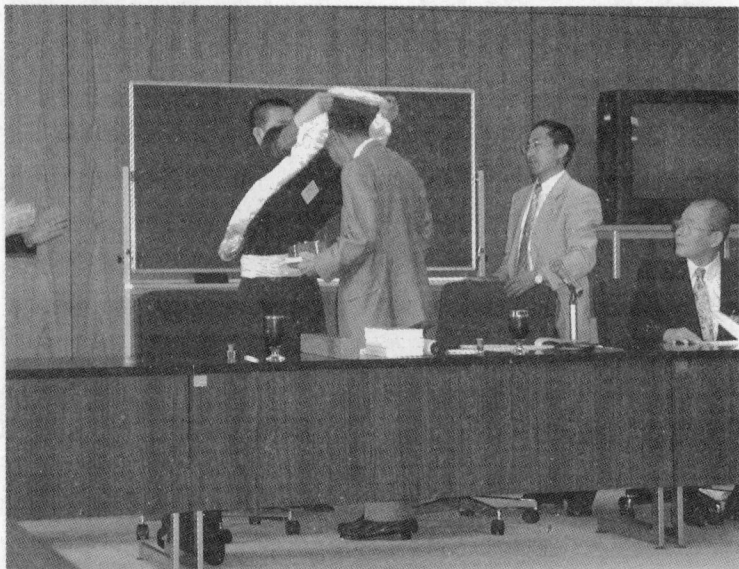

雍和宫罗布桑·散木丹住持给日本爱知学院大学小出忠孝学长献哈达

　　2003 年 11 月，日本巴利学佛教文化学会和日本东海印度学佛教学会共同邀请了北京佛教居士林夏法圣理事长参访日本（北京市宗教局季文渊副局长同行）。访问期间，在日本同朋大学分别作了"中国的居士与居士林"、"禅净双修与人间佛教——打禅七与念佛打七"、"净土念佛与临终的关系"的演讲。日本《中外日报社》（2003 年 11 月 27 日）和日本《中日新闻社》（2003 年 12 月 7 日）分别刊登介绍了夏法圣理事长和北京市宗教局季文渊副局长访日演讲的内容，受到日本学术界的关注。夏法圣理事长的演讲内容"现代中国的居士佛教"以研究报告的形式刊登于日本《同朋大学佛教文化研究所纪要》（第 24 号，2004 年 3 月）。

　　2009 年 4 月，在日本名古屋樱花盛开的时节，经北京雍和宫藏传佛教艺术博物馆的支持和本人的推荐，应日本佛教曹洞宗德林寺和同朋大学的邀请，北京雍和宫李立祥老师、徐新华老师和旺吉拉老师与我赴日本名古屋市，《心系雍和宫与草原美术作品展》于 4 月 1 日至 8 日在名古屋市德林寺和同朋大学同时展出。日本寺院是按阳历计算节日，此时日为释迦牟尼佛诞日，依循仪轨，德林寺将举行纪念"释迦牟尼诞生法会"。期间还要开展系列文化活动，其中包括艺术展览。2002 年，李立祥老师曾应约为光村出版株式会社的国语教科书中反映草原内容的课文画过 8 幅插图，题目是《苏赫的小白马》，即《马头琴的传说》，至今许多学校还在使用这一课本。濑户市郊外住的谷口义胜先生邀请我们去他家做客的聚会使我难忘，那日正赶上下小雨，房外的田野、树木、村舍朦朦胧胧，使我如在梦中。家中的主人、朋友早已在门口等候了，屋内很暖和。我看到墙壁上悬挂着照片、字画和饰物，其中有李立祥老师书写的隶书"帘外雨花知佛境，门前流水见禅机"，是几年前我带去的。真是太巧了，我和李老师觉得此联正是当下情景的写照。厅内两个古色古香的条案相连，大家围坐。经我不断地翻译，我们交谈着，已经夜里十一点了，仍是气氛热烈。饭后，主人准备了用宣纸裱好的卡片，请李老师分别为每人写上一幅字。如此，他写了"清风明月本无价，近水远山皆有情"等句。

笔者与中村薰、何劲松教授交流

日本同朋大学中村薰教授，近几年多次率日本净土真宗的佛教徒和同朋大学学生来我国访问，在中央民族大学日语系共作了两次中日佛教文化方面的讲演；2009 年 2 月在中国社会科学院世界宗教研究所作了题为"中日净土佛教文化交流——关于小栗栖香顶与杨仁山之间的净土教文化交流"的讲演，参访过北京雍和宫、北京佛教居士林、北京大学，并在内蒙古、西安等地进行了多种形式的两国佛教文化方面的友好交流和民间文化交流活动。

　　2007 年是"日中友好净土宗协会"成立 30 周年。日本净土宗由法然创立于 1175 年，以中国唐代善导大师为高祖，尊西安香积寺为祖庭，以信仰阿弥陀佛为主，念诵"南无阿弥陀佛"名号、净化人心、奉献社会、祈愿往生净土极乐世界为其教义，是日本传统佛教五大宗派之一，拥有7200 余座寺院、1000 余名僧侣、600 余万信徒，在日本和世界佛教界拥有很大影响。

　　日本日中韩国际佛教交流协会中村康隆会长，于八年前的第三次日中韩国际佛教交流协会会议在日本召开之际，曾经在大会发言中谈到："我平素一直坚定地认为：在日本民族及日本文化的产生和发展过程中，中国为父亲，韩国为母亲。历史上，日本佛教各宗派都是由中国和韩国传入日本而发育成长起来的。"

　　赵朴初居士认为，在中日韩三国友好交流中，有一条源远流长、至今还闪闪发光的纽带，那就是我们共同信仰的佛教，被誉为"黄金纽带"。赵朴初居士说："黄金，至为坚固，至为宝贵。"

　　北京大学佛学研究巨匠季羡林老先生在《季羡林谈佛》（当代中国出版社 2007 年版）中论述说："在世界上所有的国家中，解决宗教需要与生产力发展之间的矛盾最成功的国家是日本。他们把佛的一些清规戒律加以改造，以适应社会生产力的发展，结果既满足了宗教需要，又促进了生产力的发展，成为世界上的科技大国。"先生又说："日本佛教属于大乘佛教，而大乘佛教的主要特点，菩萨思想、自觉觉他觉行圆满，功德转让方面，佛与菩萨有无量无限的功德果，可以让皈依者分享。"

　　在中共中央十六届六中全会上通过的《中共中央关于构建社会主义和谐社会若干重大问题的决定》明确指出："发挥宗教在促进社会和谐方面的积极作用。"全国政协常委、前国家宗教局局长叶小文先生说："社会主义中国的宗教，应该是积极力量，是和谐因素。我们要把广大信教和不信教的群众团结起来，把他们的意志和力量，都凝聚到建设小康社会、构建和谐社会、实现民族复兴的共同事业上来。社会主义中国的宗教，在党和政府宗教工作方针政策的引导下，可以站在时代的前列，为构建和谐社会，为祖国和平统一，为世界和平发展，为天下太平，人类幸福，吹来一股'和'风，带来'一团和气'，作出应有的贡献。"

　　综上所述，说明一个道理，只有国家繁荣富强兴盛了，每个人才有条件有环境信仰你所信仰的宗教；反之，宗教也应为国家、为民族、为构建和谐社会作出了应有的贡献。

回想起来，中日交流的开端应该是从佛教文化开始的。中国和日本的佛教文化各有自己的特色，但是，通过佛教所追求目的理应是一样的，那就是以佛教的"慈、悲、喜、舍"，为世界和平以及为众生离苦得乐的大愿大行的慈心无碍、同体大悲的宗旨是一致的。中日交流源远流长，共同通过佛教文化这一领域为世界和平作出了卓越的贡献，这是有目共睹。

"中日邦交正常化"以来，中日之间进行了多方面的交流活动，尤其是在贸易、经济方面的频繁交流是有目共睹的。

过去的 20 世纪是以科学文明为中心的"物质"的时代，今天的 21 世纪应该是以"心"为中心的精神的时代。佛教提倡众缘合和，互相依赖生存，就像台湾星云大师讲的五个指头一样，五个指头加在一起成为拳头。世人做事，只是社会需求不同分工不同而已。无论做什么，只要勇猛精进，人人皆可成佛，离苦得乐；乘愿再来，普度众生。所以，2006 年我国在杭州和普陀山举行了首届世界佛教论坛，主题是"和谐世界、从心开始"。这是新中国成立以来的一件大事。在过去，国际上有些人士对我国的宗教、民族政策不理解，甚至歪曲我国的宗教现状，所以此次我国举办如此大型的佛教会议，是国际社会关注的一件大事。大会的核心思想以"和谐世界、从心开始"为契机，争取持久世界和平，大家都希望和平。我国提出了构建和谐社会的理念，社会怎么能和谐，世界怎么能和平？关键在于人心，这就是大会的主题思想和宗旨。

中国与日本隔海相望，自古以来有着密切的经济、政治交往和文化交流，其中佛教发挥着重要桥梁和纽带作用。今后，希望中日交流不仅在经济贸易方面进行友好往来，更要重视在文化方面的交流，因为文化方面的交流是人与人之间心灵沟通的交流，"心"的交流，即精神方面的交流。所以说，物质方面和精神方面的交流要同步进行，才是中日最完美的友好交流，也将为世界和平、人类文明发展起到积极的促进作用。

"中日佛教文化艺术"国际学术研讨会综述

2011 年 7 月 22 日至 23 日，由中国社会科学院世界宗教研究所、日本爱知学院大学主办，世界宗教研究所宗教文化艺术研究室承办，中华慈善总会藏文化慈善基金、内蒙古五当召协办的"中日佛教文化艺术"国际学术研讨会在中国社会科学院学术报告厅举办，来自中日两国的专家学者、佛教界人士、文化艺术界人士等近百人济济一堂，共同探寻了佛教文化艺术与中日文化友好交流的紧密关系与现实意义。

中国与日本隔海相望，自古以来有着密切的经济、政治交往和文化交流。其中佛教曾发挥过重要的桥梁和纽带作用。尤其是以文学、美术、音乐、建筑等形式表现佛教信仰和宗教生活的佛教文化艺术具有极强的渗透力、融合力，随着佛教的传播而与两国本土文化相结合，成为民族文化的组成部分。为进一步促进中日文化、学术交流，增进中日人民友谊，中国社会科学院世界宗教研究所、日本爱知学院大学共同主办了此次研讨会。

2011 年 7 月中日佛教文化艺术国际学术研讨会合影留念

22 日上午 8 点 50 分，"中日佛教文化艺术"国际学术研讨会开幕式隆重举行，中国社会科学院国际合作局张友云副局长，中国社会科学院世界宗教研究所卓新平所长，日本学校法人施无畏学园野村顺雄理事长，曹洞宗德林寺住持高岗秀畅，中央民族大学楚伦教授，故宫博物院宫廷部王家鹏研究员，中国藏语系高级佛学院丹迥·冉纳班杂仁波切出席。社科院世界宗教研究所曹中建书记主持开幕式。

张友云副局长首先致辞，他讲到，佛教文化艺术包括文学、美术、音乐、建筑等，主要表现宗教信仰、宗教生活。古印度文化已经取得了相当高的成就，并随着佛教传播到了世界各地，与当地的文化相结合成为其民族文化的一部分。佛教在中国延续的两千多年中，不断地吸收、融合中国的本有文化，使中国的本有文化展现出崭新的形态，在哲学思想和文化艺术上面貌一新。佛教经过中国的弘扬又辐射到日本，对日本的整个文化形态产生了全面而深入的影响。近代，经过日本学人的不懈传播，佛教理念也逐渐被西方社会接受。今天，我们召开此次盛会，不仅可以对传播思想文化的价值进行挖掘，还可以从中体会到佛教传播过程中各个民族、各个国家之间的合作与共识，这种合作与共识对于当今不同文化的和谐、合作都具有深远的意义。

卓新平所长在致辞中表示，中日两国间的交流不应仅注重经济贸易方面，更应重视文化，即心与心的交流。许多学者大德认为两国间的文化交流是"黄金纽带"，至为坚固、宝贵。源自印度的佛教虽然不是中日两国的本土文化，却对两国思想文化发展及友好交流起到了积极推动作用，直到今日仍是促进文化交流、交汇和交融的一道亮丽的风景线。希望源远流长的佛教文化艺术为当今社会的良好发展和美好未来提供更多的精神资粮和智慧源泉。

日本学校法人施无畏学园野村顺雄理事长在致辞中希望中日从文化这一领域进行更加深入的交流。他认为，日本文化首推佛教文化，日本佛教主要来源于中国，并在日本思想文化中植根很深。野村顺雄理事长还简要地介绍了此次提交的论文《震灾后日本人的行为》。据悉，该文为野村顺雄、日本学校法人施无畏学园于咏博士、爱知学院大学周夏博士从各自角度共同撰写，野村顺雄理事长以出家僧侣的角度将日本3·11震灾发生后媒体报道的各种受灾者纪实串联起来，尝试分析日本人民呈现出的独特灾后行为的原因。同时，临床心理学者从心理学的视点剖解受灾心理，最终由佛教学者作出总结，共同探究日本人民灾后行为的源泉。

最后，与会人员合影留念，开幕式圆满结束。

此次研讨会共两天五场，收到中日学者论文36篇，内容涵盖了佛教绘画、造像、书法、经文刊印、文字、摄影、园林，特别是蒙藏地区的唐卡等丰富多彩的佛教文化艺术形式，学者们通过对其渊源、内涵、发展、演变的挖掘和梳理，深层探析了佛教文化艺术与中日两国本土文化之间交流融合的历程，及推动两国文化交流的重要作用。

研讨会还对佛教的六大语系、四大传承在中日佛教发展史上的渊源、演变、发展、交融进行了探讨；部分论文还涉及多位在中日两国佛教交流史上具有影响的历史人物，阐述了其生平和主要活动，对其思想、著述及影响进行了探究。

2011 年 7 月中日佛教文化艺术研讨会留影

出席研讨会的学者和嘉宾还有，中国社会科学院世界宗教研究所副所长金泽教授，中国社会科学院世界宗教研究所研究员王志远教授、何劲松教授、张总教授、黄夏年教授、郑筱筠教授，副研究员杨健博士、纪华传博士、周广荣博士、聂清博士、于光，中国社会科学院世界宗教研究所网络中心霍群英主任，副研究员嘉木扬·凯朝博士、张小燕，中国藏语系高级佛学院丹迥·冉纳班杂仁波切，中央民族大学乌力吉巴雅尔教授，南京毗卢寺方丈传义法师，北京市宗教局原副局长季文渊先生，中国藏研中心宗教研究所李德成所长，北京师范大学色音教授，北京雍和宫住持胡雪峰大喇嘛，北京雍和宫李立祥教授、黄崇文教授、徐新华教授、北京市朝阳

学术会议期间日本学者访问了雍和宫，受到罗布桑·散木丹住持的热情接待

区青少年活动中心李颖女士，北京日日结缘文化艺术中心陈卫国先生，北京市佛教居士林理事长夏法圣居士、秘书长吴炎居士，全国青联宗教界别工作委员会王孺童秘书长，故宫博物院宫廷部王家鹏研究员，清华大学新闻与传播学院崔保国副院长，辽宁阜新海棠山普安寺住持徐宝盒大喇嘛，中国美术家协会会员、国家一级美术师王明午先生，北京市民族联谊会吴晓光理事，民政部中民慈善捐助信息中心彭建盛先生，内蒙古大学额尔敦白音教授，沈阳鲁迅美术学院李勤璞研究员，国家博物馆李翎教授，内蒙古五当召旅游开发有限公司何双副董事长、郝世云副董事长，北京发如雪文化传播中心石向东董事长，中华慈善总会藏文化慈善基金安彤董事长，大连格林浩泰酒店杨刚总经理，青海热贡唐卡艺师安庆，中央民族大学日本語系主任蔡凤林教授，中国藏学出版社发行部陈立健主任，同朋大学原校长中村薰教授，曹洞宗德林寺住持高岗秀畅，日本学校法人施无畏学园野村顺雄理事长，大地旅行社鲍尔吉德董事长，爱知学院大学周夏博士、羽惠美博士，首都博物馆黄春和研究员，日本学校法人施无畏学园于咏博士，日本同朋大学佛教文化研究所藤村洁博士，同朋大学在读博士生花荣，中央民族大学外国语学院日本语系外籍专家渡边索先生，日本中央大学大学院在读博士生赛罕宝丽格，曹洞宗德林寺谷口义胜，同朋大学田中澄子，应县宗教局副局长康日华，中国社会科学院研究生林疏影等。学术会议期间日本学者访问了雍和宫，受到胡雪峰住持的热情接待。

附 录 四

释迦牟尼佛的一日一言
——佛教启迪人生的智慧

释迦是什么样的人

有人问，释迦是什么样的人？

回答说：不是给的东西不要，心里挂念着不侵害众生，远离怠惰的人；不说谎、不打妄语、不用粗语的人；不恶意伤人的人，不说没有意义的话，不贪图享乐的人；能明确观察事物、具有慧眼的人，不被烦恼蒙蔽的人；是个言行清净、心有慈悲的人。[《经集》153、163（第21页)]

不要把自己舍掉

不要把自己给别人，不要把自己舍掉。[《相应部经典》1、8（第32页)]

善友

尔时，阿难向释尊说：释尊呀，我们有善友，有好伙伴，那就是成就佛道的一半了。我是这样理解的。

释尊对阿难说：阿难呀，不是你说的那样，你那种想法是不正确的。

因为有善友、有好伙伴的人，不只是成就佛道的一半，而是成就佛道的全部。人们因为与我（释尊）交朋友、做伙伴，所以，能以不老的身体，成就比不老更自由的事（即觉悟）。[《相应部经典》45、2（第110页）]

象的足迹

比丘们，比如说，有多种多样生命行走的足迹，那些都包括在大象的足迹之中，大象的足迹是最大的。

比丘们，同样地，在世间的道路也有多种多样，那些道路的最根本是不放逸。所以说，一切善法之中，不放逸是最大的，也是最高尚的。[《相应部经典》45、140（第18页）]

笔者与雍和宫95岁白老师、日本高冈秀畅老师在一起

真的友人

我是你的朋友，只是在口中说，也不知道羞耻，要想能做的事，也不为对方利益着想。应该知道这种人，他不是我的朋友。

不要亲近愚者，要亲近贤惠的人，要尊敬值得尊敬的人，这样的人是最幸福的。[《经集》253、258（第19页）]

慈悲

绝对不做危害他人的卑鄙的事，希望让一切众生都幸福、安康、和乐。即：凡是有生命的，包括弱者、强者、长者、高大者、中等者、矮小者、纤细者、粗大者一切的众生。

眼睛能看见者、不能看见者，住在遥远者、住在近处者，已经出生者、将要准备出生者，祈望让所有一切有情都幸福美满，这即是慈悲之含义。[《经集》145、147（第78页）]

应回避欲望

人如果有欲望，并追求为满足欲望而达到的喜悦，终将会如同被毒箭射中一般痛苦。

就像脚底的蛇头，不踩它也一样要注意。回避欲望，才是正确的思考，它超越了世间的隐患。

所以人们经常要持正确的思维，回避欲望。恰如抛弃船后面的波浪，弃舍欲望渡过激流，到达彼岸方是捷径。[《经集》766、771（第78页）]

破戒之祸

居士们，破戒者有五种祸害：

第一，失去财产。

第二，受到不好的评判。

第三，无论何时何地都会内心不安，失去自信。

第四，临终时精神错乱。

第五，死后去恶趣，即坠落地狱投生。[《大涅槃经》1（第39页）]

现在只有现在

释尊说：不要追究过去，不要指靠未来，过去已经过去了，未来还没有来到；所以说，当下的事情，要好好地思索，决定后就不要动摇，并认真努力地实践。今天该做的事情要细心做好，谁会知道明日无常将至。［《中阿含 Majjhima-nikAya》131（第 6 页）］

自灯明、法灯明

阿难啊，把自己本身当做明灯、作为依处就好，不要依靠其他；把法作为明灯、作为依处就好，不要依靠其他。［《大涅槃经》2（第 7 页）］

这是释尊晚年对侍者阿难说的话。释尊入灭（涅槃）时，这个世界成为黑暗，所以去超越黑暗，只有把自身和释尊说的法作为依处、视为明灯，继续修持佛法、普度众生。

最高尚的人

想请问释迦世尊，什么样的人才是最高尚的人？

释尊回答说：不忿怒、不恐怖、不骄傲、没有猜疑心，认真思考以后才回答问题，没有坐卧不安的举动，说话谨慎的人。

不希求未来，不惦记过去，没有偏见，不伪装、无贪欲、不迷恋物质、不傲慢、不伤害他人。

不被快乐诱惑、不傲慢、温柔善巧解说的人，这样的人才是最高尚的人。［《经集》（第 848—859 页）］

中道

佛教的根本精神是"中道"，释尊以此达到了最高的真理。

那么，什么是中道？佛所说的中道，不是崇尚快乐、纵欲享乐，也不是另一极端，即禁欲主义者。而是一种不堕两端、不走极端、不偏不倚的人生，既重视生，又关心死；既讲自利，又讲利他，是自在的大道。

我们应该学习破除无明、心安自在地生活，这才是释尊的教导。（第10 页）

不要过早判断问题

尔时，侨萨罗（Kosala）国王在路上见到了异教徒的修行者，于是向释尊请教："他们真的是应该尊敬的修行者吗？"

释尊回答道："国王呀，他是否守戒，需要长时间地一起生活才能知道；他是否清净，需要长时间对话才能知道；他是否可靠，遇到困境甚至灾难才能知道；他有没有智慧，也要与他长时间交流才能知道。"[《相应部经典》3、2（第 10 页）]

不伤害别人

有一个号称"不伤害他人"的婆罗门评判者，他自己很是得意，来见释尊时也很是骄傲地说："我是一个不伤害他人的人。"释尊答道："原来如此，在世间你是一个'不伤害他人'的人，也许是这样称呼吧。但是，真正不伤害他人的人，是一个从身体行为、语言，直到内心都不会伤害别人的人。"[《相应部经典》3、2（第 11 页）]

不贪

即使我在贪人当中，我也不会贪图一时快乐地去生存；即使我在贪人之间，我也不会贪图一时享乐地生活。[《UdAnavArga，优陀那，自说经，无问自说，感兴语》30（第 9 页）]

苦行

释尊开悟之后，恶魔过来向释尊说："人依靠苦行而达到清净，可是释迦你放弃苦行，逸脱清净之道，自己错觉了清净。"

释尊对他们说："苦行的人，就像陆地上的船，舵和橹都没有用一样，对到达彼岸来讲没有任何益处。我是依靠戒、定、慧，而达到最终清净的。恶魔呀，汝等是失败的。"[《相应部经典》4、1（第 8 页）]

对贤者的尊敬

释尊对罗侯罗说："罗侯罗呀，你与贤者同住习惯了没有？有没有轻视贤者？有没有尊敬给人们点燃火炬的人？"

罗侯罗回答说："我与贤者同住已经习惯了，我没有轻视贤者；我一直尊敬为人们点燃火炬的人。"［《经集》335、336（第13页）］

教化

有神问释尊："依靠解脱脱离束缚的人，不应该做教化他人的事情。"

释尊是这样回答的："有智慧的人的确不应与他人一起生活，但是，以清净明亮之心教化别人，那不是被束缚的人，而是慈悲。"［《相应部经典》10（第15页）］

山林里修行

优波离是释尊十大弟子之一，他曾向释尊请求进入山林里修行。释尊回答说："优波离啊，在一个很大的池塘里，大象在那里洗澡，洗背、洗耳朵，都会非常愉快。兔子看到这个情景，它也跳进池塘，可是立即因身体的矮小感到十分害怕，于是就又出来了。"

"优波离啊，就你来讲，不适合在山林里修行，而在大众之中修行是比较适合的。"［《增支部经典》99（第14页）］

优波离出家以前，曾是释迦国的一名理发师，每天都与很多人接触，其性格也喜欢与众人在一起。这样的人，若离开人群，进入山林里孤单地生活、修行，会是一件很痛苦的事情。因此，释尊因人施教，劝他在大众中修行。对于适合在山林里修行的人，释尊会劝其入林。释尊会观察对方的性格特点，引导他们用适宜的方法、适合的地方去修行、生活。对症下药，因人施教，是释尊一贯坚持的做法。

耕田

尔时，农夫对托钵而来的释迦说："我是靠自己耕田而生活，你也参加劳动如何？"对他的质疑，释尊说："我也在自己耕田。"于是诵出以下诗句："对我来讲信仰是种子，修行是雨，智慧是轭和锄，坚持不懈地精进是锄棒。而心是束缚的绳，心定是锄尖和锄棒，身体要谨慎，说话要用心，注意饮食不过度，以守护真理为割草。就这样耕作，成就的甘露果实能解脱一切烦恼业障。"[《相应部经典》7、2（第17页）]

口中的斧子

人出生的时候，口中夹着斧子。愚者说恶语时，会被那把斧子伤到自己。

应受到批评的人他表扬，应受到表扬的人他谴责，口业深重，由此引来罪障，得不到幸福。

虚伪的人会坠落到地狱，实际一个不承认自己做过的错事的人，照样会坠落到地狱。[《经集》657—661（第7页）]

因忍耐而胜利

释尊对弟子们开示说："阿修罗说过：'这边一直在忍耐，愚者认为是为恐吓而忍耐。'对此，帝释天说：'他认为是恐吓我，这样思考的人是胜利者，因为，再也没有比忍耐更显示成功的善事。'帝释天以善语好话，战胜了阿修罗。"

没有愤怒就没有烦恼

天人请教释尊说："禁止什么，可以安心地生活？消除什么，就没有烦恼，自由自在地生存？"

释尊回答说："停止愤怒的话，人就可以安心生活。如果灭尽愤怒的话，就没有烦恼。愤怒是毒根，其果实虽甜，但是，圣哲们都称赞消灭愤怒。天人呀，如果灭尽愤怒，就没有烦恼。"

干草之火炬

释尊曾对一位居士开示说："居士啊，欲望这个东西，就如同点燃着的干草的火把。手里拿着它顶风前进，如果不能及时把火把放下来，就会烧到自己的手，把手腕烧伤，甚至会烧到全身，忍受死亡的痛苦。所以说，你一定要把执著于世俗名利的欲望消除掉啊。"［《中部经典》54（第20页）］

知足

领悟正法、达到清净境界的人，就有能力知道应做什么。他率真、谦和、远离傲慢、行为端正；他礼让、知足、追求不多、不去参与杂事；他生活俭朴、没有贪念、五根清净，更没有卑劣的行为，不会受到智者的批评，他会一心慈悲行善，一心为众生的幸福、安乐而精进。［《经集》143—145（第20页）］

附 录 五

乔布斯的禅修对苹果机的启示

美国苹果公司创始人史蒂夫·乔布斯（Steve Jobs）正确吸收和运用了佛教的智慧，而他为何在诸多宗教中选择了佛教的教义呢？原来在他多年的佛教禅修中，带来了其开发苹果机的启示。乔布斯的存在是世界的传奇：佛法改变了乔布斯，而乔布斯也通过佛法、禅思影响了世界。

一　青年乔布斯对禅学的追求

1972 年，乔布斯在就读俄勒冈州波特兰的里德学院（Reed College）时，大量阅读宗教与哲学类书籍，之后下定决心研究并亲自体验唯心论与存在主义。他喜爱研究东方神秘主义哲学，正是这个时候，他读到了日本学者铃木大拙写的《禅道》和《禅学入门》。① 从此，佛法成为乔布斯思想上的明灯。他甚至认为如果一定需要上大学，他愿意去上一家佛教禅学院。乔布斯认为，对于佛教禅学的修持和思考，是他拥有的最高"智慧"。

为了赴印度进行瑜伽禅修，在电玩设计公司雅达利（Atari）工作数月后，1974 年 8 月，19 岁的乔布斯如愿以偿地与里德学院的同学、后来苹果公司首位员工柯特（Daniel Kottke）在最炎热的时节，"光着脚、穿着破烂衣服"在佛教中找寻精神食粮、探寻人生目的。从印度回来后，乔布斯并没有放弃他的灵性探索，他开始信奉佛教，不仅剃度，还一度身着印度传统服饰。回忆印度旅行这段时期，乔布斯曾表示："一生中最重要的事只有

① 铃木俊隆：《禅者的初心》，蔡雅琴译，海南出版社 2009 年版。

两三件，这是其中之一。"

　　从印度旅行回来两年后，乔布斯的商业直觉更加敏锐，并在 1976 年 4 月 1 日与史蒂夫·沃兹尼亚克（Steve Wozniak）共同创办苹果公司（Apple）。乔布斯逐渐从佛法中找到了自己的理想和做事的原则，并产生了一个愿望：有朝一日，要在美国这样一个宗教世俗化

乔布斯

的社会中，借助人们迷恋消费和乐于物质享受的弱点，创造一家公司，把佛教和商业结合起来，与乐人天。

二　乔布斯的佛教人生观

　　对佛学的研究和禅学的修持，影响了乔布斯的一生。在他的人生历程中，不管是寻求个人幸福，还是制定公司产品策略，包括直面人事交往，甚至面对生死挑战，乔布斯一直依靠佛法的无上智慧。

　　1991 年 3 月 18 日，乔布斯和劳伦娜在约塞米蒂国家公园举行了佛教传统的婚礼。这场婚礼的主持人是一位日本佛教禅宗僧侣，名叫乙川弘文。作家威廉·西蒙在一部传记中这样描述道："仪式简单到甚至有些苦行的味道……宾客和新娘走入时，熏香正在燃烧。没有婚礼的钟声，而是诵佛经祈福作为旋律。"

　　乔布斯说过："你的时间有限，不要被教条所束缚，不要活在别人的观念里，不要让别人的意见左右自己内心的声音。最重要的是，勇敢去追随自己的心灵和直觉，只有自己的心灵和直觉才知道你自己的真实想法，其他一切都是次要的。"

三　选择素食与"苹果"机的命名

　　乔布斯是素食主义者，这也是公司被命名为"苹果"的原因，因为这

是他最喜欢的食物。乔布斯生活中，坚持早睡习惯，他经常挂在嘴边的一句话是："佛教徒没有夜生活"。乔布斯说："禅学重视经验，不重思辨，而是只管打坐，无念无想。我看过很多人都在沉思冥想，但似乎没什么功效。所以，我对那些能够超越有形物质或者形而上的学说极感兴趣，也开始注意到比知觉及意识更高的层次——直觉和顿悟，这与禅的基本理念极为相近。"这是乔布斯1973年在里德学院修持坐禅时的讲话，看得出当时他对打坐禅思已有较深的体悟了。

2004年乔布斯被确诊患上胰腺癌。医生宣布他只有3至6个月的生命，让他回家准备后事，但他在手术后一次又一次出现在苹果产品发布会上。乔布斯成了"乔不死"的绰号。乔布斯坚持用素食的食疗方式与病魔对抗，半年后他奇迹般地痊愈了，他把这次"与死神擦肩而过"的生命奇迹归功于信奉佛教的力量。

乔布斯的办公室有两百多平方米，里面几乎什么都没有，房中间有一个坐垫，是用来打坐的。乔布斯保持每天禅修打坐的习惯已经多年，在决策前，他会打坐禅思，然后叫下属将相关产品设计一并放到垫子的周围，以便来决定选择哪个，放弃哪个。

四　初学者的心态

乔布斯修禅的入门书籍很多，日本禅师铃木俊隆用英文写的《禅者的初心》（Zen Mind，Beginner's Mind）对他的启发很大。追源溯流，铃木俊隆算是禅宗五家之一的日本曹洞宗在美国的传人。1959年，铃木俊隆禅师抵达美国，凭着六祖"人虽有南北，佛性无南北"一句话，立志教授全无佛学根基的美国人修持"只管打坐，无念无想"的禅的境界。

让美国人学禅打坐并不是件容易的事情。铃木俊隆禅师以"对症下药、因人施教"的方法指导。有一次，一个美国学生问铃木俊隆禅师，为什么日本人的茶杯做得这么纤细精致，很容易被大大咧咧的美国人不小心打碎。铃木俊隆禅师回答说："不是他们做得太纤细，而是你不知道如何去掌握它。你必须因应心境来调整自己，而不是要外在环境来配合你。"

乔布斯说："佛教中有一句话：初学者的心态。拥有初学者的心态是件了不起的事情。"不要迷惑于表象而要洞察事物的本质，初学者的心态是行动派的禅宗。所谓初学者的心态是指不要无端猜测、不要期望、不要武断也不要偏见。初学者的心态正如一个新生儿面对这个世界一样，永远充满好奇、求知欲、赞叹。正如《禅者的初心》所说："做任何事，其实都是在启迪我们内心的天性。这是我们存在的唯一目的。"乔布斯一生，就这样实践铃木俊隆禅师的禅机。

2011年8月的《北京晨报》报道说：勇敢的乔布斯起步于打禅。在乔布斯的人生经历中有这么一段，当他从里德大学辍学返回硅谷后，经常到日本禅师乙川弘文主持的禅宗中心修持打坐。在创办苹果之前，乔布斯一度不知道对自己的未来该如何决断，他很想去日本继续修禅打坐，但是又无法放弃创业的理想，于是向禅师求教。而禅师则对他讲出了那则著名的禅宗故事——风吹幡动。"千百年前，有僧人说：'是风动。'又有僧人说：'是幡动。'六祖慧能说：'不是风动，也不是幡动，而是心动。'"

坐禅打坐让人躲开了尘世喧嚣、避开了众多表面的事情，回归到问题本真和人的自在状态，因此乔布斯能够具有高度发达的智慧。乔布斯每天坐禅打坐结束时，都会对着镜子问："如今天是我的最后日子，原计划今天的事我还愿意做吗？"

五　世界上最富有的人为何是佛教徒乔布斯

2011年2月17日，乔布斯以及十几位硅谷巨头与美国总统奥巴马共进晚餐，坐在奥巴马左侧背对着镜头的就是乔布斯。2011年7月11日下午消息，美国科技博客评选出过去20年间美国最成功的公司CEO，乔布斯超过比尔·盖茨，排名榜首。曾经有研究过盖茨和乔布斯的学者说：盖茨让他人"心生敬畏"，而乔布斯却让他人"心向往之"。乔布斯的人生低调，生活俭朴：黑上衣、蓝牛仔裤、灰色运动鞋，是乔布斯的标准行头。一套穿着加起来还不到200美元的衣服。

日本"经营之神"松下幸之助在95岁接受记者采访时说："像我这样才能的人在这个世界上比比皆是，我之所以能成功，其中关键一点就是对禅的领悟。"当时日本有个禅学家在聆听松下的言论后，总结了这样两句话："不通禅理，生活乏味；不明禅机，难成大业。"松下电器从一个小作坊发展成国际企业，就是对这句话的最好诠释。日本曹洞宗要求修行者每天挤出五分坐禅，请你打坐一下试试吧，坐禅之后，你的身体就会回答你了，你的命运就会回答你了。方法以"眼横鼻直，无念无想；只管打坐，即心是佛"① 的境界来净化自己，身心轻安。就这样，乔布斯对佛教修禅有了极深的研究和亲身体悟："佛是已经觉悟的人，人是还没有觉悟的佛。"

---

① 东隆真：《佛陀から道元への道》（从佛陀到道远之路），日本国书刊行会 2000 年版。

附　录　六

蒙古族地区佛教文化大事记

1034 年（南宋景祐一年）款·官却杰布（ḥKhon dkon mchog rgyal po 1034—1102，宝王）诞生。

1040 年（庆历一年）米拉日巴（Mi la ras pa 1040—1123）诞生。

1142 年（绍兴十二年）扎巴坚赞（Grags pa rgyal mtshan 1147—1216 称幢）诞生。

1162 年（绍兴三十二年）成吉思汗（Chingis Han 1162—1227）诞生。

1182 年（淳熙九年）萨迦班智达（Sa skya Paṇḍita 1182—1251）诞生。

1189 年（淳熙十六年）耶律楚材（1189—1244）诞生。

1206 年（开禧二年）成吉思汗即位，创建大蒙古帝国。

1206 年（开禧二年）阔瑞王（Gudan Han 1206—1251）诞生。

1207 年（开禧三年）西藏首长归顺成吉思汗。

1214 年（嘉定七年）确吉畏赛（Chos kyi od zer 1214—1292 法光）诞生。

1218 年（嘉定十一年）成吉思汗会晤耶律楚材。

1222 年（元光一年）成吉思汗会晤长春真人。

1229 年（绍定二年）元太宗窝阔台汗（Ogodei Han 1229—1241）诞生。

1235 年（端平二年）八思巴·洛追坚赞（ḥPhags pa blo gros rgyal mtshan 1235—1280）诞生。

1239 年（嘉熙三年）茶那道尔吉（Phyag na rdo rje 1239—1267）诞生。

1244 年（淳祐四年）阔瑞王派遣蒙古使节多达那波（rDo rta nor bo）进藏，邀请萨迦班智达来蒙古。

1247 年（淳祐七年）萨迦班智达 65 岁高龄与其二侄八思巴、茶那道尔吉到蒙古会见阔瑞王，世称之"凉州会谈"。

1251 年（淳祐十一年）萨迦班智达创造蒙古文字。

1252 年（淳祐十二年）那摩法师从克什米尔来蒙古，就任国师。

1253 年（宝祐一年）八思巴为忽必烈汗灌顶，忽必烈汗赐给八思巴礼品有奉献西藏十三万户（Khri skor bcu gsum），废除了当时陪葬中埋活人的制度。

1254 年（宝祐二年）忽必烈汗赐予八思巴《优礼僧人诏书》。

1255 年（宝祐三年）在元朝以前蒙古帝国的蒙哥汗（Mongke Han 1252—1259 在位）邀请藏传佛教噶玛噶举派（Karma bkah rgyud pa）的第二祖噶玛拔希（Karma bagši 1204—1283）来蒙古，封噶玛拔希为"国师"授玉印，总领天下释教的重任。赐给金边黑僧帽，尊崇为"噶玛拔希"，拔希一词是蒙古语，"老师"、"上师"之意。以此为契机，蒙古地区佛教和藏传佛教诸派先后都产生了活佛转世制度。

1257 年（宝祐五年）八思巴（23 岁），巡礼文殊菩萨的道场五台山。

1258 年（宝祐六年）八思巴等佛教高僧在开平府蒙古的大都与道教道士展开了关于《老子化胡经》真伪的辩论。

1260 年（蒙古中统元年）忽必烈在元大都开平府即蒙古大汗位，赐八思巴为"国师"，授玉印。

1260 年（中统元年）开平府上都（今内蒙古正蓝旗五一牧场）建有佛教寺院 167 座。

1267 年（至元四年）忽必烈汗开始命令创造"蒙古新字"。

1269 年（至元六年）忽必烈汗命令全国使用"蒙古新字"。

1270 年（至元七年）忽必烈汗封八思巴为"帝师"、"大宝法王"、"皇天之下，一人之上宣文辅治大圣至德普觉真智佑国如意大宝法王西天佛子大元帝师"的尊号，统领藏地十三万户。

1271 年（至元八年）在大都（北京）建立护国仁王寺，迎请释尊舍利。

1272 年（至元九年）建立大圣寿万安寺。

1274 年（至元十一年）建立大护国仁王寺和昭应宫。

1276 年（至元十三年）八思巴从北京回藏地萨迦寺升任萨迦法王，此乃藏地"政教合一"的开始。

1277 年（至元十四年）真金皇太子（世祖忽必烈汗的长子）作为八思巴的施主，八思巴担任阿阇梨，给僧俗十万多人讲经说法，并给七万人多僧人放黄金一钱的布施。

1280 年（至元十七年）八思巴示寂。

1290 年（约至元二七年的人）蒙古族高僧确吉畏赛（1214—1292）、回蒙
　　古地区，在萨迦班智达（1182—1251）创造的蒙古文字之上又增加了
　　许多文字，并开始使用蒙古语翻译佛经。

1297 年（大德年间）蒙古执政元朝年间，即铁穆尔汗（Oljeitu Han 1294—
　　1310 在位）时期，建立了五所译经院由藏族高僧、蒙古族高僧、维吾
　　尔族高僧、汉族高僧开始用蒙古文翻译藏文《大藏经》的续藏《甘珠
　　尔》（bKaḥ ḥgyur）和论藏《丹珠尔》（bsTan ḥgyur）。

1331 年（至顺二年）元文宗扎牙笃汗（Jiyatu Han 1329—1332 在位），派
　　遣使节进藏，邀请藏传佛教噶玛噶举派（Karma bkaḥ rgyud pa）第三
　　世活佛让迥多吉（Raṅ byuṅ rdo rje 1284—1339）赴蒙古帝国大都（北
　　京）。

1333 年（元统元年）元顺帝妥懂帖睦尔汗（Togon temür Han 1333—1368
　　在位），封让迥多吉活佛"圆通佛法性空噶玛巴"封号和国师称号。

1357 年（至正年十七年）藏传佛教格鲁派（dge lugs pa 意为善律派）创始
　　人 宗喀巴（tSong kha pa blo po bzaṅ grags pa 1357—1419 善慧称）
　　诞生。

1368 年（明洪武元年）汉民族的朱元璋，于南京改元洪武，正式建立了明
　　朝，成为明太祖。元朝最后的皇帝，元顺帝妥懂帖睦尔（Thgon
　　themür 1333—1368 年在位）放弃大都北京，返回蒙古草原，即现在的
　　内蒙古赤峰市克什克腾旗，此为元朝的终结，史称北元的开始。

1409 年（永乐七年）藏历正月一日至十五日，格鲁派创始人宗喀巴大师，
　　在拉萨大昭寺开始举办释迦牟尼佛神变伏魔大愿祈祷法会（sMon lam
　　chen mo 默朗钦摩）。

1414 年（永乐十二年）章嘉呼图克图（Zang skya Qutugtu）十世，应明成
　　祖邀请，作为宗喀巴大师的使节访问北京。

1415 年（永乐十三年）章嘉呼图克图十世，被封为大国师并授予金印。

1577 年（万历五年）第二次用蒙古文翻译藏文《大藏经》的续藏《甘珠
　　尔》。

1578 年（万历六年）蒙古土默特部的阿勒坦汗（Altan Khan 1507—1582），
　　与藏传佛教格鲁派三世达赖喇嘛索南嘉措（bSod nams rgya mthso

1543—1588，福德海）于"青海湖会晤"。

1585 年（万历十三年）外蒙古创建额尔德尼召（Erdeni Juu），格鲁派在蒙古地区传播发展。

1588 年（万历十八年）明万历帝邀请三世达赖喇嘛索南嘉措来京，授予灌顶大国师称号。

1589 年（万历十九年）四世达赖喇嘛云丹嘉措（Yon tan rgya mtsho 1589—1616 功德海）诞生，在蒙古地区弘扬佛法。

1608 年（万历三十六年）多罗那它（Tāranātha 1575—1634）所著《印度佛教史》发行。

1615 年（万历四十三年）在后藏建立达丹彭措林寺（Dal ldan phun tshogs gling），外蒙古的土谢图汗部的阿巴岱汗（Abadai Han 1534—1586）邀请多罗那它尊者到蒙古弘传佛法。

1616 年（万历四十四年）万历皇帝授予四世达赖喇嘛云丹嘉措"金刚持佛"的称号。

1629 年（崇祯二年）蒙古察哈尔部的林丹汗（Legs ldan Han 1592—1634）第三次用蒙古文而且使用金字翻译藏文《大藏经》的续藏《甘珠尔》（bKaḥ ḥgyur）全卷，并制版印行。

1635 年（清天聪九年）哲布尊丹巴呼图克图（rJe btsun dam pa Qutugtu 尊贵的圣人之意 1635—1723）一世诞生。

1642 年（崇德七年）章嘉呼图克图（Zang skya Qutugtu 1642—1715）十四世阿旺罗布桑却拉丹诞生。

1645 年（顺治二年）蒙古的固始汗（Gusi Han 1582—1654）征服全藏。藏传佛教格鲁派协助固始汗，固始汗赠给罗桑确吉坚赞（bLo bzaṅ chos kyi rgyal mtshan 1567—1662）为"班禅博克多"（Pan chen bodda）的圣号，并追认罗桑确吉坚赞为四世班禅。

1647 年（顺治四年）达赖喇嘛五世阿旺罗桑加措（Nag dbaṅ blo bzaṅ rgya mtsho 1617—1682）赠给哲布尊丹巴呼图克图一世"哲布尊丹巴呼图克图"的称号。

1651 年（顺治八年）哲布尊丹巴呼图克图一世接受达赖喇嘛五世和班禅四世劝说，从藏地聘请许多高僧赴蒙古地区建立了多座佛教寺院。在蒙古喀尔喀（现在的乌兰巴托）模仿拉萨的哲蚌寺设立七所佛教学院。

1652 年（顺治九年）达赖喇嘛五世赴北京，建立西黄寺（即现在的中国藏语系高级佛学院），并同班禅大师一起与清政府进行了密切的联系。

1653 年（顺治十年）清朝授予达赖喇嘛五世为"西天大善自在佛所领天下释教普通瓦赤喇怛喇达赖喇嘛"称号。

1654 年（顺治十一年）固始汗去世后，其二王子即位，兄达西巴图汗分管藏地，其弟达颜汗分管青海省。

1655 年（顺治十二年）因哲布尊丹巴呼图克图一世的努力协调，外蒙古喀尔喀部诸汗王与清政府建立了正式的往来。

1680 年（康熙十九年）清政府忽视达赖喇嘛五世对蒙古人的权威态度。

1683 年（康熙二十二年）开始第四次用蒙古文翻译、刻印、校定藏文《大藏经》的续藏《甘珠尔》（bKaḥ ḥgyur），分类为 108 卷、此为木版印刷，于 1720 年完成。

1691 年（康熙三十年）在内蒙古举办"多伦诺尔会盟"，康熙皇帝封哲布尊丹巴呼图克图一世为"大喇嘛"称号。

1693 年（康熙三十二年）清朝政府封哲布尊丹巴呼图克图一世为"大喇嘛"圣号，从而承认哲布尊丹巴呼图克图代表外蒙古地区佛教的大活佛。

1697 年（康熙三十六年）在内蒙古多伦诺尔（七湖之意）创建汇宗寺，自此，藏传佛教格鲁派教法广泛传播于蒙古地区。

1705 年（康熙四十四年）康熙皇帝封十四世（二世）章嘉呼图克图为"灌顶普善广慈大国师呼图克图"的称号，赠送"八十八两八钱八分之金印"，十四世章嘉呼图克图成为内蒙古地区佛教最大的活佛。

1711 年（康熙五十年）在外蒙古建立库伦寺（又称东寺）。

1713 年（康熙五十二年）康熙皇帝封五世班禅（1663—1737）为"班禅额尔德尼"的圣号，并赠送"敕封班禅额尔德尼之印"金册。

1723 年（雍正元年）雍正皇帝封一世哲布尊丹巴呼图克图为"启法哲布尊丹巴达喇嘛"称号，并赠送"金册金印"。一世哲布尊丹巴呼图克图扩建北京黄寺（现在的中国藏语系高级佛学院）。

1731 年（雍正九年）雍正皇帝为十五世章嘉呼图克图（又称，三世章嘉呼图克图，通称 Rol paḥi rdo rje 罗赖毕多尔吉 1716—1786），于内蒙古多伦诺尔建立善因寺。

1735 年（雍正十三年）清朝皇帝封十五世章嘉呼图克图为"灌顶普善大国师"。

1736 年（乾隆元年）清高宗乾隆皇帝授予十五世章嘉呼图克图为北京蒙藏佛教寺院管理之"札萨克达喇嘛"之印。

1738 年（乾隆三年）乾隆皇帝正式认定，罗布桑丹彬多密（bLo bzaṅ ḥ bstan sin mthu mi）为二世哲布尊丹巴呼图克图。

1741 年（乾隆六年）十五世章嘉呼图克图用蒙古语翻译藏文《大藏经》从而著述了《智慧之源》（Dag yig mkhas paḥ ḥbyuṅ gnas）一书，并刻印行。

1743 年（乾隆八年）清政府封十五世章嘉呼图克图为"振兴黄教大慈大国师"的称号，并授权其使用金龙黄伞的特权。

1744 年（乾隆九年）受乾隆皇帝之命，雍和宫正式成为蒙藏佛教寺院。

1746 年（乾隆十一年）二月初一开始，在雍和宫首次举办了大愿祈祷法会（sMon lam chen mo 默朗钦摩），乾隆皇帝亲临雍和宫。同时章嘉呼图克图罗赖毕多尔吉与其他许多高僧进行了佛学辩论活动。

1749 年（乾隆十四年）第五次用蒙古文翻译藏文《大藏经》的续藏《甘珠尔》（bKaḥ ḥgyur）108 函和论藏《丹珠尔》（bsTan ḥgyur）225 函。此为清代大型的译经活动。

1755 年（乾隆二十年）承德普宁寺首次举办金刚驱魔神舞法会。

1763 年（乾隆二十三年）乾隆皇帝在承德会晤三世哲布尊丹巴呼图克图伊什丹巴尼玛（Ye śes dam pa ñi ma 1758—1773）。

1790 年（乾隆五十五年）四世哲布尊丹巴呼图克图罗卜藏图巴旺楚克（bLo bzaṅ thub bstan dba phyug 1775—1813），在外蒙古库伦寺设立蒙古佛教的医学、密宗学、天文学等研究机构。

1791 年（乾隆五十六年）乾隆皇帝在承德会晤四世哲布尊丹巴呼图克图。

1819 年（嘉庆二十四年）清政府赠送十六世章嘉呼图克图章嘉伊希丹毕坚赞（Zang skya Ye śe bstan paḥi rgyal mtshan 1787—1846），掌管北京蒙藏佛教寺院的"札萨克达喇嘛"之印。

1828 年（道光八年）清政府赠送十六世章嘉呼图克图"大国师印"。

1834 年（道光十四年）清政府赠送十六世章嘉呼图克图金质"大国师"之印。

1904 年（光绪三十年）光绪皇帝封十九世章嘉呼图克图雳迎什锡道尔济（Chos dbyiṅs Ye śes rdo rje 1891—1978），为"灌顶普善广慈大国师"之圣号。

1911 年（宣统三年）八世哲布尊丹巴呼图克图哲布尊阿旺曲济尼玛丹彬旺曲克（rJe btsun ṅag dbaṅ chos kyi ñi ma bstan ḥdsin dbaṅ phyug 圣尊语王法太阳持教自在 1874—1924），在 1911 年 12 月 29 日蒙古国独立时，推举哲布尊丹巴呼图克图为蒙国的皇帝，年号为"共戴"。

1912 年（中华民国元年）国民党大总统，加封十九世章嘉呼图克图"宏济光明大国师"之圣号。

1916 年（中华民国五年）1 月 19 日，国民党大总统加封十九世章嘉呼图克图"昭因阐化灌顶普善广慈宏济光明大国师"和"大总统府高等顾问"之圣号。

1919 年（中华民国八年）国民政府在南京建都，在南京设立"蒙藏委员会"，任命十九世章嘉呼图克图为委员长。

1921 年（中华民国十年）7 月 11 日，八世哲布尊丹巴呼图克图成立革命政府。1924 年（中华民国十三年）哲布尊丹巴呼图克图八世示寂。

1929 年（中华民国十八年）十九世章嘉呼图克图，在北京设立"大国师章嘉呼图克图驻京办事处"。1930 年改"大国师章嘉呼图克图驻京办事处"名为"喇嘛事务所"。

1931 年（中华民国二十年）九一八事变（"满洲事变"）。

1932 年（中华民国二十一年）4 月 7 日，十九世章嘉呼图克图，在洛阳广寒宫举行的"国难会议"上被选为名誉主席并用蒙古语发表演说。

1934 年（中华民国二十三年）十九世章嘉呼图克图作为蒙旗宣化使赴蒙古地区，用蒙古语、汉语宣传国民党孙中山倡议的"民众书"、"喇嘛书"、"青年书"、"王公书"。

1936 年（中华民国二十五年）由"满洲国"蒙政部进行普查，内蒙古地区有佛教寺院 662 座、僧人 28，985 名。

1949 年（中华人民共和国一年）十九世章嘉呼图克图跟随国民党移住台湾。

1949 年 新中国成立初期，内蒙古地区佛教寺院约有 1366 座、僧人 6 万名。

1954 年 世界佛教徒联合会第三次会议在缅甸首都仰光召开，确定了"世界佛陀日"（Buddhajayanti）。

1961 年 承德普宁寺定为"全国重点文物保护单位"。

1966 年 受文化大革命的影响雍和宫的宗教活动等被迫停止。

1978 年 中共十一届三中全会进一步阐述了我国的宗教自由政策。

1981 年 雍和宫对外开放，法会等佛事活动再度恢复。

1987 年 农历正月 23 日，雍和宫恢复了大愿祈祷法会。

1987 年 在普宁寺成立承德市佛教协会。

1987 年 在第十世班禅大师和中国佛教协会前会长赵朴初的倡导下，中国藏语系高级佛学院于 1987 年 9 月 1 日在北京西黄寺成立，并举行开学典礼。

1990 年 在中国佛教协会长赵朴初的倡导下，确定我国各佛教寺院在农历四月十五日为纪念释尊的诞生、成道、涅槃的"佛吉祥日"。

1992 年 蒙古人民共和国改称蒙古国，蒙古国开始恢复了宗教信仰自由。

1994 年 承德普宁寺被联合国定为"世界文化遗产"。

1998 年 内蒙古梵宗寺寺主丹迥·冉纳班杂五世活佛（中国藏语系高级佛学院教务处长、中国佛教协会常务理事、承德市普宁寺名誉住持）与内蒙古赤峰市佛教协会会长格格·塔日吉德活佛，访问日本。

2002 年 10 月 以中国社会科学院世界宗教研究所、中国藏语系高级佛学院、北京雍和宫组团的"中国社会科学院访日文化交流团"访问日本。期间，代表团访问了日本同朋大学、爱知学院大学和爱知县佛协会等社会团体。

2006 年 8 月 中国西北地区最大的蒙藏佛教艺术风格的白塔"吉祥果聚塔"，于内蒙古自治区鄂尔多斯市杭锦旗草原菩提济度寺（蒙古语：沙日特莫图苏木）建成。吉祥果聚塔，藏语称巴拉丹·白日蚌却登（dpal ldan ḥbras spuṅs mchod rten），也称时轮塔。塔高 33 米，宽 35 米，总面积 1200 平方米。

2008 年 内蒙古梵宗寺寺主丹迥·冉纳班杂五世活佛荣获改革开放 30 周年"今日中国之星"称号。

2009 年 中华人民共和国成立 60 周年，内蒙古梵宗寺寺主丹迥·冉纳班杂五世活佛荣获"共和国功勋人物"、"国家建设者"、"中华精英人物"、"海内外杰出爱国人士"等称号。

2009 年 辽宁省阜新蒙古族自治县佛寺——瑞应寺举行了法相僧院开光。复建了法相僧院，2006 年开工兴建，2009 年 8 月竣工。建筑面积 3200 平方米，为主体二层、局部四层的纯木结构藏式佛教寺院建筑。主尊佛为 13 米高的铜鎏金弥勒佛，周围供奉有千尊文殊菩萨，院内依墙建有 380 个转经筒，是目前东北地区包括内蒙古地区最大的一座蒙藏佛教寺院。

2010 年 3 月"蒙古佛教文化高层学术论坛"于内蒙古自治区呼和浩特市举行。确立了佛教传播语系六大语系四大传承，六大语系：即巴利语系、梵语系、汉语系、藏语系、蒙古语系、满语系；四大传承：南传佛教、汉传佛教、藏传佛教，北传佛教（蒙古地区佛教）。

附　录　七

忽必烈汗对蒙古地区佛教文化的贡献

一　忽必烈与八思巴的关系

忽必烈汗

元朝，佛教在蒙古帝国的形成和发展，主要是忽必烈汗（Hubilai Han 1260—1294，亦称薛禅汗 Sechen Han）与帝师藏传佛教萨迦派第五祖八思巴·洛追坚赞（ḥphags pa blo gros rgyal mtshan 1239—1280，汉译圣者慧幢，以下略称八思巴）之间的特殊关系而进行的，这使藏传佛教传入蒙古地区并生根发芽逐渐发展壮大，最终成为元朝的国教。其中，以建立"施主与上师"（ügligen ejin kiged bagśi）的关系为开端，忽必烈汗首先从八思巴接受了藏传佛教密宗灌顶《喜金刚灌顶》（dgyes pa rdo rje yi dbaṅ bskul pa）等密宗大法的传承，作为回报，忽必烈汗封八思巴为"三界大国师"（khams gsum chos kyi rgyal po）和帝师，掌管全国宗教事务，作为皇帝佛学方面的导师，有普天下万民之上，皇帝一人之下的崇高地位[1]。

---

① 图引自［法］勒内·格鲁塞《草原帝国》，李德谋、曾令先译，江苏人民出版社 2011 年版，第 288 页。

　　忽必烈汗为什么赐给藏传佛教萨迦派高僧八思巴国师和帝师呢？主要是忽必烈汗对八思巴传授佛教的殊胜见地以及修持的神通力十分景仰，这与八思巴精通佛教史学有关。另一方面，忽必烈汗也有一定的宗教信仰基础，而更重要的是与政治密切相关。上述情况在《宗教源流史》、①《元朝帝师八思巴》② 等文献资料中均有比较详细的记载。

　　忽必烈汗于藏历阳木虎年（1254 年），从蒙古与藏地相接壤处甘肃省凉州，给藏传佛教僧侣发送"优礼僧人诏书"。在"诏书"中忽必烈汗提到了接受八思巴的请求，内含对藏传佛教僧侣以"优待"和"期待"。从"优礼僧人诏书"的内容中，可以看出忽必烈汗对八思巴的信赖，以及对佛教的期待。同时，从元朝帝师的责任以及职务，也可以看出大元帝师不仅地位崇高，属元朝中央政府的高级官员，掌握全国的一切宗教事务，而且还是皇帝宗教方面的精神导师。

　　八思巴最先参拜的是中国佛教四大佛山之一文殊菩萨（蒙古语为 man-shir borqan）的道场——五台山的藏传佛教名寺，并首次在五台山创建了蒙藏佛教寺院。八思巴参拜五台山，给蒙藏佛教和汉传佛教以很大的影响。藏传佛教高僧被封为国师的就是八思巴。

　　除八思巴以外，还有汉传佛教的高僧海云法师和克什米尔的那摩国师，先后被封为元朝的国师。更值得一提的是，蒙古帝国至元朝时期的伟大的活动家、蒙古帝国的禅人宰相耶律楚材（1189—1243），从蒙古帝国的成吉思汗时期到窝阔台汗（1229—1241）、贵由汗（1246—1248）时期约 26 年，为蒙古帝国出谋献策和传播佛教思想，起到了重要作用。

　　13 世纪初期克什米尔国归顺蒙古帝国。忽必烈汗封那摩国师为蒙古帝国的大国师，管理蒙古帝国全国佛教事务的动机。蒙古人自古以来的宗教信仰，是属于萨满教（shamanism）的博克教（Bögeyin šasin）。蒙古地区的博克教没有强制改变和歧视其他民族和外国人的宗教信仰，允许各保持其信仰的宗教，并给予保护。应该说蒙古原来的博克教、汉传佛教、藏传佛教、道教、基督教、伊斯兰教等各种宗教，在蒙古地区呈现平等共存的状况。

　　蒙古帝国元朝时期的蒙古地区佛教，已经建立了蒙古佛教的寺院，有

---

① 图官·洛桑却吉尼玛：《宗教源流史》，甘肃民族出版社 1984 年版，藏文。

② 陈庆英：《元朝帝师八思巴》，中国藏学出版社 1992 年版。

蒙古人出家僧，蒙古文翻译的经典和蒙古人佛教信众①。

据蔡巴贡噶多吉著的《红史》② 记载，噶玛拔希在蒙古帝国的时候，修建佛教寺院 3000 余座，尚可能包括汉传佛教的寺院，以祈祷国泰民安，百姓安居乐业。尊师还请求蒙哥汗在西藏楚布寺建经堂并塑造了高达约 50 尺的释迦牟尼佛（šagjamoni borqan）像。在经堂的左右两侧还塑造了五部佛和弥勒菩萨、文殊菩萨、观世音菩萨（蒙古语为 Aryabalu borqan）等九尊造像。

关于蒙古地区佛教的传播和修建佛教寺院情况如下：

（1）据《元史》1291 年的记载，在蒙古民族执政的元朝时代，全国约有佛教寺院 4 万座，僧侣约 20 万人，包括汉传佛教和蒙藏佛教寺院。蒙古地区佛教发展到了清朝，可以称之为黄金时代。康熙、雍正、乾隆、嘉庆年间（1662—1820），蒙古地区的佛教寺院和僧侣人数达到历史上最多的时期。

（2）13 世纪，佛教逐渐传播到蒙古地区以后，从元朝大德年间（1297—1307）至清朝乾隆十四年（1749）约 450 年间，开始用蒙古文翻译藏文《大藏经》的续藏《甘珠尔》（bKaḥ ḥgyur）和论藏《丹珠尔》（bsTan ḥgyur）。先后进行了五次规模较大的翻译和刻印活动。

（3）蒙古地区的佛教寺院是文化教育艺术和宗教活动中心。蒙古地区多数人家的男孩中半数以上均出家为僧。加之蒙古人笃信佛教，因而较多地将家里最聪明的男孩送到佛教寺院。蒙古人认为，孩子为僧福报大，相当于全家塑造了一座金塔（Altan suburga）。加之过去蒙古地区在经济、文化等方面较为落后，普通人家的孩子一般能够接受到教育是非常困难的。

（4）蒙古地区佛教寺院又是医疗中心，担负着为百姓看病就医的重任。因为过去蒙古地区除佛教寺院以外几乎没有医师和诊所，所以说寺院中的医药僧院，即是培养医药学人才的场所，也是救治病患的处所。所以佛教寺院的医学高僧，被蒙古大众所爱戴和崇敬。

（5）蒙古地区的佛教寺院又是经济贸易活动的中心。佛教寺院相当于草原的城镇，即政治、经济和文化中心；在每月、每个季度、每年几乎都有盛大的"庙会"举行，在"庙会"上牧民们用他们的牛、马、羊及皮毛和肉

---

① 嘉木扬·凯朝：《蒙古佛教的研究》，日本法藏馆 2004 年版，日文。
② 蔡巴贡噶多吉：《红史》，东嘎洛桑赤列校注，中国西藏人民出版社 1988 年版，第 81 页。

类等畜产品，交换中原各族商人带来的布匹、茶叶、食盐等物品，这种友好的经济贸易活动，对促进蒙汉等民族经济和文化的发展起到了积极的作用。

二　成吉思汗与藏传佛教的关系

藏传佛教萨迦派的教法传入蒙古地区后，有关蒙古帝国太祖博克达·成吉思汗（Bogda Cinggis Han 1162—1227）以及蒙古诸皇帝接受佛教的原因，在学术界通常认为是成吉思汗与藏传佛教萨迦派高僧之间交换亲书的个人关系往来所致。

笔者认为，成吉思汗与萨迦派高僧之间交换的亲书，不只是他们个人之间的关系，而是反映了当时蒙古帝国与西藏萨迦派之间公共关系的亲书，即当时在西藏，由于政教合一的社会背景，两者之间处于公共上的关系。上述问题是以《蒙古源流》①、《多桑蒙古史》、《蒙古佛教源流》②、《阿勒坦汗传》③ 等为基础文献资料来阐明和确认的。

另外还有久明柔白多杰用藏文著的《蒙古佛教源流》（ḥJigs med rig paḥi rdo rje, *Hor gyi chos hbyuṅ*），由固始噶居巴洛桑泽培用蒙古文著述，陈庆英、乌力吉汉译并注疏的《蒙古佛教史》等书，都涉及并论述了成吉思汗与萨迦派的萨察克罗杂斡阿难达噶尔贝（Saskiya cag lo-zawa ananda gerbi）喇嘛的关系。但是从萨迦派的著述中没有查到此人。《蒙古佛教源流》中记载说，成吉思汗与萨迦派的高僧萨钦·贡噶宁布（Sa skya kun dgaḥ sñiṅ po 1092—1158，以下略称贡噶宁布）结成施主与上师（mchod yon）的关系，成吉思汗给贡噶宁布发了信函。事实上成吉思汗和贡噶宁布不是同一时代的人，贡噶宁布是公元 1092—1158 年间的人物，成吉思汗则是公元 1162—1227 年间的人物，成吉思汗诞生的 4 年前贡噶宁布则已去世。再进一步说，成吉思汗被推举为蒙古帝国的皇帝是公元 1206 年的事情，而贡噶宁布已去世 48 年之久。以此推论，当时萨迦派接受成吉思汗的信函等事宜的人，应该是萨迦派第三祖扎巴坚赞（Grags pa rgyal mt-

---

① 久明柔白多杰：《蒙古佛教源流》（Ḥigs med rig paḥi rdo rje, *Hor gyi chos hbyuṅ*），青海民族出版社 1993 年版，藏语。

② 萨襄徹辰：《蒙古源流》（Sagang secen, *Erdeni yin tobci*），内蒙古人民出版社 1980 年版。

③ 吉田顺一、賀希格陶克陶訳注《アルタン＝ハーン》（阿拉坦汗，Altan Qagan u TuguJi），風間書房，平成 10 年。

shan 1147—1216）。虽然当时佛教还没有普遍传入蒙古地区，但蒙古人对佛教的虔诚信仰是与成吉思汗有关的。在此之前，蒙古人通过契丹人、女真人、伊犁龟兹人、和畏兀儿人与佛教发生接触①。

萨迦班智达与蒙古佛教的关系：蒙古帝国的王子阔端王（Godan Han 1206—1251）给藏传佛教萨迦派第四祖萨迦班智达（Sa skya paṇḍita 1182—1251）发送的"阔端通达亲书"，是由萨迦班智达接到信函后，前往蒙古地区传法七年有余。其间，萨迦班智达亲自给西藏僧俗写了"萨迦班智达致蕃人书"（Bu slob rnams la spriṅ ba bshugs），解释了蒙古帝国的具体情况，阐明了是否归顺蒙古帝国的利害关系。此成为西藏归顺蒙古帝国的契机，建立了蒙古帝国与西藏的政治和宗教关系。从而进一步确立了佛教传入蒙古地区的地位。

三　忽必烈与蒙古文字的关系

关于蒙古文字，一般认为是从畏兀儿字体而来。但从佛学角度也有以下的说法：萨迦班智达，黎明时坐禅于定中，以显现一个女子持揉革、搔木跪地为契机，即依搔木形，有了萨迦班智达创制蒙古文字之缘由。这位定中出现的女子被神化成佛菩萨的化现。萨迦班智达以畏兀儿文字为基础，又参考了梵文文字、藏文文字的语法，并模仿了汉文的竖写方式，创制了蒙古文字。他所创制的蒙古文字，其字母和单词是具有阳性、中性、阴性三种特性的蒙古文。后来，在萨迦班智达创制的蒙古文字的基础上，经蒙古族高僧曲吉斡儿（Chos kyi od zer，约 1214—1321）细化加工后完成了现在所使用的蒙古文字②。

曲吉斡儿法师在萨迦班智达所造的蒙古文字"a，e，i 三个元音字母之上又增补了 o、u、ö、ü"四个闭音节元音字母，词末位置的 126 个子音字母（蒙古语称为 segül tü üsüg = debisger üsüg）和记录外来语的 35 个文母，从而完缮了蒙古文字。元成宗乌尔吉图汗（Oljeitu han，1294—1310 在位）时，建立五所译经院，使用曲吉斡儿造的蒙古文字，开始翻译藏文《大藏

---

① 嘉木扬·凯朝：《蒙古佛教的研究》（日文），日本法藏馆，2004 年，第 15—27 页。
② 贺希格陶克陶著、井上治訳 "元代の佛僧チョイジオドセル（曲吉斡節児の经歴再考）"，《内陸アジア史研究》10 号，1995 年。

经》的续藏《甘珠尔》（bKaḥḥgyur）和论藏《丹珠尔》（bsTan ḥgyur）。曲吉斡儿法师应称得上是使用蒙古文翻译藏文《大藏经》的开拓者。

忽必烈汗下诏八思巴造出的蒙古新字弥补和影响了元朝"一代制度"，元朝公文书正式使用蒙古新字，对于树立和维系元朝国威起到了重要作用。八思巴示寂后，忽必烈汗为八思巴建造了舍利塔和金顶的佛殿。元末顺帝（1328年）下诏和汉传佛教高僧德辉法师所著《勅修百丈清规》中均规定，要求汉传佛教寺院举办八思巴的示寂日法会，要与举办释尊的涅槃日法会同等规模。忽必烈汗下诏八思巴造出的"蒙古字"，藏语称 hor yig①，弥补了元朝"一代制度"，元朝公文书等正式使用蒙古字，八思巴造的蒙古文字对树立和维系元朝的国威起到了重要的作用。忽必烈所需要的蒙古文语法是以梵文和藏文的语法，他所喜欢的字形是当时汉文竖排文字，这样蒙古文是以竖排结构组成的文字。

四　忽必烈与建造北京妙应寺白塔的关系

从蒙古帝国开始，尼泊尔对中原艺术的影响应归功于忽必烈汗和尼泊尔皇室后裔、年轻的艺术家阿尼哥。《元史》第203卷中有他的生平传记。1260年，在八思巴的建议下，蒙古王朝邀请当时年仅18岁的阿尼哥率领二十四位艺术家来到元大都。阿尼哥曾在西藏修建了一座金塔。当八思巴教促他谒见蒙古大汗时，他正准备返回尼泊尔。他不仅在忽必烈汗心目中留下了美好的印象，同时以他精湛的技术和才华震撼了每一个人的心，矗立于北京妙应寺的宏伟的白塔即是他的杰作。

白塔寺位于北京市阜成门内大街路北，始建于辽寿昌年间（1095—1100），原名永安寺。元朝至元八年（1271年）重建，改名大圣寿万安寺。明朝天顺元年（1457年）重修，改名妙应寺。因寺内有一座元朝修建的覆钵式大白塔，所以人们习惯称它为白塔寺。

白塔寺最具标志性的建筑是大白塔，元朝建都北京后，忽必烈（1260—1294）在至元八年（1271年），迎请尼泊尔工程师阿尼哥在此设计并主持建成一座藏传佛教的白塔，由元朝第二任帝师亦怜真（1238—

---

① 乌力吉巴雅尔《蒙藏文化关系研究》，中国藏学出版社2004年版，第18—19页。"蒙古字"也称，蒙古新字、蒙古国字、方块字、八思巴字等多种称谓。

1279，其藏名是仁钦喜饶坚赞（Ren chen śes rab rgyal mtshan，汉译为宝幢），亲自设计塔内并装藏开光。并在塔前建了一座大圣寿万安寺。这座白塔通高 51．9 米，共 5 层，自下而上分别呈方形、圆形、三角形、伞形、螺旋形，象征佛教所说的"五大"，即地、水、火、风、空。具体而言，塔基象征地大，覆钵象征水大，相轮象征火大，华盖象征风大，宝顶象征空大。古代印度宇宙观认为：地、水、火、风、空乃是万物的基础，生命的精华。阿尼哥以印度宇宙观为建筑设计思想，在元大都兴建了中国历史上第一座佛教大白塔。

在白塔寺建的这座白塔是覆钵式塔的一个典型，在佛教建筑发展史上具有特殊的地位和价值。从历史文化的角度看，我们至少可以归纳出四个方面的价值所在：白塔是我国民族团结和睦的历史见证；是中尼两国传统友谊的象征；塔是我国内地最早兴建的藏式佛塔；白塔以其丰富的塔藏堪称一处文化宝藏。明了白塔的历史文化价值，对于我们做好白塔的宣传工作，发挥其应有的社会效益具有十分重要的现实意义。

（一）忽必烈与白塔外部设计者——阿尼哥的关系

在白塔寺的历史上，白塔外部设计者阿尼哥和白塔内部设计者亦怜真的名字是永远值得我们铭记的。他们都是白塔的设计者：阿尼哥负责白塔外部的建筑设计，亦怜真负责白塔内部塔藏的布置，在他们的共同努力下，一座具有佛教意义而又形制奇特的大白塔得以建成。值得注意的是，这两位设计者都有着极不寻常的来历：阿尼哥来自我们的友好邻邦——尼泊尔；亦怜真来自我国的西藏，当时身居帝师之位。他们的参与无疑为白塔平添了更多的光彩，使白塔的意义除了体现在建筑学、佛学上，又成为中尼两国和蒙汉藏民族团结友谊的象征。因此，对这两位设计者的事迹我们也有必要作专门的介绍。

阿尼哥，又名阿纳噶木，尼泊尔人称他"八鲁布"、"巴勒布"。他1245 年出生于尼泊尔帕坦的一个贵族家庭。帕坦位于现在尼泊尔圣阿巴格帝南岸，北望今首都加德满都，是尼泊尔古老的都市之一，历史上以建筑、雕塑和工艺制作著称，有"良工之萃"的美誉。阿尼哥自幼生长在这块艺术的沃土之上，受到了良好的艺术熏染。他 3 岁的时候，父亲便带他去逛各种庙会，参加各种佛事活动，帕坦大街小巷的寺院和佛塔在他幼小的心灵里留下了深深的印记。有一次，在一个法会上，他仰望着寺院那高高耸立的佛塔突然自言自语地说："这塔的主心木、相轮、塔身是谁设计建造的？"当时在场的人听了无不感到惊讶。长大以后，他开始诵读佛经，并兼习雕塑、绘画等传统技艺，他勤奋好学，天资聪颖，所学无有不通，后来成为一名多才多艺的艺术家。

中统元年（1260年），蒙古统一中国，建立起幅员辽阔的大元帝国。就在这一年，刚刚登上帝位的元世祖忽必烈（1260—1294）尊奉藏传佛教萨迦派五祖八思巴为国师，授以玉印，顺利地解决了大元帝国与西藏的主从关系，西藏从此正式归入了大元帝国。为了庆贺西藏的和平归附，以表大元帝国对西藏佛教的崇重之心，忽必烈敕令在西藏修建一座黄金塔。西藏与尼泊尔山水相连，当时为萨迦第一任本勤的释迦桑波（śagskya bzaň po）深知尼泊尔有很多能工巧匠，于是就以建塔之事求助于尼泊尔国王。尼泊尔国王立即在全国征召工匠，最后挑选了80名优秀工匠，其中就有阿尼哥，他还自告奋勇地担起了这支建筑大军的头领，当时他年仅17岁。

阿尼哥率领80名工匠，带着尼泊尔人民的深情厚谊，翻山越岭来到了西藏。入藏不久，便投入到建塔工程之中。他们不畏艰辛，日夜奋战，仅用一年多的时间就完成建塔任务。在建塔过程中，阿尼哥表现出了高超的技艺和非凡的指挥才能，这些都让冷眼旁观的八思巴看得真真切切。所以在黄金塔建成之后，八思巴执意把他留了下来，亲自为他剃度，收为入室弟子。

1262年，忽必烈诏请八思巴进京弘法。八思巴动身时特意将阿尼哥带在身边，推荐给忽必烈。抵京面圣后，忽必烈问阿尼哥："你到我们大国来不感到害怕吗？"阿尼哥回答道："圣人待他的人民像待孩子一样关心、爱护，我来到您的面前就像在父亲面前一样，有何恐惧！"他的回答不卑不亢，机智果敢，大出忽必烈意料，令忽必烈惊叹不已。从此阿尼哥开始受到忽必烈的器重和赏识。

在重用阿尼哥前，忽必烈特地让他修补一躯宋室遗留下来用于针灸的铜人，为的是考核他的艺术才能。由于年久失修，铜人的关窍脉络大都损坏失灵，曾经找过许多工匠修补，结果无一人能担此重任。阿尼哥接过这项任务后，潜心研究每一个细小部位，精心修理，经过四载，终告完成。当忽必烈得知铜人修好，欣喜若狂，当即叫来大臣和皇室匠人前来观看，并当众大加赞赏。皇室的工匠见到后无不佩服，一致惊叹道："天巧，非人所及也。"阿尼哥的这一成功举动使他立即名声大振。从此忽必烈便把修寺、建塔、造像等任务交给阿尼哥来完成。

根据阿尼哥的传记记载，可以进一步确定他在蒙古宫廷中活跃的具体史实。由阿尼哥创建的这一传统在中国流行了相当长的时间。蒙古族著名艺术家工布加布（mGon po skyabs 约 1690—1750）是《汉地佛教源流》的作者，也是将玄奘的《大唐西域记》摘译成藏文的蒙古族翻译家，他在介绍 18 世纪标准造像、佛像学《造像量度经解》（《大正藏》第 1419 卷）里还肯定了尼泊尔艺术家阿尼哥创建的北京元大都的妙应寺。

（二） 忽必烈与白塔塔藏设计者——亦怜真的关系

亦怜真（1238—1279）是白塔内部塔藏的设计者。他的设计不同于阿尼哥表现于外在形式的设计，而是突出于塔藏的内容布置上。

据藏文史料记载，亦怜真为藏传佛教萨迦派第五祖八思巴帝师的同父异母弟，是八思巴父亲桑察索南坚赞（Zaṅ s tssha bsod nams rgya mtshan 1184—1239，汉译福幢）的第二个妻子所生。其藏文名音译为"仁钦坚赞"（Ren chen rgyal dshan 汉译为宝幢），他于 1270 年继任为萨迦寺（萨迦派祖庭）住持，后赴大都，成为忽必烈皇帝尊奉的第二位大元帝师，当时他年仅 39 岁。关于他示寂的时间有两种说法：一说为至元十二年（1279 年），42 岁时示寂于大都"梅朵热哇花苑"；一说是至元十九年（1282 年），45 岁时示寂于甘肃临洮。大都的"梅朵热哇花苑"可能是藏语的 me tog rol pa，即莲花游戏花园。

白塔的塔藏主要布置在塔的基座和塔身部，它是依照蒙藏地区佛教"三所依"的仪轨进行布置的。也就是说塔内所奉圣物超不出"三所依"的内容范畴。所谓"三所依"（rten gsum）就是佛的身、语、意（sku gsuṅ thugs）圆满三功德，佛像为身所依功德，佛经为语所依功德，佛塔为意所依功德。

表示"身所依"的内容及其布置：首先，在塔的塔基，铺设石函（应为地宫），以白玉雕刻五方佛五尊，并按照各自所代表的方位进行布置：东方阿閦佛（Akṣobhya）、南方宝生佛（Ratnākara）、西方阿弥陀佛（Amitābha）、北方不空成就佛（Amoghasiddhi）、中央大日如来（Manhāvairocana）。同时在五方佛的旁边安立八大鬼王、八鬼母轮等像；其次，在须弥座上，镂刻各种护法像，包括财宝天王、八大天神、八大梵王、四大天王、九曜、天龙八部等；然后在塔瓶身之内图绘诸佛、菩萨、佛母、明王等像的图印和图像，环绕塔身内壁而有序布置。

　　表示"语所依"的内容及其布置是：将《佛顶无垢》、《秘密宝箧》、《菩提场庄严》、《般若心经》、《诸法因缘生偈》等百余部经典，各印百千余部，每部护以铁夹，然后严实、整齐地码放在塔内。

　　表示"意所依"的内容及其布置是：先在塔瓶身外壁刻画五方佛像，并刻出它们所持法器：东方阿閦佛，持单股金刚杵；南方宝生佛，持宝珠；西方阿弥陀佛，持莲花；北方不空成就佛，持十字金刚杵，以此表示五方佛所护持的不同方位和世界，标显诸佛护持众生的方便法门。在四维间侧，即东北、西北、东南、西南四隅雕刻四大天母所执的法器。其次，取来释迦牟尼佛成道处金刚宝座塔下的黄腻真土、我国东西五台山、泰山等名山圣迹的泥土，和以龙脑沉笺、紫白旃檀、苏和郁金等香，金、银、珠、玑、珊瑚等珍宝，一起捣碎成泥，制成香泥塔一千零八座；又以安息金颜、白胶、熏陆、都梁、甘松等名香，和以上面制成的香泥，印造小香泥塔十三万座，将这些塔物都放入塔中。

　　白塔的塔藏是亦怜真帝师在白塔建成后布置的，距今已有七百余年的历史。在历史上，虽经十余次修葺，但由于岁月的消磨，风雨的侵蚀，原露在塔外的雕刻和早已不复存在，而藏在塔内的宝藏从历代的修塔记载看从未启封过，应当是完好无损的。

　　虽然从蒙古帝国元朝开始，中国北方就有了独具特色的佛教艺术风格，特别是居庸关的建造，在元朝时期的蒙藏佛教艺术中表现出了炉火纯青的境界和非凡高超的艺术技巧。日本学者村田和藤枝晃就认为，居庸关是蒙藏佛教艺术在中原最杰出的代表作，可以把它和阿尼哥创建的艺术传统联系在一起[①]。

　　2007 年 7 月，笔者在内蒙古自治区赤峰市巴林左旗做田野调查，看过真寂之寺（善福寺，俗称：昭庙）的救度佛母石雕像后，使人联想到这一类型的作品，尤其是救度佛母佩戴的各种珠宝饰物、项链和悬系在前额的装饰品。从艺术风格上看，这尊经过修复的救度佛母石雕像显然是按蒙藏佛教风格创作的。真寂之寺 2006 年 5 月被评为全国重点文物保护单位。

---

① 海瑟噶·尔美：《早期汉藏艺术》，熊文彬译，河北教育出版社 2001 年版，第 43 页。

结语 蒙古人的历史意识与宗教意识

笔者在研究和考察中，留意到蒙古人的历史意识的渊源究竟在哪里；贯穿蒙古历史的民族意识、宗教意识的特色又是如何形成的；蒙古人对自己的祖先和蒙古历史是怎样理解和认识的；蒙古人为何接受佛教文化，特别是为何接受藏传佛教文化。这些疑问始终没有离开笔者的研究范畴。笔者认为，蒙古人自古以来就有崇拜"天"的宗教文化意识，与其有密切联系。就是说，蒙古人的崇拜"天"的宗教文化艺术意识与汉民族崇拜"天、道"的宗教文化艺术意识以及印度佛教文化艺术的三界思想的"天"的宗教文化艺术意识，进一步来思考联系起来的话，蒙古人的信仰意识中，与天的概念接近的"藏区的传播佛教文化之圣地——拉萨"（lhasa）汉译为"天界之地、供佛之地"被视为佛国；如此，种种思想文化意识和宗教文化艺术意识的巧合，可否能够解答上述问题。在这里阐明和分析蒙古人的宗教文化艺术意识与其他民族间的共通点和相异点的相关问题，考察和阐述蒙古人的历史文化意识以及宗教文化意识特质。上述情况在 13 世纪著述的《蒙古秘史》，17 世纪著述的《阿勒坦汗传》等资料中均有详细的记载。

蒙古帝国的成吉思汗时代，如果说，蒙古族人最初接受佛教文化影响是藏传佛教文化，还不如说是蒙古人最初受汉传佛教文化艺术影响最大应该是较为正确的。理由是蒙古帝国的汉传佛教居士禅人宰相耶律楚材（1189—1243）从蒙古帝国的成吉思汗时期至后来大约二十六年为蒙古帝国出谋献策和传播佛教思想，即"慈、悲、喜、舍"（巴利语为 mettā karunā muditā upekkhā）的菩萨精神。所以说蒙古人最初接触佛教应归功于蒙古帝国的禅人宰相耶律楚材。也就是说蒙古人最初接受汉传佛教文化影响之可能性最大，与耶律楚材的尽力有密切相关。但是，为什么蒙古人最终又接受了藏传佛教文化，而且还确立藏传佛教为国教呢？笔者认为大致是这样的：藏族人、蒙古族人都是遊牧民族，生活方式有许多相同之处；尤其是这两个民族自古以来就有崇拜"天"的原始宗教意识。藏族人把"天"用藏语叫"拉"lha。藏族人的宗教意识中的"拉"lha，即是佛教的"佛、菩萨和天"之意。是因为蒙古人也崇拜"天"的宗教意识，所以对蒙古人来说藏族人信仰的佛教更容易理解和接受。而且对一般的蒙古民众来说，藏族人信仰的"拉"lha 与蒙古人信仰的"腾格里"tengri，即蒙古语的"天"有众多相同之处，所以笔者认为是比较容易理解和接受的。

蒙古土默特部的阿勒坦汗，邀请藏传佛教格鲁派的达赖喇嘛光临蒙古地区这一史实，作为蒙古人的阿勒坦汗，受天命而行，其相关记载在《阿勒坦汗传》里是可以查阅到的。所以说，蒙古历史成立的根据是依"天意"。最初是依"天意"而维持世间，在"天意"的基础上，还必须要知道为父母有情一切众生的大恩，再加上要报答大恩的"报恩"；即"天意"和"知恩"以及"报恩"成为蒙古人历史意识的基础。

说蒙古地区佛教是藏传佛教的一部分，不如说是从汉传佛教的耶律楚材禅师和海云法师，克什米尔的那摩国师，再加上藏传佛教的三个途径传播的佛教文化才是蒙古族地区佛教文化的真实缘由①。

蒙古族地区佛教的传播过程，可以这样来概括：蒙古人在佛教思想方面主要吸收了汉传佛教的思想（耶律楚材禅师和海云法师的影响较大）；在佛教仪轨方面主要吸收了藏传佛教密宗方面的仪轨较多，而且主要是受萨迦派和格鲁派的影响较深；蒙古帝国时期蒙古族地区的佛教以贵族阶层为主，明清以后在贵族佛教为主的基础上，逐渐形成了民众佛教为主的趋势。

从成吉思汗和忽必烈汗两人治国特征来讲，成吉思汗的武力征服为统一中国作出了巨大贡献。而忽必烈汗认识到，不管蒙古人的军队如何强大，武器怎样精良，单凭武力是无法征服全国，忽必烈甚至没有他祖父成吉思汗那样的军事才能，但他却比家族中的任何人都要智胜一筹，就是抉择了以文化建设统一中国的理念。忽必烈汗以吸收不同文化，包容各种宗教并存为治国方针，他允许各种宗教文化传播形式以大力发展文化建设，为元朝的繁荣昌盛做出了不懈的努力。事实也证明，忽必烈汗取得了他祖父通过武力所无法取得的成就——以文化作为武器征服并统一了全中国，使元朝成为在中国历史上领土最大、人口最多的王朝。

---

① 嘉木扬·凯朝：《蒙古佛教的研究》，日本法藏馆，2004 年，日文。

附 录 八

世界佛教六大语系四大传承示意图

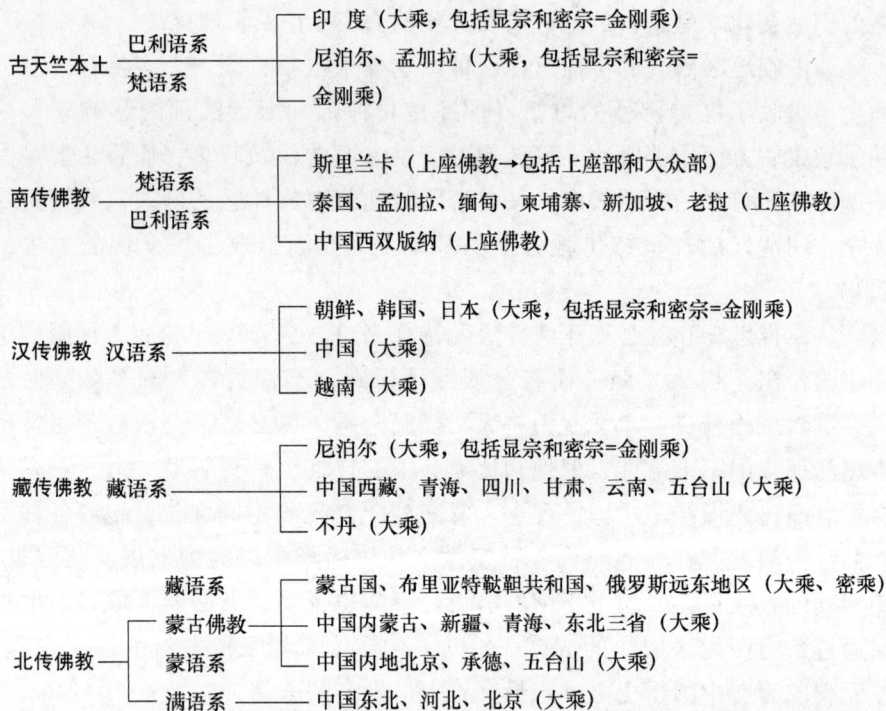

古天竺本土
　巴利语系 ┬ 印　度（大乘，包括显宗和密宗=金刚乘）
　梵语系　 ├ 尼泊尔、孟加拉（大乘，包括显宗和密宗=
　　　　　 └ 金刚乘）

南传佛教
　梵语系　 ┬ 斯里兰卡（上座佛教→包括上座部和大众部）
　巴利语系 ├ 泰国、孟加拉、缅甸、柬埔寨、新加坡、老挝（上座佛教）
　　　　　 └ 中国西双版纳（上座佛教）

汉传佛教　汉语系 ┬ 朝鲜、韩国、日本（大乘，包括显宗和密宗=金刚乘）
　　　　　　　　 ├ 中国（大乘）
　　　　　　　　 └ 越南（大乘）

藏传佛教　藏语系 ┬ 尼泊尔（大乘，包括显宗和密宗=金刚乘）
　　　　　　　　 ├ 中国西藏、青海、四川、甘肃、云南、五台山（大乘）
　　　　　　　　 └ 不丹（大乘）

北传佛教
　藏语系　　　 ┬ 蒙古国、布里亚特鞑靼共和国、俄罗斯远东地区（大乘、密乘）
　蒙古佛教　　 ├ 中国内蒙古、新疆、青海、东北三省（大乘）
　蒙语系　　　 ├ 中国内地北京、承德、五台山（大乘）
　满语系　　　 └ 中国东北、河北、北京（大乘）

参考文献

一 中文

1. 《圣普贤菩萨行愿王经》，载《颂词汇编》，青海民族出版社1998年版，藏文。

2. 张怡荪主编：《藏汉大辞典》，民族出版社1986年版。

3. 中国藏语系高级佛学院研究室编《佛经诵》，民族出版社1989年版，藏汉文。

4. 章嘉活佛：《圣普贤菩萨行愿善说庄严经》，北京雍和宫所藏，藏文。

5. 宗喀巴：《菩提道次第广论》，青海民族出版社1985年版，藏文；法尊法师汉译《菩提道次第广论》，台湾佛陀教育基金会出版部1991年版。

6. 饭田利行：《大蒙古禅人宰相耶律楚材》，日本柏美术出版社1994年版，日文。

7. 萨班·贡坚参：《萨迦格言》，中国青海民族出版社1981年版，藏汉文版。

8. 蔡巴·贡喝多吉：《红史》，东嘎·洛桑赤列校注，西藏人民出版社1988年版。

9. 羽田野伯猷：《西藏、印度学集成》四卷，日本法藏馆，1986年版。

10. 张澄基译注：《密勒日巴大师全集》，上海佛教学书局1994年版。

11. 曹都编著：《宗教词典》，内蒙古教育出版社1996年版，蒙古文，藏文，汉文。

12. 宗喀巴：《密宗道次第广论》，青海民族出版社 1995 年版，藏文，法尊法师汉译：《密宗道次第广论》，上海佛教学书局 1993 年版。

13. 妙舟法师：《蒙藏佛教史》，全国图书馆文献缩微复制中心 1993 年版。

14. 龙智博：《法相名数》，民族出版社 1988 年版。

15. 图官·洛桑却吉尼玛：《宗教源流史》，甘肃民族出版社 1984 年版，藏文。

16. 图官·洛桑却吉尼玛：《土观宗派源流》，刘立千译注，《讲述一切宗派源流和教义善说镜史》，西藏民族出版社 1984 年版。

17. 巴俄·祖拉陈瓦：《智者喜宴》（上、下卷），民族出版社 1986 年版，藏文。

18. 黄显铭编译：《藏汉对照西藏大藏经总目录》，青海民族出版社 1993 年版。

19. 《藏汉对照丹珠尔·佛学分类词典》，民族出版社 1992 年版。

20. 萨迦智达·贡噶坚赞等：《量理宝藏论》，民族出版社 1988 年版，藏文。

21. 才旦夏茸：《藏族历史年鉴》，青海民族出版社 1993 年版，藏文。

22. 嘎鲁、吉仁太整理：《莫日根诗文选》，民族出版社 1986 年版，蒙古文。

23. 多吉杰博编：《藏医诊治论文选》，民族出版社 1988 年版，藏文。

24. 玉妥、元旦贡布等著，邢鹤林编译，嘉木扬·图布丹、卓日格图校定：《四部医典》，民族出版社 1991 年版，藏蒙文。

25. 第司·桑杰嘉措：《兰塔布》，邢鹤林编译，民族出版社 1992 年版，蒙古文。

26. 《佛教十三经》，中国国际文化出版公司 1993 年版。

27. 土登班玛、赵晓梅编：《密宗十三经》，中国国际文化出版公司 1993 年版。

28. 俸怀邦、刘小平、刘正编著：《藏密气功宝典》，山西科学技术出版社 1991 年版。

29. 章嘉·益喜丹必若美：《智慧之源》，嘉木扬·图布丹、卓日格图校注，民族出版社 1988 年版，藏蒙文。

30. 童愚居士编：《密宗修法精华》，中国国际文化出版公司 1993 年版。

31. 桥本光宝：《蒙古喇嘛教》，日本佛教公论社 1942 年版。

32. 寺本婉雅：《藏汉和三体合璧〈佛说无量寿经〉〈佛说阿弥陀经〉》，日本丙午出版社 1928 年版。

33. 北京佛教协会编辑：《北京佛教》，民族摄影艺术出版社 1990 年版。

34. 民族出版社、西藏人民出版社、青海民族出版社、四川民族出版社、甘肃民族出版社、云南民族出版社协作编纂组：《汉藏对照词典》，民族出版社 1991 年版。

35. 邱陵编撰：《藏密六成就法诠译》，北京工业大学出版社 1994 年版。

36. 邱陵编著：《藏密大手印探奥》，北京工业大学出版社 1995 年版。

37. 邱陵编撰：《藏密大圆满法选集》，北京工业大学出版社 1993 年版。

38. 贺文宣编：《汉藏对照常用合称词词典》，中国青海民族出版社 1987 年版。

39. 立川武藏编：《曼荼罗与轮回——与其思想与美术》，日本佼成出版社 1993 年版。

40. 田中公明：《西藏密教》，日本春秋社 1995 年版。

41. 久明柔白多杰：《蒙古佛教源流》，青海民族出版社 1993 年版，藏文。

42. 牙含章：《班禅额尔德尼传》，西藏人民出版社 1987 年版。

43. 中国藏学研究中心、中国第二历史档案馆合编：《九世班禅圆寂致祭和十世班禅转世坐床档案选编》，中国藏学出版社 1991 年版。

44. 张羽新：《清政府与喇嘛教》，"附清代喇嘛教碑刻录"，西藏人民出版社 1988 年版。

45. 周韦：《活佛转世揭秘》，中国藏学出版社 1994 年版。

46. 陈庆英：《元朝帝师八思巴》，中国藏学出版社 1992 年版。

47. 额尔登泰等：《蒙古秘史》，词汇选译，内蒙古人民出版社 1980 年版。

48. 金梁编纂：《雍和宫志略》，中国藏学出版社 1994 年版。

49. 伊育政：《雍和宫》，中国青年出版社 1989 年版。

50. 李国梁：《喇嘛教密宗与承德寺院》，天津人民出版社。

51. 杨时英、杨本芳撰：《外八庙大观》，地质出版社 1992 年版。

52. ［波斯］拉施特主编：《史集》，余大钧译，商务印书馆 1983 年版。

53. 陶克通嘎等编：《瑞应寺》，内蒙古文化出版社 1984 年版，蒙古文。

54. 散普拉诺日布编著：《蒙古族饮食文化》，辽宁民族出版社 1997 年版，蒙古文。

55. 散普拉诺日布编著：《蒙古风俗》，辽宁民族出版社 1990 年版，蒙古文。

56. 冉光荣：《中国藏传佛教寺院》，中国藏学出版社 1994 年版。

57. 中央民族学院藏学研究所编：《藏学研究》，天津古籍出版社 1990 年版。

58. 张澄基译注：《密勒日巴大师全集》，上海佛教学书局 1994 年版。

59. 丹珠昂奔：《佛教与藏族文学》，中央民族学院出版社 1988 年版。

60. 王占君：《东藏魔影》，云南人民出版社 1983 年版。

61. 于永祥：《辽宁蒙古族四十年》，辽宁民族出版社 1992 年版。

62. 马风学、吴金宝编著：《蒙古贞风俗》，辽宁民族出版社 1996 年版。

63. 项福生主编：《阜新蒙古族自治县民族志》，辽宁民族出版社 1991 年版。

64. 嘎拉增、呼格吉乐图等编"蒙古族藏传佛教寺院大全（二）《昭乌达寺院》"，内蒙古文化出版社 1994 年版，蒙古文。

65. 乌·那仁巴图等：《蒙古佛教文化》，内蒙古文化出版社 1997 年版，蒙古文。

66. 胡格吉夫、乌云仓编著：《蒙古族科技文化》，辽宁民族出版社 1991 年版，蒙古文。

67. 胡格吉夫编：《蒙古谜语大全》，辽宁民族出版社 1993 年版，蒙古文。

68. 弘学主编：《藏传佛教》，四川人民出版社 1996 年版。

69. 法王周加巷：《至尊宗喀巴大师传》，青海人民出版社 1988 年版。

70. 巴孟和：《梅日更葛根罗桑丹毕坚赞研究》，内蒙古文化出版社 1995 年版，蒙古文。

71. 五月编："《宗教名词术语》汉蒙对照名词术语丛书"，内蒙古教育出版社 1996 年版。

72. 沈阳市民委民族志编纂办公室编：《沈阳满族志》，辽宁民族出版社 1991 年版。

73. 赵展：《满族文化与宗教研究》，辽宁民族出版社 1993 年版。

74. 《阜新蒙古族自治县概况》编写组编写：《阜新蒙古族自治县概况》，辽宁民族出版社 1985 年版。

75. 袁一峰等编撰：《中国宗教名胜事典》，上海人民出版社 1996 年版。

76. 连华生：《西藏度亡经》，徐近夫译，宗教文化出版社 1995 年版。

77. 刘静平主编:《密宗功修持要法》,陕西摄影出版社 1993 年版。

78. ﹝法﹞布鲁丁、﹝俄﹞伊万宁:《大统帅成吉思汗兵略》,都固尔扎布、巴图吉嘎拉合译,内蒙古人民出版社 1989 年版。

79. 中国佛教协会编:《中国佛教协会成立四十周年纪念文集》,中国佛教文化研究所 1993 年版。

80. 张文建执行主编:《中外文化交流》1994 增刊,中国中外文化交流杂志社 1994 年版。

81. 贺希格陶克陶:《元代の佛僧搠思吉斡节儿(搠思吉斡节儿的经历再考)》,井上治译,《日本内陆亚细亚史研究10》1995 年第 3 期,第 55—70 页。

82. 贺希格陶克陶:《甘珠尔蒙译史略》,内蒙古社会科学院杂志社《内蒙古社会科学》1991 年第 3 期,第 46—61 页。

83. 斯琴毕力格:《蒙文〈甘珠尔〉简介》,内蒙古社会科学院杂志社《内蒙古社会科学》1991 年第 3 期,第 61—70 页。

84. 其达拉图:《蒙文甘珠尔目录刍议》,内蒙古社会科学院杂志社《内蒙古社会科学》1991 年第 3 期,第 71—79 页。

85. 嘉木扬·图布丹:《雍和宫重新修缮镀金弥勒佛目录》,嘉木扬·凯朝、胡雪峰蒙汉译,藏文、蒙古文、汉文。

86. 李立祥:《清代雍和宫的腊八粥》,《南海》杂志第 141 期,第 16—17 页。

87. 李立祥:《雍和宫的佛教节庆》,《南海》杂志第 141 期,第 12—16 页。

88. 李立祥:《〈年近百岁乐善好施雍和宫〉——记北京雍和宫老喇嘛乌达木却》,《南海》杂志第 147 期,第 16—17 页。

89. 村上正二、张永江译:《关于蒙古部族及成吉思汗祖族孛儿只斤氏集团世系》,《蒙古学资料与情报》1988 年第 3 期,日本《内陆亚细亚史研究》第 2 号,内陆亚细亚史学会 1985 年,第 1—5 页。

90. H. 赞巴拉苏荣、白永寿译:《蒙古人的藏语名》,《蒙古学资料与情报》1988 年第 3 期(《第四届国际蒙古学家大会论文集》乌兰巴图 1985 年)第 37—39 页。

91. T. J. 诺尔布:《藏语中的蒙古语借词及它们之间的社会文化联系》,何一兵译,《蒙古学资料与情报》1988 年第 3 期(《第四届国际蒙古学家大会论文集》乌兰巴图 1985 年），第 40—41 页。

92. III. 纳楚克道尔吉：《佛教传入蒙古的历史》，《蒙古学资料与情报》
1990 年总第 42 期，第 6—10 页。

93. 若松宽：《博格达察罕喇嘛及呼和浩特的喇嘛教》，《蒙古学资料与情
报》1990 年总第 42 期，第 11—35 页。

94. O. 苏和巴托尔：《蒙古书面语中梵语借词的□写法》，《蒙古学资料与
情报》1990 年总第 42 期，第 36—39 页。

95. 柿木重宜、朋·乌恩：《古维吾尔语对蒙古佛经的影响》，《蒙古学资
料与情报》1993 年总第 56 期，第 15—20 页。（《日本蒙古学会纪要》
1990 总第 21 辑）

96. 《蒙古〈甘珠尔〉经总目录（续）》，《蒙古学信息》1993 年总第 53
期，第 41—48 页。

97. 白拉都格其：《成吉思汗的遗产》，《蒙古学信息》1996 年第 4 期，总
第 65 期，第 1—5 页。

98. 娜琳阿盖：《蒙古族佛教叙事诗〈摩诃萨埵传〉初探》，《蒙古学信息》
1996 年第 4 期，总第 65 期，第 26—29 页。

99. 蔡美彪：《八思巴字蒙文碑石译存》，《蒙古学信息》1996 年第 3 期，
总第 64 期，第 1—4 页。

100. 中村淳：《蒙古时代"道佛争论"的真相 ——忽必烈统治中国之
道》，《蒙古学信息》1996 年第 3 期总第 64 期，第 5—9 页。

101. 贺希格陶克陶：《日本早稻田大学蒙古研究情况》，《蒙古学信息》
1994 年第 1 期，总第 57 期，第 38—46 页。

102. 《蒙古黄金史》，《蒙古学信息》1994 年第 1 期，总第 57 期，第 38—
46 页。

103. 佐藤长：《第三世达赖喇嘛和阿拉坦汗会见始末》，《蒙古学资料与情
报》1987 年第 4 期，第 24—32 页。日本《东洋史研究》第 42 卷第 3
号，1983 年。

104. 鲍音：《十善福经白史》，《蒙古学资料与情报》1987 年第 2 期，第
44—57 页。

105. 小林高四郎：《蒙古民族的姓氏和亲属称谓》，《蒙古学资料与情报》
1987 年第 1 期，第 16—21 页。（《蒙古史论考》，日本雄山阁出版社
1983 年版）

106. H. J. 茹科夫斯卡哑：《数目字在蒙古文化中的作用》，《蒙古学信息》1995 年第 1 期，总第 58 期，第 43—52 页。

107. T. 斯克雷尼科娃：《十七世纪蒙古喇嘛教寺院组织中哲布丹巴呼图克图的作用》，《蒙古学资料与情报》1992 年第 2 期，第 9—16 页。

108. J. 桑德斯：《13 世纪蒙古人与基督教徒，穆斯林的关系》，《蒙古学资料与情报》1991 年第 4 期，第 35—43 页。

109. 罗克什、钱德拉：《蒙古文〈丹珠尔目录〉前言》，《蒙古学资料与情报》1991 年第 3 期，第 51—53 页。

110. 《蒙古的甘丹寺》，《蒙古学资料与情报》1989 年第 4 期，第 41 页。

111. 《蒙古人的念珠》，《蒙古学资料与情报》1989 年第 4 期。

112. 若松宽：《布里亚特佛教史考证》，《蒙古学资料与情报》1989 年第 4 期，第 42—61 页。

113. 若松宽：《〈红史〉著作年次考》，《蒙古学资料与情报》1989 年第 3 期，第 7—9 页。

114. 德国海西希：《关于蒙古人的"送鬼"仪式》，《蒙古学资料与情报》1989 年第 2 期，第 41—44 页。

115. 江国真美：《青海蒙古史的一个考察》，《蒙古学资料与情报》1986 年第 4 期，第 1—7 页。（日本《东洋学报》第 67 卷第 3、4 号）

116. 森川哲雄：《关于十七世纪初内蒙古的三位佛教宣扬者》，《蒙古学资料与情报》1986 年第 3 期，第 38—45 页。

117. 若松宽：《内蒙古史学界一瞥》，《蒙古学资料与情报》1986 年第 3 期，第 50—59 页。（日本《佛教史学研究》第 28 卷，第 2 号，1986 年）

118. H. 雅洪托娃：《〈金光明经〉的几种蒙古文译本》，《蒙古学资料与情报》1986 年第 1 期，第 38—39 页。

119. 黄时鉴：《桑德尔斯的〈穆斯林与蒙古人〉简介》，《蒙古学资料与情报》1986 年第 1 期，第 49—50 页。

120. 若松宽：《珠荣嘎校注〈阿拉坦汗〉》（蒙文），《蒙古学资料与情报》1986 年第 1 期，第 51—53 页。（日本《东洋史研究》第 44 卷，第 1 号）

121. 房建昌：《苏联研究蒙古喇嘛教史的几本著作》，《蒙古学资料与情报》1986 年第 1 期，第 54—55 页。

122. P. 加勒丹诺娃：《蒙古语族的拜火及其在嘛教教中的反映》，《蒙古学资料与情报》1981 年第 1 期，第 1—11 页。

123. 朱风：《日本的秘密战与蒙古喇嘛教工作》，《蒙古学资料与情报》1981 年第 1 期，第 36—38 页。

124. 李玲玉：《佛教法像真言宝典》，民族出版社 1993 年版。

125. 中国佛教文化研究所、山西省文物局编：《山西佛教彩塑》，中国佛教协会，香港宝连禅寺 1991 年版。

126. 罗卜桑曲丹：《蒙古风俗鉴》，内蒙古人民出版社 1981 年版。

127. 夏连居：《宝王三昧忏》，北京八大处灵光寺 1994 年版。

128. 《大悲手相解》，中国佛教协会 1993 年版。

129. 中国佛教协会编：《中国佛教寺院》，中国世界语出版社 1995 年版。

130. 雍和宫编：《雍和宫唐喀瑰宝》，中国民族摄影艺术出版社 1994 年版。

131. 阿鲁考·保罗著，爱宕松男译注：《东方见闻录 1—2》（东洋文库），日文。

132. 黄春和：《元初那摩国师生平事迹考》，《法音》1994 年第 9 期。

133. 蒙古族古典文学丛书编委会编：《蒙古秘史》，内蒙古人民出版社 1993 年版。

134. 内蒙古社会科学院历史所编：《蒙古族通史》，民族出版社 2001 年版。

135. 乌力吉巴雅尔：《蒙藏关系史大系·宗教卷》，外语教学与研究出版社 2001 年版。

136. 内蒙古社会科学院历史所编：《蒙古族通史》，民族出版社 2001 年版。

137. 杜道尔基："鄂温克族的萨满教" [Knecht，Peter《中国東北部におけるアルタイ語族の諸民族のシャーマニズムと社会に関する人類学研究（关于中国东北地区阿尔泰语诸民族与萨满教社会之人类学研究）》]，南山大学人类学研究所 2004 年版。

138. 陶南邨：《辍耕录》下册，泰东图书局 1922 年版。

139. 《中国少民族美术史》第一编，福建美术出版社 1995 年版。

140. 《中国各民族宗教与神话大词典》，学苑出版社 1990 年版。

141. 扎雅·诺丹西绕：《西藏宗教艺术》，谢继胜译，西藏人民出版社

1989 年版。

142. 李翎：《藏传佛教阿弥陀像的研究》，《法音》2004 年第 8 期，第 20—24 页。

143. 海瑟噶·尔美：《早期汉藏艺术》，熊文彬译，河北教育出版社 2001 年版。

144. 贺西格布仁编：《菩提济度寺》，内蒙古人民出版社 2006 年版，蒙古文。

145. 中国藏语系高级佛学院编：《佛教日诵》，藏文。

146. 嘉木扬·凯朝：《蒙古佛教的研究》，日本法藏馆 2004 年，日文。

147. 肃默主编：《中国建筑艺术史》，文物出版社 1999 年版。

148. 杨贵明编：《塔尔寺文化》，青海人民出版社 1997 年版。

149. 黄春和主编：《白塔寺》，华文出版社 2002 年版。

150. 吴立民、韩金科：《法门寺地宫唐密曼荼罗之研究》，中国佛教文化出版社有限公司 1998 年版。

151. 同波瓦·土登坚参主编：《雪域圣殿 —— 布达拉宫》，中国旅游出版社 1996 年版。

152. 那仓主编：《十年历程 —— 庆祝中国藏语系高级佛学院建校十周年》，中国宗教文化出版社 1997 年版，汉藏文。

153. 那拉达法师：《佛陀与佛法》，新加坡佛教坐禅中心 2000 年版，第 1—2 页。

154. 前田惠学：《前田惠學集》第一卷"釈尊をいかに観るか"（如何理解释尊），日本山喜房佛书林 2003 年版，日文。

155. 胡雪峰编著：《四加行修行仪轨》，北京雍和宫编印 2006 年。

156. 《中国大百科全书》宗教卷。

157. 《蒙古及蒙古人》第二卷。

158. 《中国各民族宗教与神话大词典》，学苑出版社 1990 年版。

159. 格·拉西色楞主编：蒙古文《甘珠尔》佛像大全（上），内蒙古人民出版社 2001 年版，蒙古文。

160. 胡雪峰、鲍洪飞主编，李立祥撰：《雍和宫木版佛画》，民族出版社 2004 年版。

161. 金申：《佛教美术丛考》，科学出版社 2004 年版。

162. 牛颂主编：《雍和宫》，当代中国民族出版社 2002 年版。

163. 海瑟噶·尔美:《早期汉藏艺术》,熊文彬译,河北教育出版社 2001年版。

164. 汪建民、侯伟:《北京的古塔》,学苑出版社 2003 年版。

165. 王家鹏:《藏传佛教金铜、佛像图典》,文物出版社 1996 年版。

166. 中国社会科学院中国边疆史地研究中心主编:《清代蒙古高僧传译辑》,全国图书馆文献缩微复制中心 1990 年版。

167. 蔡玫芬:《皇权与佛法 "藏传佛教法器特展图录"》,台湾故宫博物院 1999 年版。

168. 松巴堪布益西班觉:《如意宝树史》,蒲文成、才让译,甘肃民族出版社 1994 年版。

169. 尼玛次仁主编:《大昭寺》,中国民族摄影艺术出版社 2000 年版。

170. 中国人民政治协商会议内蒙古自治区文史和学习委员会编:《内蒙古喇嘛教纪例》,内蒙古文史资料书店发行,1997 年版。

171. 佛教小百科/全佛编辑部编:《佛菩萨的图像解说》"总论·佛部和菩萨部·观音部·明王部",中国社会科学出版社 2003 年版。

172. 姜忠信绘:《佛陀尊像故事》,宗教文化出版社 2003 年版。

173. 阿木尔巴图:《蒙古民间美术》,内蒙古人民出版社 1987 年版。

174. 阿木尔巴图:《蒙古族美术研究》,辽宁民族出版社 1997 年版。

175. 曹自强主编:《中国西藏文化大图集》,中国重庆出版社 2003 年版。

176. 嘎拉增呼格吉乐图等编:《蒙古族藏传佛教寺院大全》(二)《昭乌达寺院》,内蒙古文化出版社 1994 年版,蒙古文。

177. 乌·那仁巴图等:《蒙古佛教文化》,内蒙古文化出版社 1997 年版,蒙古文。

178. 罗卜桑曲丹:《蒙古风俗鉴》,内蒙古人民出版社 1981 年版,蒙古文。

179. 全根先、张有道主编:《中国佛教文化大典》第四篇 "佛教仪轨、术语",青海人民出版社 1999 年版。

180. 张治江等编:《佛教文化》"佛教节日与仪轨",长春出版社 1992 年版。

181. 赖永海主编:《中国佛教百科全书》仪轨卷,上海古籍出版社 2001 年版。

182. 李翎:《藏密观音造像》,宗教文化出版社 2003 年版。

183. 嘉木扬·凯朝:《中国〈念佛打七〉信仰的发展与现状》,《同朋大学佛教文化研究所纪要》第 20 号,2000 年,第 131—148 页和《中国〈念佛打七〉信仰的形成》,《东海佛教》1999 年第 44 辑,第 62—76 页,日文。

184. 前田惠学编著:《现代斯里兰卡上座佛教》,日本山喜房佛书林刊,1986 年版,日文。

185. 前田惠学主持,夏法圣讲,嘉木扬·凯朝汉译"现代中国居士佛教",《同朋大学佛教文化研究纪要》第 23 号,2003 年,第 57—86 页,日文、汉文。

186. 李翎:《藏传佛教阿弥陀像的研究》,《法音》2004 年第 8 期,第 20—24 页。

187. 胡学峰、嘉木扬·凯朝编译:《藏汉蒙对照无上瑜伽部大威德金刚十三尊成就仪轨》,民族出版社 2006 年版。

188. 叶联成:《雍和宫的佛像》,载牛颂主编《雍和宫》,当代出版社 2002 年版。

189. 张嵘:《塞外名刹梵宗寺》,《当代中国》,当代中国画报社 2004 年 6 月号,第 24—25 页。

190. 中国第一历史档案馆雍和宫管理处合编:《清代雍和宫档案史料》第五册,中国民族摄影艺术出版社 2005 年版,满文、汉文、蒙古文。

191. 马西沙:《历史上弥勒教与摩尼教的融合》,中国社会科学院世界宗教研究所编《宗教研究四十年:中国社会科学院世界宗教研究所成立 40 周年(1964—2004)纪念文集》下册,宗教文化出版社 2004 年版。

192. 萨拉达法师:《佛陀与佛法》,新加坡佛教坐禅中心 2000 年版。

193. 姚长寿主编:《法源》,中国佛学院学报 2004 年总第 22 期。

194. 中村薰:《中国华严净土思想的研究》,日本法藏馆 2001 年版,日文。

195. 李振刚主编:《克什克腾旗志》,内蒙古自治区地方志丛书,内蒙古人民出版社 1993 年版。

196. 宝因特古斯、巴·乌力吉编著:《克什克腾旗的山丘寺庙》,内蒙古少年儿童出版社 1997 年版,蒙古文。

197. [美]罗伊·C. 克雷文:《印度艺术简史》,王镛等译,中国人民大学出版社 2004 年版。

198. 朱风、贾敬颜译：《汉译蒙古黄金》，内蒙古人民出版社 1985 年版。

199. 隐尘：《藏秘唐卡奥义》，2005 年。

200. 金维诺主编：《中国寺观雕塑全集——第一卷早期寺观造像》，黑龙江美术出版社 2003 年版。

201. 韩金科：《法门寺文化史》，五洲传播出版社 2002 年版。

202. 黄春和：《藏传佛教艺术鉴赏》，华文出版社 2004 年版。

203. 杨·道尔吉：《阴山、蒙古、藏佛学府——五当召史话》，包头市民族事务委员会，1997 年。

204. 包曙光等主编：《中国海棠山普安寺摩崖造像》，1998 年。

205. 那木海主编：《普安寺》，内蒙古少年儿童出版社 1997 年版，蒙古文。

206. 任继愈主编：《佛教大辞典》，江苏古籍出版社 2002 年版。

207. 季羡林著、王树英选编：《季羡林论佛教》，华艺出版社 2006 年版。

208. 乔吉编著：《内蒙古寺庙》，内蒙古人民出版社 2003 年版。

209. ［美］费迪南德·D. 莱辛：《雍和宫　北京藏传佛教寺院文化探究》，向红茄译，中国藏学出版社 2008 年版。

二　日文

1. 有高巌 "元代の僧侶と社会"（元代的僧侣与社会，《斎藤先生古稀記念論集》）。

2.《阿弥陀院悔過料資財帳》（大日本古文書）。

3. 赤松智城、秋葉隆《満蒙の民族と宗教》（满蒙的民族与宗教，アジア学叢書 1，大空社，1996 年）。

4. 東隆眞《日本文化研究》（駒沢女子大学，平成 11 年）。

5. 東隆眞《佛陀から道元への道》（从佛陀到道远之路，国書刊行会、2000 年）。

6. 石川喜三郎《西蔵蒙古秘密嘛喇教大観》（森江書店，大正 6 年）。

7. 稲葉正就 佐藤長共訳《フゥラン・テプテル ―チベット年代記―》（红史——西藏年代记，法蔵館，昭和 39 年）。

8. 岩井大慧 "元初の帝室と禅宗との関係"（元初的帝室与禅宗的关系，

《東洋学報》第 11—14 頁）。

9. 賀希格陶克陶著、井上治訳 "元代の佛僧チョイジオドセル（吉斡節児の経歴再考）"（《内陸アジア史研究》10 号、1995.3）。

10. 井上光貞：《日本浄土教成立史的研究》，山川社 1975 年版。

11. 飯田利行：《大モンゴル禅人宰相耶律楚材》，大蒙古禅人宰相耶律楚材，柏美術出版社 1994 年版。

12. 岩村忍《元朝秘史チンギス＝ハン実録》（元朝秘史——成吉思汗实录，中公新書 18，昭和 38 年）。

13. 梅原猛《歎異抄》入門（PHP 文庫，1996 年）。

14. 植村清二 "元朝秘史小記"（《東方學》第十輯，昭和 30 年）。

15. 岡田英弘 "蒙古資料に見える初期の蒙蔵関係"（蒙古资料里所见的初期蒙藏关系，《東方學》第二十三輯，昭和 37 年）。

16. 小沢重男《元朝秘史》，岩波書店 1994 年版。

17. 大野栄人《天台止観成立史の研究》（法蔵館，平成 6 年）。

18. 大野栄人 "佛教における生死観"（佛教的生死观，《現代社会における生と死》，愛知県佛教会、東海印度学佛教学会，平成 9 年）。

19. 愛宕松男 寺田隆信《モンゴルと大明帝国》（蒙古与大命帝国，講談社，1998 年）。

20. 金岡秀郎《モンゴルは面白い》（有意思的蒙古，耕文社，1993 年）。

21. 川勝義雄《中国人の歴史意識》（中国人的历史意识，平凡社，1993 年）。

22. 小林高四郎《ジンギスカン》（成吉思汗，岩波新書，1960 年）。

23. 香川孝雄《浄土教の成立史的研究》（山喜房，1993 年）。

24. 窪徳忠《モンゴル朝の道教と佛教》（蒙古朝的道教与佛教，平河出版社，1992 年）。

25. 佐藤哲英《叡山浄土教の研究》（百華苑，昭和 54 年）。

26. 佐藤長 "第三代ダラィ・ラマとアルタンハンの会見について"（三世达赖赖嘛与阿拉坦汗的会见，《東洋史研究》第 42 巻，昭和 58 年）。

27. "釈老伝"（《元史》202 巻）。

28. 真宗総合研究所《研究所紀要》（第 6 号，大谷大学，1988 年）。

29. D・スネルグローヴ/H・リチャードソン著、奥山直司訳《チベット文

化史》（西藏文化史，春秋社，1989 年）。

30. 立川武蔵編《曼荼羅と輪廻——その思想と美術》（曼荼羅与轮回——及其思想与美术，佼成出版社，平成 5 年）。

31. 立川武蔵 "トゥカン《一切宗義》サキャ派の章"（图观的《一切宗義》萨迦派章，《西蔵佛教宗義研究》東洋文庫，1974 年）。

32. 立川武蔵《チベット密教》（西藏密教，春秋社，1999 年）。

33. 田中公明《チベット密教》（西藏密教，春秋社，1993 年）。

34. 鈴木大拙《浄土系思想論》（法蔵館，昭和 53 年）。

35. 寺本婉雅 "蔵漢和三体合璧《佛説無量壽経》《佛説阿弥陀経》"（丙午出版社，昭和 3 年）。

36. 戸田義雄《宗教の世界》（大明堂，昭和 50 年）。

37. 中村元《東洋人の思维方法》（第二部、みすず書房，1949 年）。

38. 中村元《佛教語大辞典》（東京書籍，平成 6 年）。

39. 長尾雅人《蒙古学問寺》（中公文庫，1992 年）。

40. 《日本佛教宗派のすべて》，日本佛教宗派大全，大法輪選書，昭和 56 年版。

41. HK 放送世論調査所編《日本人の宗教意識》，日本人的宗教意识，HK 放送出版社昭和 59 年版。

42. 二木博史、今泉博、岡田和行訳《モンゴル史》（蒙古史）1，（蒙古科学阿卡特木尔歴史研究所、監修田中克彦，恒文社 1988 年版。

43. 二木博史 "ザナバザル研究国際会議について"（乍那巴乍耳国际研讨会［一世哲布尊丹巴呼图克图］，《日本モンゴル学会紀要》第 26 号，1995 年）。

44. 二木博史 "メルゲン＝ゲゲーン作のツァガーン＝ウブグン献香経について"（关于梅日更葛根著——白老人献香经，《日本モンゴル学会紀要》第 28 号，1997 年）。

45. 西川一三《秘境西域八年の潜行》上巻，芙蓉書房 1977 年版。

46. 野上俊静《中国浄土三祖伝》，文栄堂書店昭和 45 年版。

47. 長谷部幽蹊 "慶壽簡禅師とその周辺"（《印度学佛教学研究》17—1）。

48. 長谷部幽蹊 "三峰派の隆替"（《一般教育研究》第 32 巻、第 3 号、愛知学院大学論叢，1985 年）。

49. 長谷部幽蹊《明清佛教教團史研究》，同明舎 1993 年版。

50. 橋本光寶《蒙古の喇嘛教》，佛教公論社昭和 17 年版。

51. 羽田野伯猷《チベット・インド学集成》、四巻（西藏和印度学集成，
　　法蔵館，昭和 61 年）。

52. 岸本英夫《世界の宗教》，大明堂昭和 40 年版。

53. 佛陀跋陀羅訳《文殊師利発願経》，《大正蔵》，第 10 頁。

54. 《佛事葬儀の常識と問題》（大法輪選書 19、昭和 57 年）。

55. 不空訳《普賢行願讃》，《大正蔵》，第 10 頁。

56. 星野元豊《親鸞と浄土》，三一書房 1984 年版。

57. 前田惠學《佛教要説》——印度和中国，山喜房佛書林昭和 43 年版。

58. 前田惠學《釋尊》，山喜房昭和 47 年版。

59. 前田惠學編《現代スリランカの上座佛教》，現代斯里兰卡的上座佛
　　教，山喜房佛書林昭和 61 年版。

60. 武内義雄《老子与荘子》，角川書店昭和 53 年版。

61. 望月信亨《浄土教の起原及発達》，山喜房佛書林昭和 47 年版。

62. 望月信亨《中国浄土教理史》，法蔵館昭和 53 年版。

63. 森博達《日本書記の謎を解く》，中公新書 1999 年版。

64. 《モンゴル秘宝展——チンギス・ハーンと草原の記憶》（蒙古密宝
　　展——成吉思汗与草原的记忆，日本経済新聞社、1996 年）。

65. 矢吹慶輝《阿弥陀佛の研究》，明治書院明治 44 年版。

66. 山口瑞鳳 定方晟訳《チベットの文化》（R. A. スタン著、岩波書店、
　　昭和 46 年）。

67. 山口瑞鳳 "活佛について"（玉城康四郎博士還歴記念論集《佛の研
　　究》，春秋社、昭和 52 年）。

68. 山口瑞鳳《チベット》（東洋叢書 4 下、1988 年）。吉田順一 賀希格
　　陶克陶訳注《アルタン＝ハーン》（阿拉坦汗，Altan Qagan u TuguJi）
　　（風間書房，平成 10 年）。

69. ラマオレナイダル《心の本質について》（关于心的本质，KDOL、チ
　　ベット佛教センター）

70. 立川武藏編著《マンダラ——チベット・ネパールの仏たち》（曼荼
　　罗——西藏尼泊尔的诸佛，日本国立博物館，2003 年，日文）。

71. 东武美术馆、奈良国立博物館、名古屋博物館編輯《ブッダ展 ——大

いなる旅路》，佛陀——伟大的旅行，日本放送局1998年版，日文。

72. 京都国立博物馆 爱知县美术馆 东京国立博物馆 和歌山县立博物馆
《空海と高野山——弘法大師入唐1200年記念》，空海与高野山——
纪念弘法大师入唐1200周年，日本 NHK 大阪放送局 2003 年版，
日文。

索 引

A

阿弥陀佛　33，60，87，97—100，105，
　110—112，116，171，173—175，
　305，310，320，326

阿弥陀佛信仰　97，98，105，111，320

《阿弥陀经》　173，301，302，305

阿罗汉（dgra bcom pa）　15，38，39，
　51，59，86，108，116，121，129，
　150，165，176，210，212，245，
　249—251，262，269，281，316，
　318

阿育王（rgyal po aśoka）　131—133

阿难（kun dgaḥ bo，庆喜尊者）　206，
　231，314，332，335

阿尼哥　359—363

阿巴岱汗　7，120，348

阿勒坦汗（Altan Khan，即俺答汗）　5，
　6，18—20，49，55，56，118，119，
　124，141，171，347，357，364，
　365

《阿勒坦汗传》（Altan Qagan u Tugu ji）

141，171，357，364，365

阿雅嘎它木克令（ayaga takimlig）　139

阿底峡　82，92，260，282

阿葛旺丹达尔　204，205，244，255，
　256

阿拉善延福寺　244，247

阿拉善广宗寺　247，248，252，261，
　262，269

阿拉善福因寺　253

阿拉善达日克寺　268

阿杂日舞　13，44

阿升曼殊希礼喇嘛　49

敖包（Obog—a）　36，246

爱国爱教爱民族　152—155，216

爱知学院大学　110，205—208，211，
　212，313，314，320—324，327—
　329，331，352

B

八对治　278

八圣道（八正道）　173，197，272

八善八不善　154

G

Z

后　记

　　本专著是笔者承担的 2008—2010 年中国社会科学院重点科研课题《内蒙古佛教与寺院教育研究》的结项成果。经何劲松研究员、张总研究员和特请的中央民族大学蒙藏文化专家乌力吉巴雅尔教授等专家学者的考核鉴定，被评为中国社会科学院优秀研究成果。又在研究所领导的支持下获得了中国社会科学院哲学社会科学创新工程出版经费资助，并在中国社会科学出版社出版。

　　本专著是继笔者著的《蒙古佛教的研究》（日文，日本法藏馆 2004 年出版）和《中国蒙古族地区佛教文化》（民族出版社 2009 年版）之后，第三部主要以内蒙古佛教文化为对象的专项研究成果。这里需要申明的是，本书第七至十一章内容的研究和写作曾受国家人社部留学回国人员科技活动择优资助项目（2005 年 11 月至 2008 年 2 月）的资助。

　　从立项开始，笔者就从蒙古族地区佛教文化与寺院教育的历史入手，并逐渐展开，希望全面阐述内蒙古地区佛教文化的方方面面，如内蒙古佛教文化的来龙去脉，与寺院教育的关系，蒙藏地区活佛转世制度的由来，佛教的护国利民思想等。此书中有关蒙藏地区佛教对护国思想的思考，对十世班禅大师关于如何做活佛等思考的分析，这些方面的研究结论在国内学术界应是一个突破。总之，本著作研究尽量做到视阈开阔，搜集相关资料尽量丰富翔实，研究方法也多样。作者坚持辩证唯物主义和历史唯物主义的指导原则，在尊重事实的基础上，字里行间力求学术性与开拓性兼顾，相信此著作的出版将进一步推进对内蒙古佛教文化的学术研究。

　　笔者具备熟读蒙、藏、汉、日、巴利、梵文语言的能力，在利用原始资料的基础上，以多年实地调查的经验和方法进行研究，在此过程中，本人多次去内蒙古地区和其他省市的蒙古族聚居区佛教寺院进行宗教状况调研，得到所涉及的佛教寺院的僧俗以及当地有关部门的大力支持和帮助，十分感谢。

在研究过程中，得到所领导和室领导以及聂清、沙湄、王敏庆、张小燕等同事们的关心指点，我从与他们的交流中得到很多启发，受益匪浅。多年来恩惠到我的恩师雍和宫的嘉木扬·图布丹法师和内蒙古梵宗寺寺主丹迥·冉纳班杂活佛、雍和宫的胡雪峰住持、雍和宫李立祥老师等也给予我一如既往的理解和支持。在这里，还要提及中国社会科学出版社陈彪博士和高健龙博士等编辑人员，他们为本书的出版付出了许多心血，在此一并致谢！

本书撰写后虽经反复修改，但由于作者水平有限，经验不足，时间仓促，舛错难免，尚希读者指正。

最后，我谨向为本书的问世而热情帮助指导的各位老师及在各方面大力支持的诸位朋友们表示衷心的感谢！并愿在暇身未终之前为民族文化的挖掘和研究作出新的贡献。

嘉木扬·凯朝

2012 年夏